抗日战争时期中国人口伤亡和财产损失调研丛书

主　编　张树军　李忠杰

副主编　蒋建农　霍海丹

　　　　李　蓉　姚金果

抗日战争时期中国人口伤亡和财产损失论文集

《抗日战争时期中国人口伤亡和财产损失调研丛书》课题组　编

◎ 中共党史出版社

图书在版编目(CIP)数据

抗日战争时期中国人口伤亡和财产损失论文集/《抗日战争时期中国人口伤亡和财产损失调研丛书》课题组编 . —北京:中共党史出版社,2017.7

(抗日战争时期中国人口伤亡和财产损失调研丛书/张树军,李忠杰主编)

ISBN 978-7-5098-4022-1

Ⅰ.①抗… Ⅱ.①抗… Ⅲ.①抗日战争—损失—中国—文集

Ⅳ.①K265.07—53

中国版本图书馆 CIP 数据核字(2016)第 290423 号

出版发行 **中共党史出版社**

责任编辑:姚建萍

复　　审:陈海平

终　　审:汪晓军

责任校对:龚秀华

责任印制:谷智宇

责任监制:贺冬英

社　　址:北京市海淀区芙蓉里南街6号院1号楼

邮　　编:100080

网　　址:www.dscbs.com

经　　销:新华书店

印　　刷:北京汇林印务有限公司

开　　本:170mm×240mm　1/16

字　　数:423 千字

印　　张:23.75

印　　数:1—2550 册

版　　次:2017 年 7 月第 1 版

印　　次:2017 年 7 月第 1 次印刷

ISBN 978-7-5098-4022-1

定　　价:52.00 元

此书如有印制质量问题,请与中共党史出版社出版业务部联系

电话:010—82517197

《抗日战争时期中国人口伤亡和财产损失调研丛书》

本课题在中共中央党史研究室室委会领导下进行。先后四位时任主任孙英、李景田、欧阳淞、曲青山对本课题给予了重要指导。

主　编　张树军　李忠杰

副主编　蒋建农　霍海丹　李　蓉　姚金果

参加审稿的领导和专家：

一、中共中央党史研究室领导和专家

曲青山　孙　英　龙新民　陈　威　石仲泉

谷安林　张树军　黄小同　黄如军　李向前

陈　夕　任贵祥　郑　谦　王　淇　黄修荣

刘益涛　韩泰华

二、有关部门和单位的专家

李景田（第十二届全国人大常委、民族委员会主任
　　　　委员；中共中央党史研究室原主任；中共
　　　　中央党校原常务副校长）

何　理（中国人民解放军国防大学少将、教授、中
　　　　国抗日战争史学会会长）

支绍曾（中国人民解放军军事科学院少将、原军事

历史研究部副部长、研究员）

罗焕章（中国人民解放军军事科学院研究员）

刘庭华（中国人民解放军军事科学院原军事历史研究部研究室主任、研究员、博士生导师、首席军史专家）

阮家新（中国人民革命军事博物馆原副馆长、研究员）

步　平（中国社会科学院近代史研究所原所长、研究员）

汤重南（中国社会科学院世界历史研究所研究员、中国日本史学会名誉会长）

姜　涛（中国社会科学院近代史研究所研究员）

荣维木（《抗日战争研究》原主编）

郭德宏（中共中央党校党史教研部原主任、教授、博士生导师）

肖一平（中共中央党校党史教研部教授）

杨圣清（中共中央党校党史教研部教授）

李东朗（中共中央党校党史教研部教授、博士生导师）

徐　勇（北京大学历史系教授、博士生导师）

李良志（中国人民大学中共党史系教授）

王桧林（北京师范大学教授、博士生导师）

谢忠厚（河北省社会科学院原现代史研究所所长、历史研究所顾问、研究员）

中共中央党史研究室课题组成员

李忠杰　霍海丹　李　蓉　姚金果　李　颖
王志刚　王树林　杨　凯

《抗日战争时期中国人口伤亡和财产损失调研丛书》

总　序

中共中央党史研究室副主任　李忠杰

发生在 20 世纪三四十年代的中国人民抗日战争，是中华民族抵抗日本帝国主义侵略的一场规模巨大的战争，是世界反法西斯战争的重要组成部分和东方主战场，是近代以来中国反对外敌入侵第一次取得完全胜利的民族解放战争。中国人民抗日战争的胜利，成为中华民族由衰败走向振兴的重大转折点，也对世界各国人民取得反法西斯战争的胜利、争取世界和平的伟大事业产生了巨大影响。

这场战争，作为世界反法西斯战争的一部分，从根本上来说，是反法西斯正义力量与法西斯侵略势力之间的一场大决战，是文明与野蛮的一场大搏斗。日本侵略者，站在法西斯阵营一边，不仅与中国人民为敌，而且与世界人民为敌，肆意践踏人类的公理和正义，企图以残暴杀戮的手段，将中华民族置于自己的铁蹄之下。日本侵略者先后占领了中国、东南亚、南亚、大洋洲许多国家的领土，杀害居民，掠夺物资，强征劳工，施放毒气，蹂躏妇女和儿童，毁坏和窃取文物，造成了大量人员和财产的损失，给中国人民和亚洲其他许多国家人民留下了巨大的创伤，给世界文明造成了空前的破坏。

中国是受战争摧残最为严重的国家。从 1931 年到 1945 年的 14 年间，日本侵略者先后占领了东北、华北、华中、华南等大片中国最重要的经济政治文化战略地区。在整个战争进程中，日军到处屠杀、焚烧、抢掠、奸淫，使中国人民的生命财产惨遭蹂躏；大量使用生化武器，进行残酷的细菌战和化学战；把大批中国平民和俘虏当作细菌和毒气的试验品；对无辜的中国平民施放毒气，或在河流、湖泊、水井中投毒；掠走大批中国劳工，强迫他们筑路、开矿、拓荒，从事大型军事工程，使其大批冻、饿、病、累而死；强征中国妇女作为"慰安妇"，严重残害妇女的身心健康；对抗日根据地实行"烧光、杀光、抢光"政策，企图摧毁抗战军民起码的生存条件；在许多地方还制造了一系列触目惊心的大惨案。直至今天，日本侵略所造成的后果还难以完全消除，日军遗留的毒气弹还不时地威胁着中国人民的生命安全。

日本侵略者的罪行，违背了起码的人类良知和国际公法，不仅是对人权和人道主义的践踏，而且是对人类文明的挑战。它决不是如某些日本右翼分子所说是解放亚洲和太平洋地区人民的行动，而是亚洲和太平洋地区历史上最黑暗的一幕，是人类文明史上的一场浩劫。第二次世界大战结束后，根据《波茨坦公告》的规定，远东国际军事法庭在东京对日本首要战犯进行了国际审判，确认侵略战争为国际法上的犯罪，策划、准备、发动或进行侵略战争者为甲级战犯。此外，盟军还在马尼拉、新加坡、仰光、西贡、伯力等地，对日本的乙、丙级战犯进行了审判。中国也先后对日本的有关战犯进行了审判。这些审判，与欧洲的纽伦堡审判一起，使发动侵略战争的罪犯受到了应有的惩处，代表了全世界一切爱好和平人民的共同愿望。这是正义的审判，历史的审判！这一审判的结果是不容挑战的！

策划和制造当年这场战争的，是一小撮日本军国主义和法西斯分子。而日本人民，从根本上来说，也是受害者。所以，日本人民也用不同方式对这场战争进行了抵制和反抗。不少参加侵华战争的士兵认识到战争的性质，幡然悔悟，积极参加了国际和日本国内的反战活动。战后，很多人勇敢面对历史事实，以见证人的身份揭露了日本军国主义的罪行。还有很多当年的士兵，真诚忏悔战争的罪行，以实际行动推动世界和平和中日友好，做了很多有益的工作。他们的良知和勇气，应该得到充分的肯定和赞赏。

相反，日本国内一些右翼势力，直到今天仍然否认侵略战争的性质和罪行，竭力推卸侵略战争的责任。对早已由当年远东国际军事法庭作出严正判决的南京大屠杀一案，始终企图翻案。历史不容改变，事实岂能抹杀！企图歪曲历史，掩盖罪行，这是中国人民绝对不能同意的！

中国人民在当年那场战争中的胜利，是正义战胜邪恶、光明战胜黑暗、进步战胜反动的伟大胜利！是正义的胜利、人民的胜利、和平的胜利！既是中华民族永远值得纪念的胜利，也是世界人民永远值得纪念的胜利！但是，在纪念胜利的同时，我们不要忘记，这一胜利是用极为惨重的代价换来的。在这一伟大胜利的背后，是中华民族遭受的巨大人员伤亡和财产损失！中华民族，既为这场战争的胜利作出了巨大的贡献，也在这场战争中付出了巨大的民族牺牲。

1995 年，江泽民同志在首都各界纪念抗日战争暨世界反法西斯战争胜利50 周年大会上，对当年日本侵略中国造成巨大人口伤亡和财产损失的基本数据作出了重要表述。2005 年，胡锦涛同志在纪念中国人民抗日战争暨世界反法西斯战争胜利60 周年大会的讲话中，再次郑重宣布，据不完全统计，在抗日战争期间，中国军民死伤3500 多万人；按 1937 年的比值折算，中国直接经济损失1000 多亿美元，间接经济损失5000 多亿美元。中国领导人公开宣布的基本数据，从整体上揭示了中国人口伤亡和财产损失的规模，有力地揭露了日本军国主义侵略的罪行。

数据，是历史的抽象。数据的背后，是大量的事实、确凿的证据，是无数人们的惨痛记忆和血泪控诉。为了更直接、更具体、更全面、更系统、更立体地还原当年的历史，展示中国人民遭受的灾难和损失，揭露日本军国主义的罪行，驳斥日本右翼势力否认侵略罪行的种种言论，我们必须通过更多档案资料的展示、历史文书的挖掘、具体事实的考查、当事人的证词证言、各种各样的物证书证，等等，将侵略者的罪行昭告天下。因此，作为炎黄子孙，作为郑重的历史工作者，有必要、有责任、有义务、也有权利对战争期间中国的人口伤亡和财产损失进行更加系统、详尽、具体的调查研究，将当年中国人民的巨大牺牲和惨重损失永远地记载下来。

这项调查研究工作，本来在抗日战争结束之后，或者在新中国成立时，就应该进行。但由于种种历史原因，未能系统、全面地进行。由于年代久远，资料散失，在世的证人越来越少，现在进行这方面的调查和研究已经有很大困难。但是，无论早晚，这项工作总得有人来做。现在才做，已经晚了几十年。但如果现在再不做，将来就更晚，也更困难了。所以，无论再困难，做，都是必要的。做好这项调研，是对历史负责、对人民负责、对当年的牺牲殉难者负责、对我们的子孙后代负责。根本上，是对整个中华民族负责，也是对国际社会和人类文明负责。

因此，2004 年，中央党史研究室决定开展《抗日战争时期中国人口伤亡和财产损失》的课题调研。从 2005 年开始，组织全国党史部门围绕这一重大课题，开展了系统深入的调研工作。其基本任务，是按照实事求是的原则，调查更加详实、有力、具体、准确的档案、材料、事实，更加清楚准确地掌握日本军国主义的侵略罪行，更加清楚准确地掌握日本侵略在各个不同领域、地区和方面对中国造成的破坏和损失。其中包括：各个省、自治区、直辖市在抗战中的人口伤亡和财产损失情况；历次重大战役战斗中中国军队伤亡的情况；日本从中国掠走各种资源的情况；日本从中国掠走和破坏文物的情况；日军在中国制造的一系列重大惨案；中国劳工的损失情况；中国妇女遭受日军性侵犯的情况，包括"慰安妇"的情况；日军在中国使用细菌武器、化学武器及其造成伤害的情况；日本侵略在其他方面给中国造成破坏的情况；等等。

课题调研的整体布局，实行块块和条条的结合。每个省、自治区、直辖市党史研究室，主要负责把本区域内的情况调查清楚。也可根据实际情况，选择一些重点，进行专题性的调研，形成专题性的研究成果。一些重要专题，单靠某个省（自治区、直辖市）做不了，就采取条条的办法，组织专题性的调研。还有一些，则是条条与块块相结合。如毒气，日军在不同区域使用过，有关的省（自治区、直辖市）都调查。但作为一个专题，由相关的区域进行协调，配合开展调研工作，并形成专项的调研成果。如劳工、性侵犯等，就大致属于这种类型。

课题调研的方式方法，主要是查阅和搜集档案文献资料，包括不同历史时期的统计报表。同时查阅当时有关的报刊资料，查阅多年来涉及有关地方、有关课题的研究成果。对一些特殊的重大事件，特别是重大惨案等，也同时进行社会调查，对当事人、知情人、有关研究人员等进行走访，记录证词证言。对于特别重要的事件，有条件的，还进行必要的司法公证，如南京大屠杀、潘家峪惨案等，使这些调查都成为在法律上可以采信的证据。根据需要与可能，也到国外境外包括台湾地区查阅搜集档案资料。

中央党史研究室进行了大量组织和指导工作。在课题确定前，首先进行了必要的论证，得到了许多专家的支持。随后，制定了详细的工作方案，向各省、自治区、直辖市党史研究室发出正式通知和实施意见，明确了工作的指导思想、组织领导、调研项目、工作步骤、基本要求、注意事项等等。为了提高认识，振奋精神，交流经验，落实措施，专门召开了工作培训会议，就课题的总体规划、调研方法、需要把握的问题等，作了全面部署，特别是提出了把调研工作做成"基础工程、精品工程、警世工程、传世工程"的要求。多年来，一直分阶段、有步骤地把这项课题调研推向前进。有关领导和专家分别到各地参加会议，指导培训，提出要求，统一规格，解答疑难问题。在调研过程中，随时就有关问题进行具体指导。工作班子及时编发简报和简讯，交流情况和经验。

各级党委和政府高度重视。多数地方成立了由党史研究室领导负责的课题组。各地先后召开工作会议、电话会议等，培训人员，落实任务。许多地方形成了由党史研究室牵头，档案、民政、财政、司法、地方志、社科院以及高校等部门单位联合攻关的局面，保证了调研工作扎扎实实、有计划有步骤地向前推进。

《抗日战争时期中国人口伤亡和财产损失》课题调研先后经历了六个阶段。第一，酝酿启动。第二，全面调研。这是最重要的阶段。各地组织专门人员，查询档案，实地走访，搜集了大量资料。第三，起草报告。凡参加调研的县以上单位，都要在搜集整理、考证研究档案文献资料和进行实地调查的基础上，写出调研报告，全面、准确地反映调研成果。同时，将调研中搜集的档案文献资料进行分类整理，制作统计表、大事记和人员伤亡名录等。第四，分级验收。为保证调研成果的科学性、准确性、严肃性，各省、自治区、直辖市调研报告都要经过四级验收。首先由课题领导小组审查通过，然后聘请所在省份资深专家审读验收，合格后报送中央党史研究室课题组。中央党史研究室课题组审读各省、自治区、直辖市的调研报告及相关调研成果，认为合格后，再聘请有全国影响的专家审读，写出书面意见并亲笔署名。根据审读意见，各地都要反复认真进行修改，只有达到规定要求才能通过验收。第五，上报成果。完成调研工作的省、自治区、直辖市，都按统一要求，将调研中收集的档案文献资料等所有文件，精心整理，分类成册，向中央党史研究室提交调研成果。各市县也要逐级向省级报送。第六，反复审核。中央党史研究室召开审稿会，组织各省、自治区、直辖市按照标准自审，相互间互审，将各种材料进行比对，将有关数据核实，解决带有共性的问题，进一步统一标准、统一规范、统一格式。

这项课题调研，作为一项浩大的工程，到目前为止，进行了将近10年之久。前后共有60多万党史工作者、史学工作者和其他各类有关人员参加。将近10年来，各个地方都周密组织，采取有力措施推动工作开展，保证调研质量。如山东省，先在30个县（市、区）进行试点，然后在全省普遍推开，形成了纵向省市县乡村五级联动、步调一致，横向十几个部门优势互补、携手攻关的工作格局。课题调研期间，山东省参加工作的同志共查阅档案238742卷，复印档案资料406912页，查阅抗战期间及战后出版的书刊61301册（期），复制文献资料220177页。走访调查8万余个行政村、609万名70岁以上（即1937年全国性抗战爆发以前出生）老人中的507万余人，收集证言证词79万余份。拍摄照片资料7376幅、录像资料49678分钟，制作光盘2037张。全省1931个乡镇，每个乡镇都建立了包括证人证言证词、伤亡人员名录、财产损失清单、人员伤亡和财产损失数字统计、人员伤亡和财产损失大事记、重大惨案证据材料以及证人和知情人口述录音、录像、照片等内容的抗战时期人口伤亡和财产损失材料卷宗，共12892个。

这项课题调研，也得到了社会各界特别是档案图书部门、专家学者的普遍支持。许多档案馆、图书馆为这次调研提供各种方便。不少专家学者在教学科研任务繁重、经费困难的情况下，承担专题研究任务。有的外请专家利用学校假期全力以赴做课题，缺少交通工具，就以自行车代步或徒步，到档案馆和图书馆查阅文献资料。

为了扩大搜寻面，中央党史研究室还组织查档小组，分赴美国、俄罗斯、日本，搜集了许多抗战史料。很多地方的课题组都到台湾查档。在台北"国史馆"、中国国民党党史馆、"中央研究院"近代史研究所档案馆等，找到了数量巨大、整理比较细致的抗战档案。台北"国史馆"馆藏的国民党在大陆统治时期行政院赔偿委员会档案，涉及抗战时期中国人口伤亡和财产损失的有8924卷，内容十分翔实具体。既有中央机关、军队系统人口伤亡和财产损失情况，也有地方省、市，县、区和个人填报的资料，包括台湾地区和华侨的档案资料。新疆防空委员会也报送有财产损失材料，如修筑防空工事、疏散费等财产损失。重庆市报送有日机空袭慰恤重伤难胞姓名卡，上面有卡号、伤员姓名、性别、年龄、籍贯、受伤时间、受伤地点、犒金额、发犒金时期、所住医院名称、医院地址、入院时间等，受伤部位还配有图片加以说明。所有这些，为查明当时各方面的人口伤亡和财产损失，提供了重要证据。

这项重大课题调研的成果，均编成《抗日战争时期中国人口伤亡和财产损失调研丛书》公开出版，为国内外学者提供并为子孙后代留下一份关于抗战时期中国人口伤亡和财产损失的系统资料。经过验收、审核合格的调研报告和主要档案文献资料，都按统一体例，编辑成为丛书的A、B两个系列。A系列为各省、自治区、直辖市各一本调研成果，以及若干重要专题的调研成果，由中央党史研究室负责审核。B系列为各省、自治区、直辖市的其他大量调研成果，由各省、自治区、直辖市党史研究室负责审核。全部成果统一设计、统一规格、统一版式、统一编号，由中共党史出版社统一出版。全部出齐之后，将有300本左右。

为了集中反映日本侵略者在中国制造的各种重大惨案，我们专门编纂了一套《抗日战争时期全国重大惨案》，收录抗战时期死伤平民（或以平民为主）800人以上的重大惨案100多个，配以档案、文献、口述及照片等作为历史证据。日本一些右翼分子，常常攻击中国为什么不拿出伤亡人员名单。我们专门安排了一个省，即山东省，公布该省具体的伤亡人员名录（第一批先公布该省100个县〈市、区〉的死难人员名录），包括姓名、籍贯、年龄、性别、伤亡时间等多项要素。以此说明，中国的伤亡人员都是有根有据、铁证如山的。

历史的生命在于真实、客观、准确。《抗日战争时期中国人口伤亡和财产损失》这一课题调研的生命也在于真实、客观、准确。所以，在开展这一课题调研的过程中，我们始终把保证调研质量，保证所有材料、事实、成果的真实性、客观性和准确性放在第一位，并在五个重要环节上严格要求、严格把关。第一，严格要求。一开始就明确规定，课题调研工作坚持实事求是的原则和科学严谨的态度。整个调研工作必须尊重历史事实。档案怎么记录的，就怎么记载，不能随意改变。当事人、知情人怎么说的，就怎么记录，不能随意加工。所有的材料、事实都要经得起法律上和学术上的质证。在需要与可能的情况下，对当事人、知情人的证词证言要进行司法公证。各种数据，都要确有根据，不能随便编排、采信。不许追求任何高数字、高指标。第二，统一规范。对课题调研的项目、内容，都做了认真细致的研究，提出了统一要求和严格规范。对全部调研项目设计了统一的表格，对调研报告的内容和格式做了统一规定。每个数字的内涵外延，包括如何计算、如何换算等等，都有明确的规定。事前对调研人员进行了培训。调研过程中，对没有理解的问题、疑难的问题等，都由专家给予统一的解释、说明。第三，责任到人。对所有参与课题调研的人员，都实行责任制。查档的、笔录的、整理的、起草调研报告的、审读的……，每个环节的人员都要签名，以对这一环节自己的工作负责，对子孙后代负责。明确规定，今后凡遇到质疑，有关环节的调研人员都要能够站出来进行证明、解释和辩论。第四，客观撰写。在汇总情况、起草调研报告阶段，要求所有的数据统计都必须客观、真实、准确。一律用事实说话，材料要具体、实在。不允许像写文艺作品那样来写调研报告；不允许作任何想象、编造和煽情性的描写；不允许刻意追求语言的生动华美；不允许使用任何带有夸张性、主观推断性的文字；不允许用"不计其数"、"无恶不作"这类抽象的形容词来概括相关内容；经过调研，凡是能够说清的事实、数字都予采用，但仍然说不清的情况、数据，就客观地说明未查核清楚，在汇总和整理数据时充分考虑这些因素，绝对不得编造数字。第五，逐级验收。除了在调研过程中由特聘的专家随时给予指导外，对各地提交的调研报告和相关材料，都实行逐级验收制度。其中，对省级调研成果实行由地方到中央的四级验收，其他调研成果由有关省、自治区、直辖市党史研究室组织验收。每一验收环节都要有专家审读、签字。凡存在问题和不符合要求之处，都要退回重新核查和修改。

经过艰苦努力，到2010年底，我们在深入调研的基础上，初步编出了几十本成果，先行印制了少量样本作为内部工作用书，组织力量作进一步的研究、审读、复查、校核。从2014年初开始，我们又组织展开了新一轮较大规模的审核工作。第一，召开有关省、自治区、直辖市党史部门参加的审稿会，进一步提高认识，明确规范，听取相互评审以及从社会各方面听到的意见，对审核工作提出要求，进行部署。第二，开展自审、复核、修改，确保准确无误。同时在各省、自治区、直辖市党史部门之间交叉审读，相互间进行比较、核对、衔接。自审互审完成后，都要确认是否具备正式出版的质量水准，签署是否同意交付出版的意见。第三，由中央党史研究室组织专家，对所有拟第一批出版的成果（书稿）进行六个环节的审读、检查、修改、校对，不仅检查是否还有表述不够准确或不够清楚的地方，而且对各本书稿之间、每本书稿各个部分之间的内容、叙述、时间、数字等进行统筹检查，排除表述不一致的内容。第四，如实客观地说明我们工作尽最大努力后达到的程度。始终强调，凡是已经清楚的，就清楚表述。还没有搞清楚的，就如实说明还没有搞清楚。某些数据、结论与其他书籍资料不完全一致的，则说明我们是依据什么材料、从什么角度得出和叙述的，不强求一致。第五，组织各地党史部门继续参与审核。凡有疑问的，都与有关地方党史部门联系、查核。多数省、自治区、直辖市都派专人来京参与审核、修改、校对。审核完毕后，又组织各地党史部门对自己书稿的清样再次进行审核。然后再按出版流程交付印制。今年以来对这些成果再次进行如此繁密、细致的复核工作，都是为了进一步保证成果的质量，保证历史事实的真实性和准确性。

特别需要强调的是，开展这项调研，不是为了简单汇总、计算这样那样的数据，而是为了寻找、展示更多的档案、更多的材料、更多的人证物证、更多的历史事实，用具体的事实来反映当年中华民族遭受的巨大灾难，揭露日本侵略者反人类的罪行。时隔几十年，很多数据难以查清，很多数据可能不很吻合，而且数据的分类、统计、核算都极为复杂，远远不是简单做一做加法就能算出来的。所以，我们在数据上采取了十分谨慎的态度。能统计出来的就统计出来，难以统计的也不强求。统计的口径、结果相互有差别的，也注意说明。今后，我们将会对数据问题作进一步研究。因此，目前的研究还只是阶段性的，不能说已经包罗万象，更不是最终的结论。总体上，还是在为今后更加综合性的研究提供一个详尽、扎实的基础。

由于自始至终都高度重视和强调调研的质量，所以，对于这一项目的真实性、客观性、准确性，我们有充分的信心。当然，无论如何，历史已经过去了六七十年，很多当事人已经去世，很多档案资料已经散失。现在再对发生在六七十年前的灾难进行大规模的调查，其困难是可想而知的。所以，即使做了最大的努力，我们仍然充分预计在调研成果及有关材料中，还是会有不足和差错之处，出版之后，肯定会有不同意见。所以，我们真诚地欢迎所有看到这些调研成果的人们，对其中的内容、材料、数据等进行审查、讨论。如此，必将有更多的人们关心和参与对当年那场灾难的调查，必将会提供和发现更多的档案、更多的资料、更多的见证，必将对我们调研成果中的很多内容进行不断的推敲琢磨，从而使我们能够更加准确、系统地展示当年中国的人口伤亡和财产损失，使我们为子孙后代留下的资料更为完整、更为丰富。我们也欢迎日本和其他国家的人们对这些调研成果进行阅读、审查、讨论、质疑。如此，将会有更多的国家和人们关注中国当年所遭受的灾难，也将会有更多的存留于国外境外的档案资料出现在公众面前，也将会使对当年这段历史和灾难的记录、研究更加准确和科学。

《抗日战争时期中国人口伤亡和财产损失》课题调研，是一项学术性的工作。开展这项课题调研，是为了更加准确和详尽地记录这场战争和灾难的历史，更加充分和有力地揭露日本军国主义的侵略罪行、反击日本右翼势力否认侵略战争的言行，更加充分和有效地进行爱国主义教育，毋忘国耻、振兴中华，更加积极地促进两岸交流、推进祖国和平统一进程，同时，也是为了给全世界所有关注当年这场战争和灾难的国家、政府和人们一个更加负责任的交代，为子孙后代继续研究当年中国人民抗日战争和日本军国主义的侵略罪行留下一笔丰富翔实的历史遗产。因此，虽然是学术性调研，但具有重大的历史意义、现实意义、国际意义、政治意义。作为历史工作者，我们有责任、有义务，实事求是地把中华民族在那场战争中蒙受的巨大灾难和损失尽可能完整地记载下来。推动和开展这项课题调研，是良心所在，是责任所在！每每读到那些令人震颤的历史事实，每每想到那数千万死难者的冤魂亡灵，每每掂量我们今人特别是历史工作者的责任，我们都禁不住潸然泪下。将近10年来，所有调研人员本着对历史和民族负责的精神，殚精竭虑，无私奉献，千方百计寻找各种线索，逐字逐页翻阅档案资料。为了做好对当事人、知情人的调查取证工作，顶酷暑，冒严寒，深入村镇，一家一户进行走访。也许，随着时间的流逝，这样的调研工作，以后再也不可能如此全面深入大规模地进行了。所以，对于能够基本完成这一课题的调研，我们极为欣慰，对能够取得今天这样的成果，我们极为珍惜。将近10年来，调研工作遇到过重重困难，调研人员付出了巨大心血，但只要能够对国家、对民族、对人民有一个负责任的交代，我们所有的努力、辛劳甚至痛苦都是值得的！

现在，《抗日战争时期中国人口伤亡和财产损失调研丛书》A系列第一批成果就要正式出版了，随后我们还将根据工作进程陆续出版第二批、第三批……B系列丛书的编纂和出版工作也将同时推进。而且，这项课题调研工作远没有结束。截至目前课题调研取得的成果，都还是阶段性的、部分的、不完全的成果。很多专题性调研还要继续进行，对大量档案资料还要进行分析研究。所有这些，都还需要我们继续不懈地努力。我们将以对历史负责的精神，一如既往地将这项课题调研工作做好。

历史，是现实的基础，更是未来的起点。打开尘封的记忆，重温昔日的往事，我们可以得到很多的启示和教诲，增长很多的聪明和智慧。所以，研究历史，形式上是向后看，但根本目的是向前看。作为一种科学的研究，我们调查历史的真相，记录历史的灾难，不是为了延续旧时的仇恨，不是为了扩大中日之间的裂痕，不是为了煽动狭隘民族主义的情绪，而是为了以史为鉴，不让历史的悲剧重演；面向未来，书写更加友好合作的美好篇章。经历了太多的苦难和挫折之后，我们更加坚定地热爱和平，更加执着地追求正义，更加珍惜国家的主权与独立，也更加关注世界的文明发展和进步。我们真诚地希望，世界各国能够携手努力，平等协商，求同存异，友好相处，共同推进世界的发展，共享人类文明的成果；我们真诚地希望，中日两国人民能够更多地加强交流、理解和合作，共同开辟中日关系的新局面，使中日关系更加健康稳定地向前发展，使中日两国人民真正世世代代地友好下去；我们真诚地希望，中华民族能够始终以坚韧不拔的努力，坚定不移地走和平发展之路，在中国特色社会主义旗帜下全面建设小康社会，努力实现社会主义现代化，为推动建设一个和平发展、文明进步的世界作出自己的贡献！

2014 年 4 月 30 日

《抗日战争时期中国人口伤亡和财产损失》课题①调研工作规范和要求

2004 年，中共中央党史研究室决定开展《抗日战争时期中国人口伤亡和财产损失》课题调研。2005 年向全国各省、自治区、直辖市党史研究室发出开展此项工作的正式通知，进行相应部署，着重说明工作的指导思想、调查项目、实施步骤及规范和要求。以后又随着课题调研的深入开展，对规范和要求进行了补充和完善。

一、课题调研的基本任务

抗战损失课题调研的目的和任务是深化对抗日战争时期中国人口伤亡和财产损失的研究。1995 年，在首都各界纪念抗日战争暨世界反法西斯战争胜利 50 周年之际，江泽民同志曾经对 20 世纪三四十年代日本侵略中国造成巨大人口伤亡和财产损失的基本数据做出了重要表述。2005 年，在纪念中国人民抗日战争暨世界反法西斯战争胜利 60 周年大会的讲话中，胡锦涛同志再次郑重宣布，据不完全统计，在抗日战争期间，中国军民伤亡 3500 多万人；按 1937 年的比值折算，中国直接经济损失 1000 多亿美元、间接经济损失 5000 多亿美元。中共中央党史研究室组织开展的课题调研，旨在全面详尽调查有关抗日战争时期中国人口伤亡和财产损失的具体事实，为这组基本数据提供强有力的史实支撑，并不是简单地做数据统计。

---

① 本课题亦简称为抗战损失课题或抗损课题。因为抗日战争时期及抗战胜利后国民政府统计人口伤亡和财产损失多采用"抗战损失"等概括性提法，其中将人口伤亡也称作抗战损失之一种，与财产损失并提，故沿用这一表述。

课题调研的基本任务是：按照实事求是的原则，经过广泛、全面、深入细致的调查研究，包括查阅搜集档案资料、对统计数据进行分析等，获得更多的证据，以更加全面和准确地揭露日本帝国主义侵略中国的罪行及其对中国人民造成的伤害。

课题调研的主要内容包括：（1）各个省、自治区、直辖市在抗战中的人口伤亡和财产损失情况；（2）历次重大战役战斗中中国军队伤亡的情况；（3）日本从中国掠走各种资源的情况；（4）日本从中国掠走和破坏文物的情况；（5）日军在中国制造的一系列重大惨案；（6）中国劳工的损失情况；（7）中国妇女遭受日军性侵犯的情况，包括"慰安妇"的情况；（8）日军在中国使用细菌武器、化学武器及其造成伤害的情况；（9）日本侵略在其他方面给中国造成破坏的情况；等等。

二、课题调研的方式和方法

主要是组织有关人员查阅和搜集档案馆、图书馆和其他文博单位以及民间保存的有关中国抗战人口伤亡和财产损失的档案资料、报刊杂志、历年出版的专题资料集和发表的研究成果。对一些特殊、重大的事件如重大惨案，则走访当事人、知情人和有关研究人员，进行录音录像，整理和保存证人证言，有条件的还进行司法公证，努力使这些调查材料成为在法律上可以采信的证据。有些省份的课题组还到境外的有关机构查阅相关档案资料，作为对大陆保存的档案资料的丰富和补充。这次课题调研的整体布局，实行块块和条条相结合。每个省、自治区、直辖市党史研究室在负责开展地区性的广泛调研的同时，也从实际出发开展一些专题性调研。一些重要的、涉及多个地方的带有全局性的专题，则另组织专家进行调研。

三、对搜集档案资料的要求

1. 明确搜集档案资料的范围。搜集档案资料是本课题调研工作的基础，调研成果的质量也主要决定于档案资料是否翔实，是否尽可能完整和全面。所以，凡相关内容的档案资料，不论是直接反映人口伤亡和财产损失的，还是间接反映的（如关于人口状况、财产状况、生产能力、各类资源情况等资料），都尽量搜集，作为撰写调研报告的客观的历史依据。搜集的要件有：档案、报刊、史志、时人日记、专著专论、实地调查报告、图片、影像资料以及出版、发表的研究成果等。

2. 认真整理原始档案和资料。对于搜集到的档案资料，不论是来自原始的档案，还是来自报刊、史志、日记、图书、专题论文等，都认真整理，每份每件都注明保存的地点、单位，文件卷号、出版或发表处等，然后分类汇总，妥善保存。档案资料使用时一律保持原貌，必要时作注释说明，不允许对原件内容增改、涂抹。对搜集到的档案资料要在分门别类整理的基础上进行必要的考证、鉴别和研究。整理后的档案资料，不仅是有关课题承担者撰写课题调研报告的重要依据，其主要内容也作为附件收入有关的调研成果之中。

四、有关数据统计中的几个问题

1. 根据搜集、掌握资料的情况，抗日战争时期中国的人口伤亡分为直接伤亡和间接伤亡两大类。直接伤亡，一般是指日本侵略中国的战争直接导致的中国方面人员的死、伤、失踪等；间接伤亡，一般是指在日本侵略中国的战争包括特定战争环境中造成的中国方面被俘捕人员、灾民、难民、劳工等的伤亡。抗战期间，被俘捕人员、灾民、难民、劳工等伤亡很大，但由于其流动性大等复杂原因，很难形成具体数据资料，统计起来十分困难。因此，本课题调研中，将已确定属于死、伤或失踪的被俘捕人员、灾民、难民、劳工的数据归入有关地方间接伤亡统计数据；无法确定是否伤亡失踪的，可视情况单列相关数据并加以说明。需要补充说明的是，在战争中失踪者，按通常惯例归为死亡。

2. 抗日战争时期中国的财产损失分为直接损失和间接损失两大类。直接损失，一般是指在日军攻击、轰炸或掠夺中直接造成的社会财产损失。居民财产损失列为直接损失。间接损失，一般包括：(1)政府机关等因抗战需要而增加的费用，如迁移费、防空设备费、疏散费、救济费、抚恤费等；(2)各种营业活动可获利润额的减少及由于成本上升等增加的费用；(3)有关伤亡人员的医药、埋葬等费用；(4)为抗战捐献的物资和钱财；(5)有关人力资源的损失。总之，一切因战争造成的间接财产损失均包括在内。

3. 在财产损失中所列的人力资源类损失，包括了被俘捕人员、劳工等在财产方面的损失。中国各级政府所组织的劳役，例如为战争修筑公路、机场、军事工事等抽调民工，都算作人力资源损失。但中国方面征用民工和日本侵略军强征劳工有所区别。日军强征劳工的伤亡率很高，和中国方面征用民工民夫的情况区别很大，因此要分别统计和说明，不能混淆。

4. 中国军队在重大战役战斗中的人员伤亡，分别情况加以统计处理。此次课题调研以统计平民伤亡为主。有关省（自治区、直辖市）如发现有本地发生过军队人员伤亡的重要资料，可以搜集整理并在调研报告中说明，但不计入本地人口伤亡总数。若是本地籍军人的伤亡，则计入本地人口伤亡总数。

5. 海外华侨拥有中国国籍，因此在计算抗日战争时期中国人口伤亡和财产损失时，华侨人口伤亡和财产损失均计算在内。各有关地方在计算本地人口伤亡和财产损失时，视情况可以将本地籍华侨的伤亡、损失计入统计数据总数，亦可单列数据并加以说明。

6. 工厂、学校、机关团体等由于战争原因搬迁造成的损失，算作间接损失，原则上由工厂、学校、机关团体等原所在地方统计。如果原所在地方缺少相关资料，新迁移处具备资料条件，也可由后者统计。为避免交叉和重复，遇到这类情况须特别加以说明。

7. 政党、政府机构的财产损失，归入公用事业的社会团体类财产损失一并计算。

8. 被日军、日本占领当局无偿征用、占用的中国耕地，按农作物的产量及其价值计算财产损失。

9. 伪军、伪政府的人员伤亡和财产损失，一般计入中国人口伤亡和财产损失。

10. 由战争原因导致的如黄河花园口决堤一类重大事件所造成的人口伤亡和财产损失，计算在间接人口伤亡和财产损失中。

11. 重大的财产损失，均以相应数额的货币反映价值。反映财产损失的货币一般要注明币种。

12. 通常用于抗日战争时期财产损失统计的货币（主要是法币），币值问题非常复杂。本课题调研中，涉及财产损失统计的货币数据，有条件进行折算的，一般按 1937 年即全国抗战爆发当年通用货币法币的币值进行折算，并说明折算的方式方法。因条件不具备，保留原始数据未作折算的，则注明有关数据中用以反映财产损失的货币系何种货币、何年币值。

五、关于撰写课题调研报告的要求

本次课题调研，有关课题组和承担专门课题的专家均按要求撰写出调研报告。

1. 各省、自治区、直辖市课题组撰写调研报告，内容大致分为概述、主体、结论三部分。

概述部分主要包括：介绍课题调研工作的基本情况，如：投入多少力量，到过什么地方查阅搜集档案资料，搜集了多少档案资料等。反映本地的自然地理概况，抗战爆发前的经济社会发展和人口状况，以及在抗战时期是重灾区还是大后方，是沦陷区还是根据地等。叙述日本侵略者在本地的主要罪行。还可简略回顾以往相关课题的资料和研究情况。

主体部分主要包括：分析说明本地人口伤亡和财产损失情

况。根据现掌握资料，将本地抗战时期人口伤亡分为直接伤亡和间接伤亡，将本地财产损失分为直接损失和间接损失，并分别说明主要的史料依据和分析结果。

结论部分，汇总本地人口伤亡数据、财产损失数据。据实说明迄今所掌握资料的局限性、本地遭受人口伤亡和财产损失的特点、影响等。

撰写调研报告依据的主要资料以及调研中同步完成的专题研究报告等，作为调研报告的附件，纳入课题调研成果中。

2. 由一批专家承担的全局性专门课题，如抗日战争时期重大惨案、劳工问题、"慰安妇"问题、细菌战、化学战、文化损失、海外华侨人口伤亡和财产损失、中国军队伤亡、重要战役战斗伤亡等，其调研报告的撰写和附件的收录，参照以上要求进行。

六、对调研成果的验收

在各省、自治区、直辖市课题调研工作结束后，完成的包括课题调研报告在内的省级调研成果和市、县等调研成果，要装订成册，通过审阅和验收，逐级上报，送交各省、自治区、直辖市党史研究室和中共中央党史研究室分别保存。

为确保质量，在调研过程中形成的各省、自治区、直辖市A、B两个系列书稿（省级调研成果为A系列书稿，市、县等调研成果为B系列书稿），要分别通过验收。其中，省级调研成果要通过由地方到中央的四级验收，市、县等调研成果则在有关省、自治区、直辖市内验收。

省级调研成果上报验收前，课题组先认真进行自审，以保证内容的完整准确，特别是调研报告和有关专题研究报告、资料、大事记的内容和数据要互相补充、印证，不能互相矛盾。课题组完成自审后，省级调研成果首先报送省级抗战损失课题领导小组验收。省级课题领导小组审查通过后，送省级专家验收组验收。省级专家验收组参加验收的专家一般为3—5人，人选来自党史系统、社会科学院和社科联系统、档案史志部门、高等院校等方面，为较有影响力、权威性的专家。省级专家验收组在本省（自治区、直辖市）课题领导小组的指导下，按照学术规范的严格要求和有关规定审读、验收本省（自治区、直辖市）拟提交中共中央党史研究室的省级调研成果。验收的主要标准和目的是确保调研成果的准确性、可靠性。对于验收中指出的问题、提出的意见和建议，各省（自治区、直辖市）课题组须采取有效措施解决和落实。对一次验收不合格的，修改、完善之后进行第二次以至多次验收，直到合格为止。省级专家验收组验收合格后，填写《A系列书稿验收报告表》。填写的报告表和书稿同时报送中共中央党史研究室课题组。

中共中央党史研究室课题组收到经省级专家验收组验收合格的省级调研成果后，先进行验收。认为合格后，再聘请国内知名专家进行验收，并填写《A系列书稿验收报告表》。验收中所提修改意见，由有关省、自治区、直辖市课题组予以逐条落实，对调研成果做出相应修改或者说明相关情况。

由一批专家承担的全局性专题研究成果，最后形成的书稿也纳入A系列，其验收也参照上述程序和要求，由中共中央党史研究室课题组组织有关专家进行。对于验收中提出的意见，承担课题的专家要逐条落实，对调研成果进行修改完善直至合格为止。

最后，中共中央党史研究室课题组对经过反复修改形成的省级调研成果和全局性专门课题调研成果进行复核。完成各项程序并符合要求的调研成果，包括通过四级验收的A系列书稿和由有关省、自治区、直辖市党史研究室组织验收并合格的B系列书稿，分批次送交中共党史出版社付印出版。

中共中央党史研究室课题组

目　　　录

总序

《抗日战争时期中国人口伤亡和财产损失》课题
　　调研工作规范和要求

抗战时期国民政府中央机关人员
伤亡和财产损失研究

中国人民抗日战争纪念馆课题组

(2008 年 3 月 12 日)

摘要 本文结合历史档案和文献资料对抗战时期国民政府中央各机关遭受的人员伤亡和财产损失进行了详细考察，以严谨、科学的态度整理、分析和研究了国民政府各中央机关抗战时期遭受人员伤亡和财产损失的基本情况，对中央机关总的人员伤亡和财产损失情况也有基本的考察。仅目前初步整理的情况看，当时中央机关遭受的人员伤亡和财产损失是相当巨大的。通过对这些基本情况的整理发现，抗战时期国民政府各中央机关的人员伤亡和财产损失情况，大大超过韩启桐先生等人的预计。该文的初步整理分析为进一步开展该课题的深入研究奠定了一定的基础。

关键词 国民政府 中央机关 人员伤亡 财产损失

2006 年 4 月，中国人民抗日战争纪念馆承担了《抗战时期国民政府中央各机关人口伤亡和财产损失研究》调研课题。从 2006 年上半年开始，我们以高度的历史责任感和使命感，积极开展相关工作。经过近两年时间的调研，我们终于完成该课题。现将调研工作情况报告如下：

一、调研工作概述

中国人民抗日战争纪念馆作为全国唯一一座全面反映中国人民抗日战争历程的综合性纪念馆，参与和抗战有关的课题研究责无旁贷。但是，承担该课题后又备感压力巨大。因为，要进行该课题的研究，除了有零星而远不全面的文献记载之外，主要就要依赖档案了。档案中是否存在相关记录？记载是否全面？

这些都是未知数。为了搞好该课题，我馆建立了由馆长作为第一责任人，副馆长主抓，研究部具体落实的工作机制，成立了《抗战时期国民政府中央各机关人口伤亡和财产损失研究》课题小组。调研工作主要经历了搜集资料阶段、查阅档案、撰写报告三个阶段。第一阶段：收集、查阅与抗战损失有关的文献资料。接到该课题后，我们多次召开会议就课题调研的方法，课题分工等问题进行讨论和布置，形成共识，认为该课题意义重大，虽然可能会遇到诸多困难，但必须迎难而上，确保该课题在前人研究的基础上有新的收获，取得重要成果。随后，课题组先后查阅了韩启桐著《中国对日战事损失之估计（一九三七——一九四三）》（国立中央研究院社会学研究 1948 年印），迟景德著《中国对日抗战损失调查史述》（台北"国史馆" 1987 年印行），孟国祥、喻德文著《中国抗战损失与战后索赔始末》（安徽人民出版社 1995 年版），袁成毅著《中日间的战争赔偿问题》（山西人民出版社 1999 年版），李正堂著《中国人关注的战争话题：战争赔偿》，（新华出版社 1999 年版）等多种专著和论文，了解了抗战时期、抗战胜利后开展抗战损失的相关情况。结合该课题，我们查阅了《民国时期中央国家机关组织概述》（中国档案出版社 1994 年版）、《迁都重庆的国民政府》（北京出版社 1994 年版）、《中华民国史》（四川人民出版社 2006 年版）等多部书籍和论文，考察了抗战时期国民政府中央机关的设置及演变情况。由于国民政府的中央机关数量众多，变动频繁，对本课题的研究带来不少困难，我们对中央机关的演变进行逐一厘清，这对研究国民政府中央机关的损失情况打下了必要的基础。第二阶段：组织专人到南京和台湾查阅了相关档案。2007年 1 月，我们赴台湾查阅档案，复制相关档案 20 余份。遗憾的是，由于时间有限，大量关于抗战损失的档案没有来得及查阅。2007 年 7 月，我们赴南京查阅档案，复制相关档案 300 多页。2007 年 11 月，我们再赴南京，查阅档案 166卷，复印档案 800 多页。第三阶段：我们结合历史档案和文献资料，对抗战时期国民政府中央机关的人口伤亡和财产损失情况，以严谨、科学的态度进行了整理、分析和研究，得出了初步结论。

本次调研，囿于我们掌握的资料，只是部分弄清了国民政府中央机关的财产损失情况，报告中不完善之处，有待今后进一步开展深入研究。

二、抗战时期国民政府中央各机关的设置及演变情况

抗战时期的国民政府，即一般所称的南京国民政府，始建于 1928 年 4 月 18

日。同年 10 月，国民政府实行五院制。国民政府由国民政府委员会和行政、立法、司法、考试、监察五院组成。为处理特种事务或事实上的需要，国民政府也于五院之外设立各个直属机关。此时，狭义的国民政府指国民政府委员会及其幕僚机构文官处、参军处。1932 年 3 月恢复军事委员会后，又增加了一个与五院并列的军事系统。在国民政府的六个院、会中，军事委员会与行政院最为重要。军事委员会拥有统一指挥党政军各机关的权力。行政院统揽国家行政大权。立法院掌管立法，司法、考试、监察三院，分别掌理司法审判、文官考选与人事行政、官吏弹劾与经济审计。初期，国民政府的经济建设和军事机关的设置比较紊乱，事权分散，系统不明。如经济建设方面，虽已有行政院实业部主管农林牧渔、工商矿业，交通部、铁道部掌理水陆交通，内政部掌管部分水利事业，却又于国民政府成立建设委员会和全国经济委员会掌理全国水利、电气、矿业、公路、农业、卫生的建设事项。1937 年军委会又设第三部、第四部主管国防工业和国防经济，设农产、工矿、贸易三个调整委员会管理生产调节，设资源委员会主管国防资源的开发利用。军事方面，国民政府原有直辖之参谋本部、训练总监部、军事参议院，行政院有军政部和海军部。1938 年初，国民政府对军政机构进行了一次大调整：将建设委员会全部，全国经济委员会及内政部主管的水利部分，军委会第三部、第四部和工矿、农产两个调整委员会，资源委员会及财政部的粮食运销局与行政院实业部合并，改组为行政院经济部；将全国经济委员会主管的公路建设、铁道部和军委会水陆运输联合办事处并入交通部；军委会贸易调整委员会划归财政部；国民政府直隶的参谋本部与军委会第一部合并为军令部，训练总监部改组为军委会军训部，军事参议院也改隶于军委会；行政院所属海军部撤销，于军委会设立海军总司令部，军政部兼由军委会管辖（仍属行政院序列）。其后仍不时有机构增减裁并和改变隶属关系的情况发生。

国民政府中央各机关的具体设置情况如下：

（一）国民政府及所属

国民政府的内部机构：南京国民政府成立初期，设秘书处、副官处和参事厅。1928 年 10 月改组后，秘书处改为文官处，副官处改为参军处。1931 年 4 月，增设主计处。

1928 年 10 月，国民政府实行五院制。除设五院之外，其直辖机构有：参谋本部、陆海空军总司令部、训练总监部、军事参议院、中央研究院。1929 年又先后成立首都建设委员会、导淮委员会、黄河水利委员会。1930年又增设总理陵园管理委员会。1932年2月恢复军事委员会，作为全国最高军事机关。又增设西京筹备委员会。同年12月设政务官惩戒委员会。1933年9月原隶行政院的全国经济委员会（1931年筹设）改立国民政府，统筹全国经济建设事业，并将直隶于国民政府的导淮委员会、黄河水利委员会划归该会管辖。是年还撤销首都建设委员会。1937年国民政府西迁重庆后，将原直隶国民政府的参谋本部、训练总监部、军事参议院，移归军事委员会管辖。1938年初，裁撤建设委员会和全国经济委员会，将其所经营各项业务，分别并入行政院经济、交通两部及卫生署掌理。1940年3月，成立国史馆筹备委员会。1941年11月设立稽勋委员会。

（二）军事委员会及所属

1925年广州国民政府成立时，即设立军事委员会。1928年10月，军事委员会被取消。1932年，军事委员会恢复。军事委员会的机构设置不断变化和扩大，到1945年6月，军事委员会直辖各部、会、院、厅、处、室、局31个，它们所属机构有5813个，如果连同中央派出机关、地方机关和高级司令部，则共有6151个，官兵97.5万人（不包括作战部队）。[①] 参谋本部、训练总监部、军事参议院在国民政府西迁重庆后归军事委员会管辖。

军事委员会直辖及指挥的机构有：委员长侍从室、参事室、技术研究室、参谋总长办公室、办公厅、法制处、考核处、邮航检查处、俄文编译馆、伤残官兵及抗属调查慰问组、汽艇管理所；军令部、军政部、军训部、兵役部、政治部、军阀执行总监部、海军总司令部、军事参议院、航空委员会、抚恤委员会、铨叙厅、外事局、展示运输管理局、战时新闻检查局、交通巡察处、工程委员会、干部训练团、知识青年从军编练总监部、宪兵司令部。

（三）行政院及所属

1928年10月25日，行政院正式成立。行政院为国民政府最高行政机关，掌管内政、外交、财政、经济、军政、文化、教育等国家事务。行政院设立各部会，分掌行政之职权；如有特定的行政事宜，得设委员会办理。

行政院所属部、会的演变情况：1928年10月行政院成立时，由内政、外

---

① 韩文昌、邵玲主编：《民国时期中央国家机关组织概述》，中国档案出版社1994年版，第190页。

交、军政、财政、农矿、工商、教育、交通、铁道、卫生10部及建设、蒙藏、侨务、禁烟4委员会组成。其后，各部、会历年多有变化，情况如下：1929年4月，军政部海军署扩大为海军部，直隶于行政院；侨务委员会改隶于国民党中央执行委员会。1930年1月，成立赈务委员会。12月，工商、农矿两部合并为实业部；建设委员会改隶于国民政府。1931年4月，卫生部改组为卫生署，划归内政部。12月，原属司法院的司法行政部改隶于行政院；侨务委员会复归行政院管辖。1934年10月，司法行政部又划归司法院。1935年5月，禁烟委员会改隶于军事委员会。9月，内政部卫生署改隶于行政院。1938年1月，实业部改组为经济部；铁道部撤销，业务归并交通部；海军部改组为军事委员会海军总司令部；卫生署并入内政部。3月，赈务委员会改组为赈济委员会。1940年4月，原内政部卫生署直隶于行政院。7月，原属国民党中央执行委员会的社会部改归行政院；农林部成立。8月，全国粮食管理局成立。1941年6月，全国粮食管理局扩大为粮食部。7月，原属教育部的中央气象局直隶于行政院。9月，行政院水利委员会成立。1942年5月，内政部地政司与地价申报处合并成立地政署，直隶于行政院。1943年1月，司法院司法行政部复归行政院。1944年9月，军政部兵役署扩大为兵役部，直隶于行政院。1945年1月，行政院善后救济总署成立。9月，兵役部缩编为兵役署，重归军政部。此外，行政院还设有中央图书杂志审查委员会、重庆陪都建设计划委员会、中央气象局、战时生产局等机构。

行政院直属机构：行政院除依据组织法，设有上述各部、会外，还根据事实之需要，设有整理内外债委员会、管理中英庚款董事会、农村复兴委员会、敌人罪行调查委员会、抗战损失调查委员会等各机关办理特定事项。

1. 行政院院部及所属

行政院内部初设秘书处和政务处。1942年6月，增设会计室和统计室。1943年5月，设置人事室。

2. 内政部及所属

内政部成立于1928年4月，初直隶于国民政府，负责管理地方行政及土地、水利、人口、警察、选举、国籍、宗教、公共卫生、社会救济等事务，并对各省及地方最高级行政长官执行该部主管事务有指挥监督之责。1828年10月，内政部改隶于行政院。1931年4月，卫生部改组为卫生署，隶属于内政部。1935年12月，卫生署又改隶于行政院。1938年，行政院卫生署又改隶于内政部。1940年，卫生署复直隶于行政院。1942年6月，内政部机构作了调整。原地政司与地价申报处合并扩充成立地政署，直隶于行政院。

禁烟委员会，成立于 1928 年，初隶属于国民政府。1928 年 10 月，改隶于行政院。1935 年 6 月，禁烟委员会改组为军事委员会委员长行营禁烟委员会总会。1938 年 3 月，禁烟委员会总会改组为禁烟委员会，并改隶于内政部。

3. 社会部

1938 年 4 月，国民党临时全国代表大会第四次全体会议通过了关于改进国民党党务及调整党政关系案，决定于中央设立社会部。同年 5 月 4 日，社会部在武汉正式办公。该部主要职能为协助民众团体之组织并策进其事业。社会部下设民众组织处、社会运动处、编审处、总务处，另设妇女运动指导委员会和工商运动委员会等。1940 年 10 月 16 日，社会部正式隶属行政院。该部原掌理之党团指导和妇女运动事项划归国民党中央组织部办理，文化运动事项划归中央宣传部办理，工商运动事项划归中央秘书处办理。另外，接管了原内政部主管的社会福利事宜和经济部主管的合作事业管理事项。行政院社会部掌管全国社会行政事务，下设总务司、组织训练司、社会福利司、合作事业管理局、参事厅、秘书厅、视导室、会计室和统计室等。1941 年 3 月，会计室和统计室分别改为会计处和统计处。1942 年，在社会部下设立劳动局。1943 年底至 1944年初，社会部为办理社会服务事业管理事项，设立了社会服务管理处。1947 年9 月，立法院审议通过了新的社会部组织法。社会部设有：人民团体组织司、劳工司、社会救济司、儿童保育司、社会服务司、总务司、合作事业管理局、社会保险局、工矿检查处、义务劳动管理处及参事厅、秘书厅、视导室、会计处、统计处、人事室。1949 年 5 月社会部撤销，其职掌由内政部接收办理。

4. 外交部及所属

1927 年 4 月，南京国民政府成立时即设立了外交部，直隶于国民政府，专管国际交涉及关于在外侨民、居留外人、中外商业之一切事务。1928 年 9 月以前，外交部曾设有侨务局，掌理华侨事宜，1928 年 9 月 7 日，侨务局并入侨务委员会。外交部还先后设有：设计考核委员会、驻外使领馆人员资格审查委员会、对日缔结和约审议委员会等。国内附属机构有：驻沪办事处、北平档案保管处、各视察专员办事处、各特派员办事处（特派员公署）。驻外机构有：各商务委员办事处、各签证货单专员办事处、驻印度专员公署、驻国联全权代表办事处（后为驻联合国代表办事处）、远东委员会中国代表团、驻日代表团、驻德联军管制委员会中国军事代表团、驻各国大使馆、公使馆、总领事馆、领事馆、副领事馆等。

5. 财政部及所属

财政部于1927年5月成立，初直隶于国民政府。管辖各省区税务、国库、公债、钱币、会计、出纳及其他一切财政并监督所辖各机关及公共团体之财政。部内设有下列机构：参事厅、总务厅、关税处、盐务处、土地处、赋税司、钱币司、公债司、会计司、国库司。1927年11月，财政部的职掌增加政府专卖业务，其部内机构也有所变化，关税处、盐务处改组为关务署和盐务署；钱币司改称金融监理局；土地处并入赋税司；撤销总务厅，其业务并入新设之秘书处；增设烟酒税处、印花税处和禁烟处。1928年5月，财政部内设下列机构：参事厅、秘书处、总务处、关务署、盐务署、赋税司、金融管理局、公债司、会计司、国库司、烟酒税处、印花税处、禁烟处。1944年1月，财政部内下设机构：参事室、督导室、顾问室、稽核室、秘书处、视察室、总务司、关务署、盐政司、盐务总局、地方财政司、钱币司、公债司、会计处、统计处、人事处、国库署、缉私署、税务署、直接税署和专卖事业司。1944年7月，停止食糖专卖，改征统税，业务移归税务署办理。8月，裁撤专卖事业司，另设专卖事业管理局综办全国火柴、烟类专卖。原有之盐政司亦与盐务总局合并改组为盐政局。1945年1月至3月间，停办专卖事业，将专卖事业管理局等各级专卖机构撤销，各项专卖改行征税。1945年1月，缉私署等缉私机关撤销，业务归并海关及盐政局。1945年4月，设立专用无线电台。1947年4月，该台与盐务电台合并，由总务司办理。1945年12月，盐政局更名为盐政总局，1947年5月又改称盐务总局。财政部还设立了各种附属机构：金融顾问委员会、设计考核委员会、外汇管理委员会、中央造币厂、中央造纸厂、中央印制局等。

6. 经济部及所属

1928年2月，成立农矿部和工商部。1930年12月，农矿部和工商部撤销，1931年1月，两部业务由新成立的实业部接管。1938年1月，实业部撤销，其业务由新成立的经济部接管。经济部由原实业部、建设委员会及全国经济委员会之水利部分及军事委员会第三部、第四部合并改组而成，隶属于行政院，职掌全国经济行政事务。经济部内设参事、秘书、技术三厅，总务、农林、矿业、工业、商业、水利六司。1938年7月，增设会计处。1939年1月，成立统计室。1940年5月，经济部组织法经第二次修正，内部机构设置变化如下：撤销农林、水利两司，原两司所掌职务及下属农林、水利机构分别划归新成立的农林部及行政院水利委员会掌理。增设管制司、电业司、企业司。至1944年1月，经济部内部机构设置计有参事、秘书、技术三厅，总务、管制、矿业、工业、电业、商业、企业八司，会计、统计二处及人事室。1948 年 5 月，改称工商部。1949 年 3 月，工商、农林、水利三部与资源委员会合并成立经济部，"管理全国经济行政与经济建设"。经济部内还先后设有设计考核委员会等 20 多个委员会，经济部的附属机关先后设置有农本局、合作事业管理局、地质调查所、工矿调整处、燃料管理处等机构。

7. 农林部及所属

农林部系由原经济部农林司扩组而成的，1940 年 7 月 1 日正式成立于重庆，直隶于行政院，掌理全国农林渔牧和垦务行政事务。部内设有总务、农事、农村经济、林业、渔牧五司及垦务总局、参事、秘书、技术三处和会计、统计二室。农林部成立后，还先后成立了各种附属委员会：设计考核委员会、粮食增产委员会、农产促进委员会、农业推广委员会、农业复原委员会等。农林部的下属机构有：中央农业实验所、中央林业实验所、中央畜牧实验所、中央水产实验所等。

8. 交通部及所属

交通部为全国最高交通行政机关，1927 年 5 月设立，直隶于国民政府。1928 年 10 月，改隶于行政院。该部管理、经营路政、电政、邮政、航政并监督民营交通事业。部内设总务厅和路政、电政、邮政三司。1928 年 11 月，曾成立铁道部，1938 年 1 月，并入交通部。此时，交通部的职掌为规划、建设、管理、经营全国国有铁道、公路、电政、邮政、航政并监督民营交通事业，部内设秘书、参事、技术三厅，总务、人事、财务、材料、路政、电政、航政七司，会计处、邮政总局和公路总管理处。1939 年 8 月，设公路运输总局。1940 年统计室改为统计处，又增设驿运总管理处。1941 年军委会设运输统制局主管公路工程及运输，并将交通部公路总管理处及公路运输总局移交该局。1943 年 3 月运输统制局结束，公路业务及有关机构又改归交通部，设公路总局办理。1943 年 7 月，电政司改为邮电司，人事司改为人事处，并增设材料供应总处、电信总局。1945 年 1 月，军委会再设战时运输管理局，接管交通部所掌公路部分的职能及有关机构。到 1945 年 12 月底，交通部设有秘书、参事、技术三厅，路政、邮电、航政、财务、材料、总务六司，人事、会计、统计三处。此外，还设有涉及考核委员会、交通复原准备委员会、交通技术标准委员会等。1946 年 1 月，战时运输管理局撤销，公路之经营管理权又归还交通部。交通部附属机构较多，先后设立的主要机构有：铁路方面有各铁路管理局、工程局、保管处、铁路公司及滇缅铁路督办公署、铁路测量处、铁路总机厂、东北运输管理局等；公路方面有公路总管理处、公路运输总局、公路总局等；邮政电信方面有邮政总局、邮政储金汇业局及电信总局等；航政方面有国营招商局（后改为招商局轮船股份有限公司）、各区航政局、全国引水管理委员会、民用航空局等；驿运方面有驿运总管理处；材料方面有材料储运总处等。

9. 教育部及所属

1928年10月成立，管理全国学术及教育行政事务。该部内设总务、高等教育、普通教育、社会教育四司及编审处。1929年，增设蒙藏教育司及华侨教育设计委员会。1933年，设立国立编译馆。1936年，增设会计室和统计室。1940年1月，裁撤普通教育司，分设中等教育司及国民教育司；改会计室为会计。1943年12月，增设人事处，并改统计室为统计处。1945年9月，增设教育资料研究室。教育部还先后设有国语推行委员会、医学教育委员会、华侨教育设计委员会、体育委员会、讯育委员会、学术审议委员会、战区教育指导委员会、国民教育辅导研究委员会、教育研究委员会等各种委员会。

10. 地政署

地政署是1942年6月22日由内政部地政司及地价申报处合组而成，直隶于行政院，掌理全国土地行政事务。内部机构设有总务、地籍、地价、地权四处，参事、秘书、技正、视察、人事五室及主计机构，分掌有关事务。1947年4月升级为地政部。

11. 卫生部（署）及所属

卫生部成立于1928年11月，隶属于行政院。1931年4月缩编为署，改隶于内政部。1935年6月复改隶于行政院。1938年1月又改隶内政部，1940年4月再隶属于行政院。

卫生部（署）设有：中央卫生委员会、中医委员会、设计考核委员会、统计委员会、法规审议委员会、编译委员会、卫生技术研讨会等各种委员会。

卫生部（署）的附属机关有：中央卫生实验院、医疗防疫总处、黑热病防治处、东南鼠疫防治处、中央防疫实验处、麻醉药品经理处、第一制药厂、中央生物化学制药实验处、药品供应处、药物食品检验局、各地海港检疫所及直属各医院等。

1947年4月，卫生署升级为卫生部。

12. 粮食部

1940年8月，行政院设立直辖之全国粮食管理局。1941年5月，全国粮食管理局扩大改组为粮食部，负责全国粮食行政事宜。机构内部设总务、人事、储运、军粮、财务等司及调查处、会计处、统计室、秘书处与参事厅。

13. 蒙藏委员会

蒙藏委员会成立于 1929 年 2 月 1 日，隶属于行政院。蒙藏委员会先后设置的直属机构有：驻平办事处、蒙藏招待所、北平蒙藏学校、北平喇嘛寺庙整理委员会、蒙藏政治训练班、蒙藏月刊社、杀虎口牧场、张家口牧场、察哈尔蒙旗特派员公署、驻藏办事处。指导机关有：西陲宣化使公署、蒙旗宣化使公署、蒙古地方自治政务委员会、绥远省境内蒙古各盟旗地方自治政务委员会、绥远省境内蒙古各盟旗地方自治指导长官公署、蒙旗宣慰使公署。监督指导机关有：章嘉呼图克图驻京办事处、蒙古各盟旗联合驻京办事处、西藏班禅驻京办事处、西藏班禅驻平办事处、西藏驻京办事处、西藏驻康办事处、西藏驻平办事处、绥远省境内各盟旗地方自治政务委员会驻京办事处、绥蒙指署驻京办事处。

14. 侨务委员会

广州国民政府曾在 1926 年设侨务委员会。1927 年南京国民政府成立后于外交部内设侨务局、大学院内设华侨教育委员会，负责办理有关侨务事项。1928 年 4 月，国民党中央政治会议议决恢复侨务委员会。9 月 4 日该会正式成立，9 月 7 日，外交部侨务局并入该会。侨务委员会直隶于国民政府。1928 年 10 月，实行五院制，侨务委员会改隶于行政院。

15. 赈济委员会

1930 年 2 月，国民政府成立赈务委员会，直隶于行政院，负责办理各灾区赈务事宜。该会辖有驻平、驻沪办事处及各省赈务会。1938 年 4 月，撤销赈务委员会，成立赈济委员会。赈济委员会隶属于行政院，负责管理全国赈济行政事务。会内设三处和会计室、统计室，1940 年 12 月，修正该会组织法，会内增设秘书、参事二室。赈济委员会下辖有赈抚工作总队（各分队）、卫生所、各运送配置难民总站、各地空隙紧急救济联合办事处、各地难民组训委员会、各地小本贷款处、各儿童教养院（所）、各赈济工厂、各施诊所、难民技工训练班及各省市赈济会、各地救济区。1945 年 11 月，赈济委员会撤销，其业务全部归并行政院善后救济总署。赈济委员会又写作振济委员会。

16. 水利委员会

1941 年 9 月设立。会内设秘书、工务二处及秘书、专员、视察、技术五室。1943 年增设人事室及统计室，1944 年改秘书处为总务处。1946 年 7 月 18 日，行政院水利委员会改为水利委员会，其组织及职能无变化。1947 年 5 月，改组为水利部。水利委员会陆续设有诉愿审理委员会、法规编审委员会、技术人员资历审查委员会、设计考核委员会、财务审查委员会、水权登记审核委员会、学术审查委员会、建筑工程委员会、水利法规修订委员会等各委员会。水利部的下属机构有：淮河水利工程总局（导淮委员会）、黄河水利工程局（黄河水利委员会）、长江水利工程总局（扬子江水利委员会）、华北水利工程总局（华北水利委员会）、东北水利工程总局、珠江水利工程总局（珠江水利局）、江汉工程局、泾洛工程局、中央水工实验处、水利示范工程处、湖北堤工专款保管委员会、新疆水利勘测总队、甘肃河西水利工程总队、黄河堵口复堤工程局及各勘测队、水文站。

17. 县政计划委员会

1939 年 6 月 24 日成立，直隶于行政院。负责拟订新县制的有关法规；推荐新县制所需人才（包括县长）；考察、推行新县制之实际情形并提出报告。该会设专门委员会，下分法制、人事、财政、户口、警卫、教育、土地、合作、农业、工业、交通、水利、卫生、社会调查和社会救济等 15 个研究组。1941 年 10 月，县政计划委员会奉令撤销。

（四）立法院及所属

立法院：1928 年 12 月 5 日成立。立法院是国民政府最高立法机关，有议决法律案、预算案、大赦案、宣战案、媾和案、条约案及其他重要国家事项的职权。下设法制、外交、财政、经济、军事五个委员会。立法院内部机构设有秘书处、编译处及会计、统计、人事三室。

（五）司法院及所属

司法院：1928 年 11 月 16 日成立。司法院是国民政府最高司法机关，除民刑事最高审判、公务员惩戒、行政诉讼、司法行政分别由所属机关执行外，关于主管事项得提出议案于立法院；关于特赦、减刑及复权事项，由司法院长提请国民政府主席署名行之；经最高法院院长及所属各庭庭长会议议决，行使统一解释法令及变更判例之权。司法院院内设有秘书处、参事处、编译处等机构。司法院的下属机构由最高法院、中央公务员惩戒委员会、行政法院、中央特种军事法庭。

司法行政部于 1928 年 11 月—1931 年 12 月及 1934 年 10 月至 1942 年 12 月也隶属于该院。1932 年—1934 年 10 月及 1943 年—1945 年隶属于行政院。司法行政部还设有下列委员会：司法官资格审查委员会、司法官成绩审查委员会、监狱官审查委员会、审判官审查委员会、甄拔律师委员会、法制调查委员会、统计委员会、考绩委员会、设计考核委员会、司法补助费管理委员会。司法行政部的直辖机关：最高法院检察署、首都及各省高等法院、首都和上海监狱、法医研究所。

（六）考试院及所属

考试院：1928年10月，国民政府实行五院制，开始筹设考试院，1930年1月6日正式成立。考试院为国民政府最高考试机关，掌理国家机关人员之考试、任用、铨叙、考绩、绩俸、升迁、保障、褒奖、抚恤、退休、养老等事宜。具体业务分设考选委员会、铨叙部两机关办理。考选委员会于1928年10月开始筹设，1930年1月正式成立。铨叙部于1928年10月开始筹设，1930年1月正式成立，直隶于考试院。主管全国文官、法官、外交官、其他公务员及考取人员之铨叙，下设秘书处、登记司、甄核司、育才司及铨叙审查委员会。1944年8月，修正铨叙部组织法，规定该部掌理全国文职公务人员之铨叙及各机关人事机构之管理事项，下设总务、登记、典职、奖恤、考功、甄核6司，会计、统计、参事、视察、专员5室及铨叙审查委员会。另设法规委员会和辅导委员会。

（七）监察院及所属

1928年10月，国民政府实行五院制，监察院为五院之一，先设筹备处。1931年2月，监察院正式成立。监察院为国民政府最高监察机关，行使弹劾、审计、纠举、建议、监试、监赈等项职权。监察院内部机构，最初只设有秘书、参事两处，后增设会计室、统计室、人事室和监察委员会办公室。

为使监察权内外并重，普及全国，监察院于1931年将全国划为14个监察区，1934年增划为16区。监察院在每区设一监察使署，直隶监察院。抗战胜利后，在全国设立19个监察区，除了热河察哈尔绥远、吉林松江合江、黑龙江嫩江兴安、西藏、蒙古五区外，其余14区均设有监察使署。

监察院内设内政地政委员会、外交侨务委员会、国防委员会、财政粮政委员会、经济资源农林水利委员会、教育委员会、交通委员会、司法委员会、社会卫生委员会、蒙藏委员会等十个委员会。

审计部成立于1931年3月，直隶于监察院。

综上所述，抗战时期国民政府中央机关主要包括国民政府直属机构、军事委员会、行政院、立法院、司法院、考试院和监察院等机构，比较明晰，但是，各机关所属机构不断调整、合并、增设，为我们进一步考察各中央机关的人员伤亡和财产损失情况，带来较大难度。

三、国民政府中央各机关人口伤亡情况

我们在查阅档案的过程中，也尽量注意收集中央机关人员伤亡情况的有关资料，但是对于中央机关的人口伤亡情况，我们只是找到了零星的资料。部分中央机关人员伤亡情况如下：

军事委员会军令部及所属抗战期间的人员伤亡为：20 人①。

根据 1940 年统计，内政部附属机关人员伤亡：男重伤 3 人，轻伤 2 人，死亡 1 人②。根据 1942 年 5 月统计，内政部及所属机关死亡男 4 人，女 1 人。③

交通机关伤亡情况：根据交通部统计处统计，抗战期间死亡 4325 人，受伤 1706 人，共计伤亡 6031 人。

交通员工伤亡人数统计表

（1931 年 9 月 18 日—1945 年 8 月 15 日）

项别	合计	受伤	死亡
总计	6031	1706	4325
铁路	2095	1016	1079
公路	1215		1215
驿运	34	1	33
航务	2098	455	1643
航空	48	16	32
邮政	320	155	165
电政	198	61	137
材料	23	2	21

［中国第二历史档案馆馆藏档案，档案号：20 - 2725（19）- 0016］

根据司法行政部暨直属机关人员战时私人财产损失调查总表（1943.9）统计，从 1937 年至 1943 年 7 月止，受损人员 175 人，被难人员 59 人（其中男性 34 人，女性 25 人）。从 1940 年到 1942 年，全国司法人员受损人数是 2014 人，被难人员 232 人（其中男性 127 人，女性 105 人）④。

---

① 中国第二历史档案馆馆藏档案，档案号：769 - 1835 - 0062、0063。
② 中国第二历史档案馆馆藏档案，档案号：12（6）- 4422 - 0063。
③ 中国第二历史档案馆馆藏档案，档案号：12（6）- 4422 - 0212。
④《全国司法战时私人财产损失调查表（1943.9）》，中国第二历史档案馆馆藏档案，档案号：1326 - 1339。中央党史研究室提供。

其他中央机关人员伤亡情况不详。

四、国民政府中央各机关财产损失情况

查阅文献，国民政府中央机关在抗战时期的财产损失，其基础数据来自韩启桐先生所著《中国对日战事损失之估计》（1937—1943）一书①，该书的统计数字引自国民政府主计处统计局编"抗战中人口与财产所受损失统计"第六次统计数字。统计表明：中央机关财产直接损失为：91,272,147元②。除去军事委员会及军政部所受损失，行政机关的损失为：50,370,251元。详见下表：

中央机关财产损失统计

机关别	损失总额	不动产	动产
总计	50,370,251	19,253,322	31,116,929
国民政府及所属	6,965,550	5,498,198	1,467,352
行政院及所属	13,200	1,528	11,672
内政部及所属	580,518	292,954	287,564
财政部及所属	21,437,301	7,668,438	13,768,863
经济部及所属	15,057,254	3,412,489	11,644,765
教育部及所属	1,932,562	928,900	1,003,662
蒙藏委员会及所属	1,932,562	265,902	195,878
侨务委员会及所属	3,041		3,041
水利委员会及所属	921,928	22,869	899,059
卫生署及所属	196,767	22,125	174,642
最高法院	575,090	500,000	75,090
铨叙部及所属	45,856		45,856
监察院及所属	96,505	2,565	93,940

（国民政府主计处统计局："抗战中人口与财产损失统计"第六次汇编统计，附表一）③

---

① 韩启桐著：《中国对日战事损失之估计》（1937—1943），中华书局1946年版。
② 韩启桐著：《中国对日战事损失之估计》（1937—1943），中华书局1946年版，第50页。
③ 韩启桐著：《中国对日战事损失之估计》（1937—1943），中华书局1946年版，第50页。

作者指出，国民政府主计处统计局编"抗战中人口与财产所受损失统计"第六次统计并不完全，"机关既多遗漏，数字又有可疑，至于'所属'含义如何，更是难以揣悉。"据韩启桐推算，全部中央行政机关所受损失，依理当不下于原估计的两倍，即10074万元。①

韩启桐的估计是否正确？国民政府主计处第六次统计原始档案能否找到？有没有更全面的统计？

带着这些问题，我们在中国第二历史档案馆和台北"国史馆"等单位查阅了相关档案，获得了可喜的成果。

抗日战争爆发后，因为日军侵略，全国人口和公私财产损失惨重。蒋介石曾手谕国防最高委员会和军事委员会参事厅等处从速估计抗战之直接损失和间接损失，并时时注意此项工作之进行。1939年7月，行政院根据国防最高委员会交办之国民参政会之第二次大会建议速办抗战公私损失调查一案，制定抗战损失查报须知及表式，通令所属机关与地方政府调查，并呈经国民政府通令中央其它各机关依式查报，由国民政府主计处审核汇编。

此后，各级政府机关查报之损失，陆续由行政院及国民政府文官处转送国民政府主计处，随时详加审核。1940年7月，主计处将截至1940年6月底收到行政院及文官处报告，试行汇编，并将本处从其他方面获得之估计或调查，加以整理，编成抗战中人口财产所受损失统计试编（即国民政府主计处第一次统计）。1941年1月，主计处将1940年7月至12月底收到行政院及文官处报告，依照试编中正编之办法，作第二次汇编（即国民政府主计处第二次统计）。因此项抗战损失资料，系属累计性质，遂将两次数字累计之，编成"抗战中人口与财产所受损失统计"一册。1941年7月，作第三次汇编。依照前次成规，将三次数字累积。1942年以后，本次依照此成规，将每半年收到之报告编制，并将历次编制之结果累积，编成截止该时末之"抗战中人口与财产损失统计"，此经先后分送行政院国防最高委员会秘书厅及中央设计局参考。照此，1942年1月作第四次汇编；1942年7月作第五次汇编；1943年1月，作第六次汇编；1943年7月，作第七次汇编；1944年1月，作第八次汇编。

为了便于统计，根据国民政府各中央机关设置的变化，我们将国民政府中央机关分为以下七个部分对其财产损失情况分别进行考察：

---

① 韩启桐著：《中国对日战事损失之估计》（1937—1943），中华书局1946年版，第50—51页。

（一）国民政府及所属

1. 参军处

根据 1946 年 1 月统计，参军处的间接损失为 4,543,399 元，详见下表：

国民政府参军处财产间接损失报告表

填送日期（1946 年 1 月 18 日）

分类	数额（单位：国币元）
共计	4,543,399
迁移费	12,890（由南京迁往重庆费用）
防空设备费	46,047（1937 年在南京防控设备及 1941 年在重庆建防空洞费用）
疏散费	
救济费	
抚恤费	
修缮费	4,484,062（1941 年、1943 年国民政府房屋被炸毁修缮费）

（中国第二历史档案馆馆藏档案，档案号：1－1269－0098）

2. 总理陵园管理委员会

根据 1940 年统计，总理陵园管理委员会财产直接损失为 6,952,319.54 元。详见下表：

总理陵园管理委员会财产直接损失统计表（1941 年 1 月汇编）

机关别	各项财产直接损失								查报机关数
	共计	建筑物	器具	现款	图书	仪器	医药用品	其他	
总理陵园管理委员会	6,952,319.54	5,489,294.14	85,518.09		33,171.85		970.28	1,343,365.18	1

（"抗战中人口与财产所受损失统计"第二次汇编统计，中国第二历史档案馆馆藏档案，档案号：4－16728－0016）

3. 西京筹备委员会

根据 1940 年统计，西京筹备委员会财产损失共计 16,574.66 元，其中直接损失为 8,984.44 元，间接损失为 7,590.22 元。详见下表：

西京筹备委员会财产直接损失统计表（1941 年 1 月汇编）

机关别	各项财产直接损失								查报机关数
	共计	建筑物	器具	现款	图书	仪器	医药用品	其他	
西京筹备委员会	8,984.44	8,904.00	80.44						1

（"抗战中人口与财产所受损失统计"第二次汇编统计，中国第二历史档案馆馆藏档案，档案号：4 - 16728 - 0016）

西京筹备委员会财产间接损失统计表（1940 年 12 月）

机关别	各项费用						查报机关数
	共计	迁移费	防空设备费	疏散费	救济费	抚恤费	
西京筹备委员会	7,590.22	572.11	5,212.01	1,696.00		110.00	1

（"抗战中人口与财产所受损失统计"第二次汇编统计，中国第二历史档案馆馆藏档案，档案号：4 - 16728 - 0026）

4. 国民政府及所属机关财产损失

根据国民政府主计处第四次汇编统计，国民政府及所属机关财产损失为 6,973,140.15 元，其中财产直接损失为 6,965,549.93 元，间接损失为 7,590.22 元。详见下表：

国民政府及所属机关财产直接损失统计表（1942 年 1 月汇编）

机关别	各项财产直接损失（单位：国币　元）							
	共计	建筑物	器具	现款	图书	仪器	医药费用	其他
国民政府及所属	6,965,549.93	5,498,198.14	89,844.48		33,171.85		970.28	1,343,365.18

［"抗战中人口与财产所受损失"第四次汇编统计，中国第二历史档案馆馆藏档案，档案号：6（2）- 237 - 0087］

国民政府及所属机关财产间接损失统计表（1942年1月汇编）

机关别	各项费用（单位：国币　元）					
	共计	迁移费	防空设备费	疏散费	救济费	抚恤费
国民政府及所属	7,590.22	572.11	5,212.11	1,696.00		110.00

［中国第二历史档案馆馆藏档案，档案号：6（2）-237-0097］

根据国民政府主计处第六次统计，国民政府及所属机关财产损失认为6,973,140.15元，与第四次统计相比无任何变化[1]。

根据以上统计，国民政府及所属机关财产损失虽然在第六次统计时已列，但实际统计数字，仅仅统计到1941年底。国民政府参军处1946年1月统计的损失不包括在国民政府及所属机构1942年1月的汇编统计数字在内。根据目前掌握的资料，国民政府及所属机关的财产直接损失为6,965,549.93元（截至1941年底），间接损失仅为西京筹备委员会损失7,590.22元（1942年1月汇编，截至1941年底），参军处损失4,543,399元（1946年1月统计），国民政府很多直属机关损失不详。

（二）军事委员会及所属

1. 军政部及所属

1937年9月20日，军政部储藏库被炸，造成墙壁倾塌，弹痕深3公尺，损失约10000元。9月25日军政部无线电台被烧毁，12间房屋倒塌，损失约5,000元。同日，军政部江东门特务团卫兵室、传达室、保管处、卫门等被烧毁。[2]

1940年12月统计，军政部直接损失为34,033,774.61元，间接损失为665,619.34元，共计34,699,393.95元。详见下表：

---

① 国民政府主计处：抗战中人口与财产所受损失第六次汇编统计，中国第二历史档案馆馆藏档案，档案号：6（2）-237-0016、0026。

② 1937年11月18日南京警备司令部公函：《南京警备司令部关于日机空袭市区人口伤亡和房屋损毁详报》，南京市档案馆藏档案，档案号：1001-1-660。

军政部财产直接损失统计表（1940 年 12 月）

机关别	各项财产直接损失								查报机关数
	共计	建筑物	器具	现款	图书	仪器	医药用品	其他	
军政部及所属	34,033,774.61	31,999,205.46	1,775,437.55	791.00	170.41	176,074.08	431.50	81,644.61	20

（抗战中人口与财产所受损失统计，中国第二历史档案馆馆藏档案，档案号：4 - 16728 - 0016）

军政部财产直接损失统计表（1940 年 12 月）

机关别	各项费用						查报机关数
	共计	迁移费	防空设备费	疏散费	救济费	抚恤费	
军政部及所属	665,619.34	528,281.98	48,836.32	77,882.44	6,684.00	2,934.60	21

（抗战中人口与财产所受损失统计，中国第二历史档案馆馆藏档案，档案号：4 - 16728 - 0026）

根据 1941 年底统计，军政部及所属机关财产损失 41,403,762.15 元，其中直接损失 40,690,841.45 元，间接损失 712,920.70 元。详见下表：

军政部及所属机关财产直接损失统计表（1942 年 1 月制表）

机关别	各项财产直接损失							
	共计	建筑物	器具	现款	图书	仪器	医药费用	其他
军政部及所属	40,690,841.45	36,377,634.27	1,862,666.45	791.00	250.41	176,141.08	976.40	2,272,381.84

［中国第二历史档案馆馆藏档案，档案号：6（2）- 237 - 0087］

军政部及所属机关财产间接损失统计表（1942 年 1 月制表）

机关别	各项费用					
	共计	迁移费	防空设备费	疏散费	救济费	抚恤费
军政部及所属	712,920.70	555,500.30	53,925.52	85,744.28	14,816.00	2,934.60

［中国第二历史档案馆馆藏档案，档案号：6（2）- 237 - 0097］

根据国民政府主计处第六次汇编统计，截至 1942 年底，军政部及所属财产损失为 41,610,630.57 元。详见下表：

军政部及所属机关财产直接损失情况（1943 年 1 月汇编）

机关别	各项财产直接损失(单位:国币　元)							
	共计	建筑物	器具	现款	图书	仪器	医药费用	其他
军政部及所属	40,897,709.87	36,524,434.27	1,862,666.45	791.00	250.41	176,141.08	976.40	2,332,450.26

来源：国民政府主计处："抗战中人口与财产所受损失统计"第六次汇编统计，附表一。[中国第二历史档案馆馆藏档案，档案号：6（2）-237-0016]

军政部及所属机关财产间接损失情况（1943 年 1 月汇编）

机关别	各项费用(单位:国币　元)					
	共计	迁移费	防空设备费	疏散费	救济费	抚恤费
军政部及所属	712,920.70	555,500.30	53,925.52	85,744.28	14,816.00	2,934.60

来源：国民政府主计处："抗战中人口与财产所受损失统计"第六次汇编统计，附表一。[中国第二历史档案馆馆藏档案，档案号：6（2）-237-0026]

根据以上统计，截至 1942 年底，军政部及所属机关的财产损失达 41,610,630.57元。

2. 军令部及所属

抗日战争时期，军事委员会军令部及所属机关财产损失为：387,790,457.25元。详见下表：

军事委员会军令部及所属单位抗战期间公私财产损失总表（1945 年 4 月）

军事委员会军令部三十四年四月份已报抗战公私财产损失总表			
机关名称	公私损失区别	金额	备考
军令部	公家损失	737,796.00	
第四厅		130,381,136.25	
陆军大学校		5242,864.00	
战事编纂委员会		9,000.00	

机关名称	公私损失区别	金额	备考
通讯总所		4,730,000.00	
区党部		755,520.00	
小计		131,856,316.00	
高级参谋室	私人损失	1,8096,748.00	
第一厅		71115,813.00	
第二厅		2,2170,080.00	
第三厅		12,9640,226.00	
第四厅		5842,504.00	
战史编纂委员会		7934,310.00	
高级参谋室		30,000.00	
高级参谋室	伤亡医药埋葬费	30,000.00	
第三厅		155,000.00	
通讯总所		45,000.00	
小计	私人财产损失伤亡医药埋葬费	25,5934,141.00	
第一厅	人口伤亡	20名	
小计		20名	
总计	公私损失	387,790,457.25	
总计	人口伤亡	20名	

军事委员会军令部三十四年四月份已报抗战公私财产损失总表

（该统计数字为自九一八以来之统计。中国第二历史档案馆馆藏档案，档案号：769-1835-0062、0063）

3. 军事委员会机关

根据 1942 年 1 月统计，军事委员会及所属机关财产所受损失为 8186.33 元，其中直接损失为 4286.33 元，间接损失为 4,000 元。详见下表：

军事委员会及所属机关财产直接损失统计表（1942 年 1 月汇编）

机关别	各项财产直接损失							
	共计	建筑物	器具	现款	图书	仪器	医药费用	其他
军事委员会及所属	4,186.33	500.00	2,586.33					1,100.00

[来源："国民政府主计处第四次汇编统计"，中国第二历史档案馆馆藏档案，档案号：6（2）-237-0087]

军事委员会及所属机关财产间接损失统计表（1942 年 1 月汇编）

机关别	各项费用					
	共计	迁移费	防空设备费	疏散费	救济费	抚恤费
军事委员会及所属	4,000.00	2,800.00	1,100.00	100.00		

[来源："国民政府主计处第四次汇编统计"，中国第二历史档案馆馆藏档案，档案号：6（2）-237-0097]

根据国民政府主计处第六次统计（1943 年 1 月），军事委员会机关财产损失为 8,186.33 元。此数字与 1942 年 1 月的汇编统计没有变化[1]。

抗战时期，国民政府军令部、军政部和军事委员会机关财产损失统计当为独立统计，互不包含。军事委员会及所属机关达 6000 多个，所见统计资料只有很少一部分。军事委员会及所属全部机构在抗战时期的损失情况有待进一步整理和研究。

（三）行政院及所属

1. 行政院院部及所属

根据国民政府主计处统计局第四次汇编统计，行政院及所属所受财产直接损失为 12,768.10 元，其中建筑物损失 1,528.00 元，器具损失 11,240.10 元[2]；第六次汇编统计，行政院及所属财产损失为 13,200.10 元，其中建筑物损失 1,528.00 元，器具损失 11,672.10 元[3]；第八次汇编统计，行政院及所属财产损失为 15,254.08 元，其中建筑物损失 1,528.00 元，器具损失 13,726.08 元。根据以上统计，截至 1943 年底，行政院院部在抗战期间的直接财产损失为 15,254.08 元。

国民政府主计处统计局历次关于行政院院部财产损失的统计情况详列如下：

---

[1] "抗战中人口与财产所受损失统计"第六次汇编统计，中国第二历史档案馆馆藏档案，档案号：6（2）-237-0026。

[2] 中国第二历史档案馆馆藏档案，档案号：6（2）-237-0087。

[3] 中国第二历史档案馆馆藏档案，档案号：6（2）-237-0016。

行政院及所属财产直接损失统计表（1942 年 1 月汇编）

机关别	各项财产直接损失（单位：国币　元）							
	共计	建筑物	器具	现款	图书	仪器	医药费用	其他
行政院及所属	12,768.10	1,528.00	11,240.10					

〔"抗战中人口与财产所受损失统计"第四次汇编统计，中国第二历史档案馆馆藏档案，档案号：6（2）－237－0087〕

行政院及所属财产直接损失统计表（1943 年 1 月汇编）

机关别	各项财产直接损失（单位：国币　元）							
	共计	建筑物	器具	现款	图书	仪器	医药费用	其他
行政院及所属	13,200.10	1,528.00	11,672.10					

〔"抗战中人口与财产所受损失统计"第六次汇编统计，中国第二历史档案馆馆藏档案，档案号：6（2）－237－0016〕

行政院及所属财产直接损失统计表（1944 年 1 月汇编）

机关别	各项财产直接损失							
	共计	建筑物	器具	现款	图书	仪器	医药费用	其他
行政院及所属	15,254.08	1,528.00	13,726.08					

〔"抗战中人口与财产损失之统计"第八次统计汇编，中国第二历史档案馆馆藏档案，档案号：6（2）－237－0051〕

2. 内政部及所属

内政部及其所属机关财产损失情况，在 1940 年的汇报表中有详细统计。经统计内政部及其所属机关财产损失共计 989,468.96 元，其中间接财产损失 369,811.44 元，直接财产损失 619,657.52 元，另有文卷 51,957 宗无从估价。分列如下：

内政部财产间接损失报告表：（填送日期：1940 年 12 月）

分类	数额（单位：国币元）
共计	129,437.42
迁移费	48,222.75
防空设备费	36,366.22

分类	数额（单位：国币元）
疏散费	44,848.45
救济费	
抚恤费	

［中国第二历史档案馆馆藏档案，档案号：12（6）-4422］

内政部附属机关财产间接损失汇报表：（填送日期：1940 年 12 月）

分类	数额（单位：国币元）
共计	240,374.02
迁移费	119,507.55
防空设备费	57,125.22
疏散费	57,408.45
救济费	5,228.10
抚恤费	1,104.70

［中国第二历史档案馆馆藏档案，档案号：12（6）-4422］

内政部及附属机关财产直接损失汇报表：（填送日期：1940 年 12 月）

分类	价值（单位：国币元）
共计	
建筑物	429,098.46
器具	42,573.43
现款	无
图书	131,929.53
仪器	68.02
文卷	51,957 宗（无从估价）
医药用品	2,830.63
其他（包括旅行服装汽油等项）	13,157.45

［说明：事件：日机轰炸及日军进攻及未搬运者；日期：自 1937 年 11 月至 1939 年底；地点：南京及重庆。中国第二历史档案馆馆藏档案，档案号：12（6）-4422］

内政部财产损失报告单（填送日期：1940 年 12 月）

损失项目	单位	数量	价值(国币)
总类	册	4,115	4,115.00
哲学	册	2,135	2,135.00
宗教	册	532	532.00
自然科学	册	3,248	3,248.00
应自科学	册	4,372	4,372.00
社会科学	册	15,483	15,483.00
中外史地	册	10,523	10,523.00
语文学	册	9,295	9,295.00
美术	册	2,230	2,230.00
小说	册	3,304	3,304.00
中山文库	册	518	518.00
西文图书	册	2,480	2,480.00
大藏经	册	7,712	7,712.00
影印古今图书集成	册	184	184.00
影印四库全书珍本初集	册	1,960	1,960.00
四部丛刊	册	2,098	2,098.00
四部丛刊续编	册	510	510.00
四部备要	册	1,394	1,394.00
万有文库	册	4,077	4,077.00
儿童文库	册	500	500.00
编审室送存图书	册	1,356	1,356.00
未编目中日文图书	册	2,348	2,348.00
未编目西文图书	册	231	231.00
拟送中央警官学校图书	册	141	141.00
拟送市社会局儿童图书	册	6,832	6,832.00
拟送中央政治学校图书	册	200	200.00

损失项目	单位	数量	价值(国币)
第二编中日文图书目录	册	68	68.00
内政公报各期	册	112,476	112,476.00
本部其他刊物	册	6,778	6,778.00
合计			127,826.80

[说明：事件：南京撤退；日期：1937年10月；地点：南京。中国第二历史档案馆馆藏档案，档案号：12（6）-4422]

内政部财产损失报告单（填送日期：1940年12月）

损失项目	单位	数量	价值(国币元)
档案	总务	23,405宗	无从估计
档案	民政	7,726宗	无从估计
档案	警政	14,539宗	无从估计
档案	地政	2,841宗	无从估计
档案	礼俗	3,446宗	无从估计
合计		51,957宗	无从估计

[说明：事件：南京撤退；日期：1937年10月；地点：南京；来源：中国第二历史档案馆馆藏档案，档案号：12（6）-4422]

根据1942年1月统计，内政部财产损失为380,650.43元，其中直接损失170,227.21元，间接损失210,423.22元。详见下表：

内政部及所属机关财产直接损失统计表（1942年1月编制）

机关别	各项财产直接损失						
	共计	建筑物	器具	现款	图书	仪器	医药费用	其他
内政部及所属	170,227.21		21,755.13		128,536.01		2,830.43	17,105.44

[国民政府主计处第四次汇编统计，中国第二历史档案馆馆藏档案，档案号：6（2）-237-0087]

内政部及所属机关财产直接损失统计表（1942年1月编制）

机关别	各项费用					
	共计	迁移费	防空设备费	疏散费	救济费	抚恤费
内政部及所属	210,423.22	93,566.75	53,115.22	57,408.45	5,228.10	1,104.70

　　[国民政府主计处第四次汇编统计，中国第二历史档案馆馆藏档案，档案号：6（2）-237-0097]

　　根据国民政府主计处第六次统计，内政部损失为790,940.92元。国民政府主计处第八次统计没有变化。详见下表：

内政部财产直接损失情况统计（1943年1月编制）

机关别	各项财产直接损失（单位：国币　元）						
	共计	建筑物	器具	现款	图书	仪器	医药费	其他
内政部及所属	580,517.70	292,954.15	99,658.47		143,114.01		2,830.63	41,960.44

　　国民政府主计处："抗战中人口与财产所受损失统计"第六次汇编统计，附表一。[中国第二历史档案馆馆藏档案，档案号：6（2）-237-0016]

内政部财产直接损失情况统计（1943年1月制表）

机关别	各项费用（单位：国币　元）					
	共计	迁移费	防空设备费	疏散费	救济费	抚恤费
内政部及所属	255,506.71	93,566.75	57,115.22	57,408.45	45,577.29	1,839.00

　　来源：国民政府主计处："抗战中人口与财产所受损失统计"第六次汇编统计，附表一。[中国第二历史档案馆馆藏档案，档案号：光盘6（2）-237-0026]

　　在国民政府主计处第八次汇编统计时，单列禁烟委员会间接财产损失为18,632.50元。[1]

　　抗战期间，内政部财产损失状况，根据内政部1945年2月呈报的数字，其

---

[1] "统计局抗战中人口与财产损失之统计"第八次汇编统计，中国第二历史档案馆馆藏档案，档案号：6（2）-237-0049。

直接损失为 1,150,030.64 元，另有 51957 宗文卷损失无从估价①，间接损失为 285,457.51 元②。详见下表：

内政部及所属机关财产间接损失汇报表（1945 年 2 月）

分类	数额（单位：国币　元）
共计	285,457.51
迁移费	119,507.55
防空设备费	61,125.22
疏散费	57,408.45
救济费	45,577.29
抚恤费	1,839.00

内政部及所属机关财产直接损失汇报表（1945 年 2 月）

分类	数额（单位：国币　元）
共计	1,150,030.64，另 51957 宗文卷
建筑物	822,052.61
器具	133,862.92
现款	无
图书	147,242.13
仪器	68.02
文卷	51,957 宗（无从估价）
医药用品	2,830.63
其他	43,974.33

因此，抗战期间（统计时间为 1945 年 2 月）内政部至少损失财产 1,435,488.15元，另外还损失文卷 51957 宗，价值无法估计。

3. 社会部及所属

具体财产损失情况不详。

---

① 中国第二历史档案馆馆藏档案，档案号：12（6）-4421-0007、12（6）-4422-0064。
② 中国第二历史档案馆馆藏档案，档案号：12（6）-4421-0007。

4. 外交部及所属

根据国民政府主计处第六次统计中央机关财产损失情况（1943 年 1 月），截至 1943 年 1 月，外交部及其所属财产损失为 2,984,011.15 元，其中直接财产损失为 2,082,899.00 元，间接财产损失为 901,112.15 元，第八次汇编统计时无变化。因此，截至 1942 年底，国民政府外交部及所属机关财产损失至少为 2,984,011.15 元。详见下表：

国民政府主计处第六次统计中央机关财产直接损失情况（1943 年 1 月）

单位：国币　元

机关别	各项财产直接损失							
	共计	建筑物	器具	现款	图书	仪器	医药费用	其他
外交部及所属	2,082,899.00	637,354.00	441,440.00		988,545.00		8,260.00	7,300.00

国民政府主计处："抗战中人口与财产所受损失统计"第六次汇编统计，附表一。[中国第二历史档案馆馆藏档案，档案号：6（2）–237–0016]

国民政府主计处第六次统计中央机关财产间接损失情况（1943 年 1 月）

单位：国币　元

机关别	各项费用					
	共计	迁移费	防空设备费	疏散费	救济费	抚恤费
外交部及所属	901,112.15	53,490.21	243,461.70	110,775.58	134,949.66	358,435.00

国民政府主计处："抗战中人口与财产所受损失统计"第六次汇编统计，附表一。[中国第二历史档案馆馆藏档案，档案号：6（2）–237–0026]

5. 财政部及所属

财政部财产损失情况如下：

1937 年 9 月 25 日，财政部房屋 3 间被炸，损失约 20,000 元[①]。

截至 1940 年底，财政部及所属机关财产损失共计 1,525,055.92 元，其直接损失为 965,420.92 元，间接损失为 559,635.00 元。详见下表：

---

① "南京警备司令部关于日机空袭市区人口伤亡和房屋损毁详报"，南京市档案馆馆藏档案，档案号：1001–1–660。

财政部及所属机关直接损失统计（1941 年 1 月汇编）

机关别	各项财产直接损失								查报机关数
	共计	建筑物	器具	现款	图书	仪器	医药用品	其他	
财政部及所属	965,420.92	648,597.00	220,560.20	55,363.00	5,212.72	6,773.00		28,915.00	61

（"抗战中人口与财产所受损失统计"第二次汇编统计，中国第二历史档案馆馆藏档案，档案号：4－16728－0016）

财政部及所属机关间接损失统计（1941 年 1 月汇编）

机关别	各项费用						查报机关数
	共计	迁移费	防空设备费	疏散费	救济费	抚恤费	
财政部及所属	559,635.00	302,800.00	113,318.00	117,950.00	16,675.00	8,802.00	52

（"抗战中人口与财产所受损失统计"第二次汇编统计，中国第二历史档案馆馆藏档案，档案号：4－16728－0026）

截至 1941 年底，财政部及所属机关财产损失共计：28,385,886.88 元。详见下表：

财政部及所属机关直接财产损失统计（1942 年 1 月汇编）

机关别	各项财产直接损失							
	共计	建筑物	器具	现款	图书	仪器	医药费用	其他
财政部及所属	21,188,140.92	7,457,798.00	1,229,755.20	149,728.00	28,779.72	29,011.00	139.00	12,094,990.00

［"抗战中人口与财产所受损失统计"第四次汇编统计，中国第二历史档案馆馆藏档案，档案号：6（2）－237－0087］

财政部及所属机关间接财产损失统计（1942 年 1 月汇编）

机关别	各项费用					
	共计	迁移费	防空设备费	疏散费	救济费	抚恤费
财政部及所属	7,197,745.96	1,920,869.56	797,915.40	2,681,233.55	638,337.45	159,390.00

［"抗战中人口与财产所受损失统计"第四次汇编统计，中国第二历史档案馆馆藏档案，档案号：6（2）－237－0097］

截至 1942 年底，财政部及所属机关财产损失共计：28,859,004.54 元。详见下表：

财政部及所属机关直接财产损失统计（1943 年 1 月汇编）

机关别	各项财产直接损失							
	共计	建筑物	器具	现款	图书	仪器	医药费用	其他
财政部及所属	21,437,300.66	7,668,438.00	1,342,548.46	147,937.19	34,583.58	29,011.00	139.00	12,214,643.43

［"抗战中人口与财产所受损失统计"第六次汇编统计，中国第二历史档案馆馆藏档案，档案号：6（2）－237－0016］

财政部及所属机关财产间接损失统计（1943 年 1 月）

单位：国币　元

机关别	各项费用					
	共计	迁移费	防空设备费	疏散费	救济费	抚恤费
财政部及所属	7,421,703.88	1,944,517.15	800,989.25	3,741,782.25	692,677.43	161,733.80

［"抗战中人口与财产所受损失统计"第六次汇编统计，中国第二历史档案馆馆藏档案，档案号：6（2）－237－0026］

截至 1943 年底，财政部及所属机关财产损失共计 80,980,125.50 元。详见下表：

财政部及所属机关直接财产损失统计（1944 年 1 月汇编）

机关别	各项财产直接损失							
	共计	建筑物	器具	现款	图书	仪器	医药费用	其他
财政部及所属	72,628,527.37	27,222,234.10	15,825,276.86	153,010.01	36,027.08	3,639,351.00	277.25	25,752,351.07

［"统计局抗战中人口与财产损失之统计"第八次汇编统计，中国第二历史档案馆馆藏档案，档案号：6（2）－237－0051］

财政部及所属机关间接财产损失统计（1937—1943）

机关别	各项费用					
	共计	迁移费	防空设备费	疏散费	救济费	抚恤费
财政部及所属	8,351,598.13	2,057,772.77	1,005,864.84	3,859,792.84	1,265,507.88	162,659.80

［"统计局抗战中人口与财产损失之统计"第八次汇编统计，中国第二历史档案馆馆藏档案，档案号：6（2）-237-0049］

根据财政部暨所属各机关抗战损失报告表（1947.7），财政部暨所属机关财产损失，根据本部所属机关财产报告损失汇编依法币值29.5美元之比率折计美金2,884,032.87元。

根据财政部1948年2月统计，财政部及所属机关财产损失共计225,239,821,301元，详见下表：

财政部及所属机关财产损失（1948年2月）（单位：元）

项目	共计	直接损失	间接损失	备考
合计	225,239,821,301	13,667,995,642	211,571,825,659	
税务署	154,627,948	120,027,274	34,600,674	
盐务总局	2,324,063,023	1,901,991,316	422,071,707	
盐警财务损失	403,936,005	403,936,005		
存盐损失	7,433,376,493	3,433,376,493		
产盐损失	201,300,222,260		201,300,222,260	
硝矿损失	9,158,550,542		9,158,550,542	
货运机查处	72,265		72,265	
发行准备管理委员会	14,195	1,429	12,766	
整理地方税委员会	15,802	14,442	1,360	
全国税务人员训练所	114,000		114,000	
外汇管理委员会	73,979	1,321	72,658	

项目	共计	直接损失	间接损失	备考
缉私署及其所属	4,866,704	1,150,356	3,716,348	
专卖事业管理局	3,009,040		3,009,040	
总务司	2,461,378	647,917	1,813,461	
国库署	5,525,000		5,525,000	
关务署	1,125,328,158	814,719,798	310,608,360	直接损失内尚有英镑1,000,000未列入
直接税署	184,011,568	164,690,566	19,321,002	
田赋管理委员会	337,543,501	334,127,825	2,415,676	
田赋管理委员会	17,934,579	17,564,407	370,172	
会计处	18,377,967	17,664,000	713,967	
复兴商业公司	660,587	660,587		
花纱布管制局	94,255	94,255		
工作成绩考核委员会	350	350		
财政整理委员会	4,080	4,080		
公债司	2,430,082,861	2,430,082,861		
中央造币厂审查委员会	245	245		
禁烟督察厂及其所属	51,781	51,781		
中国造币厂	334,802,735	27,188,334	307,614,401	直接损失内尚有US 124,407,38 未列入

（中国第二历史档案馆馆藏档案，档案号：文件818－860，中央党史研究室提供）

6. 经济部及所属

经济部财产损失情况如下：

1937 年 8 月 26 日，资源委员会（时属军事委员会）被炸房屋 7 间[①]。1937 年 8 月 27 日，资源委员会（时属军事委员会）因日机空袭房屋震倒，具体损失不详[②]。

1937 年 8 月 26 日，建设委员会（时属国民政府）因日机空袭造成房屋损毁一部，4 人受伤[③]。

截至 1940 年，经济部财产损失共计 6,053,387.02 元，其中直接损失为：5,716,675.74 元，336,711.28 元。详见下表：

经济部及所属机关财产直接损失统计（1941 年 1 月）

机关别	各项财产直接损失(单位:国币　元)								查报机关数
	共计	建筑物	器具	现款	图书	仪器	医药用品	其他	
经济部及所属	5,716,675.74	2,955,016.98	254,811.95	5,087.64	43,176.72	360,628.03	317.25	2,097,441.57	16

（"抗战中人口与财产所受损失统计"第二次汇编统计，中国第二历史档案馆馆藏档案，档案号：4 - 16728 - 0016）

经济部及所属机关财产间接损失统计（1941 年 1 月）

机关别	各项费用						查报机关数
	共计	迁移费	防空设备费	疏散费	救济费	抚恤费	
经济部及所属	336,711.28	127,921.56	122,222.75	69,882.64	15,774.35	910.00	15

（"抗战中人口与财产所受损失统计"第二次汇编统计，中国第二历史档案馆馆藏档案，档案号：4 - 16728 - 0026）

截至 1941 年底，经济部及其所属机关财产损失共计 15,507,822.53 元，其中直接损失为 15,044,085.16 元，间接损失为 463,737.37 元。详见下表：

[①] "南京市存日机轰炸南京平民死伤及被炸民房调查表"（1937 年 8—10 月），南京市档案馆馆藏档案，档案号：1001 - 1 - 594。

[②] 中国第二历史档案馆馆藏档案，档案号：二 - 8804。

[③] 中国第二历史档案馆馆藏档案，档案号：二 - 8804。

经济部及所属机关财产直接损失统计（1942 年 1 月汇编）

机关别	各项财产直接损失							
	共计	建筑物	器具	现款	图书	仪器	医药费用	其他
经济部及所属	15,044,085.16	3,042,188.64	323,687.39	5,256.76	50,331.74	364,601.63	317.25	10,897,701.75

［"抗战中人口与财产所受损失统计"第四次汇编统计，中国第二历史档案馆馆藏档案，档案号：6（2）-237-0087］

经济部及所属机关财产间接损失统计（1942 年 1 月汇编）

机关别	各项费用					
	共计	迁移费	防空设备费	疏散费	救济费	抚恤费
经济部及所属	463,737.37	188,132.95	175,421.27	73,584.54	25,048.21	1,550.40

［"抗战中人口与财产所受损失统计"第四次汇编统计，中国第二历史档案馆馆藏档案，档案号：6（2）-237-0097］

根据国民政府主计处第六次统计，截至 1942 年底，经济部及其所属财产损失共计 15,520,991.53 元，其中直接损失为 15,057,254.16 元，间接损失为463,737.37 元。第八次统计与第六次统计无变化，仍为 15,520,991.53 元[①]。详见下表：

经济部及所属机关财产直接损失统计（1943 年 1 月汇编）

机关别	各项财产直接损失(单位:国币　元)							
	共计	建筑物	器具	现款	图书	仪器	医药费用	其他
经济部及所属	15,057,254.16	3,412,488.64	324,898.39	5,256.76	50,331.74	364,601.63	317.25	10,899,359.75

［"抗战中人口与财产所受损失统计"第六次汇编统计，中国第二历史档案馆馆藏档案，档案号：6（2）-237-0016］

---

① "统计局抗战中人口与财产损失之统计"第八次汇编统计，中国第二历史档案馆馆藏档案，档案号：6（2）-237-0051、0049。

经济部及所属机关财产直接损失统计（1943 年 1 月汇编）

机关别	各项费用(单位:国币 元)					
	共计	迁移费	防空设备费	疏散费	救济费	抚恤费
经济部及所属	463,737.37	188,132.95	175,421.27	73,584.54	25,048.21	1,550.40

["抗战中人口与财产所受损失统计" 第六次汇编统计，中国第二历史档案馆馆藏档案，档案号：6（2）-237-0026]

7. 农林部及所属

根据国民政府主计处第四次、第六次、第八次汇编统计中央机关财产损失情况，农林部及所属间接财产损失一直为 77,849.00 元，即第四次汇编统计时的数字，统计时间实际上为 1941 年底。详见下表：

农林部及所属机关财产间接损失统计（1942 年 1 月汇编）

机关别	各项费用(单位:国币 元)					
	共计	迁移费	防空设备费	疏散费	救济费	抚恤费
农林部及所属	77,849.00		77,199.00		650.00	

["抗战中人口与财产所受损失统计" 第四次汇编统计，中国第二历史档案馆馆藏档案，档案号：6（2）-237-0097]

农林部及所属机关财产间接损失统计（1943 年 1 月汇编）

机关别	各项费用(单位:国币 元)					
	共计	迁移费	防空设备费	疏散费	救济费	抚恤费
农林部及所属	77,849.00		77,199.00		650.00	

["抗战中人口与财产所受损失统计" 第六次汇编统计，中国第二历史档案馆馆藏档案，档案号：6（2）-237-0026]

农林部及所属机关财产间接损失统计（1944 年 1 月汇编）

机关别	各项费用					
	共计	迁移费	防空设备费	疏散费	救济费	抚恤费
农林部及所属	77,849.00		77,199.00		650.00	

["统计局抗战中人口与财产损失之统计" 第八次统计汇编，中国第二历史档案馆馆藏档案，档案号：6（2）-237-0049]

8. 交通部及所属

抗战时期整个交通损失为：1,832,705,653,996 元，折算成 1937 年 7 月币值为 5,343,165,172 元。交通部本部的损失为：8,808,406,355 元，折算成 1937 年 7 月币值为 25,680,485 元[①]。这个统计数字包括东北在内，统计起止时间为 1931 年 9 月 18 日至 1945 年 8 月 15 日。详见下表：

交通战时财产损失统计（包括东北）(1931 年 9 月 18 日—1945 年 8 月 15 日)

项目		合计			直接损失			间接损失		
		抗战期间历年损失时实报之价值	折合成1937年7月之法币价值	折合成1937年7月之美金价值	抗战期间历年损失时实报之价值	折合成1937年7月之法币价值	折合成1937年7月之美金价值	抗战期间历年损失时实报之价值	折合成1937年7月之法币价值	折合成1937年7月之美金价值
总计		1,832,705,653,996	5,343,165,172	1,576,154,917	1,707,719,598,620	4,978,774,340	1,468,664,995	124,986,055,376	364,390,832	107,489,922
本部		8,808,406,355	25,680,485	7,575,365	8,807,575,266	25,678,062	7,574,650	831,089	2,423	715
铁路		1,199,418,912,363	3,496,848,141	1,031,518,625	1,171,378,265,855	3,415,096,985	1,007,403,240	28,040,646,508	81,751,156	24,115,385
公路		256,838,488,837	748,800,259	220,885,032	256,833,006,325	748,784,275	220,880,317	5,482,512	15,984	4,715
航务	海洋沿海	2,353,207,409	6,860,663	2,023,794	2,353,207,409	6,860,663	2,023,794			
	内陆	153,430,046,217	447,317,919	131,952,188	93,580,378,213	272,829,091	80,480,558	59,849,668,004	174,488,828	51,471,630
航空		8,942,346,826	26,070,982	7,690,555	8,922,117,029	26,012,003	7,673,157	20,229,797	58,979	17,398
邮政		43,520,190,889	126,881,023	37,428,031	8,069,827,885	23,527,195	6,940,175	35,450,363,004	103,353,828	30,487,856
电政		40,583,425,918	118,319,026	34,902,367	38,965,778,236	113,602,852	33,511,165	1,617,647,682	4,716,174	1,391,202
材料		118,809,629,182	346,386,674	102,178,960	118,809,442,402	346,383,214	102,177,939	1,186,780	3,460	1,021

［注：本表铁路包括民营铁路在内，航务包括民营及公营航业，电政包括民营及公营电信事业。驿运并入公路，储汇并入邮政。中国第二历史档案馆馆藏档案，档案号：20-2725（19）-0055］

---

① "交通部财产损失（包括东北）"（1931 年 9 月 18 日—1945 年 8 月 15 日），中国第二历史档案馆馆藏档案，档案号：20-2725（19）-0055。

9. 教育部及所属

截至 1940 年，教育部及所属机关财产损失共计：11,819,852.00 元。详见下表：

教育部及所属机关财产直接损失统计（1941 年 1 月汇编）

机关别	各项财产直接损失								查报机关数
	共计	建筑物	器具	现款	图书	仪器	医药用品	其他	
教育部及所属	11,653,436.00	890,000.00	184,779.00	6,232.00	524,573.00			54,084.00	3

（"抗战中人口与财产所受损失统计"第二次汇编统计，中国第二历史档案馆馆藏档案，档案号：4－16728－0016）

教育部及所属机关财产间接损失统计（1941 年 1 月汇编）

机关别	各项费用						查报机关数
	共计	迁移费	防空设备费	疏散费	救济费	抚恤费	
教育部及所属	166,416.00	131,244.00	23,376.00	1,244.00	540.00		6

（"抗战中人口与财产所受损失统计"第二次汇编统计，中国第二历史档案馆馆藏档案，档案号：4－16728－0026）

根据国民政府主计处第四次统计中央机关财产损失情况，教育部及其所属财产直接损失为 1,932,562.00 元，间接损失为 190,964.87 元，共计损失 2,123,526.87元。详见下表：

教育部及所属机关直接损失统计（1942 年 1 月汇编）

机关别	各项财产直接损失							
	共计	建筑物	器具	现款	图书	仪器	医药费用	其他
教育部及所属	1,932,562.00	928,900.00	219,976.00	2,316.08	591,436.47	18,165.00	5.25	111,763.00

［中国第二历史档案馆馆藏档案，档案号：6（2）－237－0087］

教育部及所属机关财产间接损失统计（1942年1月汇编）

机关别	各项费用					
	共计	迁移费	防空设备费	疏散费	救济费	抚恤费
教育部及所属	190,964.87	144,627.63	42,435.24	2,862.00	1,040.00	

［中国第二历史档案馆馆藏档案，档案号：6（2）－237－0097］

教育部及其所属机关在国民政府主计处第六次、第八次统计时无变化，财产直接损失为 1,932,562.00 元，间接损失为 190,964.87 元，共计损失 2,123,526.87元[①]，其财产损失统计实际到1941年底。

10. 地政署及所属

财产损失情况不详。

11. 卫生部（署）及所属

卫生署的损失情况如下：

1937年8月26日，卫生署因日机空袭，被炸房屋24间[②]；8月27日，日机向卫生署投弹2枚，损毁瓦房12间[③]。9月25日，卫生署被炸，房屋损毁间数不详，死2人。[④] 其后统计，当日卫生署房屋被炸毁5间，损失约60,000元，同时有油棚2间被烧毁，数十个油桶被炸，损失约20,000元。

截至1940年，卫生署所报财产损失共计191,628.55元。详见下表：

卫生署及所属财产直接损失统计（1941年1月汇编）

机关别	各项财产直接损失							查报机关数
	共计	建筑物	器具	现款	图书	仪器	医药用品	其他	
卫生署及所属	167,482.55	17,385.00	8,756.55	791.00	129.00	1,376.00	110,066.00	29,770.00	4

（"抗战中人口与财产所受损失统计"第二次汇编统计，中国第二历史档案馆馆藏档案，档案号：4－16728－0016）

---

① "抗战中人口与财产所受损失统计"第六次汇编统计，中国第二历史档案馆馆藏档案，档案号：6（2）－237－0016、0026；"统计局抗战中人口与财产损失之统计"第八次汇编统计，中国第二历史档案馆馆藏档案，档案号：6（2）－237－0051、0049。

② "南京市存日机轰炸南京平民死伤及被炸民房调查表"（1937年8—10月），南京市档案馆馆藏档案，档案号：1001－1－594。

③ 中国第二历史档案馆馆藏档案，档案号：二－8804。

④ "南京市存日机轰炸南京平民死伤及被炸民房调查表"（1937年8—10月），南京市档案馆馆藏档案，档案号：1001－1－594。

卫生署及所属财产间接损失统计（1941年1月汇编）

机关别	各项费用						查报机关数
	共计	迁移费	防空设备费	疏散费	救济费	抚恤费	
卫生署及所属	24,146.00	21,496.00	2,650.00				1

（"抗战中人口与财产所受损失统计"第二次汇编统计，中国第二历史档案馆馆藏档案，档案号：4－16728－0026）

根据国民政府主计处第四次统计中央机关财产损失情况（1942年1月制表），截至1942年1月，卫生署及所属直接财产损失为193,885.42元，间接财产损失为38,597.00元，各项财产损失共计232,482.42元。详见下表：

国民政府主计处第四次汇编统计直接损失详情（1942年1月制表）

机关别	各项财产直接损失							
	共计	建筑物	器具	现款	图书	仪器	医药费用	其他
卫生署及所属	193,885.42	19,755.00	15,692.99		1,327.27	3,776.00	119,871.51	33,462.85

［中国第二历史档案馆馆藏档案，档案号：6（2）－237－0087］

国民政府主计处第四次汇编统计间接损失详情（1942年1月制表）

机关别	各项费用					
	共计	迁移费	防空设备费	疏散费	救济费	抚恤费
卫生署及所属	38,597.00	23,967.00	8,650.00		5,980.00	

［中国第二历史档案馆馆藏档案，档案号：6（2）－237－0097］

根据国民政府主计处第六次统计中央机关财产损失情况（1943年1月制表），截至1942年底，卫生署及所属直接财产损失为196,767.37元，间接财产损失为38,597.00元，各项财产损失共计235,364.37元。详见下表：

国民政府主计处第六次统计中央机关财产直接损失情况（1943 年 1 月）

单位：国币　元

机关别	各项财产直接损失							
	共计	建筑物	器具	现款	图书	仪器	医药费用	其他
卫生署及所属	196,767.37	22,125.00	16,204.74		1,327.27	3,776.00	119,871.51	33,462.85

［国民政府主计处："抗战中人口与财产所受损失统计"第六次汇编统计，附表一。中国第二历史档案馆馆藏档案，档案号：6（2）-237-0016］

国民政府主计处第六次统计中央机关财产间接损失情况（1943 年 1 月）

单位：国币　元

机关别	各项费用					
	共计	迁移费	防空设备费	疏散费	救济费	抚恤费
卫生署及所属	38,597.00	23,967.00	8,650.00		5,980.00	

［国民政府主计处："抗战中人口与财产所受损失统计"第六次汇编统计，附表一。中国第二历史档案馆馆藏档案，档案号：6（2）-237-0026］

根据国民政府主计处第八次汇编统计，卫生署及所属财产损失与第六次统计相同，其直接财产损失为196,767.37 元，间接财产损失为38,597.00 元，各项财产损失共计235,364.37 元①。

12. 粮食部

粮食部部机关遭受财产损失总体情况不详，但是，经过我们努力，找到了粮食部暨所属机关员工因公及抗日战争等情遭受损失请求救济文件与有关文书，粮食部员工叶国璋等14 人分别报送了抗战期间遭受的财产损失情况。这14 名职员的详细情况如下：

职别	姓名
专门委员	叶国璋
专员	李暐熙
视察	吴晋谊
科员	查济根

---

① "统计局抗战中人口与财产损失之统计"第八次汇编统计，中国第二历史档案馆馆藏档案，档案号：6（2）-237-0051、0049。

职别	姓名
	陆宗衍
	张鸿钧
	卜则人
	王可均
	陈景聚
	罗来儒
助理员	吴殿元
	高茂春
办事员	蔡景芝
雇员	徐忠良
共计	十四名

粮食部人事处在1946年底至1947年初，将14名职员在抗战期间的损失汇总上报行政院赔偿调查委员会。这是我们发现的中央机关员工财产损失比较详细的记录，值得重视。这些关于粮食部员工个人的财产损失统计，其重要意义首先在于让我们知道当时粮食部确曾遭遇损失，另外，我们在查阅档案时发现，当时财产损失的申报极为严格，所有申报各项，行政院赔偿委员会都进行审核，当时粮食部有叶国璋等14人申报，经行政院赔偿委员会审核，叶国璋等11人获得通过，予以登记。这11人财产损失情况详见下表：

财产损失报告单1

填造日期：1946年12月15日

粮食部人事处专门委员　叶国璋

损失年月日	事件	地点	损失项目	购置年月	单位	数量	价值（国币：元）购买时价值	损失时价值	证件
民国26年12月20日	敌陷全椒住宅炸后并拆成荒地	安徽全椒南门丁字街口	房屋	十九年购置	间	15	4,300	6,750	契据已验讫领回
				二十三年添建		6	3,600	4,800	
			家具（木器、铜铁锡瓷器等）	历年陆续购置	件	502		5,020	

损失年月日	事件	地点	损失项目	购置年月	单位	数量	价值（国币：元）		证件
							购买时价值	损失时价值	
			衣着物（单夹、皮棉细软）	历年陆续购置	箱	28	48,000	28,000	
			书籍古玩字画	祖遗	箱	25		250,000	
			其他（金珠首饰）	祖遗	件	60		18,000	
			合计					311,570	

财产损失报告单2

填造日期：1946 年 12 月 15 日

粮食部人事处专员　李暐熙

损失年月日	事件	地点	损失项目	购置年月	单位	数量	价值（国币：元）		证件
							购买时价值	损失时价值	
民国29年7月7日	住宅被炸，起火焚毁	重庆国府路十七号	大小木床	二十七年十月	张	4	88	800	契据已验讫领回
			橱	同上（下略）	双	3	75	700	
			桌		张	3	45	400	
			写字台			1	30	300	
			椅			8	80	800	
			凳			4	32	300	
			沙发			2	120	1,200	
			茶几			3	36	360	
			衣着物（单夹皮棉）	26年至29年陆续购置	件	30	500	5,000	

损失年月日	事件	地点	损失项目	购置年月	单位	数量	价值（国币：元）		证件
							购买时价值	损失时价值	
			书籍（洋装及线装一本）	历年购置	册	50	350	3,500	
			现款		元			5,000	
			合计					18,360	

财产损失报告单3

填造日期：1947 年 1 月 31 日

粮食部人事处视察　吴晋谊

损失年月日	事件	地点	损失项目	购置年月	单位	数量	价值（国币：元）		证件
							购买时价值	损失时价值	
民国二十六年十一月	武进沦陷	武进雪堰桥	平房	祖遗		12 间		3,500	
			大小家具	战前陆续购置		60 件	600	600	
			四季衣服			10 箱	5,000	5,000	
			瓷器			5 箱	500	500	
			铜锡器			2 箱	250	250	
			中西书籍			500 册	3,000	3,000	
			字画	祖遗		200 件		2,000	
			时钟	民国二十三年、二十四年		2 座	100	100	

| 损失年月日 | 事件 | 地点 | 损失项目 | 购置年月 | 单位 | 数量 | 价值（国币：元） | | 证件 |
							购买时价值	损失时价值	
二十六年十二月	南京沦陷	南京黄家塘四十号	大小家具	战前陆续购置	件	30件	300	300	
			衣服	历年购置	册	5箱	2,500	2,500	
			瓷器等		元	2箱	200	200	
			中西书籍			200册	1,200	1,200	
			时钟	民国二十四年		1座	50	50	
			五灯收音机			1座	90	90	
			共计					19,290	

财产损失报告单4

填造日期：1946年12月15日

粮食部人事处科员　陆宗衍

| 损失年月日 | 事件 | 地点 | 损失项目 | 购置年月 | 单位 | 数量 | 价值（国币：元） | | 证件 |
							购买时价值	损失时价值	
民国26年12月24日	杭州沦陷	杭州长寿路十一号住宅	四季服装	战前陆续购置		18箱	9,000	9,000	
			全堂家具及陈设	同上		120件	2,000	2,000	
			瓷器	同上		8箱	600	600	

续表

| 损失
年月日 | 事件 | 地点 | 损失
项目 | 购置
年月 | 单位 | 数量 | 价值（国币：元) | | 证件 |
							购买时 价值	损失时 价值	
			银质 餐具	民国二 十一年		4 金属	600	600	
			冷藏柜	民国二 十三年、 二十四 年各一 俱		2 俱	80	80	
			6 灯收 音机 （Philip)	民国二 十二年		1 座	120	120	
			柜式留 声机 （Orthop- honic)	民国 二十年		1 座	280	280	
			西乐 唱片	战前陆 续购置		150 张	300	300	
			摄影机 （Kodak)	民国十 八年、 二十五 年各一 台		2 俱	120	120	
			Violin （Monteg- omerry)	民国 十八年		1 俱	100	100	
			英文 打字机 （Royal)	民国二 十五年		1 俱	100	100	
			时钟	战前陆 续购置		3 座	200	200	
			中西 书籍			3000 册	3,600	3,600	
			古玩 字画	祖遗		240 件		12,000	
			共计					29,100	

· 46 ·

财产损失报告单 5

填造日期：1947 年 2 月 11 日

粮食部人事处科员　罗来儒

损失年月日	事件	地点	损失项目	购置年月	单位	数量	价值（国币：元）		证件
							购买时价值	损失时价值	
民国二十七年十一月六日	洋河镇沦陷被敌放火焚毁	江苏宿迁县洋河镇中火街	房屋	二十一年五月	间	5	1,900	4,300	
			木器	二十一年七月	件	29	93	91	
			四季衣服	二十年起陆续购置	箱	6	3,900	3,180	
			书籍（古本）	二十一年八月	箱	3	2,300	1,930	
			古瓷碗盏	二十七年七月	件	78	85	625	当城陷时仓惶逃出所有证件均被焚毁
			锡器	二十一年五月	件	23	78	606	
			名人字画	祖遗	件	16		1,800	
			历朝古钱	祖遗	件	117	0	15,200	
			银圆	二十三年十月	圆	98	98	98	
			厨房用具	二十一年三月陆续购置	件	21	18	15	
			合计				8,435	45,215	

财产损失报告单6

填造日期：（未填）

粮食部人事处科员　王可均

损失年月日	事件	地点	损失项目	购置年月	单位	数量	价值（国币：元）		证件
							购买时价值	损失时价值	
民国三十四年七月	敌人侵占被毁	湖南临武	房屋	民国二十一年九月	栋	二	900元	360,000	证件均于同时被毁
			家具	民国三十年以及陆续购置	件	九	1,000	200,000	
			衣服		件	共三箱	1,000	200,000	
			牛马		头	三	200元	40,000	
			家庭用具		件	十	1,000	200,000	
合计								1,000,000	

财产损失报告单7

填造日期：1946年12月25日

粮食部人事处视察　吴殿元

损失年月日	事件	地点	损失项目	购置年月	单位	数量	价值（国币：元）		证件
							购买时价值	损失时价值	
民国三十年八月十三日	住宅被炸起火	重庆菜园坝新95号	草平房	民国28年7月	栋	一栋计三大间	3200元	5000	
			棉被	28年5月	床	二床	23	50	
			被单			一床	8	12	

损失 年月日	事件	地点	损失 项目	购置 年月	单位	数量	价值（国币：元）		证件
							购买时 价值	损失时 价值	
			呢子 中山装	28 年 6 月	套	一套	23	30	
			布衣	27 年至 28 年陆 续购置	箱	二箱	50	90	
			合计				3304 元	5192 元	

财产损失报告单 8

填造日期：1946 年 12 月 17 日

粮食部人事处助理员　高茂春

损失 年月日	事件	地点	损失 项目	购置 年月	单位	数量	价值（国币：元）		证件
							购买时 价值	损失时 价值	
民国三 十三年 四月	洛阳 失陷	洛阳营 林街二 号	皮箱	二十年 五月	个	3	60	15,000	
			西装	二十一 年六月	套	2	48	30,000	
			皮大衣	二十二 年九月	件	1	120	20,000	
			中山装	二十二 年四月	套	2	40	10,000	
			被子	二十五 年十二 月	条	2	20	6,000	
			皮鞋	三十年 一月	对	2	300	4,000	
			礼帽	二十七 年十二 月	顶	1	20	3,000	
			乙种 辞源	二十三 年二月	部	1	10	8,000	
							618	96,000	

财产损失报告单9

填造日期：1947 年 2 月 8 日

粮食部人事处办事员　蔡景芝

损失年月日	事件	地点	损失项目	购置年月	单位	数量	价值（国币：元）		证件
							购买时价值	损失时价值	
民国二十七年十月	因对抗战施沙焦土策被损失	日长行政长沙走马楼46号	大小木器	战前陆续购置	件	80	1,000	1,600	
			四季衣服		箱	20	8,000	10,000	
			祖遗古董字画		件	40	30,000	30,000	
			书籍		箱	8	8,000	10,000	
			大小时钟		件	18	1,500	3,000	
			收音机		件	1	30	30	
			留声机	祖遗	件	2	80	80	
			人力车	民国二十三年、二十四年	件	2	280	280	
二十六年十二月	南京沦陷	南京黄家塘四十号	大小家具	战前陆续购置	件	30 件	300	300	
			衣服	历年购置	册	5 箱	2,500	2,500	
			瓷器等		元	2 箱	200	200	
			中西书籍			200 册	1,200	1,200	
			时钟	民国二十四年		1 座	50	50	
			五灯收音机			1 座	90	90	

损失年月日	事件	地点	损失项目	购置年月	单位	数量	价值（国币：元）		证件
							购买时价值	损失时价值	
三十三年六月十八日	长沙沦陷被焚损失	营盘街听桥园四号	大小木器	二十七年购置	件	20	400	16,000	
			四季衣服		箱	6	4,000	50,000	
			书籍		箱	1	800	10,000	
			共计				54,090	130,990	

财产损失报告单 10

填造日期：1946 年 12 月 15 日

粮食部人事处科员　陈景聚

损失年月日	事件	地点	损失项目	购置年月	单位	数量	价值（国币：元）		证件
							购买时价值	损失时价值	
民国三十一年五月二十一日	在火车上被敌机轰炸焚毁	浙赣铁路湖镇车站	毛呢驼绒袍	二十五年冬月	件	一件	22.00	880.00	私人购物单据无保存必要，早已丢弃。表内价格栏所填报数字系属约计，未必与当时之价相符，惟价格不致相差太多
			毛呢丝绵袍	二十五年冬			24.00	960.00	
			湖驹驼绒小袄	二十四年秋			4.20	168.00	
			喷玑驼绒裤				6.50	260.00	
			斜纹绒衬衫裤褂	二十九年冬	套	二套	28.00	280.00	
			马裤呢中装大衣	二十五年冬	件	一件	130.00	1,200.00	
			毛呢夹袍	二十六年春			20.00	800.00	

损失年月日	事件	地点	损失项目	购置年月	单位	数量	价值（国币：元）		证件
							购买时价值	损失时价值	
			布面绸里夹袍	民国二十四年秋			4.96	198.40	
			毛呢长衫	二十六年春			18.20	728.00	
			罗长衫	二十三年夏			12.60	504.00	
			祥云纱长衫	二十五年夏			14.00	560.00	
			钢口仿小裤衫		套	二套	11.20	448.00	
			白府绸小裤褂	二十七年夏			6.16	246.40	
			毛背心	二十六年冬	件	一件	6.00	240.00	
			毛线衣				9.00	360.00	
			绸棉被	二十二年秋及二十五年秋	条	二条	20.00	800.00	
三十一年五月二十一日	在火车上被敌机轰炸焚毁	浙赣铁路湖镇车站	毛巾被	二十八年春	条	一条	4.50	180.00	
			毛毯	二十五年	条	一条	30.00	1,200.00	
			棉毯	二十年			2.00	80.00	
			行李袋	三十年冬	个	一个	40.00	200.00	
			大号派克笔	三十年冬	支	一支	1,200.00	3,600.00	
			毛呢衣料		件	一件	840.00	2,520.00	

损失 年月日	事件	地点	损失 项目	购置 年月	单位	数量	价值（国币：元）		证件
							购买时 价值	损失时 价值	
			皮鞋		双	一双	100.00	300.00	
			床单	二十八 年春	条	一条	2.00	90.00	
			衬衫	三十年 夏	件	二件	30.00	70.00	
			皮箱	二十五 年	个	一个	10.00	300.00	
			袜子	三十年 冬	双	四双	24.00	60.00	
合计							2,520.32	17,232.80	
附注	本人本供职上海特区法院。太平洋美日战起，上海租界沦陷。奉司法行政部电令， 撤至浙江金华，嗣又乘浙赣火车西撤途次湖镇火车站遇炸。								

财产损失报告单11

填造日期：民国三十五年十二月十五日

粮食部人事处科员　查济根

损失 年月日	事件	地点	损失 项目	购置 年月	单位	数量	价值（国币：元）		证件
							购买时 价值	损失时 价值	
民国二 十六年 十二月 十三日	沦陷	南京小 王府巷 一号	器具 （内房 客堂厨 房等家 具）	陆续 购置	件	71		3,000	在原籍
			服装 （单夹 皮棉纱 等）		箱	8		12,000	
			书籍 （德文 原版测 量书籍）		箱	2		10,000	

损失年月日	事件	地点	损失项目	购置年月	单位	数量	价值（国币：元）		证件
							购买时价值	损失时价值	
			古物字画	祖遗	箱	2		20,000	
			其他（望远镜自行车收音机等）	陆续购置	件	10		4,000	
			共计					49,000	

而张鸿钧、卜则人、徐忠良 3 人申报的物品价值过高，经行政院赔偿委员会分别注明未合之点后，退还粮食部，要求重新核实。其认为以上三人"在报损失时价值较购置时价值高至十倍"，而"查二十八年时价值上涨据主计处统计最高约二倍"，因此下令其三人重新填报。张鸿钧等将购置价值切实核减后再上报行政院赔偿委员会，后张鸿钧等再次核实申报。张鸿钧原报购屋价计151,200 元，减为 121,200 元；卜则人原报购屋价值 2700,000 元，减为2580,000 元，徐忠良原报购屋价值25,710 元，减为 17,148 元①。

张鸿钧第一次财产损失申报单，在档案中未发现，第二次申报财产损失情况如下：

---

① 中国第二历史档案馆馆藏档案，档案号：83－1112（1），以下粮食部个人财产损失统计，皆见 83－1112（1）。

财产损失报告单 12

填造日期：1946 年 12 月 15 日

粮食部人事处科员　张鸿钧

损失年月日	事件	地点	损失项目	购置年月	单位	数量	价值（国币：元）		证件
							购买时价值	损失时价值	
民国二十六年十二月十三日	敌陷南京花园被焚	南京中华门外凤台乡中南村十号天香花园	温室及发温设备与调节装置	民国二十年八月建	间	5	20,000	20,000	所有不动产契执均已领回
			冷室（普通花房）	二十年至二十五年先后建		20	8,000	8,000	
			住房			8	3,200	3,200	
			花园生财	二十年至二十五年先后购置	部	全部	20,000	20,000	
			花园设备	二十年至二十六年历年添换			10,000	8,000	
			盆栽及地植各种花木	二十至二十六年历年采办及生产	亩	15	60,000	100,000	
			共计				121,200	159,200	

徐忠良第一次申报财产损失情况如下：

填造日期：1946 年 12 月 15 日

粮食部人事处雇员　徐忠良

损失年月日	事件	地点	损失项目	购置年月	单位	数量	价值（国币：元）		证件
							购买时价值	损失时价值	
民国二十八年九月	南昌失陷	南昌惠民门外52号	房屋	民国二十年二月	间	6	23,000	254,500	在原籍
			被子		床	8	180	13,120	
			床		张	4	160	5,100	
			皮袍	二十年十月	件	3	240	48,280	
			西装	二十年二月	套	4	180	36,300	
			皮箱	二十年一月	只	8	140	15,000	
			皮大衣	二十年十一月	件	2	240	68,000	
			纺绸长衫	民国二十四年四月	件	3	140	22,000	
			皮鞋	二十八年八月	双	3	1,430	1,450	
			共计				25,710	463,450	

徐忠良第二次申报损失情况改为：

财产损失报告单 14

填造日期：1946 年 12 月 15 日（未修改填报日期）

粮食部人事处雇员　徐忠良

损失年月日	事件	地点	损失项目	购置年月	单位	数量	价值（国币：元）		证件
							购买时价值	损失时价值	
民国二十八年九月	南昌失陷	南昌惠民门外52号	房屋	二十年二月	间	6	16,000	221,200	在原籍
			被子		床	8	140	12,000	
			床		张	4	140	4,600	
			皮袍	二十年十月	件	3	230	4,200	
			西装	二十年二月	套	4	140	26,000	
			皮箱	二十年一月	只	8	110	1,000	
			皮大衣	二十年十一月	件	2	200	5,220	
			纺绸长衫	民国二十四年四月	件	3	110	13,000	
			皮鞋	二十八年八月	双	3	73	810	
			共计				17,148	288,010	

卜则人第一次申报财产损失如下：

财产损失报告单 15

填造日期：1946 年 12 月 15 日

粮食部人事处科员　卜则人

损失年月日	事件	地点	损失项目	购置年月	单位	数量	价值（国币：元）		证件
							购买时价值	损失时价值	
民国 32 年 5 月	日寇占据蹂躏	湖南益阳涧山乡	稻谷	民国 31 年收成	担	700		700,000	
			服装	陆续购置	箱	12		400,000	
			书籍	同上	册	1400		280,000	
			古玩	祖遗	件	22	不详	1,320,000	
			共计					2,700,000	

卜则人第二次申报财产损失如下：

财产损失报告单 16

填造日期：1946 年 12 月 15 日（未修改填报日期）

粮食部人事处科员　卜则人

损失年月日	事件	地点	损失项目	购置年月	单位	数量	价值（国币：元）		证件
							购买时价值	损失时价值	
民国 32 年 5 月	日寇占据蹂躏	湖南益阳涧山乡	稻谷	3 年收成	担	700	560,000	700,000	
			服装	陆续购置	箱	12	110,000	400,000	
			书籍	同上	册	1400	30,000	160,000	
			古玩	祖遗	件	22	不详	1,320,000	
			共计					2,580,000	

卜则人上报后经审查，书籍费购置时价值 30,000 元，损失时价值从 160,000元，改为 110,000 元，损失时价值共计 2,530,000 元[①]。

---

① 中国第二历史档案馆馆藏档案，档案号：83－1112（1）－0041。

行政院赔偿委员会在审查张鸿钧等3人重新填报的数字后，其审查意见认为"经查原送各表列报购置时与损失时价值核与当时物价指数仍有未尽符合"，要求"重行切实填报"。通过张鸿钧等3人填报财产损失的情况可以看出，当时行政院赔偿委员会的审查极为严格。

13. 蒙藏委员会

根据国民政府主计处第二次汇编统计，截至1940年，蒙藏委员会财产损失共计625,976.67元，其直接损失为461,780.09元，间接损失为164,196.58元。

蒙藏委员会财产直接损失统计（1941年1月汇编）

机关别	各项财产直接损失								查报机关数
	共计	建筑物	器具	现款	图书	仪器	医药用品	其他	
蒙藏委员会及所属	461,780.09	265,902.20	127,780.09		17,120.72	1,274.48	413.60	43,057.00	3

（"抗战中人口与财产所受损失统计"第二次汇编统计，中国第二历史档案馆馆藏档案，档案号：4-16728-0016）

蒙藏委员会财产间接损失统计（1941年1月汇编）

机关别	各项费用						查报机关数
	共计	迁移费	防空设备费	疏散费	救济费	抚恤费	
蒙藏委员会及所属	164,196.58	34,735.62	41,752.00	66,684.76	20,824.00	200.00	

（"抗战中人口与财产所受损失统计"第二次汇编统计，中国第二历史档案馆馆藏档案，档案号：4-16728-0026）

其后国民政府主计处第四次、第六次、第八次汇编统计时，蒙藏委员会及所属机关的损失一直无变化，仍为625,976.67元[①]。

14. 侨务委员会

根据国民政府主计处第二次汇编统计，截至1940年底，侨务委员会的财产直接损失为3,041.25元，间接损失为3,350.00元，共计6,391.25元。详见下表：

---

① 中国第二历史档案馆馆藏档案，档案号：6（2）-237-0087、0097；6（2）-237-0016、0026；6（2）-237-0051、0049。

侨务委员会财产直接损失（1941 年 1 月汇编）

机关别	各项财产直接损失								查报机关数
	共计	建筑物	器具	现款	图书	仪器	医药用品	其他	
侨务委员会	3,041.25		2,061.08	67,473.64	304.45			675.72	1

（"抗战中人口与财产所受损失统计"第二次汇编统计，中国第二历史档案馆馆藏档案，档案号：光盘 4 – 16728 – 0016）

侨务委员会财产间接损失（1941 年 1 月汇编）

机关别	各项费用						查报机关数
	共计	迁移费	防空设备费	疏散费	救济费	抚恤费	
侨务委员会	3,350.00	1,800.00		450.00	1,100.00		1

（"抗战中人口与财产所受损失统计"第二次汇编统计，中国第二历史档案馆馆藏档案，档案号：4 – 16728 – 0026）

其后，国民政府主计处在第四次、第六次、第八次汇编统计中，侨务委员会的财产损失仍为 6,391.25 元，没有变化①。

15. 赈济委员会及所属

根据国民政府主计处第八次汇编统计中央机关财产损失情况，截至 1943 年，赈济委员会及所属直接财产损失为 17,069.82 元。详见下表：

赈济委员会及所属机关财产直接损失统计（1944 年 1 月汇编）

机关别	各项财产直接损失							
	共计	建筑物	器具	现款	图书	仪器	医药费用	其他
赈济委员会及所属	17,069.82		407.52					16,662.30

［"统计局抗战中人口与财产损失之统计"，中国第二历史档案馆馆藏档案，档案号：6（2）– 237 – 0051］

16. 水利委员会

根据国民政府主计处第六次汇编统计中央机关财产损失情况，截至 1942 年

---

① 中国第二历史档案馆馆藏档案，档案号：6（2）– 237 – 0087、0097；6（2）– 237 – 0016、0026；6（2）–237 – 0051、0049。

底，水利委员会及所属直接财产损失为 921,928.45 元，间接财产损失为4,681,117.70元，各项财产损失共计5,603,046.15 元。详见下表：

水利委员会及所属机关财产直接损失情况（1943 年 1 月汇编）

机关别	各项财产直接损失（单位：国币　元）							
	共计	建筑物	器具	现款	图书	仪器	医药费用	其他
水利委员会及所属	921,928.45	22,869.49	26,278.29		4,617.45	23,974.17		844,189.05

〔国民政府主计处："抗战中人口与财产所受损失统计"第六次汇编统计，附表一。中国第二历史档案馆馆藏档案，档案号：6（2）－237－0016〕

水利委员会及所属机关财产间接损失情况（1943 年 1 月汇编）

机关别	各项费用（单位：国币　元）					
	共计	迁移费	防空设备费	疏散费	救济费	抚恤费
水利委员会及所属	4,681,117.70	43,496.00	18,278.00	3,999,394.00	611,805.70	8,144.00

〔国民政府主计处："抗战中人口与财产所受损失统计"第六次汇编统计，附表一。中国第二历史档案馆馆藏档案，档案号：6（2）－237－0026〕

根据国民政府主计处第八次汇编统计中央机关财产损失情况，1937—1943年，水利委员会及所属直接财产损失为 954,336.45 元，间接财产损失为4,681,117.71元，各项财产损失共计5,635,454.16 元。详见下表：

水利委员会及所属机关直接财产损失（1944 年 1 月汇编）

机关别	各项财产直接损失							
	共计	建筑物	器具	现款	图书	仪器	医药费用	其他
水利委员会及所属	954,336.45	22,869.49	85,527.29		4,617.47	32,183.17		849,139.05

〔"统计局抗战中人口与财产损失之统计"，中国第二历史档案馆馆藏档案，档案号：6（2）－237－0051〕

水利委员会及所属机关间接财产损失（1944年1月汇编）

机关别	各项费用					
	共计	迁移费	防空设备费	疏散费	救济费	抚恤费
水利委员会及所属	4,681,117.71	43,496.00	180,278.00	3,999,394.00	611,805.70	8,144.00

［"统计局抗战中人口与财产损失之统计"，中国第二历史档案馆馆藏档案，档案号：6（2）-237-0049］

17. 县政计划委员会

截至1940年，行政院县政计划委员会财产直接损失为：4,611.80元。详见下表：

行政院县政计划委员会财产直接损失统计（1941年1月汇编）

机关别	各项财产直接损失								查报机关数
	共计	建筑物	器具	现款	图书	仪器	医药用品	其他	
行政院县政计划委员会	4,611.80	764.00	3,847.80						1

（"抗战中人口与财产所受损失统计"，中国第二历史档案馆馆藏档案，档案号：4-16728-0016）

（四）立法院及所属

财产损失情况不详。

（五）司法院及所属

司法院所受财产损失情况如下：

1. 最高法院

根据国民政府主计处第四次汇编统计，最高法院直接财产损失为575,090.00元，间接财产损失为72,770.16元，共计647,860.16元。详见下表：

最高法院财产直接损失统计（1942年1月汇编）

机关别	各项财产直接损失						
	共计	建筑物	器具	现款	图书	仪器	医药费用	其他
最高法院	575,090.00	500,000.00	30,000.00		34,000.00		50.00	11,040.00

［“抗战中人口与财产所受损失统计”第四次汇编统计，中国第二历史档案馆馆藏档案，档案号：6（2）-237-0087］

最高法院财产间接损失统计（1942年1月汇编）

机关别	各项费用					
	共计	迁移费	防空设备费	疏散费	救济费	抚恤费
最高法院	72,770.16	72,770.16				

［中国第二历史档案馆馆藏档案，档案号：6（2）-237-0097］

根据国民政府主计处第六次汇编统计和第八次汇编统计，最高法院财产直接损失无变化，仍为 575,090.00，间接损失为 72,770.16 元，共计 647,860.16元①。

2. 行政法院

根据国民政府主计处第八次汇编统计，行政法院直接财产损失为11,592.39元，间接财产损失为 18,780.40 元，共计30,372.79 元。详见下表：

行政法院及所属机关直接财产损失（1944年1月汇编）

机关别	各项财产直接损失						
	共计	建筑物	器具	现款	图书	仪器	医药费用	其他
行政法院及所属	11,592.39		4,211.17		5,884.10	14.96		1,482.26

［“统计局抗战中人口与财产损失之统计”第八次汇编统计，中国第二历史档案馆馆藏档案，档案号：6（2）-237-0051］

行政法院及所属机关间接财产损失（1944年1月汇编）

机关别	各项费用					
	共计	迁移费	防空设备费	疏散费	救济费	抚恤费
行政法院	18,780.40	17,046.80	1,507.60			426.00

［“统计局抗战中人口与财产损失之统计”，中国第二历史档案馆馆藏档案，档案号：6（2）-237-0049］

---

① 国民政府主计处：“抗战中人口与财产所受损失统计”第六次汇编统计，中国第二历史档案馆馆藏档案，档案号：6（2）-237-0016、0026；“统计局抗战中人口与财产损失之统计”第八次汇编统计，中国第二历史档案馆馆藏档案，档案号：6（2）-237-0051、0049。

3. 司法行政部

根据国民政府主计处第八次汇编统计，司法行政部及所属机关所受财产间接损失为 33,840.98 元，其中迁移费 14,556.98，救济费 19,290.00 元①。

根据司法行政部 1948 年 1 月统计，抗战期间，司法行政部所受直接损失为 4,338,801,635 元，另有图书 20 本，文卷 251,034 宗、186,000 卷无从估价。详见下表：

司法行政部所属财产直接损失汇报表（1948 年 1 月统计）

分类	价格　单位:元
总计	4,338,801,635
建筑物	3,426,374,347
器具	172,694,300
现款	6,615,871
图书	42,591,652　20本
仪器	10,003,222
文卷	2,520,022　251,034宗、186,000卷
医药用品	69,448,236
其他	608,553,583

（中国第二历史档案馆馆藏档案，档案号：7 - 7036 - 0019）

司法行政部所属财产间接损失汇报表（1948 年 1 月统计）

分类	数额　单位:元
总计	229,594,257
迁移费	56,406,133
防空设备费	29,268,276
疏散费	19,680,124
救济费	64,239,424
抚恤费	60,000,300

（中国第二历史档案馆馆藏档案，档案号：7 - 7036 - 0023）

该统计在说明中表示："尚有少数机关，未可依限送部汇编"。（上报期限

---

① "统计局抗战中人口与财产损失之统计"第八次汇编统计，中国第二历史档案馆馆藏档案，档案号：6 (2) - 237 - 0049、0051。

为 1947 年 12 月底）从档案可以看出，司法行政部所报损失不仅包括中央机关也包括地方机关的损失。

上述统计为分别进行，司法院的财产损失其最低数字为上述三项之总和。

（六）考试院及所属

1. 考试院院部

仅知 1937 年 8 月 19 日，考试院被炸瓦房 1 间，炸伤 3 人，炸死 1 人[1]。

2. 考选委员会

仅知：1937 年 8 月 19 日，考选委员会被炸房屋 2 间，炸伤 3 人，炸死 1 人[2]。

3. 铨叙部

根据国民政府主计处第二次汇编统计，截至 1940 年底，铨叙部所报受财产损失共计 63,012.00 元，其中财产直接损失为 45,855.72 元，间接损失为 17,156.28 元。详见下表：

铨叙部财产直接损失（1941 年 1 月汇编）

机关别	各项财产直接损失							查报机关数
	共计	建筑物	器具	现款	图书	仪器	医药用品	其他	
铨叙部	45,855.72		21,385.65	5,087.64	3,342.77		67.19	21,056.11	1

（"抗战中人口与财产所受损失统计"第二次汇编统计，中国第二历史档案馆馆藏档案，档案号：4-16728-0016）

铨叙部财产间接损失（1941 年 1 月汇编）

机关别	各项费用						查报机关数
	共计	迁移费	防空设备费	疏散费	救济费	抚恤费	
铨叙部	17,156.28	13,522.59	3,633.69				1

（"抗战中人口与财产所受损失统计"第二次汇编统计，中国第二历史档案馆馆藏档案，档案号：4-16728-0026）

根据国民政府主计处第四次、第六次、第八次汇编统计，截至 1943 年底，

---

① "南京市第六区敌机空袭损伤调查表"，南京市档案馆馆藏档案，档案号：1001-8-45。

② "南京市存日机轰炸南京平民死伤及被炸民房调查表"（1937 年 8—10 月），南京市档案馆馆藏档案，档案号：1001-1-594。

铨叙部所受财产损失无变化，仍为 63,012.00 元[①]。

（七）监察院及所属

根据国民政府主计处第二次汇编统计，截至 1940 年，监察院所受财产损失为 128,147.02 元，其中直接财产损失为：91,554.65 元，间接财产损失为 36,592.37 元。详见下表：

监察院财产直接损失统计（1941 年 1 月汇编）

机关别	各项财产直接损失								查报机关数
	共计	建筑物	器具	现款	图书	仪器	医药用品	其他	
监察院及所属	91,554.65	2,565.02	78,827.51	6,232.00	7,281.11		679.30	2,201.71	6

（"抗战中人口与财产所受损失统计"第二次汇编统计，中国第二历史档案馆馆藏档案，档案号：4－16728－0016）

监察院财产间接损失统计（1941 年 1 月汇编）

机关别	各项费用					查报机关数
	共计	迁移费	防空设备费	疏散费	救济费	抚恤费	
监察院及所属	36,592.37	13,377.15	16,817.42	37.80		6,360.00	6

（"抗战中人口与财产所受损失统计"第二次汇编统计，中国第二历史档案馆馆藏档案，档案号：4－16728－0026）

根据国民政府主计处第四次汇编统计（1942 年 1 月），截至 1941 年底，监察院及所属机关直接财产损失为 96,504.65 元，间接财产损失为 51,042.87 元，各项财产损失共计 147,547.52 元。详见下表：

[①] "抗战中人口与财产所受损失统计"第六次汇编统计，中国第二历史档案馆馆藏档案，档案号：6（2）－237－0016、0026；"统计局抗战中人口与财产损失之统计"第八次汇编统计，中国第二历史档案馆馆藏档案，档案号：6（2）－237－0049、0051。

监察院及所属机关财产直接损失详情（1942 年 1 月汇编）

机关别	各项财产直接损失							
	共计	建筑物	器具	现款	图书	仪器	医药费用	其他
监察院及所属	96,504.65	2,565.02	83,777.51		7,281.11		679.30	2,201.71

〔"抗战中人口与财产所受损失统计"第二次汇编统计，中国第二历史档案馆馆藏档案，档案号：6（2）-237-0087〕

监察院及所属机关财产间接损失详情（1942 年 1 月汇编）

机关别	各项费用					
	共计	迁移费	防空设备费	疏散费	救济费	抚恤费
监察院及所属	51,042.87	13,457.05	17,243.02	172.80	13,810.00	6,360.00

〔"抗战中人口与财产所受损失统计"第二次汇编统计，中国第二历史档案馆馆藏档案，档案号：6（2）-237-0097〕

根据国民政府主计处第六次汇编统计中央机关财产损失情况（1943 年 1 月），截至 1942 年底，监察院及所属直接财产损失为 96,504.65 元，间接财产损失为 58,142.87 元，各项财产损失共计 154,647.52 元。详见下表：

监察院及所属机关财产间接损失统计（1943 年 1 月汇编）

机关别	各项财产直接损失（单位：国币　元）							
	共计	建筑物	器具	现款	图书	仪器	医药费用	其他
监察院及所属	96,504.65	2,565.02	83,777.56		7,281.11		679.30	2,201.71

〔"抗战中人口与财产所受损失统计"第六次汇编统计，中国第二历史档案馆馆藏档案，档案号：6（2）-237-0016〕

监察院及所属机关财产间接损失（1943 年 1 月汇编）

机关别	各项费用					
	共计	迁移费	防空设备费	疏散费	救济费	抚恤费
监察院及所属	58,142.87	20,357.05	17,243.02	172.80	14,010.00	6,360.00

〔"抗战中人口与财产所受损失统计"第六次汇编统计，中国第二历史档案馆馆藏档案，档案号：6（2）-237-0026〕

根据国民政府主计处第八次汇编统计中央机关财产损失情况，1937—1943年，监察院及所属直接财产损失为99,144.65元，间接财产损失为58,142.87元，各项财产损失共计157,287.52元。详见下表：

监察院及所属机关财产直接损失（1944年1月汇编）

机关别	各项财产直接损失							
	共计	建筑物	器具	现款	图书	仪器	医药费用	其他
监察院及所属	99,144.65	2,565.02	86,417.51		7,281.11		679.30	2,201.71

［"统计局抗战中人口与财产损失之统计"第八次汇编统计，中国第二历史档案馆馆藏档案，档案号：6（2）–237–0051］

监察院及所属机关财产间接损失（1944年1月汇编）

机关别	各项费用					
	共计	迁移费	防空设备费	疏散费	救济费	抚恤费
监察院及所属	58,142.87	20,357.05	17,243.02	172.80	14,010.00	6,360.00

［"统计局抗战中人口与财产损失之统计"第八次汇编统计，中国第二历史档案馆馆藏档案，档案号：6（2）–237–0049］

以上是关于抗战时期国民政府中央各机关财产损失的逐项统计。至于中央机关总的财产损失情况，考虑到物价变动等因素，我们为了保证准确起见，只是如实记录，并说明汇编时间，不敢妄加汇总。

国民政府中央机关总的损失情况，国民政府主计处历次"抗战中人口与财产所受损失统计"皆有统计。

根据国民政府主计处统计局编"抗战中人口与财产所受损失统计"第二次汇编统计，中央机关的财产损失为52,092,538元，其中直接财产损失为50,108,137元，间接财产损失为1,984,401元[1]。

根据国民政府主计处统计局编"抗战中人口与财产所受损失统计"第四次汇编统计，中央机关的财产损失为96,596,862.66元，其中直接损失87,384,518.43元，间接损失9,212,344.23元[2]。

---

[1] "抗战中人口与财产所受损失统计"，中国第二历史档案馆馆藏档案，档案号：4–16728–0016、4–16728–0026）。

[2] 中国第二历史档案馆馆藏档案，档案号：6（2）–237–0087、6（2）–237–0097。

根据国民政府主计处统计局编"抗战中人口与财产所受损失统计"第六次汇编统计，中央机关财产直接损失为：91,272,147元①，除去军事委员会及所属直接财产损失4,186.33元和军政部及所属直接财产损失40,897,709.87元，中央行政机关的财产损失为：50,370,251元。这与韩启桐的统计是一样的，当为韩启桐先生统计数字之原始出处。韩启桐先生只列了中央机关的直接财产损失。我们还查到了国民政府统计处第六次统计中央机关财产的间接损失，总额为15,070,715.49元②。两项合计为：106,342,862.49元。这是国民政府中央机关1937年至1942年所受财产损失的总额。由于作者只说是第六次统计，未说起止时间，有人根据该书封面提示为1937至1943年之损失估计，误认为这是国民政府中央机关1937至1943年所受损失。

根据国民政府主计处统计局编"抗战中人口与财产所受损失统计"第七次汇编统计，中央机关财产直接损失为92,903,147.67元，间接损失为15,108,328.39元，总计为108,011,476.06元③。

我们在查阅档案时还发现了国民政府主计处第八次汇编统计，中央机关财产损失158,636,645.80元，其中直接损失为142,564,482.18元，间接损失为16.672.663.64元④。实际上，第八次汇编统计截止时间为1943年底。

根据1946年编制的全国公私财产损失统计详细统计表⑤（统计时间截至1946年4月），中央机关的损失为：11,356,030,610元，其中，直接损失为10,459,773,071元，间接损失为1,290,257,540元。该数字为历年损失时所报之价值，未经折合。如果折合成1937年7月法币之价值，应为33,107,960.96元。本表系根据1931年九一八起至1946年4月底所掌握资料汇编而成。军事损失由军政部另案汇报，据军政部统计军方面损失，陆军财产损失1,131,284,617,658,711元；海军财产损失671,817,865,180元，空军损失3,130,016,131,657元又美金150,246,858元，以上陆海空三军财产损失总计国

① 国民政府主计处："抗战中人口与财产所受损失统计"第六次汇编统计，附表一。中国第二历史档案馆馆藏档案，档案号：6（2）-237-0016。

② 国民政府主计处："抗战中人口与财产所受损失统计"第六次汇编统计，附表一。中国第二历史档案馆馆藏档案，档案号：6（2）-237-0026。

③ 国民政府主计处编《抗战中人口与财产所受损失统计》（1943.9），转引自中央党史研究室材料271-288。

④ 中国第二历史档案馆馆藏档案，档案号：6（2）-237-0032、0049、0051。

⑤ 中国第二历史档案馆馆藏档案，档案号：20-2725（19）-0045、0046。

币 1,135,086,451,655,548 元又美金 150,246,858 元①。

这次统计，比国民政府主计处第八次统计又有所变化和增加。这是这次调研的又一成果。这是我们对于抗战期间国民政府中央机关财产损失发现的最全面的记录。但是，这次统计，没有各机关报送损失的详细统计情况。我们只能根据前述逐项调查，大致了解国民政府各机关的损失情况。

五、结论

根据以上梳理和分析，我们基本弄清了国民政府中央机关所受损失的情况，取得了初步的成果。第一，我们对抗战时期国民政府中央各机关遭受的财产损失进行了详细考察，找到了一批原始数据，这是今后进一步开展研究的基础。国民政府各中央机关，除立法院我们没有看到详细的统计资料外，其他中央机关我们都找到了抗战时期遭受损失的基本情况，对中央机关总的损失情况也有基本的数字，尽管这个统计数字并不完全。仅目前调查整理的情况看，当时中央机关遭受的财产损失是相当巨大的。第二，这次考察，我们对中央各机关财产损失的情况在韩启桐先生的研究基础上，有了新的发现和收获。抗战时期国民政府各中央机关的损失情况，大大超过韩启桐先生和我们的预计。在开展调查之前，我们认为抗战时期国民政府中央机关不会有太大的损失，但是实际情形远非如此。韩启桐先生引用的统计数字只到 1942 年底，这次调查，有些中央机关直接统计到 1945 年，如交通部、司法行政部是比较完整的统计，其他一些中央机关则统计到 1943 年或 1944 年。我们将国民政府主计处统计局关于"抗战中人口与财产所受损失统计"历次汇编统计情况进行了分析对比，发现很多中央机关的统计数字在历次统计时没有变化，这个现象提醒我们在研究抗战时期财产损失情况时，历次统计数字没有变化并不表明没有损失，有些统计数字虽然标明了最后统计时间，实际上却是几年前的统计数字。这提醒我们，在今后统计中，如果要将财产损失全部折为 1937 年 7 月的法币价格的话，应以第一次出现统计数字的时间为准。这是我们这次开展抗战时期国民政府中央机关财产损失研究始终没有对损失数字进行简单相加的重要原因。

现将国民政府各中央机关的财产损失情况，分别归纳整理如下：

国民政府及所属： 直接损失为 6,965,549.93 元（1937—1941 年），间接损

---

① 中国第二历史档案馆馆藏档案，档案号：20 - 2725（19）- 0044。

失 7,590.22 元（仅为西京筹备委员会损失，截至 1941 年底），参军处损失 4,543,399 元（1946 年 1 月统计）。国民政府主计处、文官处及其他直属机关损失不详。

军事委员会及所属：军政部及所属机关的财产损失为 41,610,630.57 元（截至 1942 年底）；军令部及所属机关的财产损失为 387,790,457.25 元（截至 1945 年 4 月）；军事委员会直属机关财产所受损失为 8186.33 元（截至 1941 年底）。

行政院及所属：

行政院院部及所属：直接财产损失为 15,254.08 元（截至 1943 年底）。

内政部及所属：损失财产 1,435,488.15 元，另损失文卷 51957 宗，其价值无法估计（截至 1945 年 2 月）。

社会部及所属：财产损失情况不详。

外交部及所属：财产损失共计 2,984,011.15 元（截至 1942 年底）。

财政部及所属：财产损失 225,239,821,301 元。（抗战期间）。

经济部及所属：财产损失共计 15,520,991.53 元（截至 1942 年底）。

农林部及所属：财产间接损失为 77,849.00 元（截至 1941 年底）。

交通部及所属：抗战时期整个交通损失为：1,832,705,653,996 元，折算成 1937 年 7 月币值为 5,343,165,172 元。交通部本部的损失为：8,808,406,355 元，折算成 1937 年 7 月币值为 25,680,485 元（1931—1945 年）。

教育部及其所属：财产损失共计 2,123,526.87 元（截至 1941 年底）。

地政署财产损失不详。

卫生部（署）及所属：财产损失共计 235,364.37 元（截至 1942 年底）。

粮食部及所属：仅有叶国璋等员工的个人财产损失统计统计。

蒙藏委员会及所属：财产损失共计 625,976.67 元（截至 1942 年底）。

侨务委员会及所属：财产损失共计 6,391.25 元（截至 1940 年底）。

赈济委员会及所属：直接财产损失为 17,069.82 元（截至 1943 年底）。

行政院县政计划委员会：财产直接损失为：4,611.80 元（截至 1940 年底）。

立法院及所属：财产损失情况不详。

司法院及所属：最高法院：财产损失共计 647,860.16 元（截至 1941 年底）；行政法院：财产损失为 30,372.79 元（截至 1943 年底）；司法行政部：直接损失 4,338,801,635 元，另有图书 20 本，文卷 251,034 宗、186,000 卷无从估价（1948 年 1 月统计，截至 1945 年 8 月）。司法院的财产损失其最低数字为上述三项之总和。

考试院及所属：仅有铨叙部财产损失，其损失为 63,012.00 元（截至 1941 年底）。

监察院及所属：财产损失为 157,287.52 元（截至 1943 年底）。

关于国民政府中央机关总的损失情况，根据国民政府主计处 1946 年统计，抗战时期中央机关总的财产损失为 11,356,030,610 元，如果折合成 1937 年 7 月法币之价值，应为 33,107,960.96 元。这个数字不含军事损失。战时，陆海空三军财产损失总计国币 1,135,086,451,655,548 元又美金 150,246,858 元。当然，由于抗战胜利后时局仍然动荡，国民政府中央机关很多部门未能很好地开展抗战损失调查，没有申报抗战损失情况，致使国民政府中央机关总的损失情况不甚明朗。1946 年后，仅有少数中央机关继续开展调查，提交了新的统计数字，如司法院行政部 1948 年 1 月统计，其直接财产损失就达 4,338,801,635 元。就整个中央机关的统计情形来看，诚如韩启桐所言，主计处的统计数字存在明显的问题：一是在统计时，中央机关遗漏较多；二是统计数字存在疑点，偏少；三是机关所属含混不清，没有涵盖全部所属机关。尽管这样，这个数字还是大大超过韩启桐关于中央机关财产损失的估计。

关于抗战时期国民政府中央各机关人员伤亡的情况，各种统计和档案资料的记载不多，但是，就已知道的情况看，当时全国交通机关伤亡达 6000 余人，司法行政部暨直属机关从 1937 年至 1943 年 7 月，受损人员 175 人，被难人员 59 人，从 1940 年到 1942 年，全国司法人员受损人数是 2014 人，被难人员 232 人，军事委员会仅军令部即伤亡 20 人，可见，国民政府中央各机关及所属人员伤亡的情况也是十分严重的。

本次调研，由于时间仍属有限和时隔长久，很多资料未能查到或本身阙如，因此，该统计数字并不完全，有些中央机关可能本来就没有统计，有些可能是我们在调查中没有发现。这次调研，我们只是把我们发现的资料进行了整理，其研究和分析仅仅是初步的。

课题组组长：沈　强（中国人民抗日战争纪念馆馆长）
课题组成员：唐晓辉　罗存康　要秋霞　曹　艺　李　鑫
执　笔　人：罗存康

主要参考资料

1. 韩启桐著：《中国对日战事损失之估计（一九三七——一九四三）》，国立中央研究院社会学研究 1948 年印。

2. 迟景德著：《中国对日抗战损失调查史述》，台北"国史馆" 1987 年印行。

3. 孟国祥、喻德文著：《中国抗战损失与战后索赔始末》，安徽人民出版社 1995 年版。

4. 袁成毅著：《中日间的战争赔偿问题》，山西人民出版社 1999 年版。

5. 李正堂著：《中国人关注的战争话题：战争赔偿》，新华出版社 1999 年版。

6. 秦孝仪主编：《中华民国重要史料初编——对日抗战时期》，中国国民党中央委员会党史委员会 1981 年印行。

7. 中国第二历史档案馆编：《中华民国史档案资料汇编》第五辑，江苏古籍出版社 2000 年版。

8. 《中日民间向日索赔资料专辑》，香港新风出版社 1995 年版。

9. 中国社科院卞修跃博士论文《抗战人口损失研究》，未刊稿。

10. 刘国铭主编：《中华民国国民政府军政职官人物志》，春秋出版社 1989 年版。

11. 韩文昌、邵玲主编：《民国时期中央国家机关组织概述》，中国档案出版社 1994 年版。

12. 朱汉国、杨群主编：《中华民国史》第 10 册，四川人民出版社 2006 年版。

13. 中国人民抗日战争纪念馆、重庆市档案馆编：《迁都重庆的国民政府》，北京出版社 1994 年版。

14. 《国民党政府关于中国抗战时期财产损失说帖》，台湾"中华民国外交问题研究会"编：《中日外交史料丛编》（七），《日本投降与我国对日态度及对俄交涉》，中国国民党中央委员会党史委员会 1966 年印行。

关于中国抗战财产损失
研究中的几个问题

袁成毅

　　中国抗战财产损失是一个涉及范围广、调查与统计难度非常大的研究课题，同时也是极容易引起争议的话题，因为不同的调查与统计方法都会产生较为悬殊的结果。正因为此，战后 60 多年里，关于中国抗战财产损失总数便出现了多种说法。本文将战争期间一些学者的估算以及战后关于中国抗战财产损失的各种不同说法加以疏理，特别是对战争结束后由国民政府官方组织的关于中国抗战财产损失调查的各项材料作一个初步整理，研讨其数据之来龙去脉和前后沿袭关系，以期对进一步的研究提供参考。

一、有关中国抗战财产损失的学术史考察

　　近代以来，中国反对列强侵略的战争多数以失败而终，每次战败后又多以割地和赔款了结。我们姑且不论这些战争的正义性与非正义性，仅仅从一般的国际惯例来看，列强各国在对中国索取战争赔偿时，表面上是依据当时较为通行的国际法准则，以其军费和损失数目确定索赔额度，而实际上战胜方往往很少考虑这一层就随意地提出勒索数字，致使中国蒙受了相当大的赔偿损失，甲午战后中国对日本的赔偿就是一个典型的例证。故有人针对近代中国的战争赔偿惊呼："赔偿，国家之大患也，国家之大耻也。"[1] 由于中国每每处于战败国的地位，在第二次世界大战前，对于自己在战争中所真正受到的损失从未作过认真的调查和统计。

　　抗日战争爆发后，中国人民决不相信日本会再次赢得战争，抱定了必胜的信念。早在九一八事变刚刚发生后，施肇基就代表国民政府向"国联"提出申

---

[1] 烈公：《中国赔款述略》，《东方杂志》第 13 卷第 7 号（1916 年 7 月）。

诉，希望"国联"调查日本侵略中国东北所致中国的损失，并据此要求日本赔偿。虽然此项要求由于日本代表在"国联"会议上的反对以及"国联"内部英、美等国家没有支持，未获结果，[①] 但毕竟标志着中国官方对因列强的侵略战争使中国蒙受的损失有了前所未有的重视。这一时期，国民政府的军政当局也有意开展了一些战争损失的统计与调查，如一二八事变后，上海市社会局就对上海部分行业的损失进行过调查，得出了损失逾14亿元的初步结论。[②] 官方以外，也有个别学者专门对九一八事变以及稍后的一二八事变期间中国所遭损失进行了调研，从而开了中国学术界研究中国战争损失的先河。[③]

全面抗战爆发后，由于侵华日军在中国各地恣意的暴行，造成了中国人民财产的更大损失，因此对于中国抗战财产损失研究自然就引起了学术界的更多关注。中央研究院社会研究所研究员潘嘉林在1941年写成了《抗战三年我公私损失初步估计》，因种种原因，此著未能面世。该所的另一位研究员韩启桐于1944年发表了《中国对日战争损失之估计（一九三七——一九四三）》，成为中国学者研究抗战损失第一项公开出版的成果。韩氏的写作态度是："取材务求审慎，一切可疑的资料非经分析研究，决不轻易引用，纵即陷于抱残守缺，亦在所不计"，"估计力求避免夸张，其有必须自作假定或从事决断之处，亦采取保守原则。"[④] 可见其对于战争损失的研究完全是基于一种严谨的科学态度。韩启桐关于中国抗战财产损失的研究为国民政府战后的损失调查提供了十分重要的参考，同时该著作也成为中国抗战财产损失研究的奠基之作。

抗战胜利后，中国抗战财产损失问题继续受到学术界的关注，无论是在资料的整理还是在研究方面均有较大的进展。

就资料的整理而言，虽然关于中国抗战财产损失的专题性资料并没有出版过，但各种大型的近代史资料则对此多有涉及。如20世纪五六十年代由严中平主编的《中国近代经济史统计资料选辑》（科学出版社1955年版）、陈真主编《中国近代工业史资料》（三联书店1961年版）等就收录了抗战时期中国部分地区和部分行业的损失数据。90年代以后出版的有关资料主要有中国第二历史档案馆等单位编辑的《日本帝国主义侵华档案资料选编》（多卷本，中华书局

① 《东北日祸反响录》，载《国闻周报》第8卷第39期（1931年10月5日）。

② 上海市档案馆编：《日本在华中经济掠夺史料（1937—1945）》，上海书店出版社2005年版，第10页。

③ 章君谷：《抗战史话》，台北中央文物供应社1980年版，第44、52—53页。

④ 韩启桐：《中国对日战事损失之估计》，沈云龙主编：《近代中国史料丛刊续编》第9辑，台北文海出版社有限公司1974年版，第4页。

1991 年版)、章伯锋、庄建平主编的中国近代史资料丛刊《抗日战争》（多卷本，四川大学出版社 1997 年版）、中国第二历史档案馆编《中华民国史档案资料汇编》（外交与经济等各卷，江苏古籍出版社 2000 年版）、张宪文主编《南京大屠杀史料集》（多卷本，江苏人民出版社 2005 年版）、上海档案馆编辑的《日本在华中经济掠夺史料（1937—1945）》（上海书店出版社 2005 年版）等。上述这些资料中有不少篇幅都涉及了中国抗战时期的财产损失问题。

就学术研究层面来看，20 世纪 70 年代以前的研究主要是从帝国主义经济侵华的视角作定性的分析，重在揭露帝国主义经济侵华的罪行，并不注重中国所遭损失的数量结果，如中国人民大学政治经济学系于 1978 年编写的《中国近代经济史》，虽然对中国战时经济损失的各种形式进行了较为全面的分析，但并没有对中国抗战的财产损失给出具体的数据①。

80 年代以后，因应对日本右翼学者不断掀起的否认侵华战争的挑战，学术界对中国抗战财产损失的研究进入了一个新的阶段，海峡两岸甚至一些国际上的学者不约而同地对这一问题产生了浓厚兴趣，其研究的视角也多从一般的谴责转向实证。

台湾学者迟景德所著《中国对日抗战损失调查史述》于 1987 年由台湾"国史馆"出版印行，这是战后关于中国抗战财产损失问题的第一部专门著作。该著作搜集了大量藏于台北"国史馆"的有关档案，详细地研讨了中国对日抗战损失调查的机构沿革和不同时期调查与统计的概况，虽然其写作的出发点并非求得中国抗战损失的最终统计结论，但其提供的线索对后人的研究频有参考价值。海外华人学者吴天威（美国）在其主持编辑的《日本侵华研究》（不定期出版物）上也发表了不少关于中国抗战财产损失的论文，从而使中国抗战损失问题日渐受到国际学术界的关注。大陆学者研究中国抗战损失的第一部专门著作是孟国祥、喻德文合著的《中国抗战损失与战后索赔始末》（安徽人民出版社 1995 年版），该书利用了中国第二历史档案馆的档案材料，对国民政府的战争损失调查与对日索赔作了较为详细的论述。袁成毅所著《中日间的战争赔偿问题》（陕西人民出版社 1999 年版）对于中国抗战的财产损失问题也略有涉及。万仁元主持的国家"九五"规划课题《中国在抗日战争中的损失研究》则分别就日本对东北的侵略、中共敌后抗日根据地的损失、国民党统治区的损失、中国文化教育事业和航运事业的损失、中国被劫劳工等方面进行了分类的研究，

---

① 中国人民大学政治经济学系编：《中国近代经济史》下，人民出版社 1978 年版，第 97—141 页。

并初步提出了自己的见解①，但遗憾的是该项成果未能公开出版，一般很少为研究者所知晓。

除了以上这些著作外，在其他的有关抗战史的论著中，也往往会提到中国抗战的损失问题，其焦点是中国抗战财产损失的总数。

20世纪80年代以前，学界对中国抗战财产损失的总数多采用国民政府有关部门在战后初期所形成的几种数据，主要有四种说法：第一，350亿美元说②；第二，584亿美元说；③第三，559亿美元说④；第四，620亿美元说⑤。这些不同的说法在各种有关中国抗日战争的财产损失研究中往往因作者研究视角的不同而有不同的转述或不同的发挥。

80年代以后，大陆学者对中国抗战财产损失有了一些新的估算，其中关于直接财产损失的说法基本上还是立足于战后初期国民政府的调查与统计结果，而对于中国抗战的间接损失数则与国民政府战后的调查与统计结果产生了较大的差异。如1985年军事科学院发表的数字中就认为，抗日战争中，中国的财产损失与战争消耗折合1000多亿美元（财产损失600亿美元，战争消耗400亿美元，共达1000多亿美元）⑥。1991年国务院发表的《中国的人权状况》白皮书，提出八年抗战中，中国直接经济损失达620亿美元，间接经济损失达5000亿美元⑦。目前影响最广的一种说法来自于中国军事科学院军事历史研究部在1994年出版的《中国抗日战争史》，该书所列的中国抗日战争时期财产损失情况是：中国财产损失600亿美元（按1937年美元计算），战争消耗400多亿美元，间接经济损失达5000亿美元⑧。此说在学界内外被广为引用，似乎被视为中国抗战财产损失的定论，但因为此论并没有相关调研成果公开发表，因此也常引起

① 李良玉：《对一项社科规划成果的评估意见》，《变动时代的记录》，吉林人民出版社2003年版，第408页。

② 《中国对日要求赔偿的说帖》（原文未署年月），秦孝仪主编：《中华民国重要史料初编——对日抗战时期》，中国国民党中央委员会党史委员会1981年印行，第44页。

③ 秦孝仪主编：《中华民国重要史料初编——对日抗战时期》第二编作战经过（四），中国国民党中央党史委员会1981年印行，第32—34页。

④ 《行政院关于抗战损失和日本赔偿问题报告》（1947年2月），中国第二历史档案馆编：《中华民国档案资料汇编》，第五辑，江苏古籍出版社2000年版，第231—232页。

⑤ 参见吴半农：《中国驻日代表团劫物归还与赔偿工作综述》（所署时间为1949年8月），沈云龙主编：《近代中国史料续编》第710辑，台北文海出版社有限公司1980年版。

⑥ 罗焕章、支绍曾：《中华民族的抗日战争》，军事科学出版社1987年版，第507页。

⑦ 国务院新闻办公室：《中国的人权状况》，《光明日报》1991年11月2日。

⑧ 军事科学院军事历史研究部：《中国抗日战争史》下卷，解放军出版社2005年版，第625页。

学术界的争议。

战后围绕着中国抗战财产损失的数目之所以会出现较多的说法，原因是多方面的，其中最根本的原因是战后初期国民政府官方所组织的调查与统计存在着诸多的问题，其调查与统计的结果难以全面地反映中国抗战财产损失情况，正因为此，学者们就会从各种不同的角度尝试得出中国抗战财产损失更为全面的数据，若用不同的方法和口径来估算，自然就会得出不同的说法。

二、战后初期国民政府关于抗战财产损失调查结果及存在问题

早在抗日战争初期，一些有远见的政治家就注意到了进行战争损失调查的重要性。1938 年 11 月，在重庆召开的第一届国民参政会第二次大会上，黄炎培等参政员就首次郑重地提出提案，建议国民政府设立抗战公私损失调查委员会，对战争损失加以调查①。

黄炎培的提案不但获得大会通过，而且也引起了最高当局的重视，在蒋介石的亲自过问下，抗战损失调查的工作交给了行政院。1939 年 7 月，行政院正式颁布了《抗战损失调查办法》及《查报须知》，通令全国中央机关及各省、市、县政府分别调查，每三个月具报一次，并指定由国民政府主计处审核汇编所有调查资料。

在战争还在进行的过程中调查战争的损失是一项非常艰难的工作，再加上国民政府中央各部和地方上对此项工作重视程度不一，战争损失的调查与统计工作进展得并不顺利。1940 年 10 月，国民政府主计处处长陈其采在致军事委员会的公函中称："遵照行政院所定查报办法，应报未报之机关甚多，沦陷区之地方机关既全未查报，撤退之中央机关查报者亦仅有数处，现时收到者大都系后方各地受空袭之损失，即此项数字亦不齐全，是项查报办法似尚未能普遍遵行，诚恐延宕愈久，补报愈难，而益失其统计之价值。"②

抗战进入后期，当盟国对日作战形势日渐好转之际，国民政府开始考虑设置专门的战争损失调查机构。1944 年 2 月 5 日，行政院成立了直属的"抗战损

① 《黄炎培等建议中央政府设立抗战公私损失调查委员会之国民参政会提案》，中国第二历史档案馆藏档案，档案号四一六（2）-37。
② 《国民政府军事委员会抗战损失查报从速填送训令》，中国第二历史档案馆藏档案，档案号七八二-76。

失调查委员会"，1945 年 4 月，该会改属内政部①。

1945 年 11 月以后，随着沦陷区的相继收复，国民政府决定在全国范围内大规模地开展抗战损失调查，内政部抗战损失调查委员会拟订了九项抗战损失调查要点，通令全国开展此项工作。但问题是，中国抗战时间之长、损失之大，调查与统计远非短期所能完成，于是便出现了一边估计、一边调查、一边汇总的情形。

最早的数据是国民政府外交部为应对盟国对日索赔需要而作的一个估计数。

1946 年 8 月，身在巴黎的国民政府外交部长王世杰根据盟国对德、意等国所拟的赔偿办法，起草了《中国对日赔偿问题提案纲领》，就有关战争损失调查与赔偿问题提出了七条意见，其中，对于中国抗战的财产损失因为当时尚未有完整的统计资料，只是估计道："自一九三七年七月起，至战争结束为止，中国公私物资损失已达三百至四百亿美元，此数尚不包括一九三一年九月至一九三七年七月间中国因日本侵略所受之损失，亦不包括中国生命损失之估计及军费在内。②"行政院认可了王世杰就战争损失调查与日本赔偿问题的七条意见，并指示"应由该部及经济部专家暨赔偿委员会按此纲领会同拟定具体之说帖与规划，迳寄顾（维钧）大使应用。③"于是，国民政府外交部会同相关部门据此精神草拟了《中国对日要求赔偿的说帖》，对中国抗战的财产损失作了一个初步的估计："据中国政府初步估计，中国财产损失一项即达 350 亿美金。④"这个数字是战后国民政府对于抗战财产损失所作的第一次估计。

也就是在 1946 年 8 月间，国民政府行政院赔偿委员会随着各地损失数据的陆续上报，渐形成了关于中国抗战财产损失的初步统计汇总。1946 年 8 月 11 日，行政院赔偿委员会所制《全国公私财产损失统计表》提供了如下的统计数据：

《全国公私财产损失统计表》(1937 年 7 月美金价值)⑤

A. 金银币金银条：列入金融业内

---

① 1946 年 11 月，该机构又改称"行政院赔偿委员会"，直接隶属于行政院。

② 《外交部抄送对日赔偿问题中国提案纲领七条呈函》，中国第二历史档案馆编：《中华民国史档案资料汇编》第五辑，江苏古籍出版社 2000 年版，第 215—216 页。

③ 《外交部抄送对日赔偿问题中国提案纲领七条呈函》，中国第二历史档案馆编：《中华民国史档案资料汇编》第五辑，江苏古籍出版社 2000 年版，第 217 页。

④ 《中国对日要求赔偿的说帖》(原文未署年月)，秦孝仪主编：《中华民国重要史料初编——对日抗战时期》，中国国民党中央委员会党史委员会 1981 年印行，第 44 页。

⑤ 《全国公私财产损失统计表》(1946 年 8 月 11 日)，中国第二历史档案馆馆藏档案，档案号：二 (2) -2652。

B. 外国货币证券：列入金融业内

C. 船舶：2240231 元

D. 工商矿业及动力：128359718 元

E. 港口

F. 交通：768264836 元

G. 道路：215249232 元

H. 农林水利：116817848 元

I. 公共机关：712628041 元

J. 家具及私产：17936417048 元

K. 珠宝及珍贵品列入 J 项

L. （原文无项目内容—作者注）684896007 元

M. （原文无项目内容—作者注）4143061247 元

N. 资源减损：7019869065 元

P. 其他：70226156 元

以上各项损失共计：318.22 亿元。

需要指出的是，战后各国对于本国战争损失的调查内容是由盟国统一制表进行，负责日本赔偿问题的远东委员会所列各国财产损失共分为三大类：全国公私财产直接损失、全国公私财产其他损失（间接损失）、军费损失。而国民政府行政院赔偿委员会 1946 年 8 月 11 的损失统计表在格式上并未区分直接损失与间接损失，也没有单项的军费损失，可见此表还只是一个初步汇总，并不是一份成熟的统计结果。

目前我们所能看到最早的按直接损失、其他损失（即间接损失）来统计抗战财产损失的资料有两份：一份是国民政府外交部所藏《王炳文拟抗战损失说帖》，另一份是外交部存档的《中国抗战时期财产损失说帖》。两份材料虽然均未注明具体时间，但据其将财产分为直接与间接损失的分类来看，大体上可以判断稍晚于前述 8 月 11 日的《全国公私财产损失统计表》，兹将两份说帖列表作一比较。

表1　外交部所藏《王炳文拟抗战损失说帖》与《中国抗战时期财产损失说帖》之比较

外交部藏《王炳文拟抗战损失说帖》		外交部藏《中国抗战时期财产损失说帖》	
（一）直接财产损失		（一）中国抗战公私财产直接损失	
A：金银条及钱币	120566000	A. 金银币金银条	120566000

外交部藏《王炳文拟抗战损失说帖》		外交部藏《中国抗战时期财产损失说帖》	
B：外币及公债、股票	（无内容——作者注）	B. 外国货币证券	（无内容——作者注）
C：船舶合计	138812000	C. 船舶	138812000
D：工商业及动力	4053647000	D. 工商矿业及动力	4053647000
E：港口	（无内容——作者注）	E. 港口	（无内容——作者注）
F：交通合计：	653371000 元	F. 交通	635371000
G：道路、车辆、路线设备及修理工具等	215082000	G. 道路	215062000
H：农林水利合计	3976127000	H. 农林水利	3976127000
I：公私机关合计	1157290000	I. 公共机关	1157290000
J：房屋、家俱及其他私产等	21033261000	J. 房屋家具及其他私产	21033261000
		K. 珠宝及珍贵品列入 J 项	
直接财产损失总计	31348156000	直接财产损失总计	31330136000
（二）全国公私财产其他损失		（二）中国因日本侵略所致的各项间接财产损失	
甲：对日作战国库之经常及非常支出合计	16080190000	（甲）对日作战国库之经常及非常支出合计	16080190000
乙：沦陷区内政府及人民之赔偿要求合计	4526792000	（乙）沦陷区内政府及人民之赔偿要求合计	4526792000
丙：资源减损合计	6485741000	（丙）资源减损合计	6485741000
全国公私财产其他（间接）损失总计	27092723000	全国公私财产其他（间接）损失总计	27092723000
（三）直接财产与间接财产损失总计	584.4 亿元	（三）直接财产与间接财产损失总计	584.2 亿元

资料来源：(1)《王炳文拟中国抗战损失说帖》（1946 年，未署月份——作者注），中国第二历史档案馆编：《中华民国史档案资料汇编》第五辑第三编外交，江苏古籍出版社 2000 年版，第 220—225 页；(2)《中国抗战时期财产损失说帖》，载秦孝仪主编：《中华民国重要史料初编——对日抗战时期》第二编作战经过（四），中国国民党中央党史委员会 1981 年印行，第 32—34 页。

另注：上述两份统计材料只列大类，对原有表格中的细目作了省略，以下各表也均如此处理。

外交部所藏《王炳文拟抗战损失说帖》将财产损失分为"直接财产损失"、"全国公私财产其他损失"，这与外交部所藏《中国抗战时期财产损失说帖》的分类完全一致。就统计结果而言，在"直接财产损失"项中，两份材料仅有两处地方有异，可以看出系笔误所致①；在"全国公私财产其他损失（间接损失）"项中，两份材料的统计结果完全相同。此外，两份材料都没有战费损失这一项，事实上军政部在1946年7月15日已经形成了一份《军政部修正抗战军事损失要求日本赔偿备忘录呈》②，但这份文件在以上两份统计结果中都没有得到体现。考虑到王炳文稿系以个人之名起草，后者则在格式上比较规范，因此我们可以初步推断《王炳文拟抗战损失说帖》是《中国抗战时期财产损失说帖》的底本，而《中国抗战时期财产损失说帖》是官方所用的正式文本。

不过《中国抗战时期财产损失说帖》也只可视为阶段性的统计，并不能当成最后的统计结果。因为该说帖特别提道："我国抗战八年所受损失，自非短时期所能调查完竣，日人占领较久之区域，尚在继续调查，凡未及查报完毕之损失，或遗漏未报之损失，均应保留补列。"③ 因此后来很多学者在论著中引用《中国抗战时期财产损失说帖》的数据，显然是不够全面的。

到1947年以后，国民政府行政院赔偿委员会又先后形成了两份关于中国抗战财产损失的统计资料，即1947年2月的《行政院关于抗战损失和日本赔偿问题报告》和1947年3月的《赔偿委员会存档的损失统计》，两份材料分别藏于中国第二历史档案馆和台湾"国史馆"。兹将两份报告分列于次，并加以比较。

---

① 《王炳文拟抗战损失说帖》与《中国抗战时期财产损失说帖》两处不同分别为F项和G项，前者的F项为653371000元，后者为635371000元；前者的G项为215082000元，后者为215062000元。正是由于这两处不同，使最后的统计结果略出现差异：前者的公私财产损失总数为584.4亿元，后者为584.2亿元。

② 《军政部修正抗战军事损失要求日本赔偿备忘录呈》，中国第二历史档案馆编：《中华民国史档案资料汇编》第五辑，江苏古籍出版社2000年版，第213页。

③ 秦孝仪主编：《中华民国重要史料初编——对日抗战时期》，中国国民党中央党史委员会1981年印行，第40页。

表 2　《行政院关于抗战损失和日本赔偿问题报告》与《赔偿委员会存档的损失统计》之比较

《行政院关于抗战损失和日本赔偿问题报告》 （1947 年 2 月稿）		《赔偿委员会存档的损失统计》 （1947 年 3 月稿）	
（一）全国公私财产直接损失统计		（一）全国公私财产直接损失统计	
A. 金银币、金银条	120566000	A. 金银币、金银条	120566000
B. 船舶（包括海船、渔船）	138812000	B. 船舶（包括海船、渔船）	138812000
C. 工商矿业及动力	4053647000	C. 工商矿业及动力	4053647000
D. 交通（包括港口）	653371000	D. 交通（包括港口）	635371000
E. 道路	215082000	E. 道路	215062000
F. 农林水利	3976127000	F. 农林水利	3976127000
G. 公共机关（包括教育文化事业）	1157290000	G. 公共机关（包括教育文化事业）	1157290000
H. 住户房屋、家具及私产（包括珠宝及珍贵品）	21033261000	H. 住户房屋、家具及私产（包括珠宝及珍贵品）	21033261000
直接损失总计	31130136000①	直接损失总计	31330136000
（二）全国公私财产其他（间接）损失统计		（二）全国公私财产其他（间接）损失统计	
A. 对日作战国库之经常及非常支出	6356271000	A. 对日作战国库之经常及非常支出	6356271000
B. 沦陷区内政府及人民之赔偿要求	4464311000	B. 沦陷区内政府及人民之赔偿要求	4464211000
C. 资源减损	6485741000	C. 资源减损	6485741000
D. 其他	3138518000	D. 其他	3138518000
其他（间接）损失总计	20444741000	其他（间接）损失总计	20444741000
（三）战费损失统计		（三）战费损失统计	
A. 陆军	3016185000	A. 陆军	3016185000
B. 海军	472710000	B. 海军	472710000
C. 空军	680072000	C. 空军	680072000

① 此处统计有误，正确的数据应当是 31348156000 元。

《行政院关于抗战损失和日本赔偿问题报告》 （1947 年 2 月稿）		《赔偿委员会存档的损失统计》 （1947 年 3 月稿）	
战费损失总计	4168967000	战费损失总计	4168967000
（四）直接损失、间接损失与战费损失合计	559.6 亿元	（四）直接损失、间接损失与战费损失合计	559.4 亿元

资料来源：（1）《行政院关于抗战损失和日本赔偿问题报告》（1947 年 2 月），中国第二历史档案馆编：《中华民国档案资料汇编》，江苏古籍出版社 2000 年版，第 231—232 页。（2）《赔偿委员会损失统计》，台北"国史馆"典藏行政院赔偿委员会档，卷号 8《本会工作报告卷》赔偿委员会（1946 年 3 月 3 日），转自迟景德：《中国对日抗战损失调查史述》，台北"国史馆"印行，1987 年，第 272—274 页。

　　1947 年 2 月的《行政院关于抗战损失和日本赔偿问题报告》是一份完全按照远东委员会设计表式统计汇综的材料，它将全国的财产损失分为公私财产直接损失、公私财产其他（间接）损失、战费损失三项，该报告还特别提到了其形成的过程是"根据前抗战损失调查委员会第八次累积统计数字，并参照战前我国国民富力及各种资产状况，与夫国际间一般情势，邀集有关部会及专家研讨我国可能提出之损失数字，制成各种统计表，呈经本院核定转饬备用。"此外，该报告还提道："现仅完成初步审查工作，至分类统计，预计本年四月始克汇编完竣。"[1] 由此可见，该报告所列数据仍然是一份阶段性的统计结果。台湾学者迟景德认为行政院赔偿委员会于 1947 年 3 月份形成的《赔偿委员会存档的损失统计》（藏于台北"国史馆"）才是该会最后的统计结果，而且该份统计材料在同年 5 召开的第四届国民参政会第三次大会上正式公开过，因此该份报告中所列的数据才是国民政府以官方名义发表的关于中国抗战财产损失的最终统计结果。不过若仔细比较 1947 年 2 月和 3 月的两份统计结果，其实并无多少出入，只存在着个别数据的计算误差，3 月份的统计结果不过是对 2 月份统计结果的一次核对而已。况且行政院赔偿委员会向国民参政会提交的报告仅仅是供参政员咨询，并不具有立法程序上的审查价值，因此国民政府 1947 年 5 月在国民参政会上提出的抗战财产损失数据仍然不能视为国民政府的最后结论。

　　通过考察上述五组数据，我们可以清楚地看到，战后 1946 年到 1947 年间

---

[1]《行政院关于抗战损失和日本赔偿问题报告》（1947 年 2 月），中国第二历史档案馆编：《中华民国档案资料汇编》第五辑，江苏古籍出版社 2000 年版，第 231 页。

国民政府关于中国抗战财产损失的数据，最早只是一个初步估计数 350 亿美元，随着各地方材料的不断上报和累积统计，大体上出现了 584 亿美元、559 亿美元等几种说法，而 559 亿美元的说法虽然在国民参政会上公开过，但却存在着以下三个方面的问题：

第一，仅就国民党统治区而言，虽然国民党最高当局认为"中国抗战最久，损害最重"①，但由于各地方对调查战时损失的重视程度不一，有相当多的被难县市在战后因为各种各样的原因未能迅速展开调查。行政院赔偿委员会最早要求各地在 1946 年 8 月 20 日以前将抗战公私财产损失全数上报，后将上报的最后期限定在 1947 年 8 月底，而且漏报者仍然甚多，行政院赔偿委员会最后只得将上报战争损失的截止时间推迟到 1947 年 12 月底，尽管如此，还是有不少地方没有上报。国民政府自己也承认："各地查报损失，多属零星报送，两年以来，虽仍依照抗战损失调查办法及查报须知继续办理审查登记，但以地方不清，办理迟缓，至东北、河北、山东等省及在外华侨，因情形特殊，一时尚难查报。"② 对于那些迟迟未上报损失的省份，行政院赔偿委员会则采取了估算的办法，因此便存在着有的省份是完全按上报数字统计的，有的省份则是估算出来的，标准自然不够统一。

第二，在抗战损失统计的起止时间上，1947 年 5 月行政院赔偿委员会向国民参政会的报告仍然未将 1931 年九一八事变到 1937 年 7 月长达六年中国所蒙受的各项损失统计进去，而在这六年里，中国因东北的沦陷所遭经济损失极大，同时上海一二八事变因发生在中国经济最为发达的地区，其所产生的直接和间接损失也是一个巨大的数目，这些均没有反映到最终统计结果中。

第三，1947 年 5 月国民政府所公布的数据没有包括中共领导的敌后根据地的财产损失。从目前掌握的史料来看，抗战胜利后，由于联合国善后救济计划的实施，中共领导的解放区从解决战后善后救济的原则出发，对于战争的损失也进行过认真的调查和统计，如《董必武报告解放区抗战损失致蒋廷黻函》中，就反映了 1946 年 4 月间中共所控制的晋绥、晋察冀、冀热辽、晋冀鲁豫、山东、苏皖、中原等七个解放区的战争损失情况，只不过上述这些地区的统计是将损失的类型按家畜损失、被毁房屋、粮食损失、被服损失、农具家具损失

① 《对于外交报告之决议案》，荣孟源主编：《中国国民党历次代表大会及中央全会资料》，光明日报出版社 1985 年版，第 1050 页。
② 国民政府行政院新闻局编：《日本赔偿》，国民政府行政院新闻局 1948 年印行，第 23 页。

等五类加以数量上的汇综，并未将其折算为法币或美金①。因此将中共解放区从量的统计折算为从价的统计，一并计入到国民政府所列统计中，大致才可以看出战争结束初期中国抗战损失的整体情形，当然难度在于解放区的币值与法币是两个不同的币值系统，将其最后折算为美金存在诸多的技术难题。

正是由于以上三个方面的问题，我们并不能将559亿美元损失的说法视为国民政府官方的正式结论，况且1947年5月国民参政会闭幕以后，各地对于抗战财产损失仍在陆续上报，正因为此，即使在国民党在大陆执政的时候，就有人对559亿美元损失的说法提出过不同看法，如国民政府驻日本的"赔偿及归还物资接收委员会"主任委员吴半农在1949年9月写就的《中国驻日代表团劫物归还与赔偿工作综述》绪言中，提到了中国抗战财产损失620亿美元的新说法，虽然我们还无法得知620亿美元这一说法的实际构成情况，但这一说法显然后来是被广为引用的。

三、关于中国抗战财产损失的价值计算问题

由于抗日战争持续时间长，涉及地域范围广，既有沦陷区，又有国统区和中共领导的根据地，各地币值不同，物价有别，要想对中国抗战财产损失进行量化的统计，必然要涉及价值的计算问题，抗战财产损失价值的计算问题是战争期间和战后调查统计中遇到的重大难题②。

从学术研究的角度而言，韩启桐在开展中国抗战财产损失的研究中，一开始就注意到了统计方法的不同所产生的不同结果。

他认为，一般的战争损失估计概不能计之以量，而须计之以值，而且损失的计价方法也是一个值得特别注意的问题。他认为如果以"市价"来计值，当然含有特定时间及地域两项条件在内，因此即使有两个完全相等的损失，但由于遭受损失的时间与地点的不同，就会产生结果上的差异，并且这种差异常常是相当大的。因此，以"市价"方法查得的损失数值，如果不采取适当的修正办法，不但损失的意义不清楚，而且也难以做到比较研究。他提出的修正方法有两种：第一，经由货币对外价值途径，以调查原值乘以我国的外汇率，折成外币单位损失数，

---

① 《董必武报告解放区抗战损失致蒋廷黻函》，中国第二历史档案馆编：《中华民国史档案资料汇编》第五辑，江苏古籍出版社2000年版，第203页。

② 迟景德：《中国对日抗战损失调查史述》，台北"国史馆"1987年印行，第224—228页。

此种修正方法可称为"外币折算法";第二,经由货币对内价值途径,以物价指数(专指以战前年度基期者言)除其调查原值,折为战前法币币值单位损失数,此种修正方法可称为"战前法币币值折算法"。

以上两种方法所采取的途径虽然各有差异,但其最终目的则是相同的,即两种方法都是在消除调查原值的币值变动成分。在通常情况下,两种方法可以随意择用,不致有显著的差异。但若仔细比较以上两种方法,就"外币折算法"而言,由于战时我国外汇因受人为的"统制",一切官价或黑市汇率,实均不能代表自然水准,并且各国货币本身价值在战时亦多变动,如果借外币取得稳定基础的目的,基本是不可能的。因此,韩启桐认为对中国抗战财产损失的统计,只能使用"战前法币币值折算法",这种方法的最大优点是,由于我国灾区分布甚广,战时物价变动各地悬殊,只有用物价指数做修正工具,才能符合地域上的差异。在选择物价指数的时候,除其他统计技术外,还必须遵守以下两项原则:第一,于地域上必须力求一致,除非万不得已,不能代之以其他地方的指数;第二,关于指数的种类,应尽量选用趸售物价指数,除非当地缺少此类指数,否则绝不能以其他种类指数来代用。

韩启桐正是根据以上"战前法币币值折算法"对中国抗战前六年的财产损失情况,按人口伤亡(折算成财产损失价值)、财产损失、资源损失、其他负担等四个大类进行了汇综,得到的结论是抗战前六年损失:44967571千元(1936年法币币值),如以1936年法币与美金之比价,大约折合133.59亿美元[1]。

不过韩氏也充分地意识到了此项估计的保守性,他认为:"这一估计当然是属于最低的数字,因为其中有许多有意或无意的缺漏,致有多次损失都未计入,预料将来损失调查及估计方法改进以后,我国全部损失增为上数之一倍,也是很可能的事。"[2]

韩启桐的战时财产损失统计中有一项特别值得关注的是,他将中国抗战时期的人口伤亡也按一定的折算办法算入财产损失中[3]。但从战后盟国对于战争

---

① 韩启桐:《中国对日战事损失的估计》,沈云龙主编:《近代中国史料丛刊》第9辑,台北文海出版社有限公司1974年版,第84页。

② 韩启桐:《中国对日战事损失的估计》,转沈云龙主编:《近代中国史料丛刊》第9辑,台北文海出版社有限公司1974年版,第84页。

③ 1946年8月,国民政府行政院抗战损失调查委员会曾一度按韩启桐对于抗战时期中国生命损失的折算方式,对中国抗战中陆海空军伤亡人员折算成1937年7月美金价,但由于当时的远东委员会在有关战争损失的计算与日本赔偿问题上并无关于人口伤亡折算成财产的办法,故此种折算办法最后未得以应用。参见行政院赔偿调查委员会编:《全国陆海空军伤亡统计表》,中国第二历史档案馆馆藏档案,档案号二(2)-2652。

损失的界定中，人口伤亡是单独列项，并未折算为财产损失数，虽然个别国家如菲律宾也曾根据其国内法将每人的损失折算为 3000 比索，不过最后并未成为对日索赔的依据①。

抗战胜利后韩启桐被聘为行政院赔偿委员会特聘委员，他的"战前法币币值折算法"对国民政府统一抗战财产损失的计价标准具有十分重要的意义。因为战时国民政府自启动了抗战损失调查工作以来，对于财产损失统计的计价问题进行过多次研讨，也经过了多次反复。

早在战争损失调查初期，国民政府要求各地对于财产损失要按法币的"市价"来上报，但各地实际上报损失的计价办法五花八门，鉴于"各机关查报时办法分歧"，1941 年 5 月，负责战争损失统计的国民政府行政院主计处认为"实有从速制定划一办法之必要。"因此便制定了《划一抗战损失账目折旧计算、损失价值之估计、岁入减少额之估计办法》，根据该项办法，对于原价可查的部分毁损的财产采取的是原价减去每年的折旧额再乘以使用期限；原价无从可查者则以市价为其全部损失价值②。

由于行政院主计处当时并没有确定对于原价与市价的修正方法，因此上述损失价值计算办法还是出现了难以汇总的问题。1944 年 3 月 3 日，抗战损失调查委员会委员贝祖诒为此曾致信行政院秘书长张厉生专门谈论此事，他说"查战前战后七八年间，物价波动，反应币值，以（民国）二十六、七年间损失之数字与近二三年来之损失数字相较，其所代表之实际价值迥不相同。例如某机关以前损失现洋十万元，与目下损失现钞十万元自难比伦，又如（民国）二十六、七年间被毁房屋一所，原系五万元购买者，只可列报原价五万元，但在（民国）三十二年被毁相仿之房屋一所，系属新建，所列报之价值恐已在五百万元以上，同一房屋列报损失价值悬殊若此，以此类推，问题尚多，于将来向敌人清算战债赔偿之时，将如何计算，将如何定一标准，其查报抗战损失先后之价值将如何求合理之核算，似亦有商讨之必要。"③

为了解决上述问题，行政院抗战损失调查委员会于 1944 年 8 月 11 日在《修正抗战损失查报须知》中则明确了财产损失价值均依损失时之价值为准，

① ［菲］格雷戈里奥．F. 赛义德著，温锡增译：《菲律宾共和国》下，商务印书馆 1979 年版，第 541 页。
② 《国民政府军事委员会抗战损失查报从速填送训令》，中国第二历史档案馆馆藏档案，档案号七八二–76。
③ 转自迟景德著：《中国对日抗战损失调查史述》，台北"国史馆"1987 年印行，第 225 页。

其有购置时之原价可查者亦应列报，沦陷区于必要时得以伪币具报①。这样，在该机构所设计的"财产损失报告表"中，关于价值一栏分为两部分：一栏是购买时的价值，一栏是遭受损失时的价值。实际上这种"财产损失报告表"仍然存在一个最后的汇集与统计计算难以划一的问题。

面对统计口径存在的矛盾，内政部抗战损失调查委员会内部也有人曾一度主张以重量为主，以求解决统一计算价值的问题②。实际上以量为损失单位计算其价值，存在着更大的问题，如汽车百辆，其中有新有旧，有优有劣，大不相同，百辆的劣旧汽车尚抵不上一辆名牌汽车，以此类推，很难以量来得到财产损失的统计结果。

1946 年 8 月 5 日，抗战损失调查委员会召集国民政府主计处、外交部、财政部等有关人员开会商讨，对于抗战财产实报损失的折合方法终于达成如下共识：以抗战期间历年 9 月份重庆销售物价指数之平均数，除抗战期间历年实报损失之价值，而得 1937 年 7 月份法币价值（7 月 7 日），再以当时美金与法币比价（1:3.39）折合美元，如原报为美金者不再另行折合；计算损失时期自 1937 年 7 月 7 日起至 1945 年 9 月 2 日日本签投降书为止③。至此，关于中国抗战财产损失统计的口径总算是有了一个较为公认的办法，这个办法既解决了抗战时期中国国内不同地区以及不同时间所遭受的损失的价值统一问题，同时将战前（1937 年 7 月 7 日）法币最后折合成 1937 年的美金价值，也解决了中国抗战财产损失与其他被侵略国家财产损失的比较问题。

国民政府从 1946 年 8 月 5 日以后所作的历次财产损失汇综均是按照上述统计办法折算而成，1947 年 5 月所公布的中国抗战财产损失数也是根据以上这个口径计算的，因此，我们一般讲中国抗战财产损失数，都是据 1937 年 7 月 7 日的美元价值标准。

四、进一步开展抗战时期中国财产损失研究的 几点想法

由于抗战胜利后国民政府对于中国抗战财产损失的调查与统计中存在着前

---

① 《行政院抗战损失调查委员会修正抗战损失查报须知》（1944 年 8 月 11 日），中国第二历史档案馆馆藏档案，档案号五九五 – 1338。

② 国史馆典藏行政院赔偿委员会档：档号 A05494 – A05509，转自迟景德著：《中国对日抗战损失调查史述》，台北"国史馆"1987 年印行，第 227 页。

③ 《抗战损失调查委员会全国人民伤亡和抗战损失项目说明》（1946 年 8 月 5 日），中国第二历史档案馆馆藏档案，档案号二（2）– 2652。

述三个方面的问题，学术界一般认为国民政府最后公开的数据并不能全面地反映出中国抗战实际的财产损失情况，于是便有了各种各样的估计，但这些估计往往由于缺乏实证性的研究，也很难被接受，因此，继续开展对中国抗战财产损失的实证性研究就显得尤为重要。为进一步推动抗战财产损失的研究，兹提出如下思考。

首先是有关中国抗战财产损失史料的进一步挖掘和整理。战后国民政府在全国范围内组织的调查与统计基本上是立足于各地的上报材料并通过较为科学的统计方法得出来的，因此，我们应当将各地上报的这些调查资料视为基本史料，并对 1947 年国民参政会公布损失数据之际尚未上报的有关地区的损失数加以认真核实。与此同时，还应当扩大视野，进一步挖掘其他方面的史料，具体主要有四个方面：第一，国民政府行政院善后救济总署有关战争损失的调研材料。该机构在战后初期一项非常重要的工作便是对战后灾情的调查，虽然其调查的重点是立足战后的救济，但其调查的来源涉及：（1）各省市政府报告，（2）各地同乡会报告，（3）有关机构或团体汇集之情报，（4）通信及访问所获得的资料，（5）实地调查的报告，（6）合理之估计数字，（7）参考伪组织所发表之统计报告①。这些资料以及行政院善后救济总署的各类业务报告对于研究抗战财产损失具有同样重要的价值。仅以战后难民的统计为例，国民政府的各种公开材料中，基本上就是引用善后救济总署所调查的结果②。第二，战争期间有关机构所作的调查和研究。如中央研究院社会研究所在抗战前期编辑的《沦陷区经济概览》就具有较高的史料价值，此外，国民党中央调查统计局特种经济调查处也编过各类资料，如 1940 年编的《四年之倭寇侵略》就对上海等沦陷区的经济损失有过较详细的披露。第三，要进一步整合大陆和台湾所存的国民政府内政部抗战损失调查委员会和行政院赔偿委员会在战时和战后初期所形成的战争损失档案。目前有关行政院赔偿委员会一部分档案资料存于南京的中国第二历史档案馆，更多的档案则存于台湾。这是因为国民党逃离大陆时，将其战后成立的行政院赔偿委员会档案多数搬到了台湾，存于"国史馆"③。此外，台湾中央研究院近代史研究所档案馆也存有一定数量的行政院赔偿委员会档案资

---

① 行政院善后救济总署编：《各省市善后救济初步调查概要》，中国第二历史档案馆馆藏档案，档案号：21（2）-221。

② 相关材料可见之于行政院善后救济总署编纂委员会编：《这样干了两年》（1948 年 8 月）以及《行政院善后救济总署业务总报告》（1948 年 4 月）等资料。

③ 迟景德著：《国史馆典藏行政院赔偿委员会档案介述》，台北《国史馆馆刊》复刊第 20 期，台北"国史馆" 1996 年印行，第 303—308 页。

料。若能将以上几家机构所存的战争损失档案加以系统的整理，无疑会对战争损失的研究提供极大的便利。第四，史学界以及各省区的党史部门、政协文史资料部门、地方志部门在战后开展了大量的日军暴行的调研工作，无论是中共党史资料、政协文史资料还是新出版的地方志多数都载有关于日本侵华战争暴行的记录，其中有不少涉及财产方面的损失，同样值得珍视。通过以上这些史料的挖掘与扩充，必将有利于学术界对此问题研究的深化。

其次是注意调查与统计的历史延续性。由于战后各种关于战争财产损失的不同说法基本上是根据战后初期国民政府官方组织的调查与统计结果估算出来，新的调研如果完全不顾此项事实，另起炉灶重新加以展开，时过境迁，难以还原历史的真实。特别是对于统计结论至关重要的币值换算问题，仍应当以国民政府主计处、外交部、财政部等有关人员在1946年8月5日会议达成的共识为基本依据，这样就可以保证对于抗战财产损失调查与研究的连续性。另外，对于抗战财产损失的分类，也应按战后初期盟国所定的标准进行，这有利于将中国抗战的财产损失与别的被侵略国家的损失加以比较。

最后，对于中国抗日战争时期财产损失的结论一定要本着实事求是的科学态度，慎之又慎，一切重在实证。即使作必要的估算，也必须注重科学的方法和手段，如有的学者就建议在各项调查与统计资料的基础上，参照中国战前经济发展的基本情况，按一定的"数量集"来确定中国抗战财产损失的概数①，这是非常具有建设性的。

---

① 此观点系中国社会科学院近代史研究所研究员姜涛先生所提，特此说明并致谢。

中国抗战时期的主要货币及比价述略

叶成林　李　蓉

摘要　本文对 1933 年至 1945 年间中国境内（不包括苏维埃区域）流通的四种类型的货币，即法币系列、日伪币系列、抗币系列和其他货币，进行了考察，分别叙述其名称、发行银行、开始发行时间、存续时间、发行数额、面额种类、流通地域、作用与影响，及其同其他货币的关系——特别是比价关系。

关键词　货币　法币　日伪币　抗币

近代以来，货币在国民经济中发挥着极其重要的作用而被称为经济的血液。在战争时期，经济战是战争的有机组成部分，而"货币战是经济战的最高表现形式"[①]。研究中国抗战期间的货币及其关系（货币战仅是货币关系的一个方面），对全面反映中国抗日战争全貌特别是经济方面的状况，揭露日本帝国主义在经济上对中国的掠夺，很有价值和意义。

一、文献概述

由于货币在经济和战争中具有十分重要的作用，货币问题历来被人们所重视。自抗日战争开始以来，陆续有关于抗战中货币问题的资料和著述出版。

1949 年以前比较重要的有如：张素民的《白银问题与中国币制》（商务印书馆 1936 年出版）、余捷琼的《中国的新货币政策》（商务印书馆 1937 年出版）、重庆独立出版社出版的《中日货币战》（1939 年）、华而实的《五年来的中日货币战争》（河南三一出版社 1942 年出版）、郭家麟的《十年来中国金融史略》（重庆中国银行经济研究处 1943 年编印）、寿进文的《战时中国的银行

---

① 戴建兵著：《金钱与战争——抗战时期的货币》，广西师范大学出版社 1995 年版，第 1 页。

业》（重庆 1944 年出版），等等。这些著述反映了当时的一些实况，但抗日战争还未结束自然不可能反映出那个时期货币问题的全貌。

1949 年至 1978 年期间，对此问题的研究相对沉静，出版的著述不多。比较重要的有如：吴冈的《旧中国通货膨胀史料》（上海人民出版社 1958 年出版）、献可的《近百年来帝国主义在华银行发行纸币概况》（上海人民出版社 1958 年出版）、杨培新的《旧中国的通货膨胀》（人民出版社 1963 年出版）。

1979 年以来的研究很活跃，著述十分丰富。这一阶段又可分为 1979 年—1995 年和 1996 年以来两个时段。在 1979 年—1995 年时段，以史料出版为主，相应的研究已有初步成果。比较重要的史料性著述有：中国人民银行金融研究所编的《中国革命根据地北海银行史料》（山东人民出版社 1980 年出版）、中国人民银行吉林省金融研究所编《伪满洲中央银行史料》（吉林人民出版社 1984 年出版）、晋绥边区财政经济史编写组、山西省档案馆《晋绥边区财政经济史资料选编》（山西人民出版社 1986 年出版）、中国人民银行河北省分行编的《冀南银行》（河北人民出版社 1989 年出版）、中国人民银行河北省分行金融研究所主编的《回忆晋察冀边区银行》（河北人民出版社 1989 年出版）、马飞海主编的《中国历代货币大系（新民主主义部分）》（上海人民出版社 1989 年出版）、吴平主编《华南革命根据地货币金融史料选编》（中国钱币学会广东分会、海南钱币学会、汕头钱币学会、珠海钱币学会筹备组 1991 年合编出版）、徐枫、赵隆业编著的《日伪政府银行货币图鉴》（中国社会科学出版社 1991 年出版）。比较重要的研究性著述有：河北省金融研究所编的《晋察冀边区银行》（中国金融出版社 1988 年出版）、孙礼新的《华中敌后货币》（江苏科技出版社 1989 年出版）、郑海章等编的《东北革命根据地钞票》（辽沈书社 1991 年出版）、丁国良主编的《湘鄂赣革命根据地货币史》（中国金融出版社 1993 年出版）、蒋九如主编的《福建革命根据地货币史》（中国金融出版社 1994 年出版）、张通宝著《湖北近代货币史稿》（湖北人民出版社 1994 年出版）、吴平主编的《华南革命根据地货币史》（中国金融出版社 1995 年出版）、综合性的研究著述有戴建兵著的《金钱与战争——抗战时期的货币》（广西师范大学出版社 1995 年出版）。这些著述中，只有《金钱与战争——抗战时期的货币》对抗日战争时期的货币进行了全面的研究。

1996 年以来，以研究性文献为主。重要的有：张转芳主编的《晋冀鲁豫边区货币史》（中国金融出版社 1996 年出版）、张书成主编的《闽浙赣革命根据地货币史》（中国金融出版社 1996 年出版）、胡菊莲的主编《鄂豫皖革命根据地货币史》（中国金融出版社 1998 年出版）、赵丙乾主编的《淮北革命根据地货币史》（中国金融出版社 2000 年出版）、江苏省钱币学会编辑的《华中革命根据地货币史》（中国金融出版社 2000—2005 年出版）、杨世源主编的《晋绥革命根据地货币史》（中国金融出版社 2001 年出版）、杨世源主编的《西北农民银行银行史料》（山西人民出版社 2002 年出版）、章均立主编的《浙东革命根据地货币史》（宁波出版社 2002 年出版）、王流海主编的《豫皖苏革命根据地货币史》（西安地图出版社 2002 年出版）、李实主编的《陕甘宁革命根据地货币史》（中国金融出版社 2003 年出版）、章书范编著的《淮南抗日根据地货币史》（中国金融出版社 2004 年出版）、周逢民主编的《东北革命根据地货币史》（中国金融出版社 2005 年出版）、赵宁夫主编的《中原革命根据地货币史》（中国金融出版社 2005 年出版）、内蒙古钱币学会编撰的《内蒙古革命根据地货币史》（中国金融出版社 2007 年出版），等等。这个时段的研究主要是对区域性货币的研究，综合性研究已呈呼之欲出状态。

二、目标取向与研究方法

抗战时期在中国流通的货币数量繁多，货币间的关系极其复杂。本文的目的是企图对当时流通的货币进行梳理，揭示其间的相互关系，有利于人们对当时的货币情况有一个整体的把握与认识。同时也从货币这个领域揭示、反映日本帝国主义对中国的侵略残酷性，揭示与反映中华民族进行抗日战争的艰苦性、复杂性。

面对数量繁多的货币，根据其性质和流通地域，为四种类型分别进行研究。第一种类型是中国国民政府发行的货币（主要是法币），第二种类型是主要流通于日本占领区的日本方面发行的货币和日本扶植的伪政权发行的货币（简称日伪币），第三种类型是共产党领导的抗日根据地区域政府发行的货币（简称边币或抗币），第四种类型为不属于以上三个类型的其他货币，主要是介绍苏联红军票。

对每一类型的货币，选取其中主要的货币进行研究，分别叙述其货币名称、发行银行，开始发行时间，存续时间，发行数额，流通地域，面额种类，作用与影响，同其他货币的关系——源流关系、共存关系、比价关系。在每一种货币的作用与影响方面，主要突出两个方面。一是货币发行对战时财政的支持情况。毋庸讳言，当时敌我双方的货币发行都有战时特点，即将货币发行作为对财政的支持；区别只在于所支持的战争的性质：日伪方面是对我国的侵略与掠夺，国民政府和抗日根据地方面是抵抗日本的侵略。二是对物价的影响情况。

根据现代货币理论，货币发行量对物价有直接的影响，因此在其作用与影响方面，主要是介绍在其发行范围内物价指数的变化情况。根据源流关系，对有的货币进行了归类处理。但鉴于历史文献的缺失或作者接触资料范围的限制，有的上列项目可能空缺。

三、中国国民政府发行的货币

1. 银元

1933 年 3 月 10 日，中国币制开始废用银两，改用银元。

银两是我国历来通行的货币单位。近代，银元广泛流通，形成银两银元并行流通的局面。北洋政府虽然于 1914 年 2 月 7 日颁布了《国币条例》，实行银本位，银元也逐渐趋向统一，但银两制度并没有被废除，银两银元并行流通的局面没有改变。银两银元并行，给商品交易和货币流通带来很大的不便。

1933 年 3 月 1 日，国民政府财政部发布《废两改元令》，称"本部为准备废两，先从上海实施。特规定上海市面通用银两与银本位币 1 元或旧有 1 元银币之合原定重量成色者，以规元 7 钱 1 分 5 厘合银币 1 元为一定之换算率"，规定所有公私款项收付、契约票据及一切交易、一律改用银币，不得再用银两。并自本 3 月 10 日起施行。3 月 8 日，又公布《银本位币铸造条例》，规定银本位币定名为元，重量为 26.6971 克，成色为银 88%，铜 12%，即合纯银 23.493448 克。在发布上述命令和条例时，中央造币厂从 3 月起开铸新银币。新银币正面孙中山半身头像，背面为帆船图案。持有银两者，可由中央造币厂代铸，或在中央、中国、交通三家银行兑换银币。

废两改元获得了成功。银两退出历史舞台，银元作为国币迅速流通全国。

废两改元的成功彻底改变了中国币制的单位称谓。在这之前，中国币制单位名称泛多，但这之后，各种货币的单位名称逐渐统一于"元"。即主币以"元"为单位，辅币则分别是"角"和"分"；主辅币采用十进制，其换算关系是 1 元 =10 角，1 角 =10 分。因此，本文在以后介绍各种货币时不再特别说明其单位名称和主辅币换算关系。

废两改元顺应了经济和货币本身的发展。但相对于国际上更先进的币制而言，银本位制仍然是落后的。因此，银元最终也得退出历史舞台。1935 年 11 月，国民政府实行法币改革时，宣布禁止银元流通。不过，由于其后纸币流通中产生了一系列问题，使得银元退出历史舞台的过程较为漫长。

省名	币制改革前银元流通额（千元）	币改后兑换额（千元）	百分率（%）	币改后民间贮藏额（千元）	百分率（%）	百分率合计（%）	1936年6月末民间贮藏额（千元）
江苏	17077	6306	37	3281	19	56	7067
上海	100000	5000	5	25000	25	30	25000
浙江	20610	12914	63	3547	17	80	3547
安徽	21859	14062	64	6312	29	93	6608
江西	14507	9538	66	3330	23	89	4163
湖北	35203	28517	81	3889	11	92	5861
湖南	48860	8517	17	3228	7	24	7493
川东	54577	32039	59	8344	15	74	8524
川西	42605	30367	71	9413	22	93	10540
山东	60345	32771	54	22416	37	91	22416
河北	16946	5727	34	10041	59	93	10041
北平	63651	38315	60	21292	33	93	22379
河南	23682	8846	37	10498	44	81	15574
山西	9383	3959	42	4552	49	91	15345
陕西	16030	2127	13	6727	42	55	8432
甘肃	10014	2057	21	4156	42	63	4156
福建	21653	14816	68	2776	13	81	4401
广东	58333	43673	75	13607	23	98	19522
广西	19800	7538	38	12219	61	99	16439
云南	—						
贵州	4097	954	23	810	20	43	3143
新疆	—						
合计	659232	308043	47	175438	27	74	220651

注：云南省内只流通本省银行券及本地小额辅助银币；新疆省内未流通银元。[交通部邮政储金汇业局调查：《1935年度报告书》（1935年7月1日至1936年6月30日）。摘自《最近支那金融财政资料》（秘）上卷，第51—52页]，中国人民银行总行参事室编：《中华民国货币史资料》第二辑，上海人民出版社1991年版，第238页。

2. 法币

法币，也称"法偿币"，是国民政府于 1935 年 11 月 4 日起发行的货币。

废两改元之后，银元成为中国主要货币。主要用银国的中国却产银有限，在国际市场上银价操纵于外人之手，世界银价的涨跌给中国经济带来极大影响。1934 年发生白银风潮，由美国实行白银政策引起的世界银价上涨，使中国国内存银大量外流。据海关统计，1934 年经海关流出的白银即达 25,990 多万元。国内通货紧缩，使银行收紧银根，不肯轻易放贷，引起工商企业资金周转困难，生产经营不能顺利进行，大批工商企业破产倒闭，失业增多，物价暴跌。资金的外流又引起国库收入减少，国际收支不平，这样相互影响的恶性循环，使社会各界均受到严重的打击。

面对银本位制度已崩溃的现状，国民政府在英国财政专家李滋罗斯等人的帮助下，决定放弃银本位制，进行币制改革，实施法币政策。

1935 年 11 月 3 日，国民政府财政部发布《施行法币布告》，实行法币政策。其要点为：自 1935 年 11 月 4 日起以中央、中国、交通三家银行（1936 年 1 月 20 日增加中国农民银行）所发行之钞票，定为法币，所有完粮纳税及一切公私款项之收付，概以法币为限，不得行使现金；曾经财政部核准发行的其他银行钞票仍准照常行使，但以现行流通总额为限，不得增发，由财政部逐渐以中央银行钞票收回；设立发行准备委员会，管理纸币发行的准备金；公私机关或个人持有的银币或生银等，交发行准备管理委员会或指定银行兑换法币；旧有以银币订立的契约，到期日概以法币结算收付；为稳定汇价，由中央、中国、交通三行无限制买卖外汇。为确保《布告》的实施，财政部又陆续颁布了一批其他条文作为实行法币政策的补充。并采取了一些措施，主要有：组织发行准备管理委员会、规定兑换法币办法、接收发行集中现银办法、规定新辅币条例、规定统一公债充足准备金办法、增加法币保障等。1942 年 7 月，国民政府宣布《货币统一发行办法》，规定全国货币的发行集中于中央银行。

1942 年 3 月前四行分别发行情况（单位：千元）

期别	中央银行	中国银行	交通银行	中国农民银行
1937 年 3 月 27 日前	362000	501000	309000	200000
1937 年 6 月	375840	509863	313548	217951
9 月	415768	543534	371713	213532
12 月	430608	606548	271143	230798

期别	中央银行	中国银行	交通银行	中国农民银行
1938 年 3 月	444354	654188	319013	261632
6 月	489667	653252	321859	262220
9 月	566382	661937	429704	266714
12 月	738028	711050	543131	275247
1939 年 3 月	852861	510429	548346	299268
6 月	767756	990558	602632	39218
9 月	1388447	1132358	694267	371921
12 月	1880142	1226830	841232	365432
1940 年 3 月	1982218	1411021	896593	399694
6 月	2894013	1650962	1007567	510968
9 月	3287440	1777109	1137325	640958
12 月	3851570	1946914	1329008	937173
1941 年 3 月	4301638	2539920	1517936	791971
6 月	4807723	3044944	1783806	1078934
9 月	5487174	3669182	2125654	1370039
12 月	6341290	4348552	2631326	1811593
1942 年 3 月	7176202	5029423	2905879	2407858

　　资料来源及说明：1937 年 3 月 27 日前数据来自《中央银行英文档》，中国人民银行总行参事室编：《中华民国货币史资料》第二辑，上海人民出版社1991 年版，第 270 页；《财政部档》，中国人民银行总行参事室编：《中华民国货币史资料》第二辑，上海人民出版社1991 年版，第 292 页。

　　法币改革统一了全国的货币，中国货币与白银脱钩而不受银价涨落的影响，扩大了法币的流通范围，促进了工商业的发展，促进了进出口贸易的发展。币制改革后确定了法币的对外汇率，稳定了法币与外币的关系，促进了中国进出口贸易的发展；用纸币代替金银货币，顺应了货币发展规律的要求，使货币管理现代化。

　　法币改革，极大地限制了地方银行的发钞权力，法币流通日广。其时法币主要流通于华中、华北和华南地区，西南和西北各省流通量有限，而两广、云南、新疆、西藏则不行使法币。国民政府迁都重庆后，法币在西南、西北地区法币流通区域日渐扩大。并在接收广东、广西两省纸币发行，使两广地方纸币也成为法币的辅币。

法币改革初时广东、广西受到地方势力的阻碍。1936 年 7 月，广东还政于中央，开始重新整理广东币制。1937 年 6 月，"中央决定按 144 比率（即广东省毫券合法币 0.66944 元），以国币收回粤省毫券，期限自六月一日起，至来年一月一日止。"计合法币 234617361 元。广东币制从此统一于法币。广西方面迟至 1936 年 11 月才允许法币进入，通电法币值桂钞 1.3 元。1937 年 4 月，广西首脑之一的黄旭初提议收回桂币，推行法币。7 月 21 日，广西诸首脑通电拥护中央领导抗战，接受中央所拟办法，停发桂币。截至 8 月 28 日，广西银行发行桂钞 69927757.3 元。其后，桂币以 2:1 的比率为法币回收①。

战时国民政府实行通货膨胀政策。卢沟桥事变后，面对军费激增财政奇缺的境况，1937 年 11 月 10 日，孔祥熙主持讨论维持法币同时应增加筹码（即增发纸币）妥善办法，实际提出实施通货膨胀政策。1939 年 1 月，国民党五届五中全会认为"供应军需，收买物资，使用多量法币，则筹码之流通，自无足之虑"。正式决定"军费所需及收买物资仍以法币"。3 月，国民政府颁布《巩固金融办法纲要》，对法币准备制度作重大修改，解决法币发行必须以金银外币充作现金准备的束缚。从此，法币发行量剧增。抗战始自 1938 年，每年增加40.6%；1939 年起年均递增 87.2%，1942 年以后，年均递增 132.5%。到 1945年 8 月，共发行 5569 亿元，为抗战前夕的 390 倍之多。

当时中国是简直无法避免严重通货膨胀的。由于中国很多富饶地区被日本占领，使税收减少，因而税收不足应付沉重的战费，所留缺口只能用发行钞票来弥补。

历年国库收支差额统计表（1934 年至 1945 年度）

单位：法币元

年度	支出总数 （现金结存除外）	收入净数 （债款收入除外）	差额	差额对支出 总数百分比
1934 年度	1203582591	638239043	565343548	46.97
1935 年度	1336920510	513167698	823752812	61.62
1936 年度	1893976501	1293066625	600909876	31.73
1937 年度	2091324143	558885506	1532438637	73.05

① 戴建兵著：《金钱与战争——抗战时期的货币》，广西师范大学出版社 1995 年版，第 93 页。

年度	支出总数 （现金结存除外）	收入净数 （债款收入除外）	差额	差额对支出 总数百分比
1938 年度	1168952314	296599934	872352380	74.63
1939 年度	2995370276	715452736	2279917540	67.12
1940 年度	5388454455	1515415823	3873038592	71.88
1941 年度	10003300953	1181687380	8821613573	88.19
1942 年度	26989918659	7738701552	19251217107	71.33
1943 年度	61631936150	19688232998	41943703152	68.05
1944 年度	175765575439	36949446641	138726128798	78.95
1945 年 1—10 月	786283953177	100916778443	685367174734	87.16

资料来源及说明：由财政部统计处根据有关表报编制。参见《四联总处档》，中国人民银行总行参事室编：《中华民国货币史资料》第二辑，上海人民出版社 1991 年版，第 365 页。

中中交农四行对国库垫款统计（1937 年至 1945 年）

单位：法币千元

时期	总计	中央银行	中国银行	交通银行	中国农民银行
1937 年底	1281961	682860	495755	27689	75657
1938 年底	2943975	1491303	958688	294062	199922
1939 年底	5469014	3513824	1791867	757886	405437
1940 年底	9669907	4932111	2432856	1509077	795863
1941 年底	16703941	9075179	2275395	3183383	2169984
1942 年底	39259562	38943841		91950	223771
1943 年底	76084555	76084555			
1944 年底	220889993	220889993			
1945 年底	1264146319	1264146319			

说明：自民国 31 年由中央银行集中发行后，其他三行即无国库垫款。《四联总处档》，中国人民银行总行参事室编：《中华民国货币史资料》第二辑，上海人民出版社 1991 年版，第 365 页。

钞票的大量增发，必然引起物价飞涨。下表为 1937—1945 年间战时后方的通货流通量和物价指数情况：

时间	法币发行量及指数		上海批发物价1937上半年为100(3)	重庆批发物价1937年为100(4)	后方批发物价1937上半年为100(5)	后方零售物价1937上半年为100(6)
	亿元(1)	1937年6月为100(2)				
1937	16.4	116	106	100	103	103
1938	23.1	164	116	99	131	130
1939	42.9	304	185	129	220	213
1940	78.7	558	465	938	513	503
1941	151.4	1074	1002	1938	1296	1294
1942	343.6	2437	2902	4440	3900	4027
1943	753.8	5346	10179	12588	12541	14041
1944	1894.6	13437	77658	42821	43197	48781
1945.8	5569.0	39496	8640000	179300		286636

资料来源及说明：（1）法币发行行额为年底数，据吴岗编：《旧中国通货膨胀史料》，上海人民出版社 1958 年版，第 92—95 页；1937 年 6 月为 14.1 亿元，据以计算（2）（3）（4）系原统计 12 个月的算术平均。（6）为后方 7 城市国货零售价格指数。（5）据五计处统计局编：据《中华民国统计年鉴》，中国文化事业公司出版社 1948 年版。转引自许涤新、吴承明等编：《中国资本主义发展史》第三卷，人民出版社 1993 年版，第 473 页。

1936 年 1 月 1 日，经立法院通过公布了《新辅币条例》，规定辅币镍币分三种：20 分、10 分、5 分；铜币两种：1 分、半分。辅币采用十进制。

法币发行之初规定银元 1 元兑换法币 1 元。

当时法币可以同一些国际货币（如英镑、美元等）进行直接兑换。1942 年 2 月之前，法币同英镑挂钩，之后同美元挂钩。其比例规定如下：法币 1 元可兑换英镑 14 便士半；售出 14 便士 625，买进 14 便士 375；1936 年 9 月汇价改为售出 14 便士 75，买进 14 便士 25；美汇进价法币百元合美金 30 元 5 角，买进美金 29 元 5 角。但随着法币剧烈的膨胀，其外汇比价也猛烈下跌。下表为法币对美元的汇率变化情况。

1935—1941 年法币对英镑价值变化情况

时间	法币价值变化
1935 年 11 月—1938 年 3 月	维持 14 便士半
1938 年 3 月	贬值为 11 又 1/4 便士

时间	法币价值变化
1938 年 3 月 7 日	国民政府开始维持法币汇价
1938 年 5 月后	汇价稳定
1938 年 10 月后	稳定在 8 便士
1939 年 4 月	稳定在 8 便士。中英平准外汇基金成立
1939 年 6 月 21 日	跌至 6 便士半
1939 年 7—8 月间	跌至 3 便士半。汇丰银行停办外汇
1939 年 9 月	升至 5 又 1/4 便士。欧战爆发
1939 年 11 月—1940 年 5 月间	稳定在 4 又 1/8 便士
1940 年 5 月 2 日	跌至 3 便士。第三次维持汇价
1940 年 6 月	升至 4 便士
1940 年 8 月	政府将公定汇率改为 4 便士半
1940 年 9 月 23 日后	跌至 3 便士。日军进攻越南
1940 年 9 月 27 日后	升至 4 便士。德、日、意缔结三国同盟
1941 年 1 月	汇价稳定
1941 年 7 月 15 日	国民政府公定汇价 3.185 便士。美英宣布封存中日海外资金

资料来源：戴建兵著：《金钱与战争——抗战时期的货币》，广西师范大学出版社 1995 年版，第 221 页。

战时的美元汇率（1 美元 = 法币数）

	官价	市价		官价	市价
1937 年 6 月	3.14	3.42	1942 年 6 月	18.8	—
12 月	3.42	3.42	12 月	18.8	（美钞）
1938 年 6 月	5.40	5.39	1943 年 6 月	18.8	59
12 月	6.40	6.40	12 月	20.0	84
1939 年 6 月	6.40*	7.51	1944 年 6 月	20.0	192
12 月	8.51*	14.14	12 月	20.0	570
1940 年 6 月	—	18.18	1945 年 6 月	20.0	1705
12 月	—	17.75	8 月	20.0	2185
1941 年 6 月	—	19.05			
12 月	18.8	18.93			

资料来源及说明：1939 年 6 月 7 日和 7 月 15 日停止出售前之官价。转引自王桧林主编：《中国抗日战争全书》，山西人民出版社 1995 年版，第 1354 页。

3. 海关金单位兑换券

海关金单位兑换券，简称关金券或关金。关金券原是 1931 年 5 月国民政府中央银行发行的以海关金单位为单位的一种支付凭证，专供缴纳关税之用。从 1930 年 2 月起，中国海关始用关金单位作为进口商品估价和征税单位，每一关金单位值 0.601866 克纯金，等于关平银 1 两多、0.4 美元、19.7265 便士、0.8025 日元。海关税收改用"关金"（或"金单位"），是英国甘末尔所拟中国逐渐采取金本位的方案之一；甘氏之整个方案虽未成就，但中国政府的关税收入确因改用"金单位"而得以稳定。1938 年 5 月 1 日发行关金债券后，使用范围日广。1942 年 4 月，关金券以 1 关金折合法币 20 元的比率与法币并行流通而成为纸币。从 1931 年至 1948 年，国民政府先后发行 47 种关金券代替法定货币流通，面额从 10 分到 25 万元不等。1948 年 8 月 19 日以后，为"金圆券"所代替。

4. 地方银行券

辛亥革命后，各省财政日益独立，地方银行和大的商业银行各自发行纸币，形成了群雄并立的局面，北京国民政府曾试图整顿，但收效不大。至 1927 年时，经北京国民政府授予货币发行权的银行已达 27 家：中国通商银行、中国银行、交通银行、浙江兴业银行、四明银行、北洋保商银行、殖边银行、平市官钱局、中华汇业银行、汉口工商银行、边业银行、农商银行、大中银行、华威银行、劝业银行、中华懋业银行、蒙藏银行、中国实业银行、青岛地方银行、中国农工银行、中国垦业银行、闽厦实业银行、中国丝茶银行、西北银行、中孚银行、京兆银钱局、东亚商业银行等。此外中外合资的德华银行、俄华道胜银行、中法实业银行等也有特许发行权①。

南京国民政府成立后，加强了对金融业的控制，成立中央银行享有货币发行权，改组中国银行和交通银行为特种银行，也享有货币发行权。对其他原具有发行权的银行，暂准发行。1928 年在上海召开全国经济会议，提出"国币之铸发权，专属于国民政府"；"地方银行不得自行发钞"，其他一切银钱号"概不发行纸币"。1935 年 1 月，颁布《设立省银行或地方银行及领用或发行兑换券暂行办法》，规定除原有发行权经中央核准仍得发行外，其他银行停止发行；

---

① 戴建兵著：《中国近代纸币》，中国金融出版社 1993 年版，第 30 页。

又规定省地方银行为调剂农村金融，呈准财政部并缴足准备金后暂得发行一元以及各种辅币券。1935 年实行法币改革，规定除中央银行、中国银行和交通银行外曾经财政部核准发行的银行纸币，其发行额以 11 月 3 日为限不得增发，并逐渐由法币兑回。并指定中央银行办理接收中南、农商、中国农工、江南农工、湖南省等银行的发行业务；中国银行负责四明、中国实业、浙江地方等银行的发行业务；交通银行负责中国通商、浙江兴业、中国垦业、湖北省等银行的发行业务；在中国农民银行成为特许银行后，该行负责接收其他银行的发行业务。

各商业银行最后发行、流通额

单位：元

行名	最后发行日期	发行额	行名	最后发行日期	发行额
边业银行	1936 年	350800	中国实业银行	1935 年末	44463421
农商银行	1936 年	2824300	中国垦业银行	1935 年末	7496000
浙江兴业银行	1935 年 11 月	9449000	北洋保商银行	1936 年末	6580000
中南银行	1935 年末	72282000*	四川美丰银行	1936 年	839
中国通商银行	1935 年末	26617000*	陕北地方实业银行	1935 年末	1293354
四明商业储蓄银行	1935 年末	19221000	福建东南银行	1934 年末	352570*
劝业银行	1925 年 9 月	300000**	香港国民商业储蓄银行	1936 年	16580
中美商业银行	1923 年末	254000*	天津大中银行	1936 年	3533609
中国汇业银行	1923 年末	352639*	中华劝业银行	1925 年 9 月	300000**
浙江实业银行	1916 年	50000	北平农工银行	1936 年	35245
江苏银行	1929 年末	412*	江西建设银行	1936 年	745080
中国农工银行	1936 年	16155817	丰业银行	1935 年	180000

带*者为流通额；带**者为辅币券。中南银行数据系中南、金城、盐业、大陆四银行联合发行数。

摘自中国银行经济研究室编：《全国银行年鉴》，中国银行总管理处经济研究室 1937 年版，下篇第 19 章统计部分，全国银行最后三年发行兑换券统计细表，及中国银行总管理处经济研究室编：《中行月刊》第 16 卷，1938 年印行，第 3、4、5 期，1938 年 3、4、5 月份"最近中国纸币发行之沿革"。中国人民银行总行参事室编：《中华民国货币史资料》第二辑，上海人民出版社 1991 年版，第 854—855 页。

全面抗日战争爆发后，为防止日本套购法币，1939 年 3 月第二次地方金融会议决定，地方银行经财政部核准可发行 1 元及 1 元以下的辅币券，与法币等值流通。

<h2 style="text-align:center">各省地方银行发行钞券流通额统计表</h2>

（民国三十一年二月底止）

行别	流通数额（元）	行别	流通数额（元）
江苏农民银行	14436380.50	广西省银行	52270927.40
浙江地方银行	26036672.00	富滇新银行	15000000.00
江西裕民银行	43652066.87	河北省银行	240000.00
安徽省地方银行	10000000.00	山东民生银行	18000000.00
湖北省银行	36310000.00	山西省银行	78408566.20
湖南省银行	21172730.00	河南农工银行	8314758.96
四川省银行	8101518.00	陕西省银行	4434000.00
西康省银行	895989.98	甘肃省银行	8000000.00
福建省银行	48232405.97	绥远省银行	439787.00
广东省银行	197901175.44	总计	591846887.92

资料来源：《财政部档案》，中国人民银行总行参事室编：《中华民国货币史资料》第二辑，上海人民出版社1991年版，第352页。

1942年6月14日四联总处发布《统一发行办法》，将法币发行权统归中央银行，取消中国银行、交通银行和中国农民银行的纸币发行权，并对省银行纸币发行再度清理，省银行券陆续由法币收兑。

在地方银行券中，有云南的富滇新银行币和新疆商业银行币需单独介绍，因为这两种银行币由于政治的原因纳入法币体系的时间稍晚一些。

富滇新银行币是云南省富滇新银行发行的货币。龙云在云南掌握政权后，于1932年9月将富滇银行改组为富滇新银行。富滇新银行成立后不久，从美国分六次订印面额为一元、五元、十元、五十元、一百元五种纸币，达81500万元。还发行了五仙、十仙、二十仙、五十仙的铜元票。

具体发行情况如下表：

时间	发行兑换券科目余额	兑换券准备金科目余额	时间	发行兑换券科目余额	兑换券准备金科目余额
1932年12月31日	4260000	4260000	1939年12月31日	189392000	108993340.46
1933年12月31日	18623000	10993800	1940年12月31日	188187000	120538042.08

时间	发行兑换券科目余额	兑换券准备金科目余额	时间	发行兑换券科目余额	兑换券准备金科目余额
1934 年 12 月 31 日	23438000	14953200	1941 年 12 月 31 日	810743000	127272022.10
1935 年 12 月 31 日	27923000	22037283.92	1942 年 12 月 31 日	805808000	805851133.26
1936 年 12 月 31 日	30453000	23771800	1943 年 12 月 31 日	774000000	780563842.66
1937 年 12 月 31 日	54052000	16304195.46	1944 年 12 月 31 日	632237018	630976604.40
1938 年 12 月 31 日	89993000	41905323.14	1945 年 12 月 31 日	618126687	624866273.40

资料来源：云南省金融研究所编：《云南富滇银行——云南富滇银行历史资料汇编》（下），1980 年印行，第 32—33 页。戴建兵著：《中国近代纸币》，中国金融出版社 1993 年版，第 434 页。

国民政府推行法币政策后，要求地方纸币要逐渐收回，但云南拒不执行，富滇新银行的发行准备金也不上交中央。1937 年，经过讨价还价，云南同中央政府在幕后达成协议，将富滇新银行币作为法币的辅币，1 元折合法币 5 角。实际情形如 1939 年 5 月的一篇文章所说："法币在云南并未取得本币地位，反之在市场上，如其他物品然，每天有行市，在去年及今年春，法币使用时，始终在财部法定九二折左右流通。"[①] 但在其后，中央势力进入云南，大力推行法币，接管了富滇新银行办理的白银、外汇管理，下令云南服从中央的金融法令。1944 年财政部核定，富滇新银行以 1943 年 6 月 30 日发行数 461033774.78 元为发行限额，不得增发，并自该年起二年后全部收兑。富滇新银行此后纳入法币体系。

新疆商业银行币。盛世才主政新疆后，曾采取亲近苏联政策，在苏联和中国共产党人的帮助开展活动。1938 年中共党员毛泽民赴苏联治病途经新疆，被盛世才任命为新疆财政厅副厅长，负责将新疆省银行改组为新疆商业银行的工作。在毛泽民的主持下，新疆商业银行于 1939 年 1 月 1 日成立，废两改元，发行新疆商业银行币，并逐渐收回以前所发行的省票（时称省票银。根据有关资料整理，当时省票银与法币即国币的比值，应为 2500:1 即 2500 两换法币 1 元；此期间新疆还有喀票银，喀票银与省票银的比值为 1:25；喀票银与法币的比值

[①] 刘天宏：《战时滇省货币金融概况》，《财政评论》第 1 卷第 5 期，1939 年 5 月。

为 100:1)。① 至 1944 年 12 月 11 日，新疆商业银行币共计发行 115160 万元。1941 年 6 月苏德战争爆发后，德军一度处于优势，逼近莫斯科城下。见风使舵的盛世才认为苏联不行了，转而投靠蒋介石。1944 年，盛世才被上调中央任农林部长，结束了在新疆的统治。新疆货币体系因此纳入法币体系。新疆商业银行币与法币的比价是 1:5②。

5. 地区性流通券

抗日战争时期，在抗日前线的许多国民党军队控制的地区也发行过形形色色的流通券，在相应的地区与法币等值共同流通。

琼崖区流通券　抗战时期国民党广东省政府在海南发行的货币。1939 年 3 月为了抵制日伪的金融掠夺，国民党广东省银行在海南发行该流通券，有 1 元券 100 万元、两角券 100 万元，共 200 万元（一说 700 万元）。其币值与法币同值，并按照一四四定率，与省券折合行使。其行使区域，以琼崖 16 属地方为限。抗战结束后，由广东省银行收回销缴。由于券面有琼崖卫戍司令王毅及广东第九区行政督察专员的签字，故有王毅纸之称。

鄂东流通券　1940 年间，日军进犯鄂东，当时国民政府在鄂东、也称为鄂东北的游击区与鄂西南、鄂西北的交通中断。在日军的封锁之下，国民政府的法币和湖北省行的纸币均极度短缺，从而使得这一地区金融枯竭，物价高涨，公私交困。在这种情况下，鄂东行署以湖北省银行公库鄂东分库的名义，在当地发行了一批流通券，以维持金融。这批纸币由湖北省银行派员监印，交由省行鄂东办事处接收，在缴足准备金的情况下，在当地发行。这批流通券是由当地的鄂东印刷局和皖省印刷局印制的，鄂东印刷局印制了 140 万元，而皖省印刷局印制了 60 万元，其中有二角券 5 万元，五角券 60 万元，一元券 60 万元，五元券 115 万元。1941—1942 年间印成后，有 180 万元发行，而有 20 万元由鄂东行署自用，以为经费。1942 年，鄂东流通券由法币收回③。

四、日伪币

日本侵略中国的过程中，在货币方面是先是使用没有任何保证的"军用

① 新疆维吾尔自治区档案局、中国社会科学院边疆史地研究中心等编：《抗日战争时期新疆各民族民众抗日募捐档案史料》，新疆人民出版社 2008 年版，第 32、40、46、84、86、88、89、92、96、97、100 页。

② 姜宏业主编：《中国地方银行史》，湖南出版社 1991 年版，第 494 页。

③ 张通宝：《湖北近代货币史稿》，湖北人民出版社 1994 年版，第 144 页。

票",再则直接使用日本货币以掠夺中国资源,一方面"以战养战",一方面支持日本国内经济。在发现直接使用日本币会影响日本国内币值稳定问题后,日本改为使用由其扶植起来的伪政权的伪银行币。伪币和日本币一样,是日本侵略、掠夺中国的工具。

1. 日本银行券

日本银行券,简称日元,是由日本政府的唯一发行银行——日本银行发行的货币。此种货币主要在日本国内流通。在日本侵略中国期间,曾流通于中国境内的日军占领区。

日本银行券有金币兑换券和银币兑换券两类。金币兑换券的面额有一元、五元、十元、二百元、一千元五种;银币兑换券的面额有五钱、十钱、一元、五元、十元、一百元六种。日本银行发行的纸币,一般都无发行日期。

日本银行券随着1905年日本在日俄战争中战胜俄国进驻旅顺、大连而进入中国。此后,日本移居旅大和南满铁路沿线的侨民带来大量日本银行币。

1937年7月,日军发动全面侵华战争后,日本银行币又在华北、华中沦陷区各地流通。以后,随着战事的迅速扩大、日本银行纸币在日军占领的华中地区发行量大大增加,其币值也猛烈跌落下来。这不仅直接影响到日本侵略军的购买力,而且对于日本国内的币制,也产生了严重影响。日本面临通货膨胀,货币贬值的危险。日本侵略者为了不使这种不利形势向其国内蔓延,决定从1938年11月起,在我华中占领区发行军用票,用以代替日本银行纸币。

100 日元兑换美元比率

年代	兑换率	年代	兑换率	年代	兑换率	年代	兑换率
1931 年	49.38	1932 年	49.38	1933 年	28.13	1934 年	25.50
1935 年	29.50	1936 年	28.95	1937 年	28.81	1938 年	28.50
1939 年	26.00	1940 年	23.44	1941 年	23.44	1942 年	24.72
1943 年	24.70	1944 年	23.58	1945 年	20.97		

资料来源:中国抗日战争史学会、中国人民抗日战争纪念馆编:《抗战时期的经济》,北京出版社1995年版,第623页。

2. 朝鲜银行券

朝鲜银行券是日本并吞朝鲜期间设立的朝鲜银行(The Bank of Chosen)发行的货币。它和日本银行券完全等值。

1913年,朝鲜银行在中国沈阳设立分行。从此,该行纸币即在安奉铁路沿线流通。以后,该行又陆续在大连、旅顺、长春、营口、四平、开原、哈尔滨、铁岭、辽阳等处设立分行。该行发行的纸币亦随之流通日广。随后该行又向关内发展，陆续在天津、北京、青岛、济南、上海等城市建立分行。截至抗日战争全面爆发前夕，该行在中国各地设立的分支行共有二十余处。

朝鲜银行在中国发行的纸币，以日本金圆券为单位，票面正面有一老人头像，俗称"老头票"。面额有一元、五元、十元、一百元四种。

1937年七七事变后，日本向我华北各地增兵，该行发行大量纸币，强迫华北占领区人民使用。据日本有关方面估计，该行纸币在中国的流通额，至少占其发行总额的三分之一。截至1938年6月止，该行纸币在华北的流通额为7000万日元。

1933—1944年朝鲜银行券在华流通额

年代	发行总额（相当于日元）	在东北流通数量估计
1931年	74395917	24798639
1932年	125210152	41736717
1933年	149373344	49791114
1934年	193299407	64433135
1935年	221801590	73933863
1936年	211252195	70417398
1937年	291304000	97101333（含华北在内）
1938年	334279000	111426333（含华北在内）
1939年	450000000	150000000
1940年	600000000	200000000
1941年	742000000	247333333
1942年	909000000	303000000
1943年	146700000	489000000
1944年	244600000	815333333

资料来源：《近百年来帝国主义在华银行发行纸币概况》第136页。参见戴建兵著：《金钱与战争——抗战时期的货币》，广西师范大学出版社1995年版，第71页。

3. 台湾银行券

台湾银行券是日本侵占我国台湾省期间设立的台湾银行（The Bank of Taiwan Ltd）发行的货币。

1911年，台湾银行在上海设立分行。随后又在福州、汕头、厦门、广州、九江、汉口、大连及香港等地设立分行。在地理上，台湾与福建隔海相望，福建也就成为日本入侵华南的突破点。在福州的台湾银行分行，就成为日本对我华南地区经济侵略的中心。

台湾银行在我国大陆发行货币，最早是在民国元年（1912 年）由其设立的上海分行开始的。以后，陆续由设在福州、厦门、汕头、汉口等地的分行，次第发行该行货币；其中以福州、厦门两地为主。因此，台湾银行币广泛流通于福建沿海一带。

时间	发行额（元）	指数（以 1937 年 6 月为基数）	时间	发行额（元）	指数（以 1937 年 6 月为基数）
1937 年 12 月	112032960	153.57	1942 年 12 月	289274549.5	396.52
1938 年 12 月	140018699	191.93	1943 年 12 月	415554608	569.61
1939 年 12 月	171169136	234.63	1944 年 12 月	796080315	1091.21
1940 年 12 月	199685397	273.71	1945 年 12 月	2311725000	3168.74
1941 年 12 月	252845199.5	346.58			

资料来源：戴建兵著：《金钱与战争——抗战时期的货币》，广西师范大学出版社 1995 年版，第 316—317 页。

据估计，台湾银行在大陆发行的纸币，约占其总发行额的十分之一。截至 1945 年 8 月日本投降时止，该行发行的纸币数额为 14 亿日元。而同年 10 月，竟突增到 28.98 亿日元。

1945 年，国民政府接收台湾银行后，发行新的台湾银行币，并以 1:1 的比率收回台湾银行券。

4. 大日本帝国政府军用手票

大日本帝国政府军用手票，简称日本军用票，是日本帝国政府在侵略战争中强制发行的一种征用性、掠夺性的没有发行保证的证券。主要用于购买战时军需物资，是日本帝国主义向别国进行经济掠夺的一种重要手段。

1937 年日本发动全面侵华战争初期，日本银行的纸币发行继续膨胀，币值一贬再贬，对日本战时经济的影响十分严重。日本政府为了使侵华战争与其国内经济隔离，实施"以战养战"的方针，并为了解决当时以上海为中心的日本银行纸币日趋泛滥和过度贬值的问题，1937 年 11 月，日军柳川兵团在我杭州湾登陆时，携带一批特制的军用票，到占领区使用。起初，军用票只限于军事费用的支付。以后随着日军占领区的扩大，战争日趋长期化，日本内阁决定，将军用票当作一般通货，在华中华南日本占领区全面流通。此后，军用票不断增大发行额。

1938 年 11 月 1 日，日本侵略军制订《华中华南使用军用手票办法》，规定侵华军队在该两地区内一律使用军用票，禁止使用日元，并成立了"华中军票兑换用物资分配协会"，将日本的剩余物资输进中国沦陷区，以输入商品和日伪政权的税收、企业利润、外汇以及日本银行的拨款等，作为发行军用票的所谓保证，来维持军用票的发行和流通。

为了推行军用票，日伪当局规定了许多办法，例如：对中国人民的生活必需品，如米、盐、纸烟、鲜肉、棉花、棉布等物资，实行专卖，指定市场商店出售；或指使伪官员组织合作社，由合作社零售。规定这些商店和合作社只准使用军用票，不许使用其他货币。

日本全面侵华战争时期发行的军用票，共有甲、乙、丙、丁、戊等五种。

（1）甲号军用票。1937 年 11 月由日本柳川兵团在我浙江省杭州湾登陆时携入。此种军用票以"大日本帝国政府大藏省"名义发行。面额有十钱、五十钱、一元、五元、十元五种。均为竖形，日本昭和十二年（1937 年）印制，无编码，用纸粗劣，印刷色调简单，以至伪造事件不断发生。甲号军用票的图案和日俄战争时期的军用票一样，同出一版，据日本政府公布，此种军用票发行额相当于日币 300 万元左右。

（2）乙号军用票。1938 年 9 月，日本政府利用日本银行旧兑换券，涂去行名、签章和兑换说明文字，加盖"军用手票"字样发出。其面额有十钱、五十钱、一元、五元、十元五种。据上海有关报纸记载，此票发行额约有 2000 多日元，其中三分之一流通在日军统治下的上海虹口地区。

（3）丙号军用票。1938 年 12 月，日本政府以"大日本帝国政府"名义印制新军用票，称为丙号军用票，其面额有一元、五元、十元三种。

（4）丁号军用票。1939 年 6 月，日本政府发行以中华民族神话传说中的龙和凤为图案的新军用票，称为丁号军用票。面额有一钱、五钱，五十钱、一元、五元、十元六种。同时，日本军队为避免军用票使用过程中的混乱，规定在华中地区统一使用丁号军用票；在华南地区统一使用丙号军用票。

（5）戊号军用票。1939 年 9 月，日本政府以"大日本帝国政府"名义发行，券面没有"军用手票"字样，称为戊号军用票。面额有一钱、五钱、十钱、一元、五元、十元、一百元七种。1940 年又增发面额为二厘五毫券一种。此时，日本军队又规定，戊号军用票主要在华中地区使用；丙号军用票在华南地区使用。同时决定收回甲号和乙号军用票。

这一时期除以上番号军用票之外，还有如下三种日本帝国政府纸币和军用证券被称为"号外军本票"：（1）"大日本帝国政府纸币"，1938年发行，以富士山为图案，面额五十钱。（2）"大日木帝国政府纸币"，1943年发行，面额五十钱。（3）"大日本南支派遣军司令官军用证券"，1944年发行，面额一千元，此券形式上是伪中储券的兑换券，发行时间使用的是"中华民国三十三年"。

一开始，日军规定军用票1元等于法币1.25元，实际上价值随市而定。日商收购中国货物时强付军用票，并强迫各行业接受军用票，从货币市场上打击法币。日军驻武汉特务部经济班还每天规定标准，交由汉口钱业公会"公议行情"，并派员监视，从而军用票用途日广，价值日增。不久，一般商民便不得不以军用票为本位币了①。

1938年11月9日在日军占领下的广州，由日军硬性规定下列四种汇价：日本军用票100元＝日本银行纸币50元＝港币100元＝法币200元＝广州各银行发行的纸币300元②。日本政府在中国沦陷区发行军用票数额的大致情形，参见下列表格。

时间	军用票（万元）	时间	军用票（万元）
1939年1月	2700	1941年6月	11900
6月	3100	12月	15000
12月	5600	1942年6月	18000
1940年6月	7300		
12月	10100	合计	73700

资料来源：贾秀岩、陆满平著：《民国价格史》，中国物价出版社1992年版，第43、44页。王桧林主编：《中国抗日战争全书》，山西人民出版社1995年版，第1498页。

日本军用票在华中、华南发行及流通情况（万元）

年月	发行额	流通额	年月	发行额	流通额
1937年12月	500.0	362.5	1941年6月	39716.1	15812.3
1938年6月	1100.0	1027.0	1941年12月	40716.1	20434.3
1938年12月	9681.0	3638.0	1942年6月	47846.0	25230.9
1939年6月	17860.3	4741.1	1942年12月	62916.0	30658.3

---

① 戴建兵著：《金钱与战争——抗战时期的货币》，广西师范大学出版社1995年版，第97页。
② 献可：《近百年来帝国主义在华银行发行纸币概况》，上海人民出版社1958年版，第146页。

年月	发行额	流通额	年月	发行额	流通额
1939 年 12 月	22462.0	7320.6	1943 年 3 月	64075.0	29837.5
1940 年 6 月	25373.8	10843.0	1943 年 12 月	63642.2	14902.3
1940 年 12 月	36718.7	13730.9	1944 年 12 月	99369.5	32145.0
			合计	531976.7	210683.7

资料来源：［日］岩武照彦著：《日本军票的货币史考查》，《アジア研究》，第 27 卷，昭和 57 年（1982 年）7 月；戴建兵著：《金钱与战争——抗战时期的货币》，广西师范大学出版社 1995 年版，第 101 页。

日军占领地区军票发行数 单位：百万元

1937.12	1938.6	1938.12	1939.6	1939.12	1940.6	1940.12	1941.6	1941.12
1	1	36	131	151	160	248	271	244
1942.6	1942.12	1943.6	1943.12	1944.6	1944.12	1945.6	1945.8	合计
251	381	471	487	436	671	1494	2516	7950

资料来源：［日］浅田桥二等著，袁愈佺译：《1937—1945 日本在中国沦陷区的经济掠夺》，复旦大学出版社 1997 年版，第 188 页。

1940—1942 年汉口法币与日军用票比价情况（法币千元合军用票元）

时间	1940 年	1941 年	1942 年
1 月 1 日	747.83	581	245
4 月 1 日	757.57	467	177
8 月 1 日	762.19	435	95
12 月 1 日	582	288	

资料来源：《汉口特别市政府成立四周年市政概况》附表，1942 年印行。转引自戴建兵著：《金钱与战争——抗战时期的货币》，广西师范大学出版社 1995 年版，第 225 页。

《群众》周刊第 7 卷第 24 期《敌军在沦陷区的经济掠夺》一文介绍，日军实施"军用票价格增大政策与法币价格低落工作"，强压法币比价。日军规定法币每百元折合军用票价值的变化如下：1940 年夏，48 元；1941 年春，33—34 元；1941 年夏秋，28—29 元；1941 年冬，26 元；1942 年春，24—25 元[1]。

---

[1] 中国人民银行河北省分行编：《冀南银行》(1)，河北人民出版社 1989 年版，第 287—288 页。

1943 年日本大藏省和大东亚大臣发表讲话，确定从当年 4 月 1 日起，除香港、海南岛外，停止军用票在华中、华南地区流通。军用票停止流通后，以日伪当局的中央储备银行券代替军用票，并规定兑换比例为军用票 18 元兑换伪中储券 100 元。

1939 年 2 月，日军占领海南岛后，也大量发行军用票。至 1945 年投降时共发行约 4 亿元。

年代	发行额（万）	年代	发行额（万）	年代	发行额（万）
1939 年	70	1942 年	2135	1945 年	20618
1940 年	330	1943 年	4704		
1941 年	660	1944 年	11180	合计	39697

资料来源：［日］大藏省管理局：《有关日本人的海外活动的历史调查·通卷第 29 册·海南岛篇》，第 158 页，日本早稻田大学社会科学研究所图书馆藏。宓汝成、王礼琦著：《日本侵占海南岛和海南岛人民的抗日斗争》，《抗日战争研究》1992 年第 1 期。戴建兵著：《金钱与战争——抗战时期的货币》，广西师范大学出版社 1995 年版，第 103 页。

在太平洋战争时期日军先后侵占了马来西亚、新加坡、缅甸、菲律宾、印度尼西亚等国以及关岛、威克岛、阿留申群岛及太平洋其他岛屿。与此相应，日本还在南洋和缅甸一带发行票面为英文和日文的军用票，辅币面额有四分之一卢比、二分之一卢比、一卢比、五卢比、十卢比、一分、五分、十分、五十分及十钱十种；整币面额有一元、五元、十元、一百元四种。日军占领缅甸后侵入我云南西部，这些日本军用票也随之进入我国云南。

1942 年 5 月日军侵占滇西沦陷区后，在当地建立了龙陵、腾冲和腊勐三个警备区（另在中缅边境缅甸一侧建有腊戌、滚弄两个警备区），在沦陷区内，日军为了"以战养战"，在腾冲设立大东亚低利银行，强制发行日本军用票。据专家估计，日军在滇西沦陷区发行的军票总额至少在 1 亿卢比以上，而其以此为手段掠夺、用于消耗的军需物资（主要为农副产品）的价值折合成当时云南通用的"半开"（银币）为 1 亿圆[①]。

另外，当时日本政府为实现"大东亚共荣圈"，在金融货币方面，将日军占领的我国华北、华中地区以及南洋一带，组成一个庞大的"日元集团"经济网，企图在更大的范围内进行"物资交流"。所以这些英文日本军用票，便有相当一部分流入中国的日军占领区。

[①] 董思聪：《滇西发现一套二战期间侵华日军发行的军票》，《思想战线》2001 年第 1 期。

5. 伪满洲中央银行币

伪满洲中央银行币是日本侵占我国东北期间组织成立的傀儡政权满洲国政府领导下的满洲中央银行发行的货币。简称中银券。

1931年九一八事变后，日本关东军先后占领沈阳、长春、吉林、齐齐哈尔等城市，随后成立伪满洲国。1932年日本关东军和伪满当局掠夺了东北三省金融机构联合发行准备库的资金和财产，在这个基础上建立了伪满洲中央银行。满洲中央银行于1932年6月15日成立，总行设在长春。同年7月1日正式对外营业。该行除总行外，在奉天（沈阳）、吉林、齐齐哈尔、哈尔滨等地设立分行。在张家口、北京和上海设有支行。

伪满币主要流通于我国东北三省（吉林、辽宁、黑龙江）。1937年，日军曾在蒙疆地区大量使用伪满币，在伪蒙疆银行成立后，仍有约500万元伪满币在蒙疆区域流通，1939年春，才由伪蒙疆银行将之逐渐收回①。

金属铸币是以伪满洲国的名义铸造的，已知有五厘、一分、五分、一角、五角五种；纸币是以伪满洲中央银行的名义印制的，面额有五分、一角、五角、一元、五元、十元、一百元、五百元八种。

满洲中央银行发行的货币，除金属铸币外，纸币的发行分为三个阶段：

第一阶段是1932年7月至9月代用纸币的发行。该行用东三省官银号未盖行章的一元、五元、十元三种纸币（图案为北京香山双清别墅）加盖"满洲中央银行"图章字样，在市场流通。

第二阶段是1932年9月至1939年一般纸币的发行。这种纸币由日本内阁印刷局承印。面额有五角、一元、五元、十元、一百元五种。这种纸币发行后，收回代用纸币。

第三阶段是1940年至1945年日本投降大面额纸币的巨量发行。1940年以后，日本的侵略战争开始走下坡路，日本军国主义为挽救败局，维持枯竭的财政，1944年3月，将伪满币原版从日本运来，在满洲政府印刷局就地印刷。过去印小额券，这时增印五百元、一千元券（后因日本宣布无条件投降，印就的十亿千元券未能发行）。

年份	发行总额（万元）	铸币（万元）	纸币（万元）	发行指数
1932	15186.5		15186.5	100
1933	13139.2	216.9	12922.3	86.5

---

① 戴建兵著：《金钱与战争——抗战时期的货币》，广西师范大学出版社1995年版，第79页。

年份	发行总额（万元）	铸币（万元）	纸币（万元）	发行指数
1934	18410.4	1577.2	16833.2	121.2
1935	19893.4	2028.4	17865.5	130
1936	27469.1	2044.8	25424.3	198
1937	32990.9	2242.0	30748.9	216.5
1938	45289.6	2715.9	42573.7	298.2
1939	65734.5	3372.4	62362.1	432.8
1940	99122.9	4417.9	94705.0	653.3
1941	131702.9	5549.8	126153.0	867.2
1942	172814.5	5851.4	166963.1	1137.9
1943	307979.5	6860.8	301118.7	2027.7
1944	587685.3	7104.2	580581.1	3869.7
1945 年 7 月	808504.2			5323.8
1945 年 11 月	1360000.0			

中国人民银行吉林省金融研究所编：《伪满洲中央银行史料》，吉林人民出版社 1984 年版，第 505 页；徐枫、赵隆业编著：《日伪政权银行货币图鉴》，中国社会科学出版社 1991 年版，第 2 页。《伪满中央银行简史》，中央银行经济研究处主编：《中央银行月报》新 3 卷第 7 期，1948 年 7 月；戴建兵著：《金钱与战争——抗战时期的货币》，广西师范大学出版社 1995 年版，第 72 页。

伪满币的发行，主要用于日本关东军的军费开支。起初，这种军费是以"国防分担金"的形式，由日本、伪满洲国按比例分担的。到 1944 年，日本政府指令横滨正金银行出面，向伪满洲中央银行借款，转账给日本军部，存入伪满洲中央银行关东军账户。到日本投降，关东军以这种名义拿到军费 36 亿元（1944 年 13 亿，1945 年预算 29 亿，已用 23 亿）。[①] 随着日军在东北地区军费的猛增，伪满币的发行量迅速膨胀起来，总额达到 136 亿元。

伪满币在初期名义上采用银本位，以纯银 23.91 公分（克）为价格单位，称为元。伪满币的外汇价值总体上较为平稳，但在 1934 年受美国大量收购白银的影响，所以伪满中央银行决定脱离银本位，于 1934 年 4 月始采用"管理货币制度"。1935 年 11 月，在所谓"日满货币一体化"的"原则"下，伪满币以

① 中国人民银行吉林省金融研究所编：《伪满洲中央银行史料》，吉林人民出版社 1984 年版，第 373 页。

1:1的固定比价依附于日元,并维持1元伪满币兑英镑14便士的比率。1940年10月,因英镑价值日跌,伪满洲中央银行随日本采用100元兑美元23.167元的比率。太平洋战争爆发后,又跟随日本采用所谓公定自主汇总行市,外汇行市以日金为标准,由伪满洲中央银行规定①。

伪满币100元与美元兑换率

年代	兑换率	年代	兑换率	年代	兑换率	年代	兑换率
1932年	21.07	1933年	25.72	1934年	32.59	1935年	29.92
1936年	28.56	1937年	28.78	1938年	28.43	1939年	25.97
1940年	23.44	1941年	23.44	1942年	23.77	1943年	24.96
1944年	20.97	1945年	19.36						

资料来源:《抗战时期的经济》,北京出版社1995年版,第623页。

伪满洲中央银行成立时,在东北三省境内有四大银行(东三省官银号、边业银行、吉林永衡官银号、黑龙江省官银号)发行的纸币计15个币种136种纸币,合计14200万元;当时以极低的兑换率限期将其兑换成伪满洲中央银行币(见下表)。自1932年7月到1935年8月,用了三年多时间收兑完毕,折合伪满币138214210元。其中收兑黑龙江官银号各种币券折合伪满币25616481.51元,收兑吉林永衡官银钱号各种券币折合伪满币31693477.81元,在沈阳收兑东三省官银号和奉天平市官钱号币券折合伪满币68102561.08元,收兑边业银行在东北发行的币券折合伪满币16822360.54元。对中国银行和交通银行1932年6月30日前在哈尔滨发行的哈大洋票(中国银行4469818.57元、交通银行9960084.55元),要求在1.25元比伪满币1元的比率限五年内收回。同时对流通市面上1400万元各种私帖,要求各发行商家自行回收。

伪满币1元兑换旧币比率

币名(俗称)	比价	币名(俗称)	比价
东三省兑换券(现大洋券)	1元	边业银行哈尔滨大洋票(哈大洋票)	1.25元
边业银行兑换券(现大洋券)	1元	吉林永衡官银钱号官帖(吉林官帖)	500吊

---

① 中国人民银行吉林省金融研究所编:《伪满洲中央银行史料》,吉林人民出版社1984年版,第72、262页。

币名（俗称）	比价	币名（俗称）	比价
（辽宁四行）准备库兑换券（现大洋券）	1元	吉林永衡官银钱号小洋票（吉林小洋票）	50元
东三省官银号汇兑券（奉天票）	50元	吉林永衡官银钱号大洋票（吉林大洋票）	1.3元
公济平市钱号铜元票（奉天票）	60元	黑龙江省官银号官帖（黑龙江官帖）	1680吊
东三省官银号哈尔滨大洋票（哈大洋票）	1.25元	黑龙江省官银号四厘债券（四厘债券）	14元
吉林永衡官银钱号哈尔滨大洋票（哈大洋票）	1.25元	黑龙江省官银号（江省大洋票）	1.4元
黑龙江官银号哈尔滨大洋票（哈大洋票）	1.25元		

1933年2月日军占领热河省后，伪满财政厅接收了热河兴业银行。热河兴业银行共发行10803971元汇兑券，但伪满以50∶1的比率收兑了热河兴业银行汇兑券的3/4，其余1/4没有收兑。

1945年8月，日本无条件投降后，伪满洲中央银行被国民政府没收。国民政府随即由中央银行发行东北九省流通券（简称东北流通券），并规定中央银行东北九省流通券按1∶1的比价收回伪满币。东北九省流通券与法币的比价，初时规定为13∶1①。

6. 伪冀东银行币

伪冀东银行币，简称冀东币，是日军在中国河北东部地区扶植的傀儡政权"冀东防共自治政府"领导下的伪冀东银行发行的货币。

1935年5月，日军侵入华北地区，通过"蚕食"活动逐步扩大其占领范围。1935年12月，汉奸殷汝耕在日本军部的扶持下，组织冀东22个县成立"冀东防共自治委员会"。以后又改称"冀东防共自治政府"，"首都"设于通州（即今北京市通州区）。日本军部为维持这个地区的经济和保持对日军的给养，指令满洲中央银行为该政府提供资金和人员，于1936年11月成立冀东银行。总行设于天津。

---

① 戴建兵著：《金钱与战争——抗战时期的货币》，广西师范大学出版社1995年版，第307页。

伪冀东币有铸币和纸币两类。铸币有五厘、一分、五分、一角、二角五种。纸币有五角、一元、五元、十元、一百元五种。1937 年七七事变时，伪冀东币的发行额约为 830 余万元。

1937 年 12 月，北平伪中华民国临时政府成立后，"冀东防共自治政府"即行撤销。1938 年 1 月，冀东银行币停止发行。3 月该行撤销，改组为伪中国联合准备银行保护伞下的普通商业银行。伪冀东币由中联币收回。

7. 伪察南银行币

伪察南银行币是日本侵华战争初期占领中国察哈尔南部地区时由傀儡政权"冀察政务委员会"领导下的察南银行发行的货币。

日军侵占中国原察哈尔省省会张家口市后，网罗察哈尔南部十个县的汉奸头目于 1937 年 9 月 4 日在张家口建立傀儡政权"冀察政务委员会"，后来又改为"察南自治政府"。为维持傀儡政府的生存和控制这个地区的金融组织，日本指令伪满洲中央银行派人协助这个地区成立银行，经过匆忙筹备，于 1937 年 10 月 1 日成立了伪察南银行。

该行成立后，由伪满洲中央银行无偿提供盖有"满洲中央银行"印章的原"东三省银号"纸币，再加盖"察南银行"印章投放市场，与日元、伪满币等值流通。伪察南银行币的面值共有一元、五元、十元三种。发行数额为 500 万元。

察南银行存在时间很短，从开业到结束，仅仅两个月，没有发行过自己印制的钞票，即于当年 12 月并入伪蒙疆银行。

8. 伪蒙疆银行币

伪蒙疆银行币是日本帝国主义侵占中国内蒙古、山西、河北等部分地区后操纵成立的蒙疆联合自治政府领导下的蒙疆银行发行的货币。简称蒙疆币。

1937 年八九月间，日军侵占张家口、大同、归绥后，组成"蒙疆联合委员会"，下辖原"察南"、"晋北"、"蒙古联盟"三个自治政府。以后，"蒙疆联合委员会"又改称"蒙古联合自治政府"。1937 年 10 月，蒙疆联合委员会改组察南银行、合并旧绥远平市官钱局及丰业银行，于同月 13 日成立蒙疆银行。总行设在张家口市。在大同、归绥、丰镇、怀来、宣化、涿鹿、包头、平地泉、北平、张北、多伦等地设立分行。此外，在北平、天津、长春和日本东京设有办事处。

蒙疆币有铸币和纸币两类。铸币均为辅币，有一分、五分、一角、五角四种。纸币有五分、一角、五角、一元、五元、十元、一百元七种。主要流通于蒙疆地区（包括原察哈尔省南部、山西省北部和内蒙古部分地区）。

伪蒙疆币发行之初，与日元和伪满洲中央银行币等值流通。为使伪蒙疆币汇价保值和防止第三国商人垄断日伪占领区的货物，蒙疆政府在发行蒙疆币之前，于1937年11月25日公布通货取缔令，施行外汇贸易管理，规定石炭、金属等37种矿物和皮毛、油料、棉花及纺织品等输出时，须经蒙疆政府许可，并须将所得外汇结集于蒙疆银行。

早在伪察南银行开业之时即禁止当地货币继续流通，并限期收回原察哈尔商业钱局券、山西省各银行券、绥远平市官钱局券、丰业银行券及中国银行、交通银行的纸币。收兑实际上是由伪蒙疆银行完成的。1937年底前是以1∶1的比率收兑，至1939年3月有以7折比率收回的，合计共收兑23771597元。[①]

1939年10月下旬，伪蒙疆币改与美元联系，对外汇价亦随之改动。

据统计，截至1945年伪蒙疆币共发行42亿余元。

时间	累计发行额（元）	时间	累计发行额（元）
1937 年	14172405	1941 年	187203456
1938 年	58086088	1942 年	1157000000
1939 年	100507611	1943 年 1944 年	
1940 年	162536118	1945 年 8 月	3529218701.64

资料来源：戴建兵著：《金钱与战争——抗战时期的货币》，广西师范大学出版社1995年版，第80页。

太平洋战争爆发前后蒙疆地区蒙疆币与法币比价情况

时间	法币比蒙疆币	时间	法币比蒙疆币
1941 年 8 月	0.31∶1	1942 年 2 月	0.25∶1
1941 年 9 月	0.33∶1	1942 年 3 月	0.20∶1
1941 年 10 月	0.39∶1	1942 年 4 月	0.125∶1
1941 年 11 月	0.18∶1		

资料来源：《第五年之倭寇经济侵略》，第95页。转引自戴建兵著：《金钱与战争——抗战时期的货币》，广西师范大学出版社1995年版，第225页。

1945年8月，日本投降后，国民党政府规定法币与伪蒙疆银行币的比价按1∶2.5的比率收回。

[①] 戴建兵著：《金钱与战争——抗战时期的货币》，广西师范大学出版社1995年版，第79页。

9. 伪中国联合准备银行币

伪中国联合准备银行币，简称中联币、中联券，是抗日战争时期日军占领北平后操纵成立的伪中华民国临时政府（后改称华北政务委员会）领导下的伪中国联合准备银行发行的货币。

1937年7月28日，日本侵略军占领北平，12月14日在北平成立了中华民国临时政府。1938年2月10日，由伪中华民国临时政府公布《中国联合准备银行条例》。次日该行正式成立。"中联行"总行设在北平。据1944年6月的资料，该行共有分支行24处。天津、青岛、济南、开封、太原、徐州、山海关、唐山、石门、临汾、运城、新乡、烟台、海州、潞安、龙口、威海卫、秦皇岛、宿县、淮阴设办事处，省金库代办处设在保定。

1938年3月10日，"中联行"开始对外营业，发行伪中联币。伪中联币的面值，金属铸币有一分、五分、一角三种；纸币有半分、一分、五分、一角、二角、五角、一元、五元、十元、五十元、一百元、五百元、一千元、五千元等14种。

"中联币"的流通范围，主要是日军占领的北平、天津、河北、河南、山西、山东等省市的交通干线地区。

"中联币"的发行，主要用于日军在华北的军费开支，支持日军对华北地区的侵略战争。这是日本帝国主义推行"以战养战"、"以华制华"政策的战略措施之一。通过"中联币"的发行，达到其掠夺华北地区大量经济资源的目的。日本在我华北地区设有"华北开发有限公司"。据1944年3月的资料，该公司所辖子公司包括大同、平定、井陉、宣化煤矿和石景山制铁所等共有24个单位，从事煤铁开发掠夺，其资金完全依赖发行"中联币"。

为维持"中联币"的信誉，日伪当局规定其币值与日元、法币同价。但是，由于国民党政府于1938年3月实行外汇管理，法币对英镑汇价下跌，于是就形成"中联币"价值高于法币。而国际市场和上海公开市场价格是日元高于法币，法币又高于"中联币"，因此投机商人在上海把日元换成法币（日元比法币价高），到华北在天津租界内又把法币换成"中联币"，然后，再到租界外换成日元。这样，"中联币"便成为投机者的工具。致使华北，东北大批日元南下，上海日元汇价大跌。然而日元在其本国汇价未落，同一日货，在日本价高，在上海则低，造成英美商人在上海抢购日货，而导致日货假道上海输出，使日本外汇损失很大。同时，日货北上，华北输入商品入超，大量印发通货，引起华北物价高涨，"中联币"币值因而狂跌，中外商人拒绝使用。据日本在天津的"支那问题研究所"的材料，到1939年底为止，已印好的"中联币"，半数以上还存留在横滨正金银行和银钱公库，无法使用。后来日伪当局多次强制推行，才逐渐广泛流通，但也只限于交通沿线地区，即使日伪占领的部分农村仍然不能通行。

1945 年 8 月抗日战争胜利后，10 月"中联行"由国民党政府中央银行接收。

伪中联币历年发行额

时间	发行额（万元）	其中日军支出所占比例	时间	发行额（万元）	其中日军支出所占比例
1938 年	16194	84%	1942 年	159251	90%
1939 年	54804	75%	1943 年	382827	81%
1940 年	71503	52%	1944 年	1622517	
1941 年	96646	79%	1945 年	14239985	

注：日军支出所占比例的资料，来源于 ［日］浅田桥二等著，袁愈佺译：《1937—1945 日本在中国沦陷区的经济掠夺》，复旦大学出版社 1997 年版，第 190 页。1943 年的比例数为 1943 年 9 月的数字。

截止到 1945 年最终发行额为 1951 亿元（其中发行券 1424 亿元，库存券 527 亿元）。从上表可见，伪中银券 1943 年之前发行的绝大部分被日军用于侵略和掠夺中国。另有统计称，伪中银券全部实际发行数的一半以上即 700 多亿元，为日军掠夺军需物资之用①。

1945 年 7 月伪中联币一元还相当于法币八角，但抗日战争结束后，1945 年 11 月国民政府财政部规定伪中联币 5 元只能兑换法币 1 元②。

中联币的巨量发行，引起了华北沦陷区物价的猛烈上涨。下表是天津批发物价上涨情况。

时间	天津批发物价指数	时间	天津批发物价指数
1938 年 12 月	152.06	1942 年 12 月	599.15
1939 年 12 月	226.69	1943 年 12 月	3069.52
1940 年 12 月	339.74	1944 年 12 月	25378.3
1941 年 12 月	450.19	1945 年 8 月	305170

（资料来源：贾秀岩、陆满平著：《民国物价史》，中国物价出版社 1992

---

① 武俊玲：《汪时璟与伪联合准备银行》，《北京党史》1996 年第 2 期。

② 徐枫、赵隆业编：《日伪政权银行货币图鉴》，中国社会科学出版社 1991 年版，第 43 页。

年版，第252、276页。其中，1938—1942年为天津批发物价指数，以1930年为100。1943—1944年为华北区批发物价指数，以1936年7月—1937年6月为100。转引自戴建兵著：《金钱与战争——抗战时期的货币》，广西师范大学出版社1995年版，第290页。）

伪中华民国临时政府自伪中联币发行开始即限制进而禁止中国各银行发行的货币流通，同时进行贬值收兑。对法币，1939年12月16日后6折收兑，1941年5月1日后4折收兑，1942年4月1日后2折收兑，6月8日后曾1折收兑。

太平洋战争爆发前天津黑市中联币与法币行市情况

时间	法币（元）	中联币（元）	时间	法币（元）	中联币（元）
1938年7月	1000	1032	1940年6月	1004	1000
1938年12月	1000	1021	1940年12月	1129	1000
1939年7月	1000	1032	1941年6月	1370	1000
1939年12月	1066	1000	1941年11月	1500	1000

资料来源：《天津之经济地位》，第290页。转引自戴建兵著：《金钱与战争——抗战时期的货币》，广西师范大学出版社1995年版，第80页。

伪中联币并不能在整个华北地区流通，伪中国联合准备银行将华北划分为中联币区、准中联币区和其他区三个区域。在中联币区内一律不准使用中国原各银行券，在准中联币区对法币进行折扣收兑，而在其他地区则"准依九折以旧通货完粮纳税"①。对于地方私票，则于1939年10月公布《取缔私票流通办法》，限期严禁流通。

1938年七八月间，在华北沦陷区约有1.5亿日元、朝鲜银行券和伪满币流通，其中日元3000万元，朝鲜银行币7000万元，伪满券5000万元。1939年9月，日伪决定用中联币将这些纸币收回。1939年9月，禁止伪满银行币和伪蒙疆币流通，1941年12月，禁止日本银行币和朝鲜银行币在华北流通②。

10. 伪华兴商业银行币

伪华兴商业银行币是日本侵华战争时期，日军于1937年"八一三"进攻上海后，以"中华民国维新政府"同日本的兴业、台湾、朝鲜、三菱、住友、三

---

① 《中联银行成立后华北金融施策之回顾与前瞻》，《东亚经济月刊》第2卷第2期，1943年2月。转引自戴建兵著：《金钱与战争——抗战时期的货币》，广西师范大学出版社1995年版，第89页。

② 戴建兵著：《金钱与战争——抗战时期的货币》，广西师范大学出版社1995年版，第89页。

并银行共同出资在上海设立的华兴商业银行发行的货币。简称华兴券。

伪华兴商业银行于 1939 年 5 月 1 日成立。该行在日军占领的苏州、无锡等 12 个市、县设有分支机构。

华兴券主要流通于上海、江苏、浙江、安徽等一带地区。发行的面额，金属铸币有一分、五分、十分、二十分四种；纸币有一角、二角、一元、五元、十元五种。

当时，日本需要外汇十分紧迫，而在上海黑市上可以用法币无限制地购买外汇。日本政府便决定成立华兴商业银行发行"华兴币"。规定"华兴币"与法币等价行使。7 月 19 日改同英镑联系，每元合英镑 6 便士。10 月，因英镑对美元汇价下跌，又改为同美元联系。当时规定，发行"华兴币"并不排斥国民政府的法币，并由东京商会出面请求日本政府在华中、华南占领区域维持法币。其目的都是为了借助法币达到获取外汇的目的。

日本政府决定成立华兴银行的另一个图谋是，缓解在华中占领区与英美等国的利害冲突和矛盾。当时日本在华北占领区实行的办法是，一切出口货物必须将所得外汇以规定价格卖给日本的银行，然后才能报关出口。英国政府对此办法曾向日本当局提过抗议。因为当时英美各国在华中一带保持有重大的商业利益，日本封锁长江后，使它们的利益受到严重打击。如果完全照搬华北占领区的统制贸易办法，势必与英美处于尖锐对立状态，从而使英美等国的对华商业贸易趋于停止。这样是不利于从英美等国通过商业贸易取得外汇的。为了缓和这种矛盾，日本当局决定"开放长江"，同时发行"华兴币"。从而引诱英美商人活跃商业贸易，借以达到自由买卖外汇的目的。

华兴券于 1939 年 5 月开始发行，与国民党政府的法币和日本的军用票同时流通。当时，日伪政府规定，法币存款、关税、盐税等以至日军军饷，均以华兴币券收付。但是，由于华兴券既无信用基础，又过早的与法币脱离关系，很难推行开，更难为日伪掌握到外汇。从某些地区的货币流通情况来看，伪华兴券甚至比日本军用票的信用更差，简直有难以在货币市场插足之势。因此，伪华兴券的发行数量不算太多。据统计，1939 年底发行 507 万元，1940 年发行数在 560 万至 600 万元间。华兴币从 1939 年 5 月到 1941 年初停止发行和流通，前后只有一年半时间。以"华兴券"100 元折合"中储券"240 元的比率，全数用伪中央储备银行币所回收①。

---

① 洪葭管主编：《上海金融志》，上海社会科学出版社 2003 年版。

11. 伪中央储备银行币

伪中央储备银行币，简称中储券，是日本侵华战争时期，以汉奸汪精卫为首的南京傀儡政府领导下的中央储备银行发行的货币。

伪中储券发行的面额有一分、五分、一角、二角、五角、一元、五元、十元、一百元、二百元、五百元、一千元、五千元、一万元14种。还印就了五万元和十万元未发行的大额券两种。

1937年12月13日日军占领南京，翌年3月在南京成立"中华民国维新政府"。1938年12月，汪精卫投降日本后，诡称"还都"南京。在日本人操纵下成立了伪"中华民国国民政府"，撤销南京"维新政府"；北平的"中华民国临时政府"改为"华北政务委员会"。1940年12月17日，日汪秘密签订《关于设立中央储备银行之备忘录》。

备忘录规定："中储行"所保有的外汇须存入日本银行，对保有外汇的管理和运用，由中日双方组成外汇管理委员会处理；中国方面确认日本军用票为既成事实，如实行对军用票有影响的政策时，应与日方预先协议；"中储币"流通区域应随时与日方协议；为维持军用票价值，中国方面应向指定的日方银行存入一定数额的通货存款；中国方面确认华北政务委员会管辖区内的通货金融，确认以中国联合准备银行为中心与经营的事实，并采取不使其发生动摇的措施等等。此外，还限定中储券的流通范围为芜湖以下，杭州以北、蚌埠以南的长江下游三角地带（长江流域芜湖以上地区、华南及海南岛为日本军用票流通区域）。1942年以后，中储券的权力范围逐渐扩大到武汉、广州等地。

伪中央储备银行先后在上海设立分行，在苏州、杭州、蚌埠设立支行，在芜湖、南通、无锡、嘉兴、常熟、太仓、扬州、镇江、泰县等地设立办事处，并在日本东京设办事处。

伪中储券发行初时与法币等价流通，但1942年5月31日宣布法币贬值，只能按2:1兑换中储券，法币不再流通。1942年10月25日布告，自当年12月1日起，苏、浙、皖及南京、上海境内不准使携带、持有法币，并在当年11月进行最后一次兑换；1943年1月，在广东境内进行最后一次兑换；1943年1月至2月在武汉周围、江西部分地区、湖北部分地区进行最后一次兑换①。到1942年12月底，伪中储券在苏、浙、皖三省和南京、上海、汉口收回法币数

---

① 汪伪财政部拟具关于币制金融施行情况报告文件（1943年2月至1944年1月），汪伪财政系统档案，中国第二历史档案馆编：《中国民国史档案资料汇编》，第5辑第2编，《附录》（下），江苏古籍出版社1991年版，第735—752页。

达 110530 万余元。伪中央储备银行还用中储券收回了伪华兴券。苏淮地区 1943 年以前都使用伪中联币，自 1943 年 11 月 1 日起该地区伪中联币与伪中储券可以同时流通，兑换率为 1:18。自 1944 年 3 月 10 日以后，这一地区伪中联币停止发行，到 5 月份后，该地区不再使用伪中联币了。当时市面上流通的还有日本的军用票，其兑换比率为 100:18。以后到 1943 年 4 月 1 日开始停止日本军用票在华中华南发行，而统一使用伪中储券。

1942 年 5 月以后，由上海日本横滨正金银行掌握 "中储行" 的货币发行权。"中储币" 由日本内阁印刷局、上海华成印刷公司和 "中储行" 印刷所分别印制。

"中储币" 以支持日本的侵华战争为己任。曾任日本国务大臣的住友财阀小仓正恒于 1943 年担任汪伪国民政府的最高顾问，训令汪伪政府说："自中国言，贡献于大东亚战争之方法，即为供给日本推行战争的必要之物资。" 而 "战争所必要之物资的采购，主要靠 '中储币' 的发行是自不待言的"。有资料称，中储行共为日军直接支付 806.5 亿余元，另通过 "互相存款契约" 支付中储券 21640 亿元[1]。

时间	发行总额（万元）	时间	发行总额（万元）
1941 年 5 月 3 日	4510	1942 年 12 月 31 日	360000
1941 年 9 月 11 日	10568	1943 年 3 月 31 日	400000
1942 年 4 月 25 日	66060	1944 年 12 月 31 日	1300000
1942 年 6 月 30 日	100000	1945 年 8 月底	466184735

（资料来源：中央调查统计局特种经济调查处编：《第五年之倭寇经济侵略》，第 90 页，《第六七年之倭寇经济侵略》，1945 年印行，第 75 页。戴建兵著：《金钱与战争——抗战时期的货币》，广西师范大学出版社 1995 年版，第 115 页。）

伪中储券的巨量发行，引起沦陷区的通货膨胀，下表是上海的物价指数增长情况。

上海物价指数

年代	指数	年代	指数
1936 年	100	1941 年	1099.3
1937 年	118.6	1942 年	3452.6

---

[1] 孔庆国、张生：《抗战时期法币的特殊角色述论》，《民国档案》2003 年第 4 期。

年代	指数	年代	指数
1938 年	142.6	1943 年	14361.8
1939 年	232.0	1944 年	284302.0
1940 年	505.7	1945 年	9740247.7

资料来源：《民国价格史》第 252 页；戴建兵著：《金钱与战争——抗战时期的货币》，广西师范大学出版社 1995 年版，第 291 页。

中储券与法币的比价关系，发行初时与法币等价流通，1942 年 5 月 31 日宣布法币贬值，中储券以 1:2 兑换法币，但其后伪中储券不断贬值，到 1943 年上半年与法币的比价即变为 1:1，下半年更降为 1:0.3—0.4[1]。1945 年 8 月，日本无条件投降后，国民政府规定，中央银行法按 1:200 的比率兑换收回"中储币"。有人认为，此比率失当，正常比率应为 1:48[2]。

12. 其他兑换券

日军在华中、华南还利用一些小银行或金融机构发行小额兑换券。如 1937 年江苏沦陷后，1938 年伪江苏维新政府因市面辅币缺乏，而由江苏财政厅发行了 1 枚、5 枚、10 枚、15 枚、30 枚五种铜元券，300 枚兑法币 1 元，共计发行了 40 万元，两年后收回。在福建厦门，日伪组织有 75 万元资本的厦门劝业银行发行辅券。1939 年 12 月，在安徽蚌埠成立的安民银行也发行纸币。1939 年汉奸林熊祥赴广州筹建华南银行，也拟发钞[3]。

五、抗日根据地区域货币

全面抗战爆发后，国共实现合作共同抗日。中国共产党领导的陕北根据地改称陕甘宁特区，后改称边区；红军改编为国民革命军第八路军和新四军，开赴抗日前线。开赴抗日前线的八路军、新四军和其他共产党领导的抗日武装进一步挺进敌后，先后开辟抗日根据地。在 19 个抗日根据地区域内，全面进行了武装、政权、经济和社会建设。在经济建设方面，各抗日根据地先后组建银行发行货币（一般被称为边币或抗币），并对敌伪开展货币战。各抗日根据地发

[1] 袁远福、缪明杨编著：《中国金融史》，中国金融出版社 2001 年版，第 180—181 页。
[2]《中国国民党与经济建设》中国国民党中央文化工作会 1984 年版，第 117 页；转引自戴建兵著：《金钱与战争——抗战时期的货币》，广西师范大学出版社 1995 年版，第 316 页。
[3] 戴建兵著：《金钱与战争——抗战时期的货币》，广西师范大学出版社 1995 年版，第 105 页。

行的货币呈现三个特点：一是因大多数抗日根据地并未连成片而是处于彼此隔离状态，各种货币间也是多数没有直接的联系。二是抗日根据地是一个由创建、发展到巩固的过程，各种货币的生灭源流关系也较为复杂。三是抗日根据地货币以1941年皖南事变特别是太平洋战争爆发为界分为前后两期。前期与法币相联系，币值受法币的影响；后期与法币脱钩，逐渐形成独立自主的货币体系，成为各抗日根据地的本位币。另外，华中的多个抗日根据地在抗战胜利后不久即新四军撤离而放弃，许多资料被销毁，因而有多种货币的资料明显不完整。

1. 陕甘宁边区银行币

陕甘宁边区银行币是陕甘宁边区政府所属陕甘宁边区银行发行的地方性货币。简称边币。

总行以下按四个行政区设四个分行：绥德分区设绥德分行，关中分区设关中分行，三边分区设三边分行，陇东分区设陇东分行。分行以下设有支行和办事处，分布于延安直辖市和分区各县。

1937年抗战爆发后，陕甘宁边区政府按国共两党协定，虽于1937年10月1日成立了陕甘宁边区银行，但未发行货币，而使用法币。当时为解决市场辅币奇缺的情况，1938年6月，陕甘宁边区银行以光华商店名义，发行光华商店代价券，作为辅币使用。光华商店代价券亦称光华券，面额有2分、5分、1角、2角、5角五种。后又增发七角五分一种。光华券作为法币的辅币以1:1的比价与法币并行流通于边区市场，并可随时兑换法币。发行初期，数量很小，1940年11月，国民党政府停止拨付边区款项，对此光华券发行额增加，到1940年底，发行额达3111540元，到1941年2月18日止，共发行4349815元，促进了边区经济的发展。

光华代价券发行统计表 (1938—1941年2月)

发行时间		本月发行数	发行累计数
年度	月份	（元）	（元）
1938	7—12	99050	99050
1939	1—6	182600	281740
1939	7—12	35235	316975
1940	1—6	230940	547915
	7—10	473210	1021125
	11	815665	1836790

发行时间		本月发行数	发行累计数
年度	月份	（元）	（元）
	12	1274750	3111540
1941	1	300275	3411815
	2	937000	4349815

资料来源：李实主编：《陕甘宁革命根据地货币史》，中国金融出版社2003年版，第63页。

皮南事变后，国民党政府停发了八路军和新四军军饷，并且对边区进行经济封锁。陕甘宁边区政府采取相应措施，于1941年1月31日发布《关于停止法币行使》的布告，决定自即日起停止法币在边区境内行使。1941年2月18日，陕甘宁边区政府发布授权边区银行发行陕甘宁边区银行币布告。陕甘宁边区银行开始发行面额为一元、五元、十元的陕甘宁边区银行币（简称边币）。同月22日，又发布训令，以边币逐渐换回"光华代价券"，使边币成为边区唯一的法定货币。边币成为边区法定货币后，迅速占领了边区市场。

边币从开始发行到1944年6月停止发行，发行过十种面额的15个券种，累计发行342321万元。基本情况如下：

发行时间	本期发行额（万元）	累计发行额（万元）	较上期增幅（%）
1941年上半年	1100.95	1535.93	253.1
1941年下半年	1201.48	2737.32	78.2
1942年上半年	1762.68	4500.00	64.4
1942年下半年	7345.00	11845.00	163.2
1943年上半年	9107.68	36160.00	205.3
1943年下半年	138749.00	174909.00	283.7
1944年上半年	167412.00	342321.00	104.5

资料来源：李实主编：《陕甘宁革命根据地货币史》，中国金融出版社2003年版，第85页。

边币的大量发行主要是为了支持财政，支持备战。按各年度投向比例计，从1941年至1943年的全部发行中，主要用于支持财政：用于财政周转（包括储备物资）的占60.43%，用于生产建设的占18.96%，用于贸易投资的占0.61%。

边币的大量发行在某种程度上引起了物价的快速上涨。下表是延安市1940

年至 1944 年的物价指数情况。

时期	1940 年	1941 年	1942 年	1943 年	1944 年
上半年		217.7	1139.7	6227.4	81782.1
下半年	100	497.9	2040.3	33611.6	

资料来源：李实主编：《陕甘宁革命根据地货币史》，中国金融出版社 2003 年版，第 93 页。

边币对法币的比价从 1941 年 1 月至 1942 年 6 月呈逐月下降状，1942 年 6 月以后曾经有所提高，到 1943 年 3 月基本平稳，其后又有所下降。

时间	比价	时间	比价
1941 年 2 月	1.10	1943 年 3 月	2.24
1941 年 4 月	1.30	1943 年 6 月	3.50
1941 年 6 月	1.57	1943 年 9 月	5.50
1941 年 9 月	2.00	1943 年 12 月	9
1941 年 12 月	2.49	1944 年 1 月	13
1942 年 6 月	3.55	1944 年 2 月	10
1942 年 12 月	2.09	1944 年 6 月	8.5

资料来源：据李实主编：《陕甘宁革命根据地货币史》，中国金融出版社 2003 年版，第 94—96 页整理，其中 1941 年 2 月、4 月、6 月、9 月和 1943 年 6 月、9 月数根据（边区负责人：《关于货币的问答》1944 年）转引自《抗日战争抗日战争时期陕甘宁边区财政经济史料摘编》（五），第 112 页。王桧林主编：《中国抗日战争全书》，山西人民出版社 1995 年版，第 1408 页。李实主编：《陕甘宁革命根据地货币史》，中国金融出版社 2003 年版，第 85 页。

1944 年 7 月，陕甘宁边区银行以边区贸易公司名义正式发行"商业流通券"，商业流通券以 1:20 的比率与边币同时流通于边区，边币同时停止发行新券。自 1945 年 7 月，边币被商业流通券收回，正式退出陕甘宁边区货币流通市场。

2. 陕甘宁边区贸易公司商业流通券

陕甘宁边区贸易公司商业流通券（简称商业流通券），是 1944 年 7 月开始在陕甘宁边区发行的货币。商业流通券至 1947 年 11 月停止发行。

为应对 1944 年上半年出现的新情况，中共中央西北财经办事处于 1944 年 5 月 23 日作出了"关于发行陕甘宁边区贸易公司商业流通券的决议"。决议明确，发行目的是为了打击法币，整理金融，活跃市面，做到以商业流通券代替边币在市面流通。决议提出了发行办法是：名称定了"陕甘宁边区贸易公司商业流通券"，名义上为贸易公司所发，实际仍由边区银行发行；由贸易公司呈请边区政府批准，布告全边区还粮纳税商业交易一律通行。开始发行时，暂定商业流通券1元当法币2元。

1944年7月1日，陕甘宁边区政府正式发布发行陕甘宁边区贸易公司商业流通券的布告，明确商业流通券面额为50元，每1元当陕甘宁边区银行券20元，与陕甘宁边区银行币并行流通。

商业流通券以陕甘宁边区贸易公司及其所属西北土产公司、光华盐业公司、运输公司、南昌公司之全部财产作为发行基金，并由陕甘宁边区银行给以保证。

商业流通券正式发行，逐步占领边区货币流通市场，到1945年上半年，边区市面流通的货币中绝大部分已经是商业流通券。中共中央西北财经办事处于1945年5月1日发出《通知》，明确规定：自1945年6月1日起，以陕甘宁边区贸易公司商业流通券为边区本位币，并责成边区银行尽可能迅速收回边币；所有未收回，仍照20元边币折合1元商业流通券的比价，一律通用。

商业流通券前后共发行有11种面值的13个券种。

商业流通券券币发行统计

时间	本期发行数	发行累计	较期初增加
1944年4—12月	10480万元	29335.35万元	71.8%
1945年1—8月	57995万元	73234万元	149.65%

商业流通券币值变化统计

时间	物价指数（以1944年6月为基数100）	商业流通券每元兑换法币比价	商业流通券市场流通量（万元）
1944年7月	110.58	2.35	22727
1944年12月	138.03	2.35	29335
1945年6月	358.33	2.60	56487
1945年8月	431.27	2.60	73234

资料来源：李实主编：《陕甘宁革命根据地货币史》，中国金融出版社2003年版，第125页。

3. 晋察冀边区银行币

晋察冀边区银行币，简称"边币"、"晋察冀币"（本文采用），是晋察冀边区银行发行的货币。

晋察冀边区银行成立之前，流通于边区的主要货币有河北省钞、山西省钞和中国银行、中央银行、交通银行、中国农民银行的钞票，还有北平、天津两市和地方上的各种杂钞。没有统一的货币，市场交易异常困难。为了统一晋察冀边区的货币，1938 年 1 月，晋察冀边区军政民第一次代表大会，通过了"边区为统制与建设经济得设立银行发行钞票"决议案。晋察冀边区银行于 1938 年 3 月 20 日在山西五台县石嘴村正式成立，并即发行边币。下设冀中、冀晋、冀察、冀东分行及各专区办事处，主要从事晋察冀边币的发行和存放款业务。1938 年秋，总行迁至河北阜平。1945 年 8 月总行迁张家口。

1938 年 6 月晋察冀币发行政策是：（1）晋察冀币独占发行，为市面唯一的交换媒介，禁止法、杂钞等在市面流通。（2）如需要携带法币或杂钞出境者，可持晋察冀币到银行换取法币或杂钞。（3）为了逐渐巩固晋察冀币的信用与地位，还必须借重于法币，依赖法币，需要联合在金融上势力最大的法币以打击杂钞。因此，规定晋察冀币以法币为基础，晋察冀币与法币的兑换率为 1∶1，与其他各钞兑换则照市价。（4）严禁私运法币、现银出境。（5）禁止伪钞入境或流通①。

此货币政策的实行，晋察冀币从 1938 年初发行到 1941 年春，就巩固地占领了货币市场。（1）1938 年 5 月，边区政府明令禁止河北省银行五元伪钞（群众称之为"大红袍"）流通，同时打击河北省铜元票出境。（2）至 1939 年 5 月，停用平津杂钞。（3）至 1939 年 8 月，将河北省银行钞票全部打击出境。（4）至 1940 年初，肃清了各县土票。（5）1940 年初，肃清山西省钞。（6）1940 年 2 月，宣布停止法币在市面流通②。1940 年底，边区货币流通的百分比是：晋察冀币占 80%，法币占 20%，伪钞、土票、杂钞已经完全被打击出去。法币所以还有一定的阵地，是因为新开辟的地区，法币仍有行使的必要。1941 年皖南事变发生后……使法币即刻贬值二成或三成，使晋察冀币逐步获得了独立自主，实质上从此晋察冀币完全脱离了法币的控制，摆脱了对法币的依附，成为晋察冀抗日根据地内独立自主的一元化货币了③。

边区政府对伪中联币的政策措施是，绝对禁止入境，禁止在边区内流通。对新开辟地区采取限期贬值办法驱逐之，如平西根据地，以法币为比值标准，

---

① 魏宏运等编：《晋察冀抗日根据地财政经济史稿》，档案出版社 1990 年版，第 74 页。

② 中国人民银行金融研究所、财政部财政科学研究所编：《中国革命根据地货币》（上册），文物出版社 1982 年版，第 225—226 页。

③ 魏宏运等编：《晋察冀抗日根据地财政经济史稿》，档案出版社 1990 年版，第 92 页。

分三期贬值限制使用，第一期伪币 1 元折合法币 9 角 5 分，第二期又减值为 9 角，第三期一律停止使用①。

晋察冀币是以粮食、棉花和法币作保证基金的，票面额有一角、二角、五角、一元、二元、五元、十元、伍拾元、壹佰元十种票子。后来又发行了 200 元、500 元、1000 元、2000 元、5000 元五种大面额的纸币。晋察冀币的发行范围很广，除北平、冀东外，在边区 70 多个县流通使用②。

历年晋察冀币发行与购买力变化表③

时间	发行情况			使用人口数（万人）	阜平地区物价指数	每百元购买力
	年度发行数（万元）	累积数（万元）	指数			
1938 年	410	410	100	250	100	100
1939 年	1626	2036	396.34	530	272	36.76
1940 年	3428	5464	835.75	700	1092	9.1575
1941 年	3464	8928	844.53	700	899	11.1234
1942 年	5045	13973	1229.95	560	1469	6.8073
1943 年	9530	23503	2324.39	400	9774	1.0231
1944 年	163304	186807	39830.24	600	34487	0.2899
1945 年	620396	807203	151316.1	1500	54601	0.1831

由于战时财政困难，银行发行成为解决财政供应的重要手段。下表反映了这一情况。

晋察冀币发行投向分布表④

	政府用款		投资/贷款		银行一般业务用款	
	年度百分比	累计百分比	年度百分比	累计百分比	年度百分比	累计百分比
1938 年	96.06	96.06	2.76	2.76	1.18	1.18
1939 年	75.93	79.08	−0.69		24.76	20.02
1940 年	89.46	85.92	7.88	4.95	2.66	9.13

① 魏宏运等编：《晋察冀抗日根据地财政经济史稿》，档案出版社 1990 年版，第 93 页。

② 魏宏运等编：《晋察冀抗日根据地财政经济史稿》，档案出版社 1990 年版，第 71 页。

③ 河北省金融研究所编：《晋察冀边区银行》，中国金融出版社 1988 年版，第 41 页。

④ 河北省金融研究所编：《晋察冀边区银行》，中国金融出版社 1988 年版，第 39 页。

	政府用款		投资/贷款		银行一般业务用款	
	年度百分比	累计百分比	年度百分比	累计百分比	年度百分比	累计百分比
1941 年	134.21	104.68	-2.36	2.10	-31.85	-6.75
1942 年	83.90	97.18	3.19	2.48	12.91	0.34
1943 年	91.96	95.06	6.13	3.96	1.91	0.98
1944 年	54.2	59.34	6.96	6.58	38.84	34.08
1945 年	116.36	94.41	-4.12		-12.24	5.59

在冀中，"从 1944 年下半年开始，随着大反攻的开始，脱产军政人员也随之大增，从 1944 年下半年的 36000 人，到 1945 年 4 月达到 65900 人，人数增加近一倍，部队扩大后地方工作人员也要相应增加，而收入增加不过 1/4 到 1/3。"（《关于目前财政问题》，1945 年 11 月 18 日）面对这样的情况，边区政府不得不采取特殊的措施——以银行的军事发行，来解决大反攻时期的财政困难。仅冀中区，边区政府即拨付 16 亿元边币（折粮 6400 万斤），实际上就是用发行货币的办法来解决的，冀晋、冀察两区和边区政府究竟动用了多少军事发行，没有一个统计，当时估计财政上可用 25 亿元。（《关于目前财政问题》，1945 年 11 月 18 日）另据南汉宸在华北财经会议上所作的《晋察冀边区的财经概况》中，曾谈到从 1945 年以后，边区级的财政 90% 以上的支出是靠发行来弥补。而边区银行当时发行总额的 80% 以上是作为财政支出而发行的。也就是说，这一时期边区财政的经费支出基本上是靠边区银行的发行来支持的，超过了抗日战争时期任何一年边区财政对银行发行的依赖程度。这是在特定历史条件下银行对财政工作的巨大支援，是战时财政的一个反映①。

晋察冀边区财政透支占银行发行比例

年代	1938	1939	1940	1941	1942	1943	1944
银行透支占经费支出的百分比	70	85	89	40	40	49	62

资料来源：财政部财政科学研究所编：《抗日根据地的财政经济》，中国财政经济出版社 1987 年版，第 53 页。

晋察冀币发行之初，将法币作为边币的标价符号，边币与法币按 1:1 投放市场。面对大量发行伪联银券吸收法币，套取根据地外汇的做法，边区政府在权衡利弊的基础上，于 1938 年 6 月做出了禁止法币流通的决策。为合理解决民

---

① 魏宏运等编：《晋察冀抗日根据地财政经济史稿》，档案出版社 1990 年版，第 391 页。

间存在的法币出路问题，政策规定允许人民持有和保存法币，但若使用必须在交易前到兑换机关兑换边币；如需要携带法币出边区，也可到边区银行兑换法币。同时严禁不法商人私运法币出境。由于动员和准备工作充分，只经过十个月就取得停用法币的胜利，但在对外交往中，法币仍然可以得到兑换。1941年初皖南事变后，边区银行和税收贸易机关不再收受法币。边区银行对法币只兑出，不兑入，法币随之大幅贬值，每元法币只换边币0.7元或0.8元，边币很快在晋察冀边区成为独立自主的货币①。

晋察冀币与伪钞的比价情况

时间	1941年秋	1942年1月	1942年12月		
比价	1.4:1	1.50:1	3.10:1		

资料来源：魏宏运等编：《晋察冀抗日根据地财政经济史稿》，档案出版社1990年版，第79—80页。

晋察冀边区定北县1941年边币对伪钞比价变化情况

时间	1月	2月	3月	4月	5月	6月	7月	8月	9月	10月	11月	12月
比价	1.1:1	1.28:1	1.36:1	1.51:1	1.66:1	1.82:1	1.81:1	1.8:1	1.07:1	1.03:1	1.33:1	1.78:1

晋察冀边区财政经济史编写组、河北省档案馆、山西省档案馆编：《抗日战争时期晋察冀边区财政经济史资料选编·财政金融编》，南开大学出版社1984年版，第707页。

据晋察冀边区北岳区统计，1945年上半年伪钞一元兑换边币的比价变化是：

时间	1月	2月	3月	4月	5月	6月	7月
比价	2.5元	2.7元	2.3元	2元	1.5元	1元	0.3元

资料来源：华北局北岳区财经办事处编：《北岳区贸易金融工作简单历史检讨》1948年4月印行。财政部财政科学研究所编：《抗日根据地的财政经济》，中国财政经济出版社1987年版，第48—49页。

发行晋察冀币的同时，在冀中区还普遍发行过冀中区农村合作社流通券。1939年7月冀中突发特大洪灾，9月，冀中政治主任公署决定各县普遍建立农村合作社，实行生产自救。同时边区政府批准冀中各县发行冀中区农村合作社流通券，以补晋察冀币之不足，以巩固边币金融阵地。1939年冬至1942

---

① 汪澄清：《货币之战：论抗日根据地的金融稳定政策》，《中共党史研究》2005年第6期。

年初，冀中区先后共有 27 个县、2 个专区先后发行了多种版别的流通券，目前已发现 83 种，均为辅币。面值有五分、壹角、贰角、伍角 4 种。其中五分券 8 种，壹角券 16 种，贰角券 21 种，伍角券 37 种。目前除之光县发行的券种只见文字记载尚未见到实物遗存外，其他各县均有发现。1942 年，当晋察冀币发行有了相应数量之后，冀中区党委拟进行回收合作社流通券的准备工作。但同年 5 月，日军对冀中发动了残酷的五一大"扫荡"，流通券的回收工作只能暂停。1945 年和 1946 年上半年，冀中行署分两次用晋察冀币将合作社流通券收回①。

4. 北海银行币

北海银行币（简称北海币）是山东抗日根据地北海银行发行的货币。

北海银行发展过程经历了四个阶段。第一阶段，从 1938 年 4 月至 12 月，为县级北海银行阶段。1938 年 4 月，胶东抗日游击第三支队在掖县筹建北海银行。为公私合营，资本总额 25 万元，其中私股为 17.5 万元。北海银行最初设在掖县县城，在黄县设有分行。10 月，开始发行北海币，当年发行 9.5 万元。但银行迟至 12 月才宣告正式成立。当时票面虽然印有"掖县"两字，但货币流通与金融业务也都在掖、黄、蓬三县内进行。由于战争形势的变化，1938 年底至次年 4 月，银行疏散，停止了货币发行等一切金融活动。

第二阶段，从 1939 年 5 月北海银行在莱阳县张格庄（今属莱西市）重建至 1940 年 7 月，成为行政区级的银行。当时使用北海币的有胶东区和清河区两个行政区。根据中共胶东区党委的指示，北海币的流通范围由北海专区扩大到东海、南海等地区，币面上加印了"北"、"东海"、"南"、"南海"、"清"、"胶东"等地名。北海银行归胶东行政区管辖。同时，与胶东毗郊的清河行政区，也建立了清河北海银行，同时流通清河北海银行币。

第三阶段，从 1940 年 8 月至 1945 年 7 月。1940 年 8 月，升格为山东北海银行，在鲁中临沂设北海银行总行，另设有胶东、清河、滨海、冀鲁边四个分行。1943 年春，北海银行总行由鲁中迁到滨海，滨海分行与总行合并，鲁中区建立分行。这一阶段，总行主要管鲁中、鲁南及滨海地区的货币金融，胶东、清河、冀鲁边等地还是自主经营。各行均以北海分行的名义印制北海印加"地名"自主发行。加盖"北海"、"东海"和"胶东"的地名券先后在蓬莱、莫县、掖县、文登、荣成、栖霞、招远、莱阳、平度、昌邑、威海及福

---

① 牛双跃：《冀中区农村合作社流通券的版别及困惑》，《收藏界》2003 年第 2 期。

山 19 个县内流通；加盖"清河"的地名券，在临淄、桓台、长山、四边、寿光、邹平、博兴、高苑、蒲台、益北、广饶 11 个县内流通；加盖"冀鲁边"的，在阳信、沾化、临邑、禹城、新海、吴桥、平原、无棣 8 个县内流通；加盖"鲁中"的，则在益都、章丘、新泰、泰安、泰宁、费北、沂水、沂南、沂临边、蒙阳 10 个县内流通；加盖"滨海"的，在莒县、日照县内流通；加盖"鲁南"的，在邹县、费县、峄县、临沂、邳县、郯城、巷马、边联区内流通①。北海银行券除了盖印地名者之外，在 1941 年前后，北海银行还发行了许多盖印"建"、"设"、"生"、"产"等单字样的纸币，其原因是抗日根据地在日伪封锁下，从敌占区购买纸张和油墨非常不易，而且所购纸张规格不等、油墨颜色不同，使同一票版印出的北海币纸质版色都不一样，因此就在每一批相同纸张或油墨印出的纸币票面上加盖一个不同的字，以资鉴别。计有"繁""荣""经""济""发""展""农""村""巩""固""金""融""阵""地""民"等 20 多种字样。随着抗战形势的好转，这些字样北海币便逐渐消失②。

第四阶段，从 1945 年 8 月 1 日起，山东省战时工作推行委员会通令"全省各地区发行之本币，不分地区统一流通"。其后，山东省政府发布通告，重申"全省各地区（滨海、鲁中、鲁南、胶东、渤海）过去所发行之北海银行本币，今后不分地区统一流通"，从此结束了山东各根据地各自印行地名券的历史，成为全山东抗日根据地的本位货币③。

此外，当时由于印制钞票的材料缺乏，在很长一段时间，北海币的发行赶不上抗日民主根据地扩大的需要。因此，有些地区也曾发行过地方流通券。例如，鲁南区曾发行过"临、郯、费、峄边流通券"。鲁中区的莱芜县发行了莱芜县"农民合作社流通券"。益都、寿光、临淄、广饶四县民主政府，曾联合发行过"益寿临广四县边区流通辅券"。1940 年春，原清河区北海银行一度撤到临淄县许家庄，也秘密印刷发行过"益寿临广四县边区流通辅券"④。

北海银行币在抗日战争时期共发行 20.89 亿元，面值有伍分、壹角、贰角、

① 魏宏运等编：《晋察冀抗日根据地财政经济史稿》，档案出版社 1990 年版，第 79—80 页；朱卫东：《北海银行纸币》，《收藏界》2004 年第 12 期。

② 孙守源：《北海银行券的版别及其流通范围——兼述北海银行的建立和发展》，《中国钱币》1995 年第 3 期。

③ 吴筹中、金诚主编：《中国钱币大辞典·革命根据地编》，中华书局 2001 年版，第 377 页。

④ 朱玉湘主编：《山东革命根据地财政史稿》，山东人民出版社 1989 年版，第 61—62 页。

贰角伍分、伍角、壹元、二元、五元、十元、二十元、五十元、一百元、二百元等 13 种。为弥补北海币筹码之不足，从 1943 年起，北海银行几个地区还发行了面额为一百元、五百元、一千元的本票①。

北海币发行统计表

年度	发行额（千元）		发行指数	
	当年发行	累计发行	定基比	环比
1938	95			
1939	324	324	100	100
1940	7905	8229	2540	2540
1941	14558	22787	7033	277
1942	47945	70732	21831	310
1943	79847	150579	46475	213
1944	387636	538215	166116	357
1945	1550712	2088927	644730	388

资料来源：北海银行档案。

北海银行发行货币，主要是为了解决战时财政供给，带有财政透支的性质，② 基本上用于党、政、军经费的支付。③

北海银行的货币政策，是以稳定物价为基本方针，从实际成效来说，1942 年是一个分界线。在这之前，由于北海币还处于辅助法币流通的地位，市场货币流通量并不完全取决于北海币的发行数量，很大程度上要受法币流入的影响。北海币发行之初在山东抗日根据地内与法币等价并行流通。在山东抗日根据地，1942 年以前北海币发行很少，基本上是法币市场，对外贸易也以法币作桥梁。为了摆脱法币贬值的影响，山东根据地从 1942 年起开始停用法币，首先在胶东获得成功，以后在滨海鲁中渤海鲁南相继成功。到 1944 年春，在根据地内全面确立北海币的本位币地位，形成了完全独立自主的货币市场，从而使货币态势发生了根本变化。

1942 年 1 月，山东省战工会指示各地，为提高北海币的信用，巩固抗战金融，各地区应迅速确定以北海币及民主政权所发行之纸票为本位币，对法币实

① 吴筹中、金诚主编：《中国钱币大辞典·革命根据地编》，中华书局 2001 年版，第 377 页。
② 唐致卿：《抗战时期山东解放区的对敌货币斗争》，《文史哲》1999 年第 2 期。
③ 崔景璋：《北海银行清河分行印刷所创建始末》，《春秋》2000 年第 4 期。

行七折、八折、九折等使用。4月，中共山东分局财委会和省战工会又先后发出指示，实行法币贬值或降价政策，要求各巩固地区，逐渐做到禁止法币流通，扩大北海币的流通范围，提高其信用。

到1943年，北海银行已基本上建立起独立的组织系统，在同敌伪的金融货币斗争中取得了初步胜利，根据地基本建立起本币市场。至少有6亿元法币被排挤出根据地市场，换回了根据地军民所需要的各种物资。到1945年，又将几十亿元伪钞从新解放区排挤出去，基本实现了排法禁伪的任务，北海币发行量和流通范围不断扩大。根据地成为本币的独占市场；游击区成为北海币占优势地位的混合市场；敌占区也有北海币流通。

本币物价自脱离法币以后不但没有上涨，而且下落了30%至40%。如与抗战爆发时的物价比较，则本币物价高80倍，伪联币物价高470倍，伪储币物价高2550余倍，法币物价高1850余倍。

山东抗日根据地物价指数表

年度	物价指数		年度	物价指数	
	定基比	环比		定基比	环比
1937	100	100	1942	8400	420
1938	140	140	1943	6000	71
1939	277	198	1944	7000	117
1940	693	250	1945	19300	276
1941	2000	289			

资料来源：中共中央财政经济部财经资料统计汇集之四。说明：1943年以前为法币物价，1943年以后为北海币物价。

货币斗争使北海币比值提高，法币、伪钞比值跌落。1943年7月停用法币之前，本币与法币等价交换。到12月，本币1元已能兑换法币5元，居于压倒优势。本币与伪钞的比值，1943年7月之前本币7—8元兑换1元伪钞，到12月，本币1.5元即可兑换1元伪钞。到1944年底，伪钞1元仅相当于本币0.15元，胶东、渤海区在0.1元以下，本币对伪钞取得压倒优势。与此同时，法币也进一步贬值，法币1元仅相当于本币5分、4分。到1945年7月，本币1元已相当于伪钞15—20元，法币几乎绝迹。本币币值的不断提高，不但在根据地人民中，而且在敌占区和游击区人民中建立了巩固的威信。鲁南敌占区，1944年12月伪钞5元换本币1元。

北海币对联银券比价变动表（1943 年—1945 年 8 月）

	1943 年	1944 年 1 月	1944 年 6 月	1944 年 12 月	1945 年 1 月	1945 年 8 月
鲁中区	8:1	2:1	1:1	0.20:1	0.15:1	0.03:1

资料来源：杨波主编：《山东解放区的工商业》，山东新华书店 1946 年 4 月出版。山东省地方史志编纂委员会编：《山东省志》，山东人民出版社 2003 年版；财政部财政科学研究所编：《抗日根据地的财政经济》，中国财政经济出版社 1987 年版，第 48—49 页。

北海币与法币比价变动情况

时间	1938 年	1943 年	1944 年	1945 年 8 月
比价	1:1	1:1	1:5	1:10

资料来源：薛暮桥：《山东的财政经济工作》（1947 年 4 月）。财政部财政科学研究所编：《抗日根据地的财政经济》，中国财政经济出版社 1987 年版，第 52 页。

北海币赢得对法币、伪币比价斗争胜利的情况，薛暮桥《山东抗日根据地的对敌货币斗争》介绍说："1943 年夏季，当我们在全省范围开始排挤法币的时候，抗币的币值同法币相等。到这一年冬天，抗币同法币的比价就变为一比六……1944 年，不但法币继续跌价，伪币的币值也迅速跌落，它对抗币的比价从 1 元伪币兑抗币 1.5 元（1944 年 1 月）跌落到兑抗币 0.15 元（1945 年 1 月）。"[①]

在北海币发行的同时，山东抗日根据地范围内有的地方也发行过小额流通券作为北海币的辅币，与北海币等值流通。主要有如下几种：

莱芜农民合作社流通券。1939 年冬始发，由莱芜县抗日民主政府财政科发行，面额有五分、一角、二角、五角四种，流通于莱芜县境、泰安北部和博山南部。1943 年由北海银行鲁中分行收回，总数为 242587.65 元。

长山县金融流通券。1940 年春，长山县民众动员委员会为救济春荒，发行面额一角、二角、三角、五角四种金融流通券，数额 2 万元，以贷款方式推行。其后续发两批，详情无考。

益寿临广四边辅币券。始发于 1940 年 5 月，由益（都）寿（光）临（朐）广（饶）四边联防政府印发，面额有五分、一角、二角、五角四种，初发 10 万元。是年 6 月由北海银行清河分行接办，续印 40 万元。1943 年 2 月由北海银行

---

① 薛暮桥：《抗日战争时期和解放战争时期山东解放区的经济工作》，人民出版社 1979 年版，第 82 页。

清河分行收回。

临郯费峄流通券。始发于1940年7月，由临（沂）郯（城）费（县）峄（县）四边联防政府发行，面额有五角、一元等几种，共发行35万元。由于形势恶化、根据地缩小、敌人伪造等原因，出现8折、对折使用现象，翌年5月收回。

胶东各县地方流通券。1940年秋，北海专署根据北海区参议会议案，决定发行各县地方流通券，以补辅币不足。其后东海、西海、南海相继发行。皆由专署统一印制，分印各县县名，分县流通。1941年由北海银行胶东分行接办，以北海银行的公积金作为准备金，辅助北海币流通。当年印发五角券404738元，二角券280000元；1942年印发五角券478450元；1943年印发五角券83000元，二角五分券290000元，一角券127000元。总计1663188元。1943年以后，由北海银行胶东分行陆续收回。

5. 冀南银行币

冀南银行币，简称冀南币（本文采用）、冀南钞或冀钞，是冀南银行发行的纸币。

筹建冀南银行和发行冀南银行币，是在同国民党顽固派的激烈斗争中进行的。早在冀南行政主任公署成立之初，就呈请国民政府要求建立冀南银行并发行冀南银行币，但受到国民党河北省省长鹿钟麟的强力阻挠。1939年后冀南行政主任公署不顾阻挠，于6月报请中共中央北方局同意，在山西省黎城县着手筹备工作。1939年9月，冀南行政主任公署发布了《关于成立冀南银行发行冀南银行币的布告》。布告发出后，立即遭到了国民党政府电令阻止。为此，冀南行政主任公署根据国民政府行政院孔祥熙曾允许战地省政府可发行以法币为基金之地方性货币以及各战区为保护法币，可以发行单一地方币等规定，拒绝了国民党政府不准发行冀南银行钞的电令，并于10月15日正式宣布成立冀南银行。为了银行的安全将总行设于山西省黎城县小寨村，同时在南宫县宣告成立冀南区的冀南银行路东行。在冀南银行成立的同时，正式宣布对外营业，开始发行冀南银行币，流通于冀南和太行两区。冀南币，规定与法币在市场上等值流通，在市场交易、完纳赋税与法币同用。并规定冀南币为法币之保护币，自冀南币发行之日起，要求凡在冀南区持有法币者，应悉数向冀南银行兑换成冀南币使用。冀南币开始成为流通于冀南和太行两区市场的本位币了①。

① 赵秀山主编：《抗日战争时期晋冀鲁豫边区财政经济史》，中国财政经济出版社1995年版，第67页。

冀南银行最早设在太行地区的业务机构是设在辽县芹泉村的晋东南办事处。办事处下辖冀西、漳西、漳北三个分处。1940 年 6 月，冀南银行又在直南清丰县建立了冀南银行冀鲁豫办事处，冀南币也开始流通于这一地区。1941 年 6 月，鲁西银行与冀南银行冀鲁豫办事处合并，在冀鲁豫全区统一流通鲁西银行币①。

1940 年 8 月，冀南、太行、太岳行政联合办事处（简称"冀太联办"）正式成立。1940 年 7 月，上党银号合并于冀南银行。上党银号票，各县以田赋七折收回②。1941 年 2 月 3 日，"冀太联办"颁发布告，明确规定冀南币为冀南、太行、太岳区的统一本位货币，并用冀南币回收了上党银号币。于是，冀南币流通的地区范围就扩大到太岳区。1941 年 9 月，晋冀鲁豫边区临时参议会召开选举产生了晋冀鲁豫边区政府。晋冀鲁豫边区的金融货币工作，鉴于当时的形势，仍维持着两区合并前的状况，在冀南、太行、太岳区仍以冀南银行币为本位币；在冀鲁豫边区也仍以鲁西银行币为本位币。在晋冀鲁豫边区这种划区行使两种货币的办法，一直到抗日战争结束都没有改变。

冀南币以元为单位，发行有一元、二元、三元、五元、十元、二十元、二十五元、五十元、一百元、二百元、五百元、一千元等 12 种面额的本币和二分五、五分③、十枚、二十枚、一角、二角、二角五分、五角等面额的辅币。冀南币分为不印地名的通行版和加印地名的地名版。早在 1939 年即已存在。从 1943 年 2 月开始，冀南币明确实行分地区发行、相互间不许流通的管理办法。在票面上加印地区字样，如"太行"、"太岳"、"平原"等，规定不得跨地区流通。

在冀南银行币发行之前，边区的部分地区为了解决当时面临的军政经费困难，曾发行了一些地方流通券，其中有较大影响的有以下几种：原山西省第三专署，曾根据中共晋冀豫区党的决定，并报请山西地方当局阎锡山的同意，在三专署领导下，1938 年 8 月创办上党银号，发行了上党银号票。上党银号票分本币和辅币两种，本币为一元、五元，辅币为一角、二角、五角、五分，币值与晋钞为 1∶1。上党银号票流通于晋东南原山西第三、第五两专署所辖地区，发行量达 400 多万元④。1938 年 4 月，在五专署的几个县首先设立了"县银号"，

① 赵秀山主编：《抗日战争时期晋冀鲁豫边区财政经济史》，中国财政经济出版社 1995 年版，第 68—69 页。

② 中国人民银行河北省金融研究所编：《冀南银行》(1)，河北人民出版社 1989 年版，第 145 页。

③ 中国人民银行河北省金融研究所编：《冀南银行》(1)，河北人民出版社 1989 年版，第 177 页。

④ 王志萍：《抗币——上党票的历史风云》，《文物世界》2009 年第 3 期。

并在五专署的"上党印刷厂"统一印制小额辅币。这些县银号有："长治县银号""长子县银号""沁水县银号""潞城县银号""平顺县银号""壶关县银号""陵川县银号""高平县银号""晋城县银号""阳城县银号""浮山县银号"等 11 个县银号发行辅币，面额有"壹角、贰角、贰角伍分、叁角、伍角"等。1939 年春，原山西第五专署发行了山西第五行政区救国合作社临时找零兑换券，简称"五区票"，流通于山西第五专署所辖地区，以补上党银号票的不足，发行的兑换券均为辅币，面额有壹角、贰角、贰角伍分、伍角 4 种，共发行 56 万元。在直南、鲁西、湖西等地，也有少数地区发行了一部分流通券。鱼台县发行的鱼台地方流通券，发行数量较多，流通于湖西地区全境，一直到 1943 年才停止发行。冀南银行冀鲁豫办事处 1940 年在直南以冀南农民合作社的名义，发行兑换券 40 万元，面额分为 2 分、5 分、1 角、2 角、5 角五种，流通于冀鲁豫边区所属各县。其他地区发行的流通券都很少。这些地方性流通券，在市场上和法币等值流通，起着法币的辅币作用①。

冀南币的发行，"1943 年 7 月以前在发行政策上，强调保障部队供给，强调紧缩克服困难，在这一时期内物价比较平稳，1941 年比 1940 年发行指数增加了 2 倍，物价上涨半倍。1942 年比 1940 年发行指数增加了 4 倍，物价指数上涨 2。8 倍，每年平均物价上涨 1.4 倍。流通票最大者为十元券，每元购买力最低为二角六分。""1943 年 7 月以后，接收了毛主席'发展生产，保证供给'的方针，发行政策较前明确了，生产投资比较逐渐增加了。1943 年为 74.94%，1944 年部队还清了透支，生产比率相对增加到百分之百。这一时期内发行上比较放手，但在具体作法上是带有盲目性的。1943 年秋后及 1944 年夏收大发行两次，……结果造成物价暴涨"②。但物价"自 1944 年丰收后便急剧下降，特别是粮价跌的快"③。1945 年的物价比 1944 年稳中有降。冀南币的发行情况和使用分配情况如下表所示。

冀南银行历年货币发行及投向情况

年度	发行额（万元）	财政透支占%	经济建设投资占%
1939	134		
1940	2975.25	81.10	18.90

① 赵秀山主编：《抗日战争时期晋冀鲁豫边区财政经济史》，中国财政经济出版社 1995 年版，第 65—66 页。
② 中国人民银行河北省金融研究所编：《冀南银行》（1），河北人民出版社 1989 年版，第 165 页。
③ 中国人民银行河北省金融研究所编：《冀南银行》（2），河北人民出版社 1989 年版，第 929 页。

年度	发行额（万元）	财政透支占%	经济建设投资占%
1941	5987.84	57.20	42.8
1942	6201.48	50.05	49.95
1943	35587.10	25.10	74.9
1944	105918.15		100
1945	353769.40	59.49	40.51
合计	510573.22	44.58	55.42

资料来源：中国人民银行河北省金融研究所编：《冀南银行》（1），河北人民出版社1989年版，第165页。

晋冀鲁豫边区内以1940年为基期的物价变化情况如下表所示。

年代	货币发行指数	六宗物品价格指数	货币购买力
1940	100	100	1.00
1941	307	153	0.63
1942	523	383	0.26
1943	1756	5435	0.018
1944	5428	2321	0.043
1945	17694	2485	0.040

资料来源：中国人民银行河北省金融研究所编：《冀南银行》（1），河北人民出版社1989年版，第168页；第920页还有1937年至1944年的指数。

冀南币发行之初就确定为根据地的本位币。在冀南币的钞票上，没有兑换法币的承诺。

冀南币发行后，开展了积极的货币斗争。截至1940年底，晋冀鲁豫边区内原省县发行的地方钞票、商业银行钞和商家私人印发的土杂钞基本肃清。

初时，对于法币采取保护措施。在冀南币开始发行时，规定法币为冀南币和鲁西币的储备金，与法币等值行使。保护法币的具体内容是：停止法币在边区市场流通。持有法币者，如需在市场交易，必须事先用法币兑换冀南币或鲁西币行使，以防敌人掠夺法币。1941年以后，随着形势的变化，边区对法币的政策也随之改变。原定禁止法币流通的办法依旧执行，但不再提保护法币的口号，并逐渐摆脱冀南钞对法币的依附状态，改变了冀南币以法币为基金政策，确定冀南币钞"以全区的生产品与全区总收入及硬币与生金银为基金"。（"冀太联办"《目前对于法币的办法指示》）至此，冀钞完全走上了独立自主的道路①。

冀南银行于1942年1月和8月两次发出关于禁用法币的指示，明确规定绝对禁止法币在根据地内流通；各级政府、经济机关及商民不能收兑法币。太行区从1943年以后，在内地市场上完全肃清了法币，在同国民党统治区接壤的边沿地区，仍是冀南币和法币的混合市场。

对于伪中国联合准备银行发行的中联币，给予坚决的打击，严禁在根据地内流通；对于流入根据地内的伪币，采取贬值兑换的办法向外挤压；组织群众用伪钞到敌占区换回边区所需物资；同时在接敌的边界地区建立若干外汇交易所，通过买卖伪中联币，为进出口贸易服务。这些措施的实行，压缩了伪币的空间，巩固了冀南币的地位。

冀南币与法币的比价情况，戎子和在《晋冀鲁豫边区财政工作的片断回忆》中说，1941年，法币"币值日渐跌落，与冀南币比值，从1940年的一比二跌到1942年的一比零点三左右。……1945年3月一元法币跌到只值冀南币一角，即十比一。"②

冀南币1元兑换法币变化统计表（市场价格）

	1月	2月	3月	4月	5月	6月	7月	8月	9月	10	11	12
1940	1	0.99	0.97	0.96	0.92	0.91	0.87	0.83	0.81	0.77	0.77	0.77
1941	0.90	0.93	0.75	1.00	0.93	1.00	0.90	0.80	0.84	0.60	0.50	0.65
1942	0.74	0.82	0.74	0.80	0.97	0.97	1.05	1.13	1.23	1.27	1.60	1.77
1943	2.69	2.43	2.66	2.14	2.43	2.18	2.20	3.00	3.00	3.50	3.20	3.10
1944	3.10	3.48	3.08	2.98	2.90	3.53	2.77	3.30	3.30	3.50	3.58	3.67
1945	3.73	3.20	2.80	2.80	3.00	3.00	2.80	3.20				

注释：1940年至1945年系太行区平均价。魏宏运主编：《抗日战争时期晋冀鲁豫边区财政经济史资料选编》第2辑，中国财政经济出版社1990年版，第989页。

冀南币与伪银联券的比价，戎子和回忆说："1943年起，伪币币值大跌，与冀南币比值从1940年的一比十跌为一比零点五。……到一九四五年三月伪钞与冀南币的比值已简直不成比例了。"③

---

① 赵秀山主编：《抗日战争时期晋冀鲁豫边区财政经济史》，中国财政经济出版社1995年版，第129页。

② 王晋三主编：《太岳革命根据地财政资料选编（初稿）》，太原1987年印行，第439页。

③ 王晋三主编：《太岳革命根据地财政资料选编（初稿）》，太原1987年印行，第442页。

冀南币 1 元兑换伪联银券变化统计表

	1 月	2 月	3 月	4 月	5 月	6 月	7 月	8 月	9 月	10	11	12
1940	1.20	1.30	1.40	1.40	1.60	1.70	1.90	2.00	1.25	1.15	1.05	1.15
1941	0.55	0.55	0.47	0.35	0.30	0.27	0.28	0.28	0.30	0.40	0.36	0.45
1942	0.31	0.28	0.25	0.32	0.29	0.20	0.17	0.17	0.17	0.21	0.27	0.59
1943	0.46	0.53	0.50	0.42	0.36	0.31	0.25	0.23	0.21	0.27	0.24	0.42
1944	0.14	0.13	0.11	0.14	0.20	0.22	0.22	0.25	0.25	0.36	1.50	1.65
1945	1.50	2.00	3.20	2.50	3.00	5.00	7.70	15.00				

资料来源：魏宏运主编：《抗日战争时期晋冀鲁豫边区财政经济史资料选编》第 2 辑，中国财政经济出版社 1990 年版，第 990 页。又有资料介绍：1942—1943 年，冀钞与伪联银券比价由 2.5:1 下降到 1.8:1；1944 年 10 月 1:1（现钞买卖）；1.3:1（易货贸易），到 1945 年 8 月冀南票 1 元可换伪联银券 15 元。张转芳主编：《晋冀鲁豫边区货币史》（上册）、《晋东南革命根据地货币史》，中国金融出版社 1996 年版，第 101—102 页。

晋察冀边区冀中区 1939—1942 年伪钞、法币、冀南币比价情况表

	1939 年上半年	1939 年下半年	1940 年上半年	1940 年下半年	1941 年上半年	1941 年下半年	1942 年上半年	1942 年下半年
伪钞	1	1	1	1	1	1	1	1
法币	0.9	1.2	1.5	1.8	2.5	3	4.5	9
冀南币	1.35	1.8—9	2.5	3.5	5	4	5	5

资料来源：晋察冀边区财政经济史编写组、河北省档案馆、山西省档案馆编：《抗日战争时期晋察冀边区财政经济史资料选编·财政金融编》，南开大学出版社 1984 年版，第 716 页。

1943 年 3 月 1 日，冀南银行总行通知所属各行，首次规定各友邻抗日根据地银行货币兑换价格：晋西北农民银行钞二折，鲁西银行钞四折，山东北海银行钞六折，晋察冀边区银行钞八折（以上皆以冀南银行钞计）[1]。

6. 鲁西银行币

鲁西银行币，简称鲁西币、鲁钞，是冀鲁豫根据地所属地方银行鲁西银行发行的纸币。

---

[1] 中国人民银行金融研究所编：《冀南银行》（2），河北人民出版社 1989 年版，第 976 页。

全面抗战爆发初期，由"抗战老人"范筑先先生领导的抗日游击纵队，在鲁西北党组织的帮助下，开辟了以聊城为中心的鲁西北30多县的抗日根据地，成立了抗日民主政权——鲁西行政专员公署。1940年3月在山东东平县建立了鲁西银行，发行鲁西银行币，流通于鲁西抗日根据地。

到1940年底，根据地进一步发展，南至陇海路，西南、北面紧接晋冀豫根据地，东面与山东根据地（时山东根据地不含鲁西）相邻。后鲁西根据地将鲁西北和泰西两块根据地扩大进来，鲁西银行币流通范围亦随之扩大。与鲁西根据地同时存在的还有冀南、冀东北和鲁西北组成的冀鲁豫根据地（当时称小"冀鲁豫"），在小冀鲁豫区建立有冀南银行冀鲁豫办事处，发行冀南银行币。1941年7月，小冀鲁豫与鲁西合并，建立冀鲁豫边区抗日根据地，相应成立冀鲁豫边区党委和边区主任公署，成为抗日战争时期晋冀鲁豫边区的重要组成部分。9月，冀南银行冀鲁豫办事处并入鲁西银行，全区以鲁西银行币为本位币。1944年6月，晋冀鲁豫根据地的冀南区与冀鲁豫区两领导机构合署办公，两区货币即鲁西银行币与冀南银行币平原版在两区等价流通。冀鲁豫区市场上开始出现冀南银行币。1945年5月，两区党政军领导机构正式合并，鲁西银行随即并入冀南银行，鲁西银行币与冀南银行币同时流通。随着抗战胜利后的形势发展，1945年10月，冀南区与冀鲁豫区又分成两区，分别实行领导。1945年11月，中共晋冀鲁豫中央局在河北峰峰召开扩大会议，决定对全区货币实行统一发行，统一管理，区内各币等价流通。1946年1月1日，鲁西银行并入冀南银行，同时建立冀南银行冀鲁豫区行，至此，鲁西银行完成了自己的历史使命。这段历史述说表明，鲁西币在抗日战争时期对于冀南币几乎完全是独立的，所以这里单独叙述。

鲁西银行币先后发行了四分、五分、一角、二角、二角五分、五角、一元、二元、五元、十元、二十元、二十五元、五十元、一百元等14种面额，有30多个版别，有带"湖西"、"泰运"的地名券4种。（《中国钱币大辞典·革命根据地编》355页）从1940年至1945年，鲁西币共发行了24.4853亿元。1945年11月开始，在市场流通的鲁西币由冀南币收回[1]。

财政发行占了较大的比重。鲁西币在1940年发行的150万元，全部是用作军费的财政透支。自1942年至1943年冀鲁豫边区用于军费支出的财政透支所占比重有所减少，但自1944年以后，由于开始对敌的局部反攻，军费开支又大

---

[1] 中国人民银行金融研究所、财政部财政科学研究所编：《中国革命根据地货币》（上册），文物出版社1982年版，第312页。

幅度增加。到 1945 年底，鲁西银行发行总额共达 24.4 亿元，其中用于军政费用的财政透支即达 19.34 亿元，占发行总额的 78.99%。（方桌：《抗日战争时期的鲁西银行》）鲁西币的发行克服了国民党政府停发八路军军饷造成的困难，为支援我军的发展和坚持敌后抗战，作出了巨大的贡献①。

鲁西银行币发行及分配情况

年度	累计发行额（万元）	财政透支占%	经济投资占%
1940 年 5 月至 1941 年 7 月	483	91.28	8.72
1942 年	2198	54.41	45.59
1943 年	13412	13.89	86.11
1944 年	75198	76.43	23.57
1945 年	244853	78.99	21.01

资料来源：赵秀山主编：《抗日战争时期晋冀鲁豫边区财政经济史》，中国财政经济出版社 1995 年版，第 331 页。

鲁西币开始发行时，大部地区还为国民党军队所控制，因此，鲁西币发行后，在较长一段时间内，还是采取和法币混合流通的办法。鲁西币流通的范围很小，局限于抗日民主政权所在的中心地区。鲁西币的发行量不大，币值也较低，还未能达到和法币等值行使的要求，在市场上鲁西币还只起着法币的辅币作用，这对于稳定冀鲁豫区的金融货币市场和发展根据地的经济是十分不利的。为确立鲁西币在本区的本位币地位，冀鲁豫行署于 1942 年 9 月开始实施统一本区市场货币的措施，公布了《统一市场货币暂行实施办法》，规定鲁西币为边区的本位币，全面禁止法币和其他杂钞在根据地内市场流通。到 1942 年底，中心区的限制法币流通的工作取得了一定成绩，提高了鲁西币对法币的比值，在市场交易中有三分之二用上了鲁西币，开始稳定了鲁西币的币值。太平洋战争爆发后，敌占区法币大量流入冀鲁豫根据地，增加了统一货币的难度。另外，由于银行印刷力量不足，鲁西币筹码少，也影响了流通范围的扩大。1943 年贯彻"发展经济，保障供给"的经济工作和财政工作方针，3 月发出《统一市场货币工作组组织办法》，扩大了鲁西币的发行，后三年发行的鲁西币每年递增 4 倍多，从而促进了根据地的经济发展，保证了根据他的军需民用。到 1944 年以后，肃清法币的工作取得了很大的进展，鲁西币在冀鲁豫区逐步扩大了流通区

---

① 冯田夫编：《抗日战争中的晋冀鲁豫边区金融货币工作》，山西省史志研究院编：《根据地经济建设研究》，山西人民出版社 1997 年版，第 232—233 页。

域，基本上确立了它在本区的本位币地位①。

在鲁西币发行流通前，在其范围内抗日根据地流通的货币是泰西币、鱼台县地方流通券和冀南农民合作社兑换券。

泰西币。始发于1939年秋，是八路军一一五师配合中共地方党领导的抗日武装创建的泰西抗日根据地的货币。先后由长清县民主政府和泰西专署组织印刷，泰西专署财政科发行。面额有一角、二角、五角三种，票面印有"泰西银行"及"长清"字样，与法币等值行使，流通于长清县大峰山区。1940年5月统一于鲁西币，由鲁西银行收回。

鱼台县地方流通券。始发于1939年秋，初由鱼台县抗日民主政府财政科印发，面额有一角、二角、二角、一元四种，与法币等值行使，流通于鱼台城乡。是年11月，改行一角、二角新版券，增发二元券。1940年7月湖西专署成立后，改由湖西专署财政科印发，成为湖西专区地方货币，流通范围逐步扩大到嘉祥、巨野、金乡、单县、成武、邹县西、滕县西以及苏豫皖的丰县、沛县、铜山、虞城、砀山等地。1943年夏，为统一冀鲁豫边区货币，由鲁西银行收回，在湖西区改行鲁西币。鱼台地方流通券累计发行数百万元，主要用于支持八路军一一五师苏鲁豫支队和地方抗日民主政权在微山湖以西坚持抗日战争。

冀南农民合作社兑换券。冀南银行冀鲁豫办事处1940年秋开始发行，主要在冀鲁豫六县专署，即内黄、滑县、长垣、濮阳、南乐、清丰等县流通。券面有五角、二角、一角、五分，并计划发行以枚为单位的铜元券。原计划发行角票50万元，枚票10万元。至1941年11月，实际发行量为角票24万元。1941年7月7日冀鲁豫区与鲁西区合成立新的冀鲁豫边区，并确定鲁西银行币为冀鲁豫边区本位币后，冀南农民合作社兑换券停止发行②。

7. 西北农民银行币

西北农民银行币简称西农币，是晋绥抗日根据地所属西北农民银行发行的货币。

晋绥抗日根据地亦称晋绥边区，包括山西西北部的广大地区和绥远东南的部分地区。全边区在行政上划分为晋西北和绥远大青山两个战略区。

1940年，晋绥边区的最高领导机关晋西北行政公署建立后，曾开展了全区性的献钱、献粮、献物和扩兵"四大动员"工作。行政公署以"四大动员"献

---

① 赵秀山主编：《抗日战争时期晋冀鲁豫边区财政经济史》，中国财政经济出版社1995年版，第130—132页。

② 王流海：《冀南农民合作社兑换券》，《中国钱币》2002年第4期。

金的40%约合法币300万元作基金，以晋西北原兴县农民银行为基础，建立了西北农民银行，并开始发行西北农民银行币。

山西兴县农民银行筹建于1937年10月，是由中共地下党员刘少白根据党的指示回家乡筹款创办的。12月正式开张营业，发行兴县农民银行币。兴县农民银行币是七七事变后最早发行的抗币，流通于山西省兴县、临县、岚县、保德县一带。从1937年12月成立至1940年5月，兴县农民银行币共发行票币233万多元。兴县农民银行币名为法币和山西省钞的兑换券，它的发行大部分用来解决八路军一二〇师等抗日武装的军费需要。现从实物资料所见共有五种面值、六种版别，计有五分券、二角券、五角券、一元券（两种）及五元券。兴县农民银行设在兴县城内。1938年2月，日寇扫荡晋西北地区，该行一度迁至东部山区，后又迁回兴县。1940年1月，晋西北地区建立的抗日民主政权——晋西北行政主任公署。5月10日，兴县农民银行正式改组为西北农民银行。兴县农民银行币则由西北农民银行币收回①。

西北农民银行建立初期，主要是发钞票，支持财政、支持贸易周转，1940年冬季"反扫荡"后，各地分支机构陆续建立起来，共建立了6个分行、1个支行、4个办事处、11个代办所。1942年晋绥边区实行精兵简政，西北农民银行同晋西北贸易总局合并办公，由晋西北行政公署财政处统一领导，成为财政、银行、贸易三位一体的经济组织。银行发行货币，一部分充作财政开支，一部分作为贸易资金，进行内外物资交流，调剂市场，支持货币金融。而财政处则一面借用发行款和贸易局某些物资作为财政开支，一面利用财政收入，交由贸易局调剂物价，稳定市场，或以公粮变价款维持金融，三者互相结合，发挥了很大作用②。

西农币分为兑换券和本位币两种。从1940年5月至年底，所发行的货币注明"凭票即付国币×元"字样，即西农币可兑换等额法币。1941年1月，晋西北行署宣布，西农币是边区为唯一合法本位币，禁止法币流通。11月，西北行署改为对法币采取保护办法。次年11月，晋西北临时参议会作出统一币制，巩固西农币的决议，以法律形式宣布西农币为边区唯一合法货币。

西农币先后发行有五分、二角、五角、一元、二元、五元、十元、五十元、一百元、五百元等十种面值的票币，有19种不同的版别。其中1940年发行的

---

① 吴筹中、金诚主编：《中国钱币大辞典·革命根据地编》，中华书局2001年版，第199页。
② 中国人民银行金融研究所、财政部财政科学研究所编：《中国革命根据地货币》（上册），文物出版社1982年版，第207—208页。

一元券中有一种印的是"晋西北农民银行",发行时将其中的"晋"字涂掉①。

西农币发行之初,主要流通于晋西北地区。大青山抗日根据地因无较大的巩固区域下政权,未能发行根据地货币,主要使用银元、法币等货币。1942年8月份,与晋西北相的绥中蛮汗山区使用过西农币。

西北农民银行币发行情况

发行时间	发行金额(元)	发行时间	发行金额(元)
1940 年	1000000	1944 年	206298448.10
1941 年	3000000	1945 年 1 月至 8 月	520988930.27
1942 年	5500000		
1943 年	79438218.50	总计	816225596.87

资料来源:杨世源主编:《西北农民银行史料》,山西人民出版社2002年版,第45页。

1941年西农币才有正式的发行制度,要求财政借款不得超过发行额的50%。但在实际执行中,多数年份财政发行都超过了规定的比例。历年财政发行为主,是西农币的显著特点。

西农币发行及使用分配情况

	发行数	财政占款%	贸易占%	贷款占%	其他
1940 年 5 月—8 月	100 万	100			
1940 年 9 月—1941 年 8 月	300 万	93		6.7	
1941 年 9 月—1942 年 5 月	550 万	82	7	5.4	5.6
1942 年 6 月—1943 年 6 月	1867 万	31.2	3.5	65.3	
1943 年 6 月—1944 年 3 月	17356 万	82	0.6	17.4	
1944 年 4 月—1944 年 12 月	8394 万	25.9	48.1	23.2	2.8
1945 年 1 月—1945 年 6 月	30388 万	43.8	35.6	16.2	4.4

资料出源:据晋绥边区行署《1940年至1947年金融工作总结及今后的任务与方针》(1948年11月)整理。晋绥边区财政经济史编写组、山西省档案馆:《晋绥边区财政经济史资料选编》,山西人民出版社1986年版,第289—291页。

1941年1月,边区就明确宣布驱逐日伪钞,不准行使,不准保存。到1942

---

① 吴筹中、金诚主编:《中国钱币大辞典·革命根据地编》,中华书局2001年版,第204—205页。

年，除少数地区查禁不够彻底外，日伪钞基本上被驱逐出去。1943 年以后，西农币不断推向游击区、收复区。

银元在市场流通不利于西农币本位币地位的巩固。但在晋绥根据地，银元一直未能禁绝。在 1941 年的某些时段"白洋成了主导的货币"①。直到 1943 年以后，随着西农币在农村推广工作的深入，禁止银元流通的效果才比较明显。

西农币对银元 1 元的比价变化表

	1 月	2 月	3 月	4 月	5 月	6 月	7 月	8 月	9 月	10 月	11 月	12 月
40 年					4	4	4.7	5	5.3	5.7	5.8	6.4
41 年	9	17	21	28	30	27	30	30	25	30	38	45
42 年	39	37	30	30	35	42	45	45	45	45	45	45
43 年	50	50	50	50	50	50	50	80	80	120	120	120
44 年	170	170	250	250	200	200	160	170	180	200	200	200
45 年	170	170	170	170	170	200	200	200	200	250	350	550

资料来源：杨世源主编：《晋绥革命根据地货币史》中国金融出版社 2001 年版，第 60 页。1942 年 6 月数据据杨世源主编：《西北农民银行史料》山西人民出版社 2002 年版，第 130 页。1942 年 1—6 月数据据晋绥边区财政经济史编写组编：《晋绥边区财政经济史资料选编》山西人民出版社 1986 年版，第 90—91 页。7—11 月数据据杨世源主编：《西北农民银行史料》，山西人民出版社 2002 年版，第 417 页。1943 年 1 月，1944 年 1—2 月数据据晋绥边区财政经济史编写组编：《晋绥边区财政经济史资料选编》，山西人民出版社 1986 年版，第 114—115 页。

法币对西农币比价的变动情况

时间	法币:农币	时间	法币:农币	时间	法币:农币
1940 年 5 月	1:1	1941 年 1—2 月	5.5—6:1	1945 年 1 月 20 日	1:0.98
1940 年 6 月	1:2	1941 年 11 月	3.7:1	1945 年 1 月 27 日	1:0.50
1940 年 7 月	1:1	1941 年 12 月	3.7:1	1945 年 3 月 28 日	1:0.40
1940 年 8—9 月	1.13:1	1942 年 1 月	3.7:1	1945 年 4 月 19 日	1:0.35
1940 年 10 月	1.8:1	1942 年 2 月	2.5:1	1945 年 4 月 24	3.33:1

① 杨世源主编：《西北农民银行史料》，山西人民出版社 2002 年版，第 404—408 页。

时间	法币:农币	时间	法币:农币	时间	法币:农币
1940 年 11 月	1.4:1	1942 年 6 月	2.5:1	1945 年 6 月 13 日	2.5:1
1940 年 12 月	4—5:1	1942 年 8 月	2.8:1	1945 年 7 月 24 日	1:0.9
		1944 年冬（？）	1.1:1		

资料来源及说明：1940 年—1941 年 1—2 月据杨世源主编：《西北农民银行史料》山西人民出版社 2002 年版，第 403 页；1941 年 11 月—1942 年 8 月据晋绥边区财政经济史编写组编：《晋绥边区财政经济史资料选编》，山西人民出版社 1986 年版，第 90—91 页之直属区兴县资料。1945 年据杨世源主编：《西北农民银行史料》，山西人民出版社 2002 年版，第 130—135 页整理，1944 年冬据第 426 页。

1943 年 7 月—1944 年 4 月晋绥八分区伪币 1 元对与西农币的比价变化

	1 月	2 月	3 月	4 月	5 月	6 月	7 月	8 月	9 月	10 月	11 月	12 月
1943							10	10	10	10	7	7
1944	7	10	15	15								
1945							15					·

资料来源及说明：杨世源主编：《西北农民银行史料》，山西人民出版社 2002 年版，第 381 页，1945 年 7 月见第 135 页。

西农币对几种根据地货币的比价关系

	陕甘币:农币	冀钞:农币	北海币:农币	晋察冀币:农币
1942 年 6 月 21 日	1:0.70			1:4
1943 年 8 月 15 日	1:1	1:2		1:2
1945 年 1 月 27 日	1:0.08	1:3		1:1.5
1945 年 2 月 24 日	13:1			
1945 年 3 月 28 日	20:1			
1945 年 4 月 19 日				1:0.75
1945 年 4 月 21 日	24:1			
1945 年 6 月 13 日	22:1	0.333:1	0.333:1	
1945 年 7 月 24 日	1:0.2	1:2	1:2	1:3

资源来源及说明：根据杨世源主编：《西北农民银行史料》，山西人民出版社 2002 年版，第 130—135 页整理。

8. 豫院苏边地方银号币

豫皖苏边地方银号币的发行分为前、后两个时期。前期是豫皖苏边区抗日根据地政府所属的豫皖苏边地方银号发行；后期由淮北苏皖边区行政公署第二专署发行。

豫皖苏边抗日根据地是 1938 年夏徐州失守后开始创建的。到 1940 年秋夏，根据地发展到东起津浦铁路，西至新黄河，南跨涡河，北达陇海路的广大地区，面积 1 万多平方公里，人口约 3000 万。边区联防委员会下辖专署级的淮上办事处和萧县、永城、夏邑、宿县 4 个县政府，以及涡北、亳北、宿南、怀蒙、怀凤五个县级办事处。其中，永城、夏邑、萧县、亳县、涡阳等地区已连成一片，具备了统一发行货币的条件。1940 年 10 月开始发行豫院苏边地方银号币。

豫院苏边地方银号币发行前，边区各县分散发行流通券。其中影响较大的有如下几种。

永城县流通券。1939 年 7 月，由永城县抗日民主政府印制发行。该券有伍分、壹角、贰角、伍角、壹圆五种面额，共计印发 20 万—30 万元。发行初期与法币等值流通，因纸质较差破损严重，流通不畅，券值与法币比值逐渐下降为 1：0.7。

夏邑县流通券。1940 年 2 月由夏邑县抗日民主政府发行。面额有伍角、壹圆两种。与各县流通券及法币等值流通。该券信誉较好，不仅在本县畅通，还曾流入永城县山城集一带，一度成为该地市场主要币种之一。

萧县地方流通券。早在 1938 年 10 月萧县抗日民主政府就借用萧县第六区私人钱庄"瑞蚨祥"的票子，加盖县政府大印发行了流通券，并布告明令禁止私人出票子。1939 年 7 月后正式印行"萧县地方流通券"。该券面值有壹角、贰角、伍角和壹圆四种。该流通券信誉较好，不仅在本县畅行，在邻县也有大量流通，甚至在敌占区内群众也秘密使用。该券的发行解决了萧县抗日民主政府的财政：上万人的给养、支援主力部队。1938 年冬，拿出 4 万元购置八路军苏鲁豫支队的冬装。1939 年 6 月，购置八路军第 115 师部分部队的夏装和发放每人四元津贴。新四军游击支队和八路军苏鲁豫支队的医药供应，基本上也是用该流通券换成汪伪币从敌占区购置的。

豫皖苏边区的亳县、涡阳等县也发行了流通券。豫皖苏边区各县流通券，主要是财政发行和军事发行。当时尚未建立发行准备（基金保证和物资保证），属纯行政发行。在当时特定环境下，这种发行不仅是必要的，而且是可行的。

鉴于各县分散发行的流通券，式样不一，印制简单，易被伪造，也不便管理。因此，边区决定自10月份起，各县流通券停止发行，由边区行政委员会统一印制发行豫皖苏边地方银号币，在全边区流通并兑换收回各县流通券。豫皖苏边地方银号币是边区政府派人到上海刻制的票版，在新四军四师司令部和边区党委驻地的涡阳县新兴集印制的。豫皖苏边地方银号币面额有壹角、贰角、伍角、壹圆、伍圆等，与法币1:1等值流通，完粮纳税皆可通用，信誉高于日渐贬值的法币。

豫皖苏银号币发行后，边区政府即开始收兑原各县流通券，开展肃清杂币和禁止汪伪币流通工作，在贸易、货检部门配合下，与敌人的经济封锁进行针锋相对的斗争。1941年1月31日，中共豫皖苏边区党委在《关于强化边区各县政权问题的指示》中明确规定："在边区范围内，以'地方银号'所发行的钞票为本边区的法币，完粮纳税皆可通用，并且于各县设立地方银号兑换所，以兑换中央法币，以巩固与提高地方银号钞票的信用。如有伪造地方银号的钞票及造谣者，扰乱地方金融者，一经发觉则以汉奸论罪。"[①] 同时，各县还建立豫皖苏银号币兑换点，以兑换法币和收兑各县流通券，巩固、提高银号币的信誉。

1941年春，豫皖苏边区根据地遭到国民党顽固派强大兵力的进攻，新四军四师和民主政府被迫于6月间撤往津浦路东。豫皖苏边地方银号币也随之停止发行和流通。1944年秋豫皖苏边地区被恢复后，这些豫皖苏边地方银号币以一比三的比价用法币收回[②]。

1944年秋至1945年秋。1944年8月，彭雪枫率淮北军区主力新四军第四师打回津浦路西，恢复了原豫皖苏边区根据地。相继建立了永城、夏邑、萧县、宿西以及宿怀、宿亳、永商亳、永涡等八个县政权，11月成立淮北苏皖边区行政公署第二专署。新恢复地区没有再沿用豫皖苏的名称，一般称作淮北路西。新区面积1.3万多平方公里，人口250万。

淮北路西恢复伊始，虽没有建立银号的正式机构，但银号工作在财政处的领导下已经开始活动。可以使用淮北地方银号发行的淮北币，但由于受日伪控制的津浦铁路阻碍、运送钞票不便，第二专署决定重新印制发行豫皖苏边地方银号币，并以接收来的夏邑县伪政府印刷厂进行印制。该期发行的豫皖苏边地方银号币，面额有壹角、贰角、伍角和壹圆、贰圆、拾圆等，用牛皮纸印制，共印制495万张，金额37.6万元。这期间的豫皖苏边地方银号币，由于时间

---

① 王流海主编：《豫皖苏革命根据地货币史》，西安地图出版社2002年版，第90页。
② 王流海主编：《豫皖苏革命根据地货币史》，西安地图出版社2002年版，第122页。

短，发行量小，其流通区域仅限于根据地中心地区和部队驻扎地区，故其影响不如前期大。豫皖苏边地方银号币的发行方式仍以财政发行为主，也有采取在根据地集市上公开兑换的方式和经济发行（如信贷）的。由于淮北路西情况特殊，豫皖苏边地方银号币与法币的比率没有执行华中局一比五十的规定，而是定为1元边币兑换法币2—3元[①]。

淮北路西恢复后的一段时间内，仍以法币为主要流通货币，因为新四军第四师西进时所带的货币就是法币。对法币的政策不是排斥而是利用。对于伪币也不是一开始就禁止其流通，而是稍待稳定之后才禁用的。对于银元，虽然名义上不准流通，但银元却是硬通货，不论群众或是政府都普遍欢迎[②]。

抗日战争胜利后，豫皖苏边地方银号币为"淮北地方银号币"代替并收回。

9. 淮北地方银号币

淮北地方银号币是淮北抗日根据地淮北地方银号印制和发行的货币，简称淮北币，泛称"边币"或"抗币"。

关于"边币"、"抗币"名称由来，通常解释是：抗日民主根据地一般是建立在几个省的边缘地区，故称边区，"边币"就是在边区发行流通的货币；这种货币又是为支持抗日战争而发行的，所以又称"抗币"。但是，淮北抗日根据地发行的多种货币中，哪些泛称"边币"，哪些泛称"抗币"，是有其自己的区别的：一般是，1944年上半年以前发行与法币并行流通的淮北币叫"边币"，它与法币的比值从1:2、1:3到1:30。当时，根据地内以法币为主要货币，一切公私财务往来都按法币计价记账，有的淮北币在票面上印有"凭票掉付国币 x 元"字样。1944年下半年上升为根据地本位币的淮北币叫"抗币"，它与法币的比值是1:50。这时淮北币票面上也不再出现"凭票掉付国币 x 元"字样，并印有"抗币"二字。不过这种区分并不是绝对的，早期发行的淮北币群众有叫"边币"，也有叫"抗币"；但后期发行的淮北币只叫"抗币"不叫"边币"，同时票券上印有"抗币"字样。

淮北抗日根据地是新四军第四师坚持敌后抗日的战略区。其地理位置：西起桐柏山，东连大运河，南濒淮河，北枕陇海铁路，横跨豫、皖、苏、鲁四省，其核心位置在安徽淮河以北地区。淮北抗日根据地是由豫皖苏边区、皖东北和淮北苏皖边区根据地发展形成的，面积达4.1平方公里，人口为617万。

[①] 王流海主编：《豫皖苏革命根据地货币史》，西安地图出版社2002年版，第39页。
[②] 王流海主编：《豫皖苏革命根据地货币史》，西安地图出版社2002年版，第41页。

淮北地方银号于1941年11月开始筹备，次年6月28日在淮北行署所在地泗东县半城集（今在江苏泗洪县境内）正式成立。银号下属机构为县分号或区办事处。当时淮北苏皖边区下辖16个县127个区，淮北地方银号总行驻泗东县，在淮宝县、盱凤嘉县、泗五灵凤县、泗阳县、泗南县、淮泗县、洪泽县等七个县设有分号。

淮北币早在淮北地方银号还在筹备过程中即开始发行。1941年底，淮北路东根据地在做出成立淮北地方银号并发行货币的决定之后，因急需发行根据地货币以利开展对敌斗争，先由行署财经处向江淮银行借来一批印好的1元券，经《皖东北日报》印刷厂加印"淮北地方银号"行名和"改作拾元"戳记，投放市场。

淮北币发行前，区域内流通的抗币是各县抗日民主政府发行的流通券和豫皖苏边地方银号币。当时发行的流通券主要有股北流通券和泗县流通券。

股北流通券是宿东县抗日民主政府的股北区发行的货币。股北流通券1940年开始发行，面额有壹角、贰角、伍角和壹圆四种，以牛皮纸油印而成，经编号后发行。股北流通券的发行以盐税收入为基金，信誉良好，不仅在宿东根据地畅行无阻，还通过盐商的交换，流通到苏北一些地方。股北流通券1942年5月停止发行、流通，并为淮北币所收兑。

淮北地方银号于1940年11月开始筹设，1942年5月正式建立，总号设在淮北行政公署，经理陈醒。发行淮北地方银号币[1]。

淮北币先后发行了一角、二角、五角、一元、二元、五元、十元、二十元等八种面额，34种版别。其中1941年发行的十元券是用江淮银行的一元券料加盖"改作拾圆"而成，1942年有一种一元券是借用"豫皖苏边地方银号"版制成。

淮北币于1942年6月正式发行，至1945年8月淮北地方银号并入华中银行，累计发行总额为43810973.78元[2]。更具体的发行数字有如下几个：（1）到1943年10月10日止，共计发行边币215万元，其中一元票32万元，五元票53万元，十元票130万元[3]。（2）1944年12月时的发行、流通情况：流通中的边币

---

① 朱超南等编：《淮北抗日根据地财经史稿》，安徽人民出版社1985年版，第39页。

② 《华中银行统计报表》1946年上期，江苏省钱币学会编：《华中革命根据地货币史》第2册，中国金融出版社2000年版，第135页。

③ 朱超南等编：《淮北抗日根据地财经史稿》，安徽人民出版社1985年版，第73页。

共 1429 万元；新发行抗币 600 万元。两者总计折合法币 35000 万元左右①。

淮北币主要流通在皖东北地区，包括安徽省的泗县、灵璧、五河、凤阳、嘉山和江苏省的洪泽、泗洪、泗阳、盱眙、宝应、淮阴、淮安、宿迁、邳县、睢宁、铜山等县的广大农村，抗日战争后期还流通到津浦路西安徽省的萧县、宿县、涡阳、蒙城、颍上、阜阳、亳县、砀山及河南省的永城、夏邑等县②。

淮北币初发行时，根据地仍然同时流行着法币、抗币和伪币等多种货币。根据地政府开展积极的货币斗争。对日、伪币采取坚决打击的策略，联银券、中储券一律禁止在根据地内行使，除公营商贸部门因进出口贸易需要允许收取和持用一定数量的日伪币外，在根据地中心区凡发现日伪币坚决没收。对边缘区和游击区，则区别对待，鼓励群众将日伪币抛向敌区换回物资。

对于法币，根据不同情况先后实行过保护、限制和排斥的斗争策略。其限制和排斥的措施主要有二，一是提高淮北币对法币的比价，二是紧缩法币的流通数量，逐步脱离法币。淮北币，初发行时与法币等值行使；1942 年 7 月提高为 1:2，10 月又提高为 1:3；1944 年 6 月以后根据华中局财经会议要求提高为 1:50。淮北币同华中根据地其他根据地货币一样，不同时间发行的货币同法币的币比价是固定的，调整比价的方法是发行新版券票，规定新比价。

淮北币的投放渠道，主要是发放种类贷款，其次是在粮、棉登场时收购粮食、棉花及必要的军政费用现金开支。回笼的主要渠道是：各种贷款回收和政府的田赋、税款及公营企业上缴盈利等财政收入中的现金部分，向银号金库缴解。

1945 年 8 月 1 日华中银行成立后，淮北地方银号于 9 月改建为华中银行第七分行，淮北币停止发行，被华中币所代替并逐步由华中币和其后的人民币所回收。

10. 淮南银行币

淮南银行币，简称淮南币，是淮南抗日根据地所属淮南银行发行的货币。

淮南抗日根据地位于江苏、安徽交界的津浦铁路两侧、长江以北、淮河以南，东起大运河、西屏大别山，是新四军第二师坚持华中敌后抗战的一块重要战略区。

淮南银行于 1941 年冬开始筹建，1942 年 2 月在盱眙县葛家巷（今属安徽天长市张铺乡）正式成立，并开始发行淮南币。

---

① 朱超南等编：《淮北抗日根据地财经史稿》，安徽人民出版社 1985 年版，第 144 页。
② 安徽省钱币学会编：《华中革命根据地货币史》第 2 册，中国金融出版社 2000 年版，第 131 页。

淮南银行总行设在盱眙县（江苏省境内）。最初附设在淮南行政主任公署财政科内，以后随着业务的开展才独立出来。1942年8月，淮南银行在定远县藕塘附近的任家湖成立路西分行（下辖4个县级支行）；1944年下半年起陆续建立了4个办事处（后改称支行）。

由于印制方面的诸多困难，直到1942年5月才印出第一批淮南币。首批印制的淮南币面额是伍角，因数量少不能满足需要，淮南行署领导决定改为伍圆券，所以首批发行的淮南币是"改作伍圆"的票券。淮南币先后发行有一元、五元、十元、一百元和一角、五角6种面额、18种版别、40种色别。还有一种五百元券的票版已制好但未发行。有些淮南币在票面上加盖了"路西"字戳，是专用于路西抗日根据地的。

淮南币发行之前，淮南路西和路东的抗日民主政府都曾发行过小额流通券。1941年7月，津浦路西各县联防办事处在定远县藕塘印发"路西流通券"，面额有一分、二分、五分、一角、二角、五角六种。"路西流通券"前后共发行10万元。路东的天长、来安等县抗日民主政府也曾于1940年夏在根据地内发行过一分、五分的小额流通券。

淮南币的发放是分期进行，第一期是1942年，票券有五角、一元、五元、十元券；第二期是1943年下半年，票券有一元、五元、十元券；第三期是1944年下半年（又称新淮南币），票券有一角、五角、一元、五元、十元、一百元券。从1942年5月至1945年10月结束使命，淮南币共发行38827457.27元，收兑和销毁残损旧币26985893.27元。

淮南币在根据地内根据不同类型和地区采取区别对待、逐步推开的策略。一是政权比较巩固的地区（通常称之为"中心区"），淮南币在市场流通领域占有绝对的优势，是淮南币发行、流通的主要地区。二是靠近敌占区的"边缘区"，淮南币发行量较少，在流通领域基本上与法币"平分秋色"，各占一半。三是长期同敌人进行拉锯战的"游击区"，淮南币和法币、日伪币大致是"三分天下"，各占其一。从时间上看，淮南币的流通，1942年至1943年是与法币在市场上并行流通，1943年至1944年，淮南币基本占领民根据地的货币市场，但在边缘区仍有少量法币和日伪币；1945年根据地中心区和边缘区完全使用淮南币，并逐步占领游击区和部分敌占区市场。

不同时期的淮南币对法币的兑换比例分别是：1942年是1:3、1943年是1:5、1944年9月起是1:50。1945年春，1元淮南币在边缘区可兑换到600元伪币。可见，淮南币的价值很高。

淮南币的发行，在路西分行是按总数三三制分配：三分之一拨财政使用，三分之一拨公营民生商店充作贸易资金，三分之一留银行作贷款基金。淮南抗日根据地在发展生产和货币管理方面的得力措施，使根据地内的物价以淮南币计只有温和的上涨。从下表所列四种必需品市场价格变化表中可以看出，根据地物价以法币计价和以淮南币计价整整相差十倍。其中，油的价格升降趋势完全相反。

淮南地区四种必需品市场价格变化表

		全面抗战以前（1937 年）	全面抗战中期（1943 年）	比上期升降倍数	全面抗战后期（1945 年）	比上期升降倍数
小麦	法币计	9.5 元/石	500 元/石	52.6	6000 元/石	12
	淮南币计		100 元/石		120 元/石	1.2
猪肉	法币计	0.20 元/斤	20 元/斤	100	120 元/斤	6
	淮南币计		4 元/斤		2.4 元/斤	0.6
食盐	法币计	0.05 元/斤	10 元/斤	200	150 元/斤	15
	淮南币计		2 元/斤		3 元/斤	1.5
油	法币计	0.20 元/斤	32 元/斤	160	200 元/斤	6.25
	淮南币计		6.4 元/斤		4 元/斤	-0.4

资料来源：安徽省钱币学会编：《华中革命根据地货币史》第 2 分册，中国金融出版社 2000 年版，第 79 页。

在淮南币已经开始发行的同时，1942 年，淮南路东抗日民主政府直属第一区（来安县半塔镇一带）的半塔民众合作社报请淮南银行批准，发行了"直一区民众合作社兑换券"，面额有一角、二角两种，票面有"整拾角兑淮南抗币壹圆"字样。共印发了 58 万元，与淮南币等值流通于半塔、古城、旧铺、竹镇一带路东根据地中心区。

1945 年 8 月 1 日华中银行成立后，淮南银行于 9 月改建为华中银行第三分行，淮南币停止发行，逐步由华中币和其后的人民币所回收。

11. 大江银行币

大江银行币简称"大江币"，是皖中抗日根据地所属大江银行发行的货币。

皖江抗日根据地位于安徽中部的长江两侧地区，北临淝河、合肥，南抵九华山、黄山山脉，东至江浦、当涂，西达大别山区，是新四军第七师开辟的敌后抗日战略区。到抗日战争胜利前夕，已发展到包括约 30 个县，总面积约 15 万平方公里，人口约 600 万的广大地区。其中，巢无、和含、皖南（铜陵、南陵、繁昌部分地区）、沿江（白湖东、桐城东）等处是一块较为完整的根据地中心区，人口约 180 多万，其他为小块根据地和游击区。

1942 年 5 月，皖中区党委根据中共中央和华中局关于"有限量的发行抗币，排斥伪币，扶持法币"和"排斥伪币，压缩法币，扩大抗币阵地，稳定革命根据地金融"的方针，制订了建立金融机构发行本票及筹备印刷抗币等政策措施。先是以皖中总金库的名义发行本票，数额从百元到万元不等，共发行 100 万元左右。因本票面额大不便流通，为此，皖中区党委决定迅速建立大江银行发行大江币，尽快排除在根据地内流通的法币和日、伪币。1942 年 8 月 30 日，《大江报》刊出消息："正在积极筹备我们自己的银行，定名'大江银行'。"但是，由于敌人"扫荡"的影响和根据地印钞条件限制，直到 1943 年六七月间，大江银行才在皖中总金库的基础上正式组建成立。大江银行行长由皖江行署财经处处长叶进明兼任。

大江银行的行址，初设在无为县团山李大榆村（即行署财经处所在地），与总金库、财粮科合署办公，后迁汤家沟。当时还建有汤家沟与含和两个分行。另在严桥、石间埠、黄洛河设有三个兑换点。

自 1942 年至 1945 年 9 月，大江币累计发行有壹角、伍角、壹圆、贰圆、伍圆、拾圆、贰拾圆共 7 种面额、18 种图案、26 种版别、39 种不同色别（包括"和含"、"皖南"等地区性发行在内）。钞票形制有横式、竖式两种，印制有木刻、石印、胶印，其中以木刻版别最多、胶印数量最大。从钞票的纸张看，用大江银行造纸厂生产的土纸印的种类最多，用进口"洋纸"和钞票纸印的数量较大。其发行次数，据版面上的纪年来统计：1942 年，1 次（石印）；1943 年，不详；1944 年，15 次；1945 年，23 次。绝大部分是 1945 年发行的。大江币版别较多，这是因为印纱厂、所较多的原因。据资料记载，大江币的印钞厂（所）约有五处。

大江币有一个显著特点，就是票面加盖铅字。加盖铅字有"单字"和"双字"两种。加盖双字的大江币，目前仅发现"和含"、"皖南"两种，其目的是为了定点发行，定点流通。盖有"和含"字样的，仅限于"和含"地区流通使用。"和含"即今安徽省巢湖地区的和县和含山县。盖有"皖南"的，仅限于在"皖南"地区流通使用。加盖单字的大江币目前发现的已有 20 多种，如："芜"、"大"、"联"、"来"、"雍"、"利"、"民"、"李"、"运"、"南"、"头"、"埠"、"蚌"、"放"、"川"、"攻"、"战"、"力"、"备"、"经"、"辅"、"上"、"卫"、"男"、"京"、"海"、"紧"、"保"等。这可能是两种标记：一是发行地和发行单位的标记。从字面来看，已发现的单个铅字中约有半数为根据地的地名或店名、单位名，如"芜"，系指芜湖；"雍"，即雍家镇，等等。二是领用单位的标记，如某团队因工作需要领取了部分加盖某字的大江币，可根据这些加盖单字的钞票流向情况采取相应的措施，防遭受经济损失。单字与双字的不同点，在于双字是定点发行、定点流通，而单字仅供内部掌握情况而设。

皖江根据地对于法币，开始时是采取利用、保护政策，后因其恶性通货膨胀，不得不采取压缩直至排斥政策。1942 年至 1943 年，大江币发行量尚少，对法币采取扶持政策，大江币与法币等值流通，同时在贸易上尽量采取"以物易物"和"以出养进"的方针，以保持根据地金融、物价的相对稳定。1944 年，大江币已开始大量发行，但仍不能满足市场需要，故仍允许法币存在，因法币币值日益低落，大江币调整了对法币的比值，先由当初的 1∶1，调为 1∶30。至 1944 年 12 月时，法币币值狂跌，皖江行署立即发出"币"字第二号布告："规定伍角辅币一张，作法币贰拾伍圆计算（即壹圆大江币作法币伍拾圆）"。即此后发行的大江币对法币按 1∶50 计算。

1945 年 4 月 16 日，皖江行署再次发布通令，重申严禁使用日伪币，确定币制管理办法："（一）严禁使用伪币，劝人民将伪币兑换成抗币，或向沦陷区购存物资。（二）责令大江银行，普设兑换处，实行币制管理。（三）划一解放区币制，各机关团体及行政单位自五月份起，会计预决算制度一律改用抗币为计算单位；货检、贸易机关及各地合作社一律以抗币计算单位货价，并逐渐推行到各市、镇、店。"至此，大江币终于独占了皖江根据地的货币市场，成为市场计价和流通的本位币①。

大江币发行前后，因市场上大江币不足和辅币缺乏，皖江行署财经处和大江银行曾授权公营商号及县、区联营社或合作社发行代价券：南义合作社代价券、信义合作社代价券、无为县联营社代价券、无东联营社代价券、湖东联营社代价券、裕民号代价券、集成号代价券、永大号代价券。这些代价券在某种程度上发挥了大江币辅币的职能。

大江币的发行总额，现已无资料可稽。根据有关资料推算，总数不下 3000 万元。

1945 年，随着整个战局的好转，大江币不仅在无为、巢县、庐江、含山、

---

① 安徽省钱币学会编：《华中革命根据地货币史》第 2 分册，中国金融出版社 2000 年版，第 196—197 页。

和县、桐城、舒城一带流通，还流通到铜陵、繁昌、南陵、芜湖、宣城、青阳、绩溪等地，信誉很高①。

1945 年 9 月，新四军第七师和皖江区的党、政、军机关北撤。大江币停止发行，并由公署财经处以撤退前用粮食等物资收回了大部分已发行的大江币。其余的后来用华中币回收——1946 年下半年华中银行的一份统计报表中有：大江币移交数为 429025 元，收兑回笼数为 5047778 元。

12. 江淮银行币

江淮银行币，简称江淮币，是苏中抗日根据地所属江淮银行发行的货币。

苏中抗日根据地包括东临黄海、西抵运河、宝应—兴化以南、长江以北的地区。

1940 年时此地连同"盐阜区"被称为"苏北区"。1940 年 11 月 15 日，苏北临时参议会在海安召开。参加会议的有江都、高邮、泰州、扬中、丹阳、泰兴、靖江、如皋、南通、海门、崇明、东台、盐城、兴化等 14 个县的各界代表。会议成立了苏北临时行政委员会（后改称苏北行政委员会）。1941 年 3 月，中共中央中原局决定建立苏中战略区，其范围上述意义的苏中抗日根据地，并建立相应的党、政、军机关，但苏北临时行政委员会的名称一直到次年 4 月才正式改称苏中行政公署。苏中行政公署下辖六个行政区专员公署。

江淮银行于 1940 年 11 月开始筹建，1941 年 4 月 1 日在盐城正式开业（后迁入苏中地区）。苏北行政委员会财政经济部部长朱毅兼任行长。江淮银行成立后，一方面开展银行业务，同时在各地建立分支机构：在泰东县栟茶设立苏中分行，在泰东县李堡设立办事处，在掘港设立支行。1942 年后陆续在苏中建立了五个支行。

1942 年 11 月 1 日，苏中区公告开始发行江淮币。首期发行 500 万元，与法币的比值 1:5。

江淮币主要流通区域是苏中抗日根据地内，即江都、宝应、高邮、兴化、泰兴、泰县、靖江、海安、如西、南通、东台、如皋、启东、海门等县及江南苏中第五和第六分区等地。在苏中流通的江淮币有的还加印了"苏中"字样。加印"盐阜"字样的江淮币仅流通于盐阜区，加印"苏浙"字样的江淮币流通于苏浙边区。

从 1942 年到 1945 年江淮银行共发行 15 种钞券，面额有五角、一元、五

---

① 安徽省钱币学会编：《华中革命根据地货币史》第 2 分册，中国金融出版社 2000 年版，第 183 页。

元、十元、二十元 4 种。支行和办事处发行流通券和代价券 10 种。

　　江淮银行的支行、办事处印发的流通券或代价券有，苏中第一支行流通券、苏中第三支行流通券、江淮流通券、如泰靖流通券、泰兴县流通券、五分区支行流通券、东南办事处流通券、东南办事处代价券等。这些流通券或代价券有二角、五角、一元、五元、十元不等。

　　江淮币的票券中有一种需要特别介绍一下。1941 年制版的一元券上有刘少奇当时的化名"胡服"的英文名"HwuFao"的签名。

　　早在江淮银行成立之前和之后，苏中抗日根据地为开展对敌货币斗争，由当地政府、银行或商店组织发行流通券以补充市场筹码，其名称有流通券、货币券、代价券、本票、辅币券等，如苏北流通券（1940 年）、高邮县辅币流通券、江都县流通券、江高宝兴流通券、江都河南流通券、兴化县流通券、东台县流通券、东南流通券、苏中第四行政区流通券、南通县流通券、如泰靖流通券、掘港流通券、泰兴公营商店流通券、皋东商店代价券、扬中三滘流通券、扬中公信桥临时流通券、扬中后宫临时流通券、扬中普济庵临时流通券，等等。据估计，发行数有 2000 万元。这些票券的发行流通在一定时期内对打击日伪币、限制法币方面起了作用，但也不利于根据地金融货币体制的统一。

　　苏中区加强贸易管理，截堵日伪币流通渠道，市场物资商品采用江淮币计价，逐步建立江淮币的本位币地位。在根据地中心区严禁日伪币在市场流通。在游击区、边缘区也逐步实行以抗币计价，摆脱日伪币的控制。江淮币对法币有固定比价，随着币值变化，适时进行调整。1944 年之前，江淮币对伪币的比价没有正式公布，但可以用江淮币对法币的比价折算出不同时期的日伪币比价。大致情况如表所示：

江淮币对伪中储券比价表

时间	江淮币对伪中储券比价	备注
1942 年 11 月	1:5	
1943 年 3 月	1:3.5	按法币对中储券 2:1 折算
1943 年 7 月	1:4.5	按法币对中储券 2:1 折算
1943 年 12 月	1:5	按法币对中储券 2:1 折算
1944 年 4 月	1:6	按法币对中储券 2:1 折算
1944 年 9 月	1:25	按法币对中储券 2:1 折算
1945 年 3 月	1:120	《苏中报》

时间	江淮币对伪中储券比价	备注
1945 年 5 月 2 日	1:160	《苏中报》
1945 年 5 月 28 日	1:180	江淮银行通告 102 号
1945 年 6 月	1:220	江淮银行通告 104 号
1945 年 9 月	1:5000	档案（海安）

资料来源：江苏省钱币学会编：《华中革命根据地货币史》第 1 分册，中国金融出版社 2005 年版，第 51 页。

苏中根据地对法币采取既有联合又有斗争的政策，斗争的形式主要是限制和利用。只准法币在沿江、沿海及与敌接壤的边缘区划定范围流通，在新收复地区城镇流通。在根据地的老解放区则把法币作为外汇管理，不准在市面流通。1942 年后，苏中地区停止使用中国农民银行钞票。

江淮币对法币比价表

时间	1942 年	1943 年			1944 年	
	11 月	3 月	7 月	12 月	4 月 5 日	9 月 16 日
比价	1:5	1:7	1:9	1:10	1:12	1:50

资料来源：江苏省钱币学会编：《华中革命根据地货币史》第 1 分册，中国金融出版社 2005 年版，第 52 页。

1945 年 8 月，华中银行成立后，江淮银行并入华中银行，改组为华中银行苏中分行。江淮币由华中银行以华中银行币兑换收回。1946 年 2 月，华中财经委员会统计江淮币未收回数为 1.2 亿元，其中财政透支数为 0.8 亿元。截至 1946 年 12 月 31 日华中银行根据实际收兑统计，江淮币发行总数为 174808357 元[①]。

13. 淮海地方银行币

淮海地方银行币，简称淮海币，淮海区行政公署所属淮海地方银行发行的货币。

淮海抗日根据地是中国共产党在抗日战争时期开辟的苏北战略区的一个重要组成部分。辖区为西至运河，南至淮阴，东至盐河，北至陇海铁路的广大平原地区。1941 年 9 月成立淮海区专员公署，1942 年成立淮海区行政公署，辖泗沭、沭阳、淮阴、宿迁、涟水、东海、潼阳、灌云八县和宿北办事处。

---

① 江苏省钱币学会编：《华中革命根据地货币史》第 1 分册，中国金融出版社 2005 年版，第 42 页。

淮海区行政公署成立后，1941年6月拨100万元资金作为抗币发行基金，开始印制发行淮海区流通券。流通券面额只有五角一种，发行数约40万元。淮海流通券与法币的比价为1:1。

1942年6月27日，淮海区第二届参议会通过成立淮海地方银行的决议。8月10日，淮海地方银行在区行署驻地沭阳张圩正式开业，发行淮海地方银行币。

淮海币发行后，在不长的时间里流通区域逐渐扩大，相应地在塘沟、高沟、吴集、汤沟、麻垛、老张集、里仁集、大兴集、阳平等主要集镇都设立了代理处。还在塘沟自办公营百货商店，以巩固淮海币的物质基础。

淮海币与法币的比价最初是1:5，后改为1:9。淮海币有二角、五角、一元三种面额。

淮海币的发行，主要采用两种办法。一是通过购买根据地的物资；二是发放耕牛、种籽等农业贷款，使淮海币进入市场。人民持有淮海币可以到当地银行附设的公营商店购买自己需要的东西。抗日民主政府规定，完粮纳税，淮海币一律通用。淮海币发行以后，逐渐代替了法币，成为淮海地区抗日根据地内的主要货币。

在对敌伪区的贸易中，经过政府批准的"进口"物资，可以用淮海币到当地银行或其代理处兑换法币去购买，但采取有限制的供给"外汇"的方针。

1942年冬，敌伪对淮海区进行大"扫荡"，根据地缩小，从而淮海币的流通范围也相应缩小。由于在战争转移中损失了相当一批未发行的淮海币，为防止敌伪用以套购我物资，于是，抗日民主政府宣布一部分淮海币停止流通。1943年2月，经淮海行政公署决定，在征收公粮和税收中，将淮海币一律收回，不再使用。以后因游击战争频繁，淮海地方银行停业。

截至1942年11月，淮海币通过货款、收购物资和支付军政费用等渠道，共发行5262960万元。其中，财政发行（支付军政费用）2010320元，占38.20%；各种贷款1554950元，占29.55%；购买物资447690元，占8.50%；存总行、各代理处准备金1250000元，占23.75%。

淮海币停止发行后，淮海抗日根据地内主要流通法币，1944年3月后流通盐阜银行币。

14. 盐阜银行币

盐阜银行币，简称盐阜币，是盐阜区所属盐阜银行发行的货币。

盐阜抗日根据地地处苏北沿海地区中部，东临黄海，西达盐河水网地，北至大潮河，南至东台县与苏中根据地为界。1941 年 9 月，盐阜区行政公署在阜宁成立。

1942 年 4 月 20 日，盐阜银行在阜宁县陈集岔头庄正式成立。4 月 16 日正式开业发行第一批盐阜银行币。盐阜银行原拟在各县设立办事处，在重要集镇设立分理处，因战争原因仅在东坎、益林两大集镇设有办事处，在羊寨、陈集设立收兑处，其他各县的银行货币业务均由税收或货管部门代办。1944 年 3 月，盐阜区和淮海区已连成一片，盐阜银行在淮海区设立淮海分行。1945 年 9 月，盐阜银行改为华中银行苏北分行。

盐阜币初发行时，与法币是 1:1 的比价，1942 年 7 月发行对法币 1:5 的新版币券，并以此比价收兑旧票。1942 年底至 1943 年初因敌人"扫荡"，印钞厂暂时停产。1943 年 6 月，盐阜银行使用江淮银行币的券料加印"盐阜"字样，公告将此券一元作盐阜币五元，合法币 25 元发行。

1944 年 3 月，盐阜区和淮海区连成一片，盐阜银行币成为苏北根据地的金融机构，并在淮海区成立盐阜银行淮海分行。盐阜币在全区发行，但分区流通。这时，淮海分行发行的 3 种券票，对法币的比价为 1:20，仅在淮海区流通。

1944 年 6 月，盐阜银行发行新的对法币 1:50 的新盐阜币，并将之前发行的盐阜币对法币的比价调整为 1:10。

此后，原流通的有非 1:50 的老券票仍按原比价限地区流通，此后发行的 1:50 的新券票可以在盐阜和淮海两区内互相流通。

从 1942 年 4 月到 1945 年，盐阜币共发行 67003806.72 元，计有一角、二角、五角、一元、一元（作二元）、一元（作五元）、五元、十元 8 种面额，31 个版别。

盐阜币扩大发行阵地的进程是，1942 年 6 月开始采取"限量发行抗币、禁用日伪币和对法币有限制使用"的措施。1943 年 3 月至 1944 年 3 月，适当增加盐阜币发行量，对法币由继续降低使用价值到按品种分等使用，对日伪币由对折抵制、七折抵制到完全禁用。1944 年 4 月以后，继续增发新券，同时确立以盐阜币为根据地的本位币；法币由分等使用到逐步停用完全禁用；建立法币的外汇比价关系，确立比值；严格排斥伪币、禁止流通。

盐阜币对法币比价变化情况表

时期	1942 年 4 月	1942 年 7 月	1943 年 8 月	1944 年 6 月
盐阜币:法币	1:1	1:5	1:10	1:50

资料来源：江苏省钱币学会编：《华中革命根据地货币史》第 1 分册，中国金融出版社 2005 年版，第 101 页。

1945 年 8 月华中银行成立后，盐阜银行改建为华中银行苏北分行，盐阜银行淮海分行改建为华中银行淮海分行。华中币发行后，为弥补暂时的供应不足，华中银行规定，与法币比价为 1:50 的盐阜币继续发行与流通，与华中币等值使用。其后，盐阜币由华中币回收。

对盐阜币需要特别指出的是，它的部分钞券印制使用了一种特别的券料——桑树根皮纸。这种纸中盐阜印钞厂自己创造的，虽然外观粗糙，但是"这种纸特别牢固，不易撕破，又不易造假，在盐阜根据地威信特别高"①。

在盐阜币发行前后，还流通着一些由根据地县、区级抗日政府、公营商店和合作机构发行的临时流通券。如：阜东第四区流通券，1941 年发行，发行量 3 万元。阜东县大众合作社流通券，1942 年发行，有一角、二角、一元三种面额，流通于阜东地区。盐城县大合作总社流通券，1942 年和 1945 年都有发行；1945 年发行 3 万元，流通于盐城、盐东、建阳三县。此外，1945 年淮海分区工商局下属的八家公营商店也发行过小面额的辅币流通券。

15. 惠农银行币

惠农银行币简称惠农币，苏南抗日根据地所属惠农银行发行的货币。

苏南抗日根据地包括江苏长江以南和安徽南部部分地区。1941 年 8 月成立苏南行政督察专员公署，1943 年 3 月成立苏南区行政公署。

1942 年 10 月，惠农银行在金坛县登冠乡一个祠堂内召开成立大会。惠农银行为开展业务在西旸设立办事处，在桠溪设兑换处。

惠农银行随后发行了惠农银行币。惠农币主要流通在苏南第五、第六行政区，即茅山东部地区和金坛、溧阳、溧水、江宁、丹阳、丹徒、武进等地。

惠农币有一元（由惠农银号流通券改制）、五元、十元三种面额。与法币的比价是 1:5。

惠农币的发行方针是：有限量地投放社会，逐步建立信用，以排斥日伪币；禁止日伪币在根据地政令所及地区特别是中心地区流通，规定纳税要缴惠农币；公营商业机构和私商到敌占区采购物资，可持惠农币到银行及兑换所兑换日伪币。1943 年 3 月，苏南行政公署《苏南施政纲领》特别提出："调整金融关系，坚决禁止日伪币，保护法币，巩固惠农币之流通，以利经济之发展与财政之充裕。"

惠农币的主要投放渠道是发放农村贷款，仅西旸办事处就累计发放农贷 10

---

① 江苏省钱币学会编：《华中革命根据地货币史》第 1 分册，中国金融出版社 2005 年版，第 79 页。

余万元；其次是部队、机关等单位团体日常费用支出；此外，还有一些政府投资贷款，如1943年句容县政府曾贷款1万元修筑水渠。

由于形势恶化特别是印钞厂受到严重损失，1943年5月6日苏皖区党委决定，停止使用惠农币，由财经机关定期收回。惠农币由出售物资的方式收回。

惠农币的发行总数，缺少可靠的文献资料记载。

在惠农币发行的前后，在苏南抗日根据地内还流通着一些抗日机构发行的流通券。

（1）货币流通券。这是江南新四军发行的第一张抗币。1939年8月开始在丹阳访仙镇发行，有一角、二角两种面额，流通于访仙镇及其附近农村，流通时间半年左右。后来因市场出现假造的"货币流通券"，江抗纵队公告停止使用，并兑换收回。

（2）江南商业货币券。江南第二区专员公署所发行。1941年4月开始发行，面额有一角、二角、五角、一元、五元、十元六种。十元面额印就后未发行。商业货币券1元比法币1元。商业货币券先在江阴、无锡、常熟带发行，继而投放到苏州、昆山、太仓等地区。流通时间长短不一，有的地方仅数月，有的长达年余。1942年，新四军江南抗日义勇军北撤时，该券大部分用物资收回。北上的新四军将江南商业货币券五角券带到苏北抗日根据地，加印"苏北流通券"使用。

（3）马迹山临时流通券。1942年8月，马迹山军政委员会在无锡马迹山发行的临时流通券，在附近地区使用。

（4）（丹北）货币流通券。新四军挺进纵队第二团1942年在丹阳北部游击区所发行。有五角、一元等面额。发行后因使用不广而停用、回收。

（5）汇业流通券。1941年下半年，江南行政委员会财经局路南办事处发行。面额有五角、一元、五元、十元等，实际发行了15万元，流通于第五（茅山）和第六（太滆）行政区。

（6）惠农银号流通券。1940年发行，发行单位不详。面额有一元、五角两种。流通于江南西路地区。1943年5月，苏皖区党委的文件规定："壹圆、伍角的惠农流通券，则仍保持流通。"惠农银号流通券与法币的比价是1:1[1]。一直流通到抗战结束后，苏南新四军北撤时，才用实物兑换收回。惠农银号流通券的一元钞曾被惠农银行改制为惠农银行币发行。

---

① 江苏省钱币学会编：《华中革命根据地货币史》第1分册，中国金融出版社2005年版，第120页。

（7）其他的流通券。1945年抗战胜利前后，茅山地区各县政权曾发行多种地方流通券：茅东临时流通券、句容县临时流通券、金坛县辅币券、溧阳县流通券、宜溧县政府财政经济局金融流通券、溧高县韩固区辅币券、溧水城区金融调剂委员会流通券、江宁西岗镇商业流通券、水北镇商业流通券等。

16. 江南银行币

江南银行币简称江南币，是苏南抗日根据地所属江南银行发行的货币。

江南银行1945年5月在苏浙军区司令部所在地浙江长兴县槐花坎成立，在长兴槐坎梓坊庙设货币兑换处，在苏南设江宁办事处。

江南银行的主要任务是发行江南币，按照联合法币，驱逐伪币的方针，向敌伪开展货币斗争。

江南币大量发行始于1945年7月，主要流通于苏浙军区主力从天目山回师苏浙皖边的长兴、安吉、广德、宜兴等地进行部队休整的地区。8月11日，苏浙军区司令部、政治部发出《布告》，宣布"本军进军所至地方所携带江南银行、江淮银行发行之抗币一律通用"。随着部队的进展，江南币扩大了流通地域。

江南币先发行的是用江淮银行币加印"苏浙"版。这部分江淮银行币是1944年年底苏中南下部队带来的，总额是1000万元，面值有一元、五元和十元三种。随后发行的是江南银行币本币，面值有一元、五元、十元三种。

江南币对法币实行既联合又限制的政策，允许法币按与抗币的比价在根据地与江南币共同流通。江南币与法币的比价为1元江南币相等于食米1市斤的币值进行折算。江南币发行时与法币的比价是1:5，继而调为1:10、1:30，1945年8月调整为1:50①。

江南币与伪中储券的兑换比率开始时是1:300，即300元中储券兑1元江南币。随着伪币的贬值，8月1日调整为1:1500，8月22日调为1:3000，8月28日调为1:5000。江南银行将收兑的中储券用于抗日政府货物管理部门到敌占区采购物资。随着浙皖边抗日根据地不断巩固和扩大，江南币信誉日渐提高，江南币发行量增加，新四军苏浙军区和苏南行政公署于1945年8月18日发出一律通用江南币、禁止使用伪币布告②。

江南银行江宁办事处，在江南币发行之前曾在江宁发行石印的贰角券、伍

---

① 江苏省钱币学会编：《华中革命根据地货币史》第3分册，中国金融出版社2004年版，第197页。
② 江苏省钱币学会编：《华中革命根据地货币史》第3分册，中国金融出版社2004年版，第196页。

角券各一种，流通范围仅限于江宁县湖熟镇①。

江南币发行后，为弥补辅币不足，长兴县政府和宜溧县政府还分别发行只限本县流通的流通券。长兴县流通券，面额有一角、二角、五角三种；宜溧县流通券，面额五角。县以下地方政府发行流通券的单位还有：长兴县汾安、煤山、合溪、虹溪等区政府。

1945年9月22日，新四军苏浙军区接到北撤命令，江南币随即停止发行，并用物资进行回收。仅江苏溧阳县回收160万元。再其后，江南币由华中币进行回收，回收数4860707元，其中加印"苏浙"的江淮币1111145元，江南银行本币3749562元（如果将此比例等同于"苏浙"江淮币与江南银行本币的发行比例，则江南币的发行总数超过4500万元）。新中国成立后至1954年底，长兴、广德、溧阳三县人民银行又累计回收江南银行本币和"苏浙"江淮币8152555元。

17. 浙东银行币

浙东银行币简称浙东币、抗币，是浙东行政公署所属的浙东银行发行的货币。

浙东抗日根据地是皖南事变后由浦东南进的抗日武装、浙东地方党以及华中局和新四军军部派来的一大批干部，逐步建立起来的。它包括四明、会稽、三北（指余姚、慈溪、镇海三县姚江以北地区）和浦东4个地区，总面积1.56万平方公里。

1945年1月，浙东各界人民临时代表大会决定筹设浙东银行，同年4月1日在余姚县的梁弄正式成立。嗣后，设立"三北"（浙江省的余姚县北、慈溪县北和镇海县北）分行、四明分行、余姚分行，并在其他各县陆续设立支行、办事处。

4月6日，浙东行署在《新浙东报》上公布了《浙东银行条例》和《浙东行政区抗币条例》。明确规定："此后抗币为本行政区惟一之本位币"；"抗币发行以后，市场一切商品买卖均以抗币作价"；"抗币发行数量一俟足够全行政区市场周转时，即禁止伪票行用"；"民间存有老法币及伪币者，得随时持向浙东银行总分支行、办事处及各级政府财政机关按照当日汇兑率调换抗币行用。"

4月10日，浙东银行挂牌营业，发行浙东银行币。

浙东币有总行币和支行币之分。总行币有主币、辅币、本票3类。支行币则有三北支行币、余姚支行币、上虞支行币。总计18种36式。总行币面额一

---

① 江苏省钱币学会编：《华中革命根据地货币史》第1分册，中国金融出版社2005年版，第122页。

元、五元、十元、五角、二角等五种（不计本票）。支行币面额有一角、二角、五角、一元四种。

浙东币主要流通于四明和三北地区。浙东币的发行总数没有可靠的文献记载，根据某些资料推测，至少600万元。

浙东币以物价指数的升降决定币值，规定一元浙东币相等（或接近）于一斤大米。据此调整对法币和伪中储券的比价。并按此标准由公营粮店掌握供应，如欲到敌占区购买物资，可按银行牌价向银行兑换"中储券"。

浙东币对法币、伪中储券的比价率

时间	对法币	对关金券	对中储券
1945 年 4 月 10 日	1:50		1:300
1945 年 5 月 11 日	1:50		1:400
1945 年 5 月 16 日			1:500
1945 年 5 月 21 日	1:40	1:1.43	1:500
1945 年 5 月 27 日	当日市价		1:600
1945 年 6 月 21 日			1:800
1945 年 6 月 28 日			1:1000
1945 年 7 月 9 日	1:50	1:1.67	1:1200
1945 年 7 月 14 日	1:40	1:2	1:1200
1945 年 7 月 29 日	1:40	1:2	1:1400
1945 年 8 月初	1:40		1:1600
1945 年 8 月 14 日	1:40		废止

资料来源：江苏省钱币学会编：《华中革命根据地货币史》第3分册，中国金融出版社2004年版，第105—106页。

1945年9月下旬，新四军北撤。与此同时，浙东银行停止发行并用物资收回。

在浙东币发行后，浙东的县区政府还发行了多种临时流通券，与浙东币等值流通，其发行单位一般是县区政府所属财政科（股）和乡、镇公所。

鄞县古林区抗币临时兑换券，面额有五角、一元两种；鄞县武陵区辅币临时兑换券，面额一元；鄞县武陵区凤岙镇公所临时兑换券，面额一元；慈溪县丈亭区通用辅币，面额有一角、二角、五角、一元四种；慈溪县观城区署临时兑换券，面额有一角、二角、五角、一元、二元、五元六种；慈溪县庄桥区抗币临时兑换券，面额有一元、五元两种；慈溪县庄桥区黄思乡公所抗币辅用券，面额有五角、一元两种；（以下为余姚县）浒山区临时辅币，系铅锡合金铸造，面额有一角、二角、五角三种；浒山区临时兑换券，面额有二角、五角、一元、二元四种；三管乡临时兑换券，面额有五分、二角两种；新浦乡抗币临时代用券，面额一角；彭泾乡临时兑换券，面额有五角、一元两种；中河乡抗币兑换券，面额一元。镇海县政府也发行了一种临时流通兑换券，面额有五元、一元、五角、一角四种。

此外，经抗日政府批准，浙东的一些商会和经济机构也发行过流通券。据有关资料，商会和经济机构发行的流通券有 29 种。主要有：庵东镇商会辅币券、梁弄镇商会临时货币券和梁弄镇商会临时兑换券、鄞江镇临时辅币代用券、鹤皋商会币、观城区商会币、观城商会币、掌起桥商会币、师桥商会币、坎墩镇商会币、三七市商会币、三管币、双桥商会币、淹浦商会币、新民合作社抗币兑换券、金山场盐民生产合作社抗币临时易货券、利民盐行抗币兑换券、南雷乡经济委员会抗币委员会抗币兑换券，等等。

18. 豫鄂边区建设银行币

豫鄂边区建设银行币，简称边币、建设币（本文采用），是豫鄂边区行政主任公署所属豫鄂边区建设银行发行的货币。

豫鄂边抗日根据地是新四军第 5 师于 1939 年开辟的豫鄂边抗日根据地。逐步形成了以鄂中的山区（今湖北的京山、天门、汉川、钟祥、随州等）为中心，北到河南舞阳、叶县等，南至湖北的潜江、江陵、仙桃、洪湖、监利、石首、公安、湖南的华容、南县、安乡等地，西至湖北荆门、当阳、枝江、宜都、宜昌等地，东至湖北的黄冈地区及安徽，江西的部分地区在内的华中抗日根据地。

1941 年 4 月 1 日，豫鄂边区第二届军政代表大会在京山县向家冲召开，大会通过了关于创办边区建设银行的提案。边区政府即着手筹建边区建设银行及印钞厂事宜。当年建立豫鄂边区建设银行总行，行址设在湖北京山小花岭，隶属于边区财政处领导。建设银行还设有信南、襄南、鄂中、黄冈和鄂东 5 个分行，有的县设有办事处。

豫鄂边区建设银行币，1941 年 5 月开始发行，当年发行额为 100 万元。建设币的发行数是按边区人口总数进行控制的，每人不超过 3 元，及至 1945 年发行总额达 1.5 亿元（法币值）。建设币的发行一半用于财政开支，四成用于其余用于购买战略物资，其余用于发放低息贷款支持边区的工农业生产[1]。

---

[1] 郑位三：《关于五师地区财经工作情况向中央报告》，张通宝编：《湖北近代货币史稿》，湖北人民出版社1994 年版，第 242、250—251 页。

建设币先后发行有二角、五角、一元、二元、三元、五元、十元、五十元、一百元、二百元、五百元、一千元的 12 种面额 24 种版别。其历年发行情况是：1941 年发行五角券，1942 年发行的有一元、二元、三元、五元、十元等五种券别，1943 年发行的是一元券，1944 年发行的是五十元、一百元、二百元、五百元、一千元等五种券别。

豫鄂边区建设银行币主要流通于豫、鄂、皖三省交界的大别山区，其范围是：西到襄河、汉水两岸、西北到桐柏山区，南达洪湖地区，北至漯河、汝阳、确山一带。1945 年 11 月，在新四军主力转移前，以物资将大部分边币换回。

建设币初发行发以后，币值一直较为稳定。刚开始发行时，与法币的比值为 1:1，但实际购买力却远远超过法币。由于法币不断贬值，建设币与法币的比值在不同时期和不同地区都有变化。从 1944 年末到 1945 年，因受日伪钞和法币的冲击，根据地经济损失很大，全年财政赤字 3 亿元，边币在平汉路两侧贬值六七折①。为了稳定金融市场，豫鄂边区政府采取紧急措施，对迫切需要法币的地方，以 3:1 的比价兑进法币，同时控制建设币的发行。

在货币关系方面，豫鄂边区政府采取的措施是："严禁敌钞、伪钞在边区流通；维护法币，发展边币，奖励储藏，吸收游资，充实边区建设银行，逐步统制外汇"。强调要"健全金融机构"，"建立边币本位"；对法币"在基本区维护法币，在游击区抵制内流、鼓励外流"；对敌伪钞"基本区绝对禁止流通"。

在建设币发行之前的 1940 年秋，边区政府联合办事处成立以后，曾以边区合作金库的名义发行过辅币"流通券"数千元，这是边币的雏型。面额很小，只有一分、二分、五分、一角、和两角五种②。

在建设币发行之后，为调剂市面金融，豫鄂边区政府还批准各小块根据地发行地方性辅币。如 1942 年襄西生产运销合作社发行了面额一元的临时兑换券，与建设币等值流通。

19. 华中银行币

华中银行币，简称华中币，是华中地区抗日根据地领导机关中共中央华中局所属华中银行发行的货币。

1945 年，华中抗日根据地的苏中、苏北、淮海、淮北、淮南等战略区已经连成一片，具有了在华中抗日根据地内发行统一货币的条件。中共中央华中局

---

① 郑位三：《关于五师地区财经工作情况向中共中央的报告》；戴启斌：《豫鄂边区建设银行币几个问题的研究》，安徽省钱币学会主办：《安徽钱币》2007 年第 4 期。
② 刘跃光、李倩文主编：《华中抗日根据地鄂豫边区财政经济史》，武汉大学出版社 1987 年版，第 63 页。

于 1945 年 5 月作出决定，组建华中印钞厂，印制华中币，作为华中统一货币；成立华中银行，负责办理全华中的金融货币工作。1945 年 8 月 1 日，新四军领导机关在盱眙县召开会议，同时以华中银行行长陈穆的名义发布了华中银行成立及发行华中币的通告"成立华中银行，并授权发行华中券，适应各地金融斗争及经济建设之需要。该项货币以实物为基金，准备充实，通行华中各解放区，与盐阜、江淮、淮北、苏南等地方券等价使用。凡一切买卖交易、公私款项收付及完粮纳税等一律通用。"

1945 年 8 月华中银行总行在盱眙县张公埔成立。9 月，总行迁淮阴，开始发行华中币。华中银行组建后，将华中各抗日根据地的地方银行改组为华中银行的分支机构，其中江淮银行改组为苏中分行，盐阜银行改组为苏北分行，盐阜银行淮海分行改组为淮海分行，淮南银行改组为淮南分行，淮北银行改组为淮北分行。

华中币首先发行的是十元券，与法币比价为 1∶50。至年底，共计发行226987840 元，其中财政发行占 62.1%。

华中币采取分步走的方式，经过等价流通——限定使用范围——分步停用收回——统一币制等阶段，最终确立在华中以华中币为本位币。据 1946 年 12 月 31 日统计，华中银行收兑地方银行发行票券情况如下表。

华中银行收兑地方银行发行票券情况

券别	收兑数	券别	收兑数
盐阜币	58650878.61	大江币	5115178.05
淮北币	36267568.92	浙东币	283635.5
江淮币	128554174.7	江南币	3762240.99
淮南币	34610671.51	流通券	9101897.3
苏浙券	1155635	合计	277501880.6

资料来源及说明：据 1946 年 12 月 31 日统计而来。江苏省钱币学会编：《华中革命根据地货币史》第 1 分册，中国金融出版社 2005 年版，第 143 页；刘跃光、李倩文主编：《华中抗日根据地鄂豫边区财政经济史》，武汉大学出版社 1987 年版，第 63 页。

华中币发行初期，华中地区新四军各部正在对日寇进行大反攻，在运河沿线、沿江地区及新解放城镇首先流通使用华中币，以后逐渐流向城镇周围的农村；在老解放区的中心地区贯彻执行华中币与地方币等价流通政策，使华中币流通区域迅速扩大。

20. 琼崖抗日根据地代用券

在琼崖抗日根据地没有建立过银行、发行常规的货币，但发行这过几种流通券、代用券。

琼崖东北区政府代用券。1942年琼崖东北区抗日民主政府曾在施政纲领中提出要建立银行，发行代用券。银行虽未成立，但发行了琼崖东北区政府代用券，面额一元，与法币等值流通。原计划发行40万元，实际发行20万元。流通于琼山、文昌地区。后由于受战争环境的限制，流通不到一年时间就停止流通使用。

临高县人民券。1943年上半年临高县部队和县政府发行的临高县人民券，面额有一角、二角、五角三种，发行总额为1000元，与法币等值流通。此券流通于临高县木桃地区，流通时间仅几个月，于1944年回收。

六、其他货币

1. 西藏地方纸币

西藏地方1912年始成立银行，发行纸币，但真至抗战结束西藏地方货币也没有纳入法币体系，故列入其他货币单独介绍。

西藏地方银行发行的纸币，一般称为藏钞或藏银，早期以"章噶"为单位，每"章噶"等于藏银1钱5分；30年代开始发行以"两"为单位的纸币。

西藏1913年开始手工印制五章噶、十章噶、十五章噶、二十五章噶、五十章噶5种纸币，其特点是手写号码。1926年，多带造币厂开始用机器印刷五十章噶套色纸币，到1941年共发行1119000张，计8392500两。1932年金东钞票造纸厂成立，生产藏钞专门用纸，并发行一百两的套色纸币。1937年发行一百章噶钞票，5万张；继之为五百、一千章噶，至1941年，发行额达80万张。1941年、1942年开始发行十两、五两的纸币。

藏钞当时的对外联系主要是被英国人统治下的印度卢比。英人曾在江孜设立银行，专理汇兑。藏钞同卢比的比价关系如下表：

1934—1943年藏钞与卢比比价表

年别	藏钞兑卢比1元	年别	藏钞兑卢比1元
1934年	3.50两	1939年	8.20两
1935年	3.75两	1940年	7.00两

年别	藏钞兑卢比1元	年别	藏钞兑卢比1元
1936 年	3.80 两	1941 年	6.00 两
1937 年	4.50 两	1942 年	4.50 两
1938 年	9.00 两	1943 年	3.50 两

资料来源：戴建兵：《中国近代纸币》，中国金融出版社 1993 年版，第 504 页。

2. 杂钞

由于自给自足自然经济的是当时中国绝大多数地方经济的基础，政治的不统一，中央政府的行政控制力软弱，从而为地方性流通券的大量产生提供了土壤。辛亥革命后，全国大多数县都产生了仅通行于本地的半货币性质的县票。县票的发行单位主要为半民半官的组织——县商会，政府则多以县财政科出面发行。此外，一些金融、商业、企业机构甚至于个人也发行流通券。这种地方性流通券各地称呼不一，诸如私票、私帖、私币、杂券、杂钞、土钞、土票、花票、钱帖等等。以河北省为例："在市面上流通的纸票，不下数百种，而流通地区，界限极严，各据一地，各把一方，县票不能出县境。"①

杂钞的消灭从地域来说，从北向南由三种不同性质的政权完成的。在东北，伪满洲国在日本在日本的指挥下将各种杂钞约 1600 万元在 1934 年 6 月整理竣事。华北西北在抗日根据地在新民主主义经济政策的指导下，成立自己的银行，坚决打击杂钞。如晋察冀边区"1939 年至 1940 年初将边区各地土票大体肃清。"② 而在国民党统治区，通过法币政策的实行，于 1942 年左右肃清了杂钞③。

3. 港币

港币是香港政府币和三家英商银行：印度新金山中国麦加利银行（简称麦加利银行或渣打银行）、香港上海汇丰银行（简称汇丰银行）、上海有利银行所发行货币的统称。

香港政府币（以下简称"港币"）是英国的香港殖民地政府发行的货币。

---

① 韦明：《晋察冀边区的金融建设》，《晋察冀边区财政经济史资料选编》第四编，南开大学出版社 1984 年版；戴建兵著：《金钱与战争——抗战时期的货币》，广西师范大学出版社 1995 年版，第 111 页。

② 中国人民银行河北省分行金融研究所主编：《回忆晋察冀边区银行》，河北人民出版社 1988 年版，第 4 页。

③ 戴建兵著：《金钱与战争——抗战时期的货币》，广西师范大学出版社 1995 年版，第 111 页。

各种港币的币面均印有"香港"（HONG KONG）字样。港币的面额，金属铸币铜铸币有一分；银铸币有一角、二角、五角，共四种。纸币有一分、十分、一毫（即一角）、一元四种。其中银辅币和铜辅币为有限法偿货币，银辅币在二元以内，铜辅币在一元以内，可以自由兑换。

港币流通的地区范围，大部分在广东省等华南地区，少部分在香港本地。据估计，在抗日战争以前、流通于中国内地的港币约占其发行总额的三分之二，香港本地仅占三分之一。

香港英籍银行纸币发行额及地区流通额估计表

年别	发行总额	在香港流通额	在中国内地流通额		
			合计	在广东	在其他省
1935 年	140050000	46683000	93365000	65356000	28009000
1936 年	157457000	52485000	104971000	73479000	31491000
1937 年	282505000	77501000	155003000	108502000	46501000
1940 年	231745000	77248000	154496000	108147000	46949000
1941 年	287212000	95737000	192457000	134732000	57742000
1942 年	277712000	92570000	185141000	129599000	55542000
1945 年	289380000	96460000	192920000	135044000	57876000

资料来源：广东省政协文史研究委员会编：《银海纵横——近代广东金融》，广东人民出版社 1992 年版，第 86 页。

从 1853 年开始，香港政府先后授权设于该地的英籍三银行（麦加利、汇丰、有利）发行纸币，麦加利银行开始于 1853 年；汇丰银行开始于 1866 年。最初都是限额发行的，后来汇丰银行具有无限制发行权。1872 年，香港政府准许香港汇丰银行发行港币面额一元的纸币。这种纸币不仅在香港市面流通，甚至还深入中国内地，如广州、上海、天津、北京、汉口等大城市。

1935 年，香港实行币制改革，规定除英籍三银行发行的纸币为法偿通货外，香港政府发行的用以代替银元的一元纸币，为无限法偿货币，即实行不兑现纸币政策。实际情况是英籍三银行的法偿货币，在一定历史时期内，也只是在香港地区可以按规定兑换银元，离开香港地区，从来就不能兑换银元，所以流通在中国内地的就成为不兑换纸币了。

香港政府为了保持港币大部分并且长期流通于广东省等华南地区，使其不流回香港，自 1935 年以来，千方百计设法维持港币对英镑的兑换比价，即一元港币兑换英币一先令三便士左右不变，以保持港币在中国境内的流通阵地。

1941 年 12 月，太平洋战争爆发，日军占领香港，大量发行港币，使其与日本军用票等价使用，并一度想用港币代替日本军用票。

在三家英籍银行中，以汇丰银行势力最大。汇丰银行原来是由中、英、美、德等国商人合股组成的，按照英国的殖民地法于 1864 年在香港成立总行。后来，其他各国商股陆续退出，遂成为纯粹的英商银行，并发展为英国侵华资本的中心。汇丰银行在香港总行成立的第二年，清同治四年（1865 年），即在中国的上海设立分行。从此以后，陆续在中国各大城市和通商口岸设立分支机构。在民国十九年（1930 年）以前，该行在中国境内除发行纸币外，还管理关税、盐税，投资中国工矿实业，垄断外汇，办理票据清算等等，其地位几与中央银行相同。抗日战争前夕，它的分行遍布于上海、广州、天津、北京、汉口、青岛、烟台、厦门、福州、沈阳、大连、哈尔滨等十多个城市。抗日战争时期，又在重庆增设分行。

1935 年中国政府实行法币改革时，得到了汇丰银行有力支持。1937 年七七事变后，抗日战争全面爆发，汇丰银行、麦加利银行在中国东北和华北各地分行的营业趋向衰落，难以维持，逐步撤退。同年"八一三"日军进攻上海后，汇丰银行等英籍银行，只能困守在上海英租界内维持时日。当时，它们因和国民政府订有协定，仍协助国民政府维持外汇行情。

1941 年 12 月，太平洋战争爆发后，日军占领香港，包括汇丰银行在内的三家英籍银行被日军控制。同时，他们在汉口、广州等地的分行也均被日军接管。从此，包括该行在内的英籍三银行在中国内地以至于在香港的货币发行权，均被日军掠夺。日军当局并把包括该行在内的英籍三家银行未发行的新纸币大量发行出去，流通市面，用以吞噬中国人民的经济财富。1945 年 8 月，日本无条件投降后，汇丰银行在上海等地的分支机构复业。同时英国人重新回到香港。日本占领时期所劫掠发行的汇丰银行币，仍然在市面流通。

4. 苏联红军司令部币

苏联红军司令部币，简称"苏联红军币"（本文采用），俗称"红军票"，是苏联红军在中国东北发行的货币。

发行"苏联红军币"的背景是：1945 年，苏联政府根据《雅尔塔协定》关于苏联在德国无条件投降后的三个月对日本宣战的规定，积极备战。8 月 5 日，苏联政府正式照会日本，废除《苏日中立条约》。8 月 8 日，苏联对日宣战。8 月 9 日，苏联红军出动了 80 个陆军师团，5000 余架飞机和 500 余艘军舰，陆海空总兵力达 157 万人，在总长 4000 公里的战线上，兵分三路同时向盘踞在中国东北的日本关东军发动进攻。苏联红军很快突破了关东军的防线，至 8 月 14 日，西线集团已越过大兴安岭，进入东北平原；东线集团进到牡丹江平原；北线集团直抵佳木斯附近。苏联出兵东北，加速了日本法西斯的灭亡和抗日战争胜利的进程。就在苏联出兵的第二天，8 月 10 日，日本外相亲访了苏联驻日大使，表示日本政府已准备无条件投降。8 月 14 日，日本天皇正式宣布接受无条件投降。日本政府宣布无条件投降后，关东军并未停止抵抗，苏联红军继续作战。8 月 17 日，关东军下令停止抵抗。8 月 30 日，被全部解除武装。红军经 20 多天作战，解放了我国东北和朝鲜北部，毙俘日军 67.4 万多人。

在出兵中国东北对日作战时，为解决对日作战经费，苏联红军根据中国政府与苏联政府签订《中苏友好共同对日作战协定》附件"苏联出兵东北，一切费用由发行红军票解决，俟击败日军后，将发行额由国民党政府负责代为收回，送缴莫斯科注毁"的规定，在我国东北所到之处发行苏联红军币，采购物资。

苏联红军币是战时军用不兑换纸币，面值有壹圆、伍圆、拾圆、佰圆 4 种，与伪满币、日本币、朝鲜币等值流通于东北境内。1945 年 8 月至 1946 年 4 月底，苏联红军币在我国东北发行总额计有 97.25 亿元。1949 年 12 月，我东北人民政府以东北银行发行的东北币 30 元折合苏联红军币 1 元对苏联红军币予以收兑。

抗战时期中国人口伤亡和
财产损失研究论文选评

姚金果　王　刚

编写《抗战时期中国人口伤亡和财产损失研究论文选评》是开展《抗战时期中国人口伤亡和财产损失》课题调研工作的内容之一。将中国大陆学者自20世纪80年代以来对有关问题研究的成果进行系统梳理和集中反映，以便全面掌握研究状况，深入揭露日本帝国主义对中国人民和中华民族所犯的滔天罪行，并对各地的《抗战时期中国人口伤亡和财产损失》调研工作提供直接的帮助，是很有意义的。

本文对1981年到2015年近15年来我国学术界对抗战时期中国人口伤亡和财产损失的相关研究成果进行了较为系统的梳理，分为综论、经济损失、金融损失、文化教育、移民侵略、暴行、生化武器、性侵犯、"无人区"和"集团部落"、毒品、难民、劳工12个专题。该选评虽以专题分类，同时也照顾到特殊性。如"金融"类，放在"经济"类里是完全可以的。但考虑到金融损失重大，且文章较多，便单列为一类。

为了更明晰地反映15年来的相关研究成果，我们对每个专题分为三部分介绍：（一）重点文章评介。介绍所选取的重点文章中与人口伤亡和财产损失有关的内容，并作出简要评述。（二）重点文章目录。从公开刊物和相关研讨会入选的论文中选取具代表性的文章予以集中反映。（三）相关文章目录。选取在公开刊物发表的相关文章目录，以地域相对集中的原则编排，以方便使用者查阅。

在对论文的选编过程中，我们既注意到了反映总体伤亡和损失的文章，也注意到了反映区域性伤亡和损失的文章。从一定程度来说，更侧重于文章所涉及的地域的广泛性。因此，所谓"重点文章"并不是从严格意义上的学术层面的限定，而是从地域广泛性层面的限定。

本文所作的选评，集中体现了中国大陆学者30多年来对抗战时期中国人口伤亡和财产损失研究的成果。在此，特向有关论文作者表示深深的谢意，感谢他们为研究抗战时期中国人口伤亡和财产损失作出的贡献。

一、综论

（一）重点文章评介

日本 14 年的侵华战争给中国造成的人口伤亡和财产损失究竟有多少？由于抗日战争胜利后国民政府的统计并不完整，从而留下了历史性的遗憾。为了弥补这个遗憾，学者们本着对国家对民族负责的态度，作出了不懈的努力。然而，迄今为止，由于所用资料不一、统计的时间和地域不一，更由于资料的缺乏，关于抗日战争中国人口伤亡和财产损失的具体数字仍然众说纷纭，莫衷一是。

尽管如此，迄今为止所取得的成果还是令人振奋的。这主要表现在：其一，研究者普遍认同抗日战争的时限应为 1931 年九一八事变至 1945 年日本投降，共 14 年时间。这一重大问题的解决，从计算中国人口伤亡和财产损失这个角度来看，即意味着要从 1937 年向前延伸至 1931 年，而不是仅仅是 1937 年至 1945 年的 8 年。那么，1946 年中国解放区救济总会对外公布的数字和 1947 年国民政府正式公布的数字，因未包括 1931 年至 1937 年的统计数字，故并不完整。除此之外，从地域上来看，当年国民政府统计的数据中，东北地区的伤亡和损失、台湾地区的伤亡和损失未计算在内。这些情况激励着有责任心的学术研究者排除困难，力争对有关数据做出比较符合历史的估计。其二，研究者从战争对中国人民造成的人身伤害和精神伤害的角度考虑，在当年国民政府统计的类别之外，开创了新的研究专题，比如劳工问题、"慰安妇"问题、难民问题、日本移民侵略问题、毒品侵略问题、生化武器造成的伤亡和损失等等。这就意味着统计抗战时期中国人口伤亡和财产损失时，必须在原国民政府统计类别之外，再增加新的统计类别，才能反映我国抗战时期人口伤亡和财产损失的全貌。以上这两点重大突破和有关研究的继续进行，为全面清算日本帝国主义侵华 14 年给中国人民带来的灾难，给中国社会经济造成的巨大损失，提供了正确的认知基础和必要的统计条件。

彻底查清中国抗损的全部情况，一直是研究者追求的目标之一。1995 年，孟国祥在《中国遭受日军侵华战争 14 年总损失的最新评估》一文中，试图对中国的人口伤亡和财产损失作出一个相对准确的估计。但他遇到了与其他研究者同样的问题，这就是单靠研究者个人的能力，很难完全搞清楚。不过，与其他研究者一样，他抱着对历史负责、对人民负责的态度，依靠仅有的资料，以蚂蚁啃骨头的精神，能搞清多少就搞清多少，最终还是对中国的损失情况有了一个大致的评估。关于东北地区的损失，孟国祥探究了在九一八事变东北官方财产损失、1932 年至 1944 年工矿业的损失、1940 年至 1944 年日伪收缴粮食造成的损失、1931 年至 1945 年日本向东北移民强占耕地造成的损失之后，认为"总数应定在 150 亿美元之上"。但这个数字毕竟也还是个估算，故而他指出："东北地区遭受的巨大损失，需要大批专家作专门深入的研算。"由于国民政府当年统计的损失数据未包括东北的损失在内，所以孟国祥提出的这个估算数字还是很有意义的。

至于 1937—1945 年期间中国军民伤亡的总数，孟国祥将 1947 年 5 月国民政府行政院赔偿委员会所报的数字与 1946 年 7 月中共解放区救济总会公布的数字相加，得出 2226.9173 万人。这个数字虽然已经精确到个位数，但并没有得到广大研究者的认可，因为这个数字尚不包括台湾和东北地区的人口伤亡、1931—1937 年关内的人口伤亡。至于财产损失的数字，孟国祥列举了国民政府的统计数字（559.4 亿美元）和解放区的分类统计数字（损失耕畜 6306717 头；烧毁房屋 19518708 间；损失粮食 1149409286 担；损失家具、农具 222696081 件；损失被服 223528287 件），但未能算出总价值。不过，他在文中介绍了北美华人郑竹国的以下说法：抗战时期的财产损失与战争消耗折合约 1000 多亿美元，这还不包括因战争导致的生产能力下降而造成的损失。

多年来，搞清中国抗损的具体数字既是孟国祥追求的目标之一，也是困扰他的难题之一。2006 年，他在《抗日战争研究》第 4 期发表《中国抗战损失研究的回顾与思考》，系统回顾了抗损研究的概况和存在的问题，得出的结论是：进行抗损调研统计，想法虽好，难度太大。由于历史的原因，要求得出详实完备的损失数字已不可能，但可以以严谨求实的态度，采用多种方法去推算和估计。

相对于财产损失来说，追求人口伤亡的数字或许更容易实现目的。袁成毅的《抗战时期中国最低限度伤亡人数考察》、孟国祥和张庆军的《关于抗日战争中我国军民伤亡数字问题》，对当年国民政府和解放区抗损调查的历史进行了回顾，指出了其特点和局限性，同时对学者们几种不同说法作了介绍，最后都赞成"3500 万"的说法。陈小琼和王艳珍的《侵华日军的暴行与中国人口损失述略》、张铨的《论日本侵华战争的残酷性、掠夺性和破坏性——以日本侵略者在上海所犯罪为例》，则是从日军暴行的角度探讨其造成的中国人口伤亡。如惨绝人寰的大屠杀、"三光"政策、细菌战和毒气战等，都致使大量的人口伤亡，同时也给中国人民带来极大的精神损害。

2005年，在纪念中国人民抗日战争胜利60周年之际，长期从事抗战时期人口伤亡研究的姜涛和卞修跃推出了他们的力作《抗日战争时期中国人口损失初步研究》。文章分"战后国民政府关于军民伤亡之统计"、"战后关于中国抗战人口损失的基本认识"、"中国抗战人口伤亡损失之综合估计"，全面论述了当年国民政府和解放区对人口伤亡统计的情况，以及专家学者对伤亡数字的估计。文章的第三部分系统阐述了作者对中国人口伤亡的估计。二位作者根据自己长期的考察和所搜集到的资料，初步列出各省区战时直接人口伤亡数。对没有找到战后统计结果的省市区，则依地理相连、战情相类为原则，各选具体的参照省市区为基数，以统一方法进行估算，分别求出这些省市区的人口伤亡数字。此外，对东北地区、劳工、伪军及兵役壮丁等方面的人口损失，也分别进行了考察，并依具体办法求出最保守的估计数或累计数。经过这些细致繁杂的工作，作者认为"向我们展开了一幅触目惊心的中国抗战人口损失全景图画"。

通过作者设计和填写的表格可以看出：战时中国直接死亡人数高达20620939人；直接遭敌杀伤者达14184954人。仅此两项合计，则从1937年至1945年的8年时间，中国直接人口伤亡达34805896人，与官方对外公布的数字3500万十分接近。如果加上失踪、被俘捕的5351073人，则战时中国人口死亡、受伤、失踪、被敌俘捕者共计达到40198559人。但作者认为这个数字还是不完全的统计。他们指出："3500万伤亡数字其实只是中国在抗日战争期间蒙受伤亡人口的最低限总数。实际上日本侵华战争所直接造成的中国受伤人口最低限数应该与直接死亡人口持平，即约为2070万人，伤亡合计共达4100万人以上，若再合战争期间失踪被俘者最低限数为535万，则战争直接给中国造成的死亡、受伤及失踪等项人口损失合计超过4500万人。"作者认为，"4500万人"是他们在具体考察后通过重新核算或估算初步得出的抗战时期中国人口包括死亡、受伤、失踪等在内的各项损失的最低限度的综合估计数。这里使用了"最低限度"四个字，说明这个数字还是有保留的。

两位研究者得出了"最低限度""4500万"这个结论。从表面上看，从"3500万"到"4500万"，这是一个庞大数字的变化，说明日本侵华给中国造成了巨大的人口伤亡；而从深层次来看，两位研究者以严谨的态度和科学的计算方法，将抗战时期中国人口伤亡的清查工作又向前推进了一步，同时也给了其他研究者巨大的鼓舞和有益的启示。

收入本书的其他几篇文章，涉及江西、广东两省和湖南衡阳、广西桂林的抗损研究和浙江平民伤亡的研究。对于搞清地方损失来说，这些研究是难能可贵的，为有关地方的抗损调研打下了一个比较好的基础。

相对于其他省来说，江西省在战后的损失统计是比较完整的。陈荣华在《江西省抗日战争损失述略》一文中，根据 1945 年江西省政府统计处的《江西省抗战损失总报告》得出：1937 年至 1945 年期间，日军在江西窜扰与轰炸所及达 76 个县市，其中有 16 个县市被日军占领，致使全省人口伤亡达 504450 人；财产损失达 10072 亿元，合战前 11.5 亿元。这一数字意味着什么？陈荣华指出，这个数字意味着江西全省每人平均损失约 75220 元，合战前 86 元；每户平均损失约 357160 元，合战前 410 元。据此，他认为，在 8 年期间，江西省的"创巨痛深，实亘古所未有"。实际上，他所引用的数字，还不包括间接人口伤亡在内。据他所述，仅江西省的灾民即达 200 多万人。陈荣华此文的突出之处，在于他从战争造成人民住房被毁、土地荒芜、人民丧失生计、人口锐减四个方面，对战争给江西省造成的后果进行了分析，并得出如下结论："日本侵略者给江西人民造成了史无前例的严重灾难，不仅摧毁了江西人民基本的生存条件，而且阻滞了江西近代经济发展的历史进程，对江西人民犯下了不可饶恕的罪行。"

黄菊艳的《抗日战争时期广东损失调查述略》，回顾了抗战开始后广东省政府对广东损失进行调查的始末，认为广东省是全国各省中较早开展损失调查的省份，但由于战时局势不安定，作为损失统计依据的卷宗、账册丢失、损毁或疏散各地，损失查报工作面临种种困难。另外，由于战时物价波动，国民政府虽制定了损失估算方法，但实际操作中仍存有偏差，统计不准确，缺报漏报的情况在所难免。在人口伤亡方面，1946 年 2 月，广东省政府秘书处统计室根据 49 个县、局报送的调查资料，统计出 1937 年至 1945 年的人口伤亡数字为 29266 人。而其他尚未上报的 22 个市县以及海南岛的 16 个县的损失，未能统计。这些未能统计的地方中，有许多是长期沦陷的地区，如广州市、汕头市、珠江三角洲地区的几个县和海南岛的 13 个县，人口伤亡应较为严重。因此，广东省的人口伤亡远不止 29266 人。至于财产损失，也同样因为只收到 49 个县、局的资料，缺少富庶之广州、汕头、珠江三角洲以及资源丰富的海南岛等长期沦陷的地区的资料，因此数字也偏低。具体是：公有财产直接损失为 782504602.76 元；公有财产间接损失为 100619213.70 元。至于居民财产损失，则没有统计。

袁成毅在《抗战时期浙江平民伤亡问题初探》一文中，通过对多种资料的搜集、甄别和统计，得出浙江平民伤亡最低限度为34.6万人这个数字，其中死亡人数为20.2万，伤残人数为14.4万。但他强调，这个数字是不完整的。而且，除了直接死伤于战争的平民外，战争期间间接的平民伤亡人数一般来讲都远远高于直接伤亡数。他援引美西战争中间接死亡和直接死亡的比率为5.2比1，提出：以浙江平民直接死亡20万来计算，间接死亡人数当为100万以上，而这个数字也基本符合浙江人口在战后比战前下降了150万这一事实。

邹耕生的《1946年〈江西省抗战损失调查总报告〉述评》，从该总报告的形成过程、统计结果、主要特点、不足之处等方面，论定该报告是江西抗战损失的最低限度的统计，真实可靠死亡总数。从而得出人口死亡总数为313249人；财产损失总值1007202334千元，即10072亿元余。此外，总报告还列出了全省房屋损失总数，为391874栋。但是，总报告的不足之处也是明显的。一是调查时间偏短，诚如总报告所说："抗战损失调查，范围广泛、项目繁多。"而这次调查从1945年9月上旬开始，10天内完成准备工作，9月下旬调查专员分途出发，12月中旬调查完竣，12月10日开始初步整理，1946年1月20日开始第二步整理，4月间总报告已印刷出版，前后不过8个月，其中真正用于实地调查的时间只有两个多月，确有仓促之嫌。二是调查类别不全。总报告的绪言记述："至本省境内军事方面及属于中央之财产损失，事有专管，本省不予追究。"哪些是"属于中央之财产"呢？至少有两大项：一是江西省境内的各条铁路。二是赣南的钨矿、锡矿。前者归铁道部，后者归中央资源委员会。这两项都是财产损失的大头，都包含有直接损失和间接损失两部分，都与地方密切相关，并不仅仅是中央方面的事情。至于"本省境内军事方面"的损失，也包含有直接损失和间接损失两部分，也都与地方密切相关，也都不仅仅是军队方面的事情。总报告表五之四矿业直接损失表中，只包含了丰城、萍乡、万安、乐平、南丰、吉安等县，其他县市遭日军破坏的小矿均忽略不计。三是损失统计过低，包括人口损失数字过低和间接损失没有统计进去。因此，是研究日军侵略江西罪行的基本资料之一。但日军给江西人民和江西地方造成的惨重损害，究竟达到何种程度，还有待深入进行量化研究。这是日本侵华史研究中的一个重要课题。

秦坤在《贵州抗战损失初探》一文中，对原始材料分析综合之后，得出贵州抗战时期的损失：直接财产损失约1900亿元，间接财产损失108.3亿元，两项合计为2008.3亿元。战时人口直接伤亡共计26580人。

张连红《国民政府对南京大屠杀案的社会调查（1945—1947）》回顾了国民政府对南京大屠杀的调查过程，统计数据显示到1946年9月10日，财产损失方面，共计损失房屋 789 幢又 31343 间，器具 2406 套又 309223 件，衣服 5920 箱又 5914725 件，现款 447958 元，金银首饰 14222 两又 6345 件，书籍 1815 箱又 2859 套又 148619 册，字画 6482 件，古玩 7321 件，车辆 956 辆，牲畜 6277 头，粮食 12087975 石。损失价值计国币 231785358222 元，现值估计约二万亿元。对于日军暴行，根据调查结果制成被害人伤亡统计表、侵华日军罪行各类统计表、可出庭作证被害人住址姓名表，撰写了南京大屠杀惨案述要，分别供远东法庭和南京国防部军事法庭，作为审讯日本战犯之证据。从调查罪行种类来看，其中枪杀 1159 件，用刺刀刺杀 667 件，集体屠杀 315 件，拉夫 285 件，烧杀 136 件，打死 69 件，先刑后杀 33 件，先奸后杀 19 件，炸死 19 件，强奸 16 件等。从受害者性别来看，男性死伤及生死不明者计 2292 件，女性死伤及生死不明者计 478 件，性别不明者计 14 件。

孟国祥的《江苏抗战损失调查与研究的若干问题》和吕晶、方勇的《南京沦陷后私人财产损失的典型性研究——以国民政府文官处职员损失为例》都对抗战损失调查数据的准确性提出了自己的见解，前者认为地域变迁、历次调查数据的不准确和统计缺漏等问题直接影响到我们现在对抗战损失的统计和估计。后者则在技术上，提出有三种统计数据的方法：一是依据调查资料的加总，这种方法对原始数据的质量要求极高，但能够得到精确的结论。二是基于调查数据的统计学估计，也就是利用统计学的抽样调查方法，利用样本数据估计出总体损失及其可信度。三是典型性调查法，即根据调查研究的目的，在若干同类调查对象中选取一个或几人有代表性的对象进行系统、周密的调查研究，从而认识这一类对象的本质特征、发展规律，从而得出具有普遍意义和有价值的结论。在原始数据充分精确的情况下，这种研究方法无法得到如前两种方法那样可靠的结论，但在原始数据存在大量缺失且精确度不足时，反而能够获得可靠性远超前两种方法的结论。

姜良芹、朱继光在对原始档案资料分析的基础上，认为根据目前搜集的 5865 户市民财产损失档案资料，这些市民家庭的财产损失额不低于 1.67 亿元（1937 年法币），户均损失为 28474 元，仅此损失数额即相当于战前南京全部市民家庭约 678 个工作日（近两年）的收入。

李忠杰在《〈抗日战争时期中国人口伤亡和财产损失调研丛书〉总序》中，强调了开展这次调研的重要意义。他指出，中国人民抗日战争是正义战胜邪恶、光明战胜黑暗、进步战胜反动的伟大胜利！是正义的胜利、人民的胜利、和平的胜利！既是中华民族永远值得纪念的胜利，也是世界人民永远值得纪念的胜利！但这一胜利是用极为惨重的代价换来的。在这一伟大胜利的背后，是中华民族遭受的巨大人员伤亡和财产损失！中华民族既为这场战争的胜利作出了巨大的贡献，也在这场战争中付出了巨大的民族牺牲。数据的背后，是大量的事实、确凿的证据，是无数人们的痛记忆和血泪控诉。为了更直接、更具体、更全面、更系统、更立体地还原当年的历史，展示中国人民遭受的灾难和损失，揭露日本军国主义的罪行，驳斥日本右翼势力否认侵略罪行的种种言论，我们必须通过更多档案资料的展示、历史文书的挖掘、具体事实的考查、当事人的证词证言、各种各样的物证书证，等等，将侵略者的罪行昭告天下。因此，作为炎黄子孙，作为郑重的历史工作者，有必要、有责任、有义务、也有权利对战争期间中国的人口伤亡和财产损失进行更加系统、详尽、具体的调查研究，将当年中国人民的巨大牺牲和惨重损失永远地记载下来。课题调研的整体布局，实行块块和条条的结合。每个省、自治区、直辖市党史研究室，主要负责把本区域内的情况调查清楚。也可根据实际情况，选择一些重点，进行专题性的调研，形成专题性的研究成果。课题调研的方式方法，主要是查阅和搜集档案文献资料，包括不同历史时期的统计报表。同时查阅当时有关的报刊资料，查阅多年来涉及有关地方、有关课题的研究成果。对一些特殊的重大事件，特别是重大惨案等，也同时进行社会调查，对当事人、知情人、有关研究人员等进行走访，记录证词证言。对于特别重要的事件，有条件的，还进行必要的司法公证，如南京大屠杀、潘家峪惨案等，使这些调查都成为在法律上可以采信的证据。根据需要与可能，也到国外境外包括中国台湾地区查阅搜集档案资料。经过全体党史工作者的努力，最终形成了一批非常有价值的调研成果。

总的看来，对于中国抗战时期人口伤亡和财产损失的研究，取得了一批重要的研究成果。但是，目前仍存在许多不尽如人意之处。首先，损失数字仍然众说纷纭，难以拿出准确的或基本准确的数字。其次，相对于人口伤亡的研究来说，全国财产损失方面的研究更为薄弱，因而无法形成对于各地损失的总体计算，不足以为搞清全国的损失提供有力的数字支撑。

（二）重点文章目录

篇名	作者	刊名	年份	期次
关于抗日战争中我国军民伤亡数字问题	孟国祥、张庆军	抗日战争研究	1995	03

篇名	作者	刊名	年份	期次
论日本侵华战争的残酷性、掠夺性和破坏性——以日本侵略者在上海所犯罪行为例	张铨	史林	1995	03
抗日战争时期日本侵华造成的损失问题述论	珞珈	探求	1995	05
抗日战争时期中国人口损失之初步估计	姜涛、卞修跃	中国抗战与世界反法西斯战争——纪念中国人民抗日战争暨世界反法西斯战争胜利60周年学术研讨会文集（上卷）	1995	08
中国遭受日军侵华战争14年总损失的最新评估	孟国祥	南京史志	1995	Z1
抗战时期中国最低限度伤亡人数考察	袁成毅	杭州师范学院学报	1999	04
抗日战争时期广东损失调查述略	黄菊艳	抗日战争研究	2001	01
侵华日军的暴行与中国人口损失述略	陈小琼、王艳珍	江西教育学院学报（社会科学）	2001	05
江西省抗日战争损失述略	陈荣华	江西社会科学	2002	11
抗战时期浙江平民伤亡问题初探	袁成毅	民国档案	2004	01
抗战期间衡阳直接损失述要	刘国武	衡阳师范学院学报（社会科学）	2004	04
近10年关于日军侵华罪行和遗留问题研究综述	郭德宏、陈亚杰、胡尚元	安徽史学	2006	01
桂林抗战损失程度及调查研究工作的基本估计	唐凌	桂林师范高等专科学校学报（综合版）	2006	01
中国抗战损失研究的回顾与思考	孟国祥	抗日战争研究	2006	04

篇名	作者	刊名	年份	期次
抗战时期重庆的防空卫生	黄虹	时代文学（理论学术版）	2007	06
试述抗战期间日机对文山地区的几次轰炸	何廷明	文山师范高等专科学校学报	2007	07
《北京抗战损失调查》出版		北京党史	2008	01
日本侵华时期国民政府陆军武器装备建设之考察	章慕荣	抗日战争研究	2008	01
抗战名将殉难叙事	丁伯林、赵稀方	文学评论	2008	04
1946年《江西省抗战损失调查总报告》述评	邹耕生	江西社会科学	2008	10
贵州抗战损失初探	秦坤	贵州社会科学	2008	09
抗战时期"重庆大轰炸"几个基本问题的探讨	周勇	重庆大学学报（社会科学版）	2009	01
日本对华经济战中被忽视的一面——日本在华公债政策研究（1931—1945）	戴建兵、申玉山	抗日战争研究	2009	02
国民政府对南京大屠杀案的社会调查（1945—1947）	张连红	江海学刊	2010	01
抗战期间贵州的贡献与损失	陈泽渊	贵阳文史	2010	05
悲戚！抗战时期流徙后方的难民图	龚义龙	红岩春秋	2010	05
江苏抗战损失调查与研究的若干问题	孟国祥	档案与建设	2010	07
南京沦陷后私人财产损失的典型性研究——以国民政府文官处职员损失为例	吕晶、方勇	民国档案	2011	03
南京大屠杀期间市民财产损失的调查与统计——基于国内现存档案资料的分析	姜良芹、朱继光	历史研究	2012	02

篇名	作者	刊名	年份	期次
近二十年来关于抗战时期日本空袭与中国反空袭斗争研究综述	古琳晖	抗日战争研究	2012	02
《抗战阵亡将士资料汇编》介绍	李强	抗日战争研究	2013	01
近十年来国内抗战大后方经济研究综述	刘茂伟	重庆科技学院学报（社会科学版）	2014	01
试论南浔抗战沦陷及其历史启示	眭桂庆	湖州职业技术学院学报	2014	01
南宁市抗日战争时期人口伤亡和财产损失调研报告	中共南宁市委党史研究室课题组、刘家幸	创新	2015	03
《抗日战争时期中国人口伤亡和财产损失调研丛书》总序	李忠杰	中共党史研究	2015	01

（三）相关文章目录

篇名	作者	刊名	年份	期次
马来亚华侨对祖国抗战的贡献	许肖生	华南师范大学学报	1984	04
容县发现的广西华侨抗日史料简介	黄铮、覃肇忠	八桂侨刊	1987	02
抗日战争时期内地经济、文化南迁对云南的影响	范莉琼	思想战线	1990	04
日本侵占华北海关及其后果	曾业英	近代史研究	1995	04
抗战时期的长沙大火	胡秀勤、张雪梅	文史杂志	1995	04
贵州与八年抗战	李晓红	贵州文史丛刊	1995	04
论日本对东南亚的占领及其影响（1941—1945）	梁志明	世界历史	1995	04

篇名	作者	刊名	年份	期次
抗日战争时期中国损失调查及赔偿问题	郭希华	历史研究	1995	05
"七七"事变后占领天津的日本侵略军	王凯捷	历史教学	1995	05
日本侵略者占领金厦两岛史实纪略	郑澄桂	福建党史月刊	1995	07
国耻五十年祭——记日军侵华战争中的劳工、难童、慰安妇	李秀平、齐声	法律与生活	1995	08
"文夕大火"——记长沙的"焦土抗战"	李友林	党史纵横	1996	03
日本夺取中国东北海关述略	连心豪	厦门大学学报	1997	01
香港被日军占领后的苦难岁月	王德旺	党史文汇	1997	07
在抗战中殉国的河北籍国民党高级将领	唐正兴	文史精华	1999	01
广西籍华侨对抗日战争的贡献	赵和曼	八桂侨刊	1999	03
论日本侵占东南亚对我国抗战经济之影响	赵杰艺、武铁成	洛阳工学院学报	2000	S1
论海南沦陷时期的日本占领政策	张兴吉	日本学论坛	2002	02
八年来日本法西斯摧毁太行区人民的概述	中国解放区救济委员会晋冀鲁豫分会太行办事处	档案天地	2002	S1
日本侵占东北时期的吉林海关	黄定天	吉林师范大学学报	2005	01
略论抗战时期四川兵力动员	汤梓军	人文杂志	2006	01

篇名	作者	刊名	年份	期次
日本侵占中国西、南沙群岛及后果	张明亮	历史教学	2006	03
全国抗战时期灾荒状况与农村人口迁移	孟丽、张瑞静	时代文学（理论学术版）	2007	01
从市民呈文看南京大屠杀	姜良芹、吴润凯	抗日战争研究	2007	01
抗战时期贵州遭受日军空袭及损失研究	秦坤	遵义师范学院学报	2008	05
贵州抗战损失初探	秦坤	贵州社会科学	2008	09
艺术与国运：抗战时期桂林学术界的文化救亡行动	柴刚	广西师范大学学报（哲学社会科学版）	2009	02
王铭章殉国与川军抗战	高华	文史精华	2009	08
湖南省档案馆抗战损失档案概述	余志君	云南档案	2010	01
论抗战时期重庆的难童救助	王利霞	河南广播电视大学学报	2010	01
抗战时期湖南经济捐损失研究	萧栋梁	文史博览（理论）	2010	05
抗战时期人民防空抚恤工作概述	陈松、黄辛建	阿坝师范高等专科学校学报	2011	01
沙岭战斗敌我伤亡数字考	祝朝安、侯君毅	兰台世界	2011	11
对抗战时期中国文教忠贞及殉难人士表彰之研究	孟国祥	民国档案	2012	01
《抗战阵亡将士资料汇编》介绍	李强	抗日战争研究	2013	01
《江西省抗战时期人口伤亡和财产损失》	中共江西省委党史研究室	党史文苑	2014	01
"日本侵华时期我国受损图书"史料数据库建设研究	黄红、王伟	大学图书馆学报	2014	01

篇名	作者	刊名	年份	期次
省委党史研究室主任王晓春就抗战时期日军在赣暴行接受江西卫视专访	万强	党史文苑	2014	16
《北京市抗日战争时期人口伤亡和财产损失》近日修订再版	常颖	北京党史	2015	01
侵华日军滇西罪行相关史料的解读与应用初探	雷娟利、王建宏	保山学院学报	2015	01
苗族在抗日战争中的牺牲与贡献述略	麻勇斌	贵州社会科学	2015	04

二、经济损失

（一）重点文章评介

经济损失是中国抗损的一个重要组成部分。由于其涉及面广，对于研究者来说，要搞清这方面的损失，并非易事。但可喜的是，研究者们并没有在此问题上退缩不前。30多年来，许多研究者一直专注于这个问题的研究，到目前为止，虽然全国性的损失数字尚未有所突破，但对一些行业的损失、一些省份的损失、一些地区的损失、一些城市和农村的损失的研究，还是取得了令人瞩目的进展。

与大多数研究者着重从日本侵华期间对中国经济资源的掠夺这一角度来探讨中国的经济损失不同，王真的《论日本侵华期间削弱中国国力的经济战略》，则从一个更新、更广阔的范围，就日本对中国的经济战略进行了研究。他着重强调：削弱中国国力是日本对华经济战略的重要目标。在此目标下，日本有两个子目标：一是掠夺中国的经济资源，二是遏制中国的财政和金融。王真提出，日本削弱中国国力的经济战略对策主要是"掠夺工农业资源"、"破坏财政和金融"、"封锁和统制贸易"，其特点有四：一是以军事实力为后盾来推行经济战略对策；二是以资源掠夺为重点；三是经济手段运用的多元性和广泛性；四是对策狡诈多变。日本通过运用这些对策，造成了中国国家资源严重流失、财源被大量劫夺、工农业生产力被严重破坏，还有矿业、交通业、贸易等行业的巨大损失。王真认为，在中国财产损失的 600 亿美元中，有相当一部分是日本削弱中国国力的经济战略所致。日本实施这一战略的后果有三：一是破坏了中国的产业结构，使中国经济变成殖民地经济，加深了中国的半殖民地程度；二是导致中国战时财政金融的进一步危机，酿成战后严重的通货膨胀，给国家经济和人民生活带来灾难；三是使中国经济元气大伤，加重了战后重建的困难。

靠研究者个人搞清日本侵华期间对中国城市经济的破坏，确实存在巨大的困难。谢荫明、陈静的《日本侵略者对中国城市经济的掠夺与统制——以北京沦陷区为例》，是选择北京这个重要的城市为代表，试图通过对日本对北京经济的掠夺与统制，来剖析日军侵华期间对中国城市经济破坏的手段，其选题和视角均独具匠心。该文指出：为了有组织有计划地对中国城市进行经济掠夺和统制，日本的"南满铁道株式会社"在 1935 年 12 月成立了华北分公司——兴中公司，并由其出面收买了北京、天津一些电力公司的股票，从而为控制华北的经济奠定了基础。1938 年 8 月，兴中公司在华北已拥有 11 家公司。1938 年 11 月，日本又成立华北开发公司，统制与国防密切相关的交通、电力、通讯等基础产业及煤、铁、盐、棉、化工等主要资源。到 1943 年 9 月，华北开发公司投资及融资经营着 28 个会社、3 个矿业所、2 个贩卖组合，资本金总额 15.99 亿日元。日本通过其掌握的公司，对北京实现了商业、工业、金融业方面的掠夺和统制。这篇文章的重要贡献，是以北京为例，对日本对中国城市的破坏手段、掠夺和统制的领域进行了比较详细的叙述与探讨，并对其严重后果作了比较充分的估计。文章指出："日本侵略者对北京城市经济的掠夺和统制，中断了北京原有的经济体制和运行秩序，经济的发展趋缓、停滞并且倒退。具体表现出来的现象是：民族工商业由于外族的侵略沦于破产；一个广大的消费市场由于大多数人的贫困化而缩小、削弱；原有的经济产业格局遭到破坏，被战争所刺激行业的发展是片面、畸形的，难于持久。北京这个对华北和东北都有重大影响力的城市，在失去民族骄傲、政治自主的同时，也失去了它正在形成的城市发展和上升的地位和影响。"

陈雷对于抗战时期国民政府的粮食统制问题进行了研究，指出为了保障军粮民食的供应，国民政府对粮食实行了统制，其措施主要是田赋征实、军公民粮定量供应和限制粮价等。从而认为在抗战后期国民政府实行的各项经济统制政策，以粮食统制及其配给最有成效。在通货膨胀、物价飞涨的情况下，该项制度维持了抗战军民的基本需要，稳定了军心民心，保证了国家各级机关的照常运转。同时也认为国民政府实行的战时粮食统制政策和田赋三征加重了农民的负担，并在一定程度上影响了农业生产；而且由于征收机关的营私舞弊及地主富户的转嫁负担，使广大农民忍受了巨大的痛苦。

日本侵华期间对东北经济的掠夺，由于抗战胜利后未能全面统计，乃至造成历史性的遗憾。但研究者们并没有放弃对这一问题的追究。他们利用日伪时期的档案资料，对日本入侵东北 14 年所造成的经济损失进行了多方面的探讨。朱绍绍文的《日本帝国主义九·一八事变后对我国东北的经济掠夺》（1931—1945 年）、焦润明的《日本自近代以来对东北资源与财富的掠夺》，以及笔者在本专题"相关文章目录"中及列出的许多文章，都反映了研究者多年来辛勤研究的成果。朱绍文的文章以较长的篇幅、翔实的史料，分四个时段，对日本入侵东北 14 年所进行的经济掠夺作了比较详细的追述。据 1932 年 7 月 1 日统计，日本在九一八八事变后通过接管和合并东北的官银号和四行准备库，掠夺了大量金银，计有价证券 1600 万元，生金、银 410 万元，财产项目 2000 余万元，现金 3000 余万元，合计约 7000 余万元；掠夺现金准备 4500 万银元。这还是不完全统计。1932 年以后，日伪建立了以"伪满中央银行"为中心的金融掠夺体系。到 1935 年 8 月底，伪满中央银行强制收兑东北地方通货达 138214120 元，收回率为 97.2%。从 1937 年开始，伪满开始实行大规模扩军备战五年计划，到 1941 年，实际投资额达 689500 万日元。伪满中央银行通过发行纸币、公债等，对东北进行金融掠夺。1942 年以来，伪满币的发行飞速增长。1943 年，伪币发行额为 13 亿元，到 1945 年 8 月，增加到 88 亿元。在伪满金融机关大量膨胀信用、滥发纸币的掠夺下，东北地区物价飞涨。此外，日伪还通过所谓"国民储蓄运动"，加强吸收资金，压缩人民消费。从 1939 年至 1944 年日本投降前夕，集中的储蓄资金达 89 亿元伪币。日伪还通过其他手段和渠道，对东北进行大肆掠夺。尽管该文列出了许多相关的数字，但遗憾的是，该文并没有得出一个比较准确的总的损失数字。

焦润明的《日本自近代以来对东北资源与财富的掠夺》，通过日本于 1933、1937、1943、1944 从东北掠夺的战略资源统计数字，得出这样一个结论：仅以煤炭而言，以每年掠夺 1000 万吨计，14 年中，日本最少能掠夺走 1.4 亿吨。但对于其他的矿产损失，乃至整个东北的经济损失，还没有一个较准确的估算数字。东北地区是遭受日本掠夺时间最长、经济损失最惨重的地区。东北经济损失至今没有搞清这一严峻事实，凸显了进行抗战损失调查的必要性和紧迫性。

经济损失部分的其他几篇文章，分别对部分地区的有关损失进行了探讨。

文章所关注重点不同，各有所长。其中马俊亚的《抗战时期江南农村经济的衰变》，以大量原始档案为依据，得出如下数据：日本占据江南（包括上海、江苏、浙江）农村后，屠杀农村平民有案可稽之数达 40 万人，烧毁房屋达 300 万间以上，失耕土地达百万余亩，失耕总人数近百万。该文认为，日本侵华战争对江南农村经济的破坏为历史上所未有，打断了江南农村的现代化进程，阻断了改良建设和社会发展，破坏了社会保障体系，增进了江南农村的贫困化程度。袁成毅的《区域工业化进程的重创：抗战时期浙江工业损失初探》一文的最后一部分，对战时和战后浙江省政府的有关损失统计数据进行了分析，得出"浙江省形成的统计数据可以说是最低限度的抗战时期工业损失数据"这样一个结论。作者根据战后国民政府行政院善后救济总署浙江分署所汇总的损失数据，提出：抗战时期浙江沦陷区的直接工业损失达 392 亿（法币），折合美元 20 亿。此数据尚未包括电力工业、煤炭工业这些较大行业的损失，也未包括因战争所致的间接损失，因此这个数字还是相当不全面的。

温艳的《试论抗日战争对西北地区灾荒之影响》，探讨了抗战时期西北地区的受灾情况。文章认为，抗战时期西北灾荒呈现出多灾并发、多灾连发、受灾面积广、灾民人数众多的特点。导致灾荒频发的原因，主要是战争。战争加重了西北地区的兵役、军事摊派负担，严重破坏了农业生产。仅从陕西省来看，从 1937 年至 1945 年，服兵役的人数为 115.6217 万人。由于劳动力缺乏，西北地区的荒地面积大大增加。据不完全统计，1934 年陕西荒地面积达 37344548 公亩，甘肃有荒地 22976697 公亩，宁夏有荒地 11447213 公亩，青海有荒地 28249776 公亩。到 1937 年，西北各省的荒地面积平均占耕地总面积的 3.61%。战争导致森林覆盖率大量减少。加之大量难民涌入西北，加剧了西北地区的粮食供应紧张局面。总之，战争造成和加重了西北地区的灾荒，而严重的灾荒又制约着人民对抗日战争的支援力度。

刘大可的《日本全面侵华时期在山东的经济掠夺》一文，将日本对山东的经济掠夺分为两个阶段：从 1937 年底侵入山东到 1941 年底太平洋战争爆发为第一阶段，日本在山东进行洗劫式经济掠夺；从 1942 年到 1945 年 8 月为第二阶段，日本在继续抢劫的同时，实行经济统制，垄断金融，控制贸易，限制物价，投资设厂等，增加掠夺的计划性和隐蔽性。据统计，日本全国侵华期间，山东农业直接损失达 19000 多亿元（法币）。8 年间，被掳走和诱骗去东北和日本的山东劳工和移民为 289 万人；遭日军"扫荡"而被抓壮丁达 393259 人。日本通过种种手段，大肆掠夺山东的煤、铁、盐、棉花和粮食等。8 年间，日本从淄博各煤矿共获取原煤 19137808 吨，运出 15794108 吨。枣庄煤矿历年被采掘的煤炭，除炼焦自用及当地出售 97 吨外，运往日本或转运鞍山昭和制铁所的达 12302201 吨。从青岛运往日本、朝鲜的原盐达 3783 万担，约占同期山东原盐产量的 70%。山东鲁北地区每年产棉约 2000 万斤，除四分之一自用外，大部分被日本榨取。日本以多种掠夺方式和手段垄断了山东工业生产，其中从山东棉纺业榨取的利润就在数千万元以上。日本的侵略导致山东商业衰落；通货膨胀恶性发展；土地和劳动力减少，农业生产下降，人民生活极度困苦。

抗战时期，日本侵略者先后占领河南 113 座县城，全省仅有 9 个县未落敌手。在此期间，河北的经济遭到毁灭性打击。刘世永的《日本侵略者对河南沦陷区的经济掠夺》一文指出，日本侵略对农村经济的破坏，导致河南人口从 1936 年的 3449 万人，减少到 1946 年的 2777 万人，共减少 672 万人。日本通过直接武力抢劫、设立合作社、低价强购、实行配给制、增加苛捐杂税等手段，对河南的农产品进行疯狂掠夺，导致农业生产急剧下降，广大农民陷入贫困、饥饿和死亡的境地。从 1937 年至 1943 年，日本造成河南工业损失达 9558000 元；交通损失达 9973995 元。日本侵略者还控制了河南的金融，以大量发行伪币、军用票等方式，掠夺财富，扰乱金融市场，造成物价飞涨。由于资料所限，作者认为："日本侵略者在河南沦陷区造成的经济财产损失是无法详细统计的。"作者谴责了日本侵略者对河南沦陷区经济的破坏，并且尖锐地指出："日本帝国主义对华军事进攻的过程，也是疯狂掠夺、摧毁中国社会经济的过程。"

日本侵略者给福建造成的经济损失，在赖正维的《试论抗战时期日本对福建的经济统制与经济掠夺》一文中，有比较详细的叙述。文章虽然未能计算出福建省经济损失的总数，但所列举的一些损失数据还是非常重要和具体的。文章中所举的损失情况以厦门、金门为主，损失的内容包括农业、渔业、工业、手工业、商业、税收等方面。文章还特别提到了侨汇的损失。作为侨乡的厦门，战前在外华侨约 1.9 万人，每年汇款回家计 1330 万元。在外资产约每人 2000 元，计约 3800 万元。战事起后，本地华侨归国者 1000 人，多数集中在市区，国外及本地资产因战事损失约 1000 万元，本地桥汇损失约 4000 万元。至于厦门市、福州市、金门县、林森县、长乐县因吸毒造成的损失，则高达 3,210,250 万元。

至于日本侵华战争对中国航空工业的破坏，赵元孚的文章作了比较具体的叙述。文章认为，日军侵华战争对中国一些骨干航空工厂造成了破坏，包括首都航空工厂、中央杭州飞机制造厂、中央南昌飞机制造厂、韶关飞机制造厂都遭到不同程度的损失，航空教育事业也因战争而遭到极大破坏。其他三篇文章分别就日本侵略者对广东、台湾、香港的经济掠夺的手段进行了探讨，对其掠夺行径造成的严重后果给予了充分估计。

成二平、赵华在《抗战时期山西省土地损失原因及其生态影响略论》一文中，对于日军在山西的掠夺、破坏进行了深入的研究和探讨。认为：抗战进入相持阶段后，日军为维持其占领状态和殖民政策，在山西修筑工事、"扫荡"抗日根据地、制造"无人区"、大抓壮丁、迫种罂粟，力图彻底毁灭抗日力量。这些措施的最严重后果就是造成山西土地大量流失，间接地造成山西农业生态严重破坏，以及民众抗灾自救能力的缺失。

齐春风在《抗战时期大后方与沦陷区间的经济关系》一文中，对于大后方与沦陷区之间密切关系进行了深入研究。他认为，这种经济关系包括物资战和货币战这两个互相联系、互相影响的层面，并且随着时局的变化，其表现形式也随之变化。在太平洋战争前，中日货币战占主导地位。太平洋战争爆发后，物资战成了经济战的重心。日本在这场经济战中达到了一定的战略目标，国民政府则处于下风，但日本促使中国大后方经济崩溃的目的并未达到。其原因是：第一，中国得到了世界反法西斯盟国的经济支持。战时国民政府获得多笔贷款，美国还给予中国价值 8 亿美元左右的租借物资，这些贷款和物资有力地支援了中国的经济。第二，国民政府在大后方施行的各项财政经济政策对中国的抗战经济产生了强有力的支撑作用。第三，打倒中国的抗日经济体系超出了日本的国力。只有彻底征服中国，日本才能打倒中国的抗战经济体系，而日本的国力虽然强于中国，却远未达到彻底征服中国的能力。因此，无论战时日本在经济上采取多少措施、阴谋，在其国力不济的情况下，都无法达到使中国大后方经济崩溃的最高目标。

王键在《抗战时期台湾拓殖株式会社对广东、海南的经济侵掠》一文中，对台湾拓殖株式会社对广东、海南的经济侵掠情况进行了深入分析，认为台湾拓殖株式会社对广东的自来水、矿业、航运等行业进行垄断和掠夺，在海南对粮食、蔬菜等行业进行掠夺，彻底摧毁了两地战前的经济建设成果，严重破坏了两地战前形成的较为合理的经济结构和经济布局。战后两地满目疮痍，社会经济凋零衰败，农工商业呈全面倒退之势。广东和海南的农业遭受巨大破坏，农田和水利设施被破坏，农村劳动力、耕畜和农具大量减少，造成了荒地面积扩大，耕地面积缩减，农作物产量下降，农村经济恶化。

胡北在《抗战时期安徽茶叶损失》一文中指出，抗日战争期间，安徽茶叶由于遭到日本侵略者的破坏，外销阻滞，产量锐减。战前，安徽全省红绿茶产量在30万担上下徘徊；战后，1938年全省茶叶产量为13.69万余担，1939年全省茶叶产量为17.98万余担，较战前减产一半。皖南的茶场和合作社总数，1940年为382个，1941年减少到113个，年产量也由8.4万箱下降到5.6万箱。皖西地区的茶叶产量，也由1940年的9万担下降到1945年的5万担。根据现有档案不完全统计，抗战期间安徽省茶叶明确损失总计达1.33亿元，日本军国主义侵略给安徽人民造成了巨大的经济损失。

代雅洁在《抗战时期日伪北京市政府经济立法与经济掠夺概述》一文中，指出日伪北京市政府为了控制北京经济命脉而颁布大量经济类的法律法规，这些经济类法规也都是集中在了税收、工业、农业、商业、金融业、公用事业六个方面。抗战时期日伪北京市政府所推行的法制体系变革的殖民色彩非常明显，但是也继承了抗战前北京市政府所颁布的大量法律法规。日伪北京市政府在工业、农业、金融和公共事业等方面进行大肆掠夺，从经济学的角度上看，日伪北京市政府所推行的法制体系变革无疑是失败的，因为它破坏了北京经济发展的内在轨迹，造成了北京经济发展的落后。

田明在《抗战时期山西交通损失调查》一文中，对山西交通损失进行了深入研究。他指出，山西近代交通网络是随着山西近代工业和商品经济的发展而兴起的，并在各界政府的支持下取得不菲的成绩。全面抗战爆发前，山西已基本形成以铁路、公路为动脉，以火车、汽车、邮政、电报、电话为主要工具的连通省内外的立体式交通网络。但这一完备的交通网络在日军侵晋之后，便先后沦为敌手，成为敌人掠夺资财及奴役三晋人民的工具。具体至各铁路线之损失分别为：原大线共计金额31,465,470,000元；忻窑支线7,928,184,200元；忻窑高索线43,45,420,000元；太兰线8,732,968,000元；榆谷支线10,043,309,600元；平支线9,090,100,400元；东晋线6,332,493,000元；永风线7,231,044,400元。公路受损情况更重，到抗日战争胜利前夕，全省公路无一条全线畅通。如果用数字来计算山西战时交通的直接财产损失的话，计铁路225,823,501,680元，公路140,420,000元，电讯40,398,500,100元。

徐凯希在《抗战时期湖北工业损失考论》一文中指出，1937—1945年的日本侵华战争，打断了湖北近代工业缓慢发展的历史进程，造成社会生产力的极大破坏，湖北各阶层人民蒙受了极其惨重的物质和精神损失。到日本投降，在湖北省工业损失中，机械、材料损失计达40690吨，存量仅及战前的40%。其中又以武汉三镇工业损失最为惨重，仅汉口市工厂设备损失达14220吨，总值达 8200 余亿元（按 1946 年 2 月法币价值，下同）。汉口食品工业中，"裕原东"、"汪玉霞"等 18 家共损失 16550 美元，合 9120 万元法币。加上公用事业、金融业、公用建设、卫生设备、学校财产等方面的损失，共计 42294 亿元；武昌市财产损失则达 2588 亿元，其中工商损失达 2107 亿元。若按工矿企业归属划分，湖北全省省营事业财产损失共计 48325 亿元，其中直接损失约计 46017 亿元，间接损失 2308 亿元。全省民营事业财产损失 5564 亿元，其中直接损失 1061 亿元，间接损失 4503 亿元。全省工业生产水平因此急剧下降，数十年之经营毁于一旦。

在《抗战时期南京市民所蒙受的间接财产损失考证》中，曾永明、郑翔通过查阅 1931、1932、1933、1937 年等四年的《中央日报》，对报纸所载南京市民捐献金钱、物资支援抗战的情况进行了专项考证。他们认为，日本的侵略行径不但给南京市造成了巨大的人口伤亡和直接财产损失，还给南京市民造成了沉重的间接财产损失。单就 1931 年、1932 年、1933 年、1937 年这四年中，南京市民捐款就超过 200 余万元，物品则不计其数，涉及衣物、食品、药品、金银首饰等方面。20 世纪 30 年代，中国本就不发达，人民生活本就十分困难，战前南京市民的日平均工资仅为 1.01 元，每个家庭的平均日收入为 1.23 元。1933 年 3 月 8 日，南京市面的粳米价格是每石 6.17 元，即每斤 0.039 元，1 元钱具有相当的购买力。在这种情况下，普通南京市民，特别是一些低收入的贫苦市民也能够踊跃捐款，体现了普通市民极高的爱国热情。

萧栋梁在《抗战时期湖南经济损失研究》一文中指出，在 1946 年 2 月湖南省政府统计室制定的《湖南抗战损失统计》和 1948 年 1 月湖南省政府统计处根据各地各部门补报材料形成的《全省抗战损失调整表》的基础上，根据多年查阅各种档案、报刊、党史、文史、方志以及日本、港台有关资料，对抗战时期湖南经济损失做出重大补充修正。首先介绍日本侵湘与反复破坏概况；其次时全省直接经济损失从巧个方面统计出新增直接经济损失 17.091019 亿美元，使全省直接经济损失由 1948 年 1 月统计的 18.1848 亿美元，增加到 35.275819 亿美元。再次对全省间接经济损失从六个方面统计出新增间接经济损失 76.3219316 亿美元，使全省间接经济损失由 1948 年 1 月的 1.0728 亿美元增加到 7.39473 亿美元。总计全省直接和间接经济损失 112.670549 亿美元，彻底摧毁了清末以来湖南现代化的物质成果，严重削弱了现代化最基本的人力和资金两个条件，使湖南现代化进程倒退半个世纪以上。

陈立超在《抗战时期日军对海南岛的经济掠夺》一文指出，日军侵占海南岛的直接目的是掠夺海南经济资源，以供给战争的需要，其政策核心也是从经济掠夺的方面入手，期望把海南变成日军南进的基地。日军对海南经济掠夺的主要方式为：发行军用手票、盗采矿产、强征土地、强掠劳工、商业统制和武力抢劫等，给海南造成了巨大的经济损失。

姜茂发、吴伟、李兆友在《"满铁"在华时期经济掠夺问题新探》一文中指出，"南满洲铁道株式会社"对中国的经济掠夺，是以股份公司的形式作为伪装，执行着日本帝国主义侵略中国的对外政策。"满铁"依靠特权建立起一个超乎中国主权和法律之上的"满铁王国"，构成了日本国家资本为主导，日本产业托拉斯和中小私人资本为辅助的经济体系。"满铁"通过这套经济体系，利用显性和隐性两种方式对我国进行经济掠夺、政治扩张、文化渗透，对中国的经济结构和民族工业造成了异常严重的破坏。

李鹏军在《日据时期对台湾的经济掠夺及其后果》一文中，对日本在台湾的经济掠夺问题进行了深入研究，认为日本殖民统治者对台湾经济掠夺的几种主要形式：霸占台湾土地山林垄断"专卖事业"，赚取巨额利润；控制台湾工商业，对外贸易；推行所谓的"工业化"，以适应扩大势力战争的需要等。通过扶植日本资本压抑土著资本和外来资本的殖民经济政策、糖业政策、农业经济政策，以"军需化"为特征的工业及统制政策、配合日本南进经济政策。在"工业日本、农业台湾"殖民地经济政策的指导下，台湾的经济工业体系被摧毁，在经济发展上严重依赖日本。

王新旺在《武汉沦陷时期日军的经济掠夺与民众生活》一文中指出，武汉沦陷后，日本占领军在武汉设立指挥机关，确立了对武汉民众的军事殖民统治，实行以战养战的经济统制政策，主要表现在没收资产、掠夺资源、控制财政金融、垄断贸易，从而造成工人失业、物价飞涨，民众的生命安全无法保证，尊严丧失，不仅给民众造成巨大灾难，也对武汉的城市生活造成了极大的破坏。对武汉民众的日常生活的影响是，日军扶植的伪政府实行物资统制政策，以实现对物资的垄断，尤其是对粮、油、煤、食盐等日常必需品的垄断和按户配给。由于日军对武汉人民进行赤裸裸的掠夺，大批物资落在日军手中，造成武汉市面物资极端匮乏，人民生活极端困苦。同时，在战争状态下，民众的生命受到严重威胁，医疗救助工作开展不力，生活缺乏保障，难民、失业、疾病等问题都是沦陷后武汉面几个难题。而且日军入侵下造成的经济残破和日军的破坏掠夺，使武汉的市政遭到大肆破坏。总之，日本占领军的经济侵略不仅造成了武汉民众的困苦生活，也从根本上破坏了武汉城市近代化的进程。

（二）重点文章目录

篇名	作者	刊名	年份	期次
日本侵略者对河南沦陷区的经济掠夺	刘世永	河南大学学报（哲学社会科学版）	1988	01
日本对华北经济的统制和掠夺	居之芬	历史研究	1995	02
日本侵略者对广东的经济掠夺与经济统制	黄菊艳	广东社会科学	1996	04
日本全面侵华时期在山东的经济掠夺	刘大可	山东社会科学	1999	01
日本侵华战争对中国航空工业建设的破坏	赵元孚	航空史研究	1999	03
日本帝国主义九·一八事变后对我国东北的经济掠夺（1931—1945 年）	朱绍文	中国经济史研究	1999	03
论日本侵华期间削弱中国国力的经济战略	王真	民国档案	2000	03
沦陷时期日本侵略者对香港的经济掠夺	李琪珍	社会科学家	2002	03
抗战时期江南农村经济的衰变	马俊亚	抗日战争研究	2003	04
区域工业化进程的重创：抗战时期浙江工业损失初探	袁成毅	浙江社会科学	2003	04
日本对台湾的经济掠夺及其后果（1895—1945）	刘丽君	闽江学院学报	2003	06
试论抗战时期日本对福建的经济统制与经济掠夺	赖正维	福建师范大学学报（哲学社会科学版）	2004	05
日本自近代以来对东北资源与财富的掠夺	焦润明	辽宁大学学报（哲学社会科学版）	2005	05
试论抗日战争对西北地区灾荒之影响	温艳	甘肃社会科学	2006	02

篇名	作者	刊名	年份	期次
日本侵略者对中国城市经济的掠夺与统制——以北京沦陷区为例	谢荫明、陈静	纪念中国人民抗日战争暨世界反法西斯战争胜利60周年学术研讨会论文集（下）	2006	09
抗战时期山西省土地损失原因及其生态影响略论	成二平、赵华	沧桑	2007	05
统制经济与抗日战争	陈雷、戴建兵	抗日战争研究	2007	05
论满铁对华的经济掠夺	王珍仁	东北史地	2007	07
试论日伪经济统制政策的实质和影响	李慧娟、温延静	黑龙江省社会主义学院学报	2007	12
1995—2005：抗日战争时期经济研究述评	郑起东	抗日战争研究	2008	03
抗战时期大后方与沦陷区间的经济关系	齐春风	中国经济史研究	2008	04
抗战时期湖南经济损失研究	萧栋梁	中华民族的抗争与复兴——第一、二届海峡两岸抗日战争史学术研讨会论文集（下）	2009	08
抗战时期国民政府的粮食统制	陈雷	抗日战争研究	2010	01
"满铁"在华时期经济掠夺问题新探	姜茂发、吴伟、李兆友	黑龙江社会科学	2010	06
抗日战争时期日本对湖北沦陷区经济掠夺述论	徐旭阳、冉小梅	湖北第二师范学院学报	2010	07
抗战时期台湾拓殖株式会社对广东、海南的经济侵掠	王键	近代史研究	2011	02
抗战时期南京市民所蒙受的间接财产损失考证	曾永明、郑翔	南京大屠杀史研究	2011	03

篇名	作者	刊名	年份	期次
抗战时期山西交通损失调查	田明	山西档案	2012	05
抗战时期日军对海南岛的经济掠夺	陈立超	抗战史料研究	2013	02
抗战时期湖北工业损失考论	徐凯希	民国档案	2013	03
日据时期对台湾的经济掠夺及其后果	李鹏军	重庆第二师范学院学报	2013	05
抗战时期日伪北京市政府经济立法与经济掠夺概述	代雅洁	山西师大学报（社会科学版）	2013	S3
武汉沦陷时期日军的经济掠夺与民众生活	王新旺	湖北社会科学	2014	12
抗战时期安徽茶叶损失	胡北	党史纵览	2015	04

（三）相关文章目录

篇名	作者	刊名	年份	期次
从本溪湖煤铁公司看日本帝国主义对我国东北的经济侵略	刘万东	辽宁大学学报	1982	02
抗日战争时期日本在华北的经济侵略机构——华北开发株式会社	徐行	历史教学	1984	06
从八幡制铁所看日本对华经济掠夺	王秀华	日本研究	1985	04
抗战初期上海民营工厂的内迁	孙果达	近代史研究	1985	04
抗战期间上海内迁工厂与四川民族工业	孙果达	社会科学研究	1985	05
日伪"清乡"期间的经济掠夺	翁复骅	苏州大学学报	1987	02
论 1937—1942 年国统区内地工业的发展	孔繁浩	上海师范大学学报	1988	04

篇名	作者	刊名	年份	期次
"九·一八"事变后日本对我东北茶市的侵占	姚永培	中国茶叶	1989	02
伪满经济统制下的哈市私人工业	王汉义	求是学刊	1989	05
日本对华中沦陷区经济侵略史料一组	胡震亚	民国档案	1990	01
概述"九·一八事变"后日本侵占我国东北茶叶市场的史实	姚永培	北方文物	1990	02
满铁"附属地"与日本帝国主义的经济侵略	安生	现代日本经济	1990	02
日本帝国主义侵华时期在东北的经济掠夺	陆秀清	哈尔滨商业大学学报	1990	04
1942年前日本在中国沦陷区掠夺公私工矿业经营及收益调查	杨立、柯绛	民国档案	1992	01
抗战时期的湖南工矿业	萧栋梁	求索	1992	02
日本侵华战争时期对华北工矿资源的控制和掠夺	王士花	抗日战争研究	1993	01
抗战时期的安徽驿运	刘东方	抗日战争研究	1993	01
抗日战争时期迁黔工业及其特点	康景星	贵州文史丛刊	1993	02
日本"北支那开发株式会社"的经济活动及其掠夺	居之芬、毕杰	近代史研究	1993	03
抗日战争时期日伪对浙江的经济掠夺	周章森	浙江学刊	1994	01
抗战时期日本对关内沦陷区农业的破坏和掠夺	朱玉湘	山东社会科学	1994	04
抗战时期日伪对安徽的经济掠夺	唐锡强	安徽史学	1994	04

篇名	作者	刊名	年份	期次
抗日战争时期日本对山东的经济侵略	廉慧	山东师大学报	1994	06
抗战时期四川工业的兴衰	刘子建	天府新论	1994	06
丝绸之府的浩劫——记抗战期间日本对浙江蚕丝业的统制与摧残	吕红	浙江档案	1994	10
抗战时期的云南盐业	吴强	盐业史研究	1995	03
九一八事变后日本对台湾经济掠夺重点的转变	郭学旺	台湾研究	1995	03
日本帝国主义对东北工矿业的掠夺及其后果	董长芝	中国经济史研究	1995	04
日本占领北平 中药行业衰落	武斌	北京党史研究	1995	04
抗战时期的四川蚕业	胡祉	四川丝绸	1995	04
日本财阀资本对东北经济的浸透与侵略	庄严、赵朗	齐齐哈尔师范学院学报（哲学社会科学版）	1995	05
抗战时期贵州社会经济的发展	林建曾	贵州文史丛刊	1995	05
日本军国主义对我国进行经济掠夺的铁证	濮阳档案局、档案馆	档案管理	1995	05
日本对中国东北牧业资源的掠夺	张传杰	齐齐哈尔大学学报	1995	05
日本对抚顺煤田的侵占与掠夺	王渤光	社会科学辑刊	1995	05
日本八幡制铁所侵掠大冶铁矿述论	车维汉	辽宁大学学报（哲学社会科学版）	1995	05
抗战时期的云南矿业	杨寿川	云南社会科学	1995	06
日伪时期的横征暴敛	石见	上海财税	1995	08
日寇圈地知多少	石见	上海财税	1995	11

篇名	作者	刊名	年份	期次
日本侵华对中国经济造成的巨大破坏	李三星	上海党史与党建	1995	S1
试谈日本帝国主义对牡丹江的经济侵略	张兆庶、李建华、陈学良	世纪桥	1995	S1
日伪对东北经济的掠夺	刘艳秋	黑龙江教育学院学报	1996	02
抗战时期的中国煤矿市场	唐凌	近代史研究	1996	05
抗战时期贵州农业的发展及其特点	林建曾	贵州社会科学	1996	06
伪满时期日本帝国主义对黑龙江地区的经济掠夺	宋德玲	北方文物	1997	03
日本帝国主义对黑河地区的经济侵略	马景才、于海鸥	世纪桥	1997	04
侵华日寇是怎样掠夺摧残旧中国手工业经济的	凌晋良	中国集体经济	1997	07
抗战时期华中蚕丝股份有限公司在沦陷区的活动	何占演	丝绸	1997	10
华北沦陷区的经济地位及日本统制掠夺之特点	居之芬	晋阳学刊	1998	01
日本对我国东北经济侵略和掠夺政策的变迁及其实施	季秀石	史林	1998	02
东北沦陷时期日伪的农业资源掠夺政策	孙玉玲	社会科学辑刊	1998	04
论抗日战争时期湖北工业的内迁	徐旭阳	湖北师范学院学报（哲学社会科学版）	1998	04
抗战时期内迁工厂对贵州经济的影响	廖光珍	贵州师范大学学报（社会科学版）	1998	04
伪满时期的大豆产销	刘凤军	北京商学院学报	1999	01
抗战时期贵州工业的发展	孔玲	贵州师范大学学报（社会科学版）	1999	02

篇名	作者	刊名	年份	期次
30—40 年代日本与中国东北农业经济的殖民地化	郑敏	日本学论坛	1999	03
日本侵华战争对中国航空工业建设的破坏	赵元孚	航空史研究	1999	03
关于抗战期间广西矿业损失的调查	唐凌	历史档案	1999	04
日本殖民统治大连时期的盐业史探	赵光珍	辽宁师范大学学报	1999	05
抗战时期浙江各地迁设丽水地区的工厂及其影响	张根福	浙江师大学报	1999	05
从一张证书看掠夺——"伪满兴农合作社"揭秘	杜军	党史纵横	2000	01
日本侵占海南时期的经济"开发"政策及活动	王裕秋、张兴吉	海南大学学报（人文社会科学版）	2000	01
日本窃取海城铁矿过程	李保安	兰台世界	2000	02
抗日战争时期日本对河北煤炭资源的掠夺	戴建兵	衡水师专学报	2000	02
抗战时期广东省营工业的损失与重建	黄菊艳	民国档案	2000	02
抗战时期贵州商业的发展	肖良武	安顺师范高等专科学校学报	2000	03
侵华日军在察绥晋北地区的经济掠夺	陆军、周宁	民国档案	2000 2001	03/04 01
日本对东北铁路运输业的掠夺	刘筱筱	辽宁师范大学学报	2000	05
抗日战争时期山东沦陷区农村经济	刘大可	济南大学学报	2000	06
日伪统治时期的华北农村合作社	王士花	中国社会科学院研究生院学报	2001	01

篇名	作者	刊名	年份	期次
日本投降前后对中国经济的最后榨取和债务转移	戴建兵	抗日战争研究	2001	01
论伪满时期的殖民地区域经济一体化	衣保中	吉林大学学报	2001	04
抗战时期浙江省政府南迁对国统区农业生产的影响	张根福	浙江师大学报	2001	05
日本帝国主义对内蒙古地区的经济侵略	马寒梅	阴山学刊	2002	03
伪满时期日本对中国东北能源的掠夺	刘英杰	社会科学辑刊	2002	05
日伪在沦陷区的棉花增产与棉花统制	胡华	贵州师范大学学报（社会科学版）	2003	01
日军对厦门的经济掠夺与奴化教育述论	张玉龙	漳州师范学院学报（哲学社会科学版）	2003	01
抗战时期日本帝国主义对中国沦陷区农业的掠夺	李惠康、李广	湘潭师范学院学报（社会科学版）	2003	02
试述日本侵占海南岛策略	隋丽娟	世纪桥	2003	02
抗日战争时期日伪控制下的江浙家庭制丝业	吴惠芬	古今农业	2003	03
抗战时期的合山煤矿	唐凌	抗日战争研究	2003	04
抗战期间贵州经济研究情况及其成就	廖光珍、何长凤	贵州大学学报（社会科学版）	2003	05
河南沦陷区农民负担浅析	张俊英	平顶山师专学报	2003	06
抗战时期日本对华南地区经济掠夺与统制的特点	赖正维	江海学刊	2004	01
新民主主义革命时期帝国主义对湖南的经济侵略	易永卿	衡阳师范学院学报（社会科学）	2004	02
略论日军在苏浙皖地区的军粮征购	潘敏	民国档案	2004	03

篇名	作者	刊名	年份	期次
论日本侵占海南岛时期的工业政策	张兴吉	海南广播电视大学学报	2004	03
抗日战争时期的贵州经济	黄钧儒	贵阳文史	2004	03
从石碌铁矿看日本侵占海南岛时期的"开发"重点	许金生	民国档案	2004	04
抗战时期的民众捐机运动	金功辉	钟山风雨	2004	04
抗战时期华北日系农场的殖民经营——以天津地区为中心	张会芳	抗日战争研究	2004	04
抗战时期日本帝国主义对沦陷区工矿业的掠夺	沈绍根、杨育华	湘潭师范学院学报（社会科学）	2004	06
抗战时期广西蔗糖业损失初探	莫长胜、唐咸明	广西教育学院学报	2006	02
论抗战时期广西两次沦陷期间的医药损失	巫文生、唐咸明	柳州师专学报	2006	04
北平沦陷时期的混合面探原	齐大之	北京师范大学学报（社会科学版）	2006	05
九一八事变后日本对黑龙江地区资源的掠夺	张凤鸣	黑龙江社会科学	2006	06
华北沦陷区粮食的生产与流通	王士花	史学月刊	2006	11
二十世纪最大的城市火灾——抗战时期"长沙大火"扫描	唐正芒、李衍增	长沙大学学报	2007	01
全面抗战时期灾荒状况与农村人口迁移	孟丽、张瑞静	时代文学（理论学术版）	2007	01
抗战时期农村经济浅述	田志飞	康定民族师范高等专科学校学报	2008	04
日本战时统制经济对大连民族工商业发展的影响	崔再尚	大连近代史研究	2009	10

篇名	作者	刊名	年份	期次
日伪经济统制下的东北民族工商业	刘全顺	边疆经济与文化	2010	03
伪满洲国的统制经济政策浅析	井志忠	外国问题研究	2010	08
日伪统制经济下的忻县商会	张玉莲	民国档案	2010	11
我国农业巨灾损失的评估与度量探析	谷洪波、郭丽娜、刘小康	江西财经大学学报	2011	01
抗战时期四川民营工业兴衰及其与政府关系研究	呈仁明	成都理工大学学报（社会科学版）	2011	02
满铁——日本帝国主义对我国进行政治侵略、经济掠夺的工具	王玲菱	理论界	2011	12
伪满时期经济统制实质与宏观经济模型分析	王桂芬	东北史地	2012	11
抗日战争时期日伪在湖北沦陷区的经济统制	徐旭阳	民国档案	2013	08
抗战时期边陲重镇龙州抗战损失初探	张旭杨	广西地方志	2014	06
抗战时期永安防空状况与损失	林家卓	福建党史月刊	2014	17
日军对安徽的入侵占领和罪行	宋霖	江淮文史	2015	01

三、金融损失

（一）重点文章评介

《金钱与战争》的作者戴建兵曾严肃地指出："抗战期间，中国的金融损失是非常巨大的。在调查中国的抗战损失时，切不可忽视金融损失。如果搞不清金融方面的损失，中国的整个经济损失就很难有一个比较准确的统计数字。"确实，相对于日本军队的烧杀掳掠等明显的罪行来说，日本侵华期间对中国金融业造成的损失比较隐晦，不为普通人所明了。战后国民政府进行抗损统计时，就没有将金融损失彻底搞清楚，乃至这一巨大损失成为历史的疑点。30多年来，我国大陆的学者克服重重困难，对这个问题进行了卓有成效的探讨。虽然迄今为止尚未得出准确的数字，但他们所进行的工作还是非常有意义和有价值的。

收入本专题的几篇论文，从不同方面、不同角度对金融损失进行了探讨。郑会欣的《步向全面侵华战争前的准备——论九一八事变后日本对中国财政的破坏》一文，从"强占东北海关，掠夺关税收入"、"阻挠西方对华援助"、"操纵华北走私，摧毁中国经济"、"破坏中国实施币制改革"四个方面，对日本对中国财政的破坏进行了比较全面系统的探讨，揭示了日本政府实施侵华战略的步骤和罪恶目的。作者指出，九一八事变后，日本在政治上不断向国民政府施加压力，逼迫他们放弃寻求西方的援助；在军事上频频制造事端，在华北策动分裂活动，加紧"蚕食"和并吞华北主权；在经济上，一方面打着"中日经济提携"的幌子，大肆进行社会经济调查，以创办公司、投资经营等手段，扩张其经济实力；而更重要的方面则表现在破坏中国的财政，扰乱中国的国民经济，为其发动侵华战争进行军事上和物资上的各种准备，实际上这正是日本政府侵华政策的两个主要方面，其中既包括日本外交当局的暗中活动，更明显的则是军方的公然挑衅，两者相辅相成，互相配合。作者在文中列举了一些东北财政损失的有关数据。据海关总税务司统计，1932年3月至6月，伪满当局强占海关收入3080171.19元；1932年7月1日至1936年12月31日，东北包括大连以关税为担保的外债及赔款为56541683.59元。在华北，由于日本当局鼓励走私银元，造成大量白银外流，1935年一年内，白银走私出口约在15000万元至23000万元之间；而走私货物的入境也扰乱了华北市场，并且造成海关税收急剧下降。从1935年8月1日至1936年4月30日的9个月中，华北六港税收损失共计为25506949元。

曹大臣的《论日本侵华时期的军票政策》一文，将视角对准日本以发行军票的手段对中国进行金融掠夺方面。该文详细回顾了日本侵华时期的军票制度，认为其经历了一个由日银券——军票——中储券这样一个过程。该文的可贵之处是以比较详细的数字，叙述了日军在华南以军票所进行的疯狂的金融掠夺。日军为了以战养战，在华中、华南大量发行军票，乃至1943年4月华中及华南大部分地区的军票回收之后，市面上仍有大量的军票流通，具体流通量是：1943 年 6 月为 4.70896 亿元，12 月为 4.87390 亿元；1944 年 6 月为 4.35722 亿元，12 月为 6.71245 亿元；1945 年 6 月为 14.93708 亿元，8 月为 25.16458 亿元。仅从流通于华南的这些数字看，军票流通造成中国的金融损失就是相当巨大的。该文还比较客观地评价了日本实施军票制度的目的，认为"军票制度在实施过程中，既打击了蒋介石政权的抗日经济基础，又笼络了汪伪势力；在有条件废止军票时，又把战争的负担转嫁到中国人民身上，可谓一石数鸟"。陆伟的《日本在上海和华中地区的货币金融侵略政策》一文，主要内容也是探讨日本在上海和华中地区如果以军票代替日银券，又如何通过强行规定比价和严厉的经济统制等强制手段，以维持军票价值，排挤法币。文章一针见血地指出："日本在整个侵华战争期间对上海及华中的货币金融侵略始终是围绕着对法币的金融战而展开。""日本对上海及华中沦陷区的货币金融侵略，严重扰乱了中国的金融秩序，千万沦陷区物资匮乏和人民生活和极度贫困，充分暴露了日本帝国主义的侵略本性。"

日本对华北的金融掠夺，主要是通过以华北伪临时政府的名义成立的中国联合准备银行（简称"中联银行"）来进行的。中联银行实际上是由日本控制，并为日本侵华战争服务的机构。中联银行从 1938 年 1 月成立至日本投降，以其特殊的方式对华北沦陷区进行了疯狂的金融掠夺。曾业英的《日本对华北沦陷区的金融控制与掠夺》一文，就是以中联银行为研究对象，揭露其为日本侵华战争服务的实质和在华北进行金融掠夺的方式。该文提出，中联银行从事金融掠夺方式而言，主要有如下几种：一是独占货币发行权；二是实施通货膨胀政策；三是统制汇兑；四是控制金融机关；五是榨取民间资本。疯狂的金融掠夺必然带来严重的不良后果。对此，作者认为主要表现在：民众的普遍贫困化；民族工业的衰败；农村经济的破产。由于日伪当局垄断了华北的金融业，除军用物资的生产外，其他工业投资都受到严格限制，以至民族工业资金短缺，迅速萎缩。如天津 1944 年有 1956 家工厂，资本在 10 万以上的尚不足 10%。陈静的《沦陷时期北平日伪的金融体系及掠夺手段》，也是以中联银行等伪金融机构为研究对象，进一步暴露了其为日本在华北进行金融侵略工具的真实面目。文章提出，日伪通过中联银行等金融机构，公开劫掠平津白银，打击、排挤法币，强制推行银联券，操纵票据交易，强行推销债券，严格控制贷款等手段，对北平的金融业进行控制与疯狂的掠夺，为日本在华北建立后方兵站基地和华北伪政权的统治服务，致使北平社会生产力停滞不前，人民生活水平严重下降，北平的民族资本经济遭到严重破坏。

对东北地区金融损失的研究，是金融损失研究中不可缺少的一个重要方面。为此，研究者们进行了艰苦的努力。目前有关这方面的论文虽然不多，不足以形成权威的数据，但已经打下了比较好的基础。赵继敏的《论伪满洲中央银行在东北金融业统制中的作用及其恶果》，以伪满中央银行为个案，剖析了其对东北金融业的统制作用。作者认为，伪满中央银行是日本对东北进行金融统制的工具，是作为日本银行的特种分支机构，来对东北进行金融垄断和经济掠夺的。作者还分析了日本对东北金融掠夺特点：一是军事性。是在关东军的刺刀下以武力来进行和维持的；二是国策性，是根据日本的国策需要和侵略战争的需求进行的；三是计划性，以制定《货币法》、《汇兑管理法》、《临时资金统制法》等法规有计划、有步骤地实施的；四是长远性，把东北作为准备长期占领的地区，把着眼点放在长期掠夺的打算上，采取"既要蛋，又要保留母鸡"的方式，按照远期规划来进行的。作为从事银行业务的人员，董双印和王振林的《从日本帝国主义对我国东北货币侵略史实看增强金融实力的重要性——纪念抗日战争胜利五十周年》一文，以大量翔实可靠的数据，从六个方面揭露了日本在东北进行货币侵略的罪行。这六个方面如下：一是强行统一币制。从1932年至1935年，日本通过以伪币强行兑换银元、强令黄金持有者把黄金卖给伪满洲中央银行等手段，使伪满洲中央银行白银库存达338万公斤、黄金库存达833万公斤，比1932年分别增加6.5倍和2.8倍。二是变伪币为日元的附庸。1935年伪满币脱离银本位，采取管理通货制度，与日元等价，从此完全受日元左右。1936年至1941年间，伪满在日本国公债达10亿日元，日本财团对伪满的投资伪币达107亿日元，从而更加有利于日本垄断东北的对外贸易和输入战略物资。三是滥发纸币支持军费开支。1941年末，发行伪币13.1亿元，到1945年日本投降时，最后发行额高达136亿元。四是实行资金统制，垄断信用，支持侵略战争。通过强迫群众和机关团体储蓄、强行推销公债等手段，实现资金统制。14年间共发行公债87种，合计金额40亿元。五是实行外汇、外贸统制，摧残民族经济。从1933年至1945年，伪满贸易由日本进口122亿元，占进口总值82%；向日本输出50亿元，占出口总值63%。六是吞并民族行庄，摧残民族金融。到1945年，全东北只剩下16家行庄，其中3家有日本人入股，纯民族资本的民营银行只剩下4家。作者经分析后指出：一个政治腐败、经济落后、金融混乱、财力枯竭的国家遭到帝国主义的侵略是必然的。留给我们的教训是深刻的。我们要充分认识金融在国民经济中的重要作用，增加经济金融实力。

台湾曾长期为日本的殖民地，这就给对台湾抗战损失的研究带来很大困难。而台湾在抗战时期的金融损失更是不易问津。戴建兵的《抗日战争时期日本在台湾的公债政策研究》一文，便是对这一难题的挑战。作者指出，日本在台湾财政上采取以强收租税为主，而以发行和强制人民购买公债为辅的政策，对台湾金融进行统制和掠夺。作者通过对大量原始资料的梳理、分析，初步提出抗战期间日本在台湾发行公债的数字"将近30亿元"，这一数字相当于全面抗战前台湾国民生产总值的3倍。

张福运的《结构/制度与社会环境：沦陷区经济史研究的新视角——以日伪时期的南京金融业为例》一文，以第一手的档案和文献资料为基础，选择日伪时期的南京金融业为个案，借助主流社会学的结构/制度框架，并注意把握对经济体的生长和运作具有制约意义的社会环境因素，从而揭示出南京金融业繁荣表象的实质乃至沦陷区经济之本象。

（二）重点文章目录

篇名	作者	刊名	年份	期次
日本对华北沦陷区的金融控制与掠夺	曹业英	抗日战争研究	1994	01
从日本帝国主义对我国东北货币侵略史实看增强金融实力的重要性——纪念抗日战争胜利五十周年	董双印、王振林	金融研究	1995	08
日本在上海和华中地区的货币金融侵略政策	陆伟	党史研究与教学	1998	04
论日本侵华时期的军票政策	曹大臣	江海学刊	2001	06
步向全面侵华战争前的准备——论九一八事变后日本对中国财政的破坏	郑会欣	抗日战争研究	2002	03
沦陷时期北平日伪的金融体系及掠夺手段	陈静	抗日战争研究	2002	03
抗日战争时期日本在台湾的公债政策研究	戴建兵	史学月刊	2002	03
论伪满洲中央银行在东北金融业统制中的作用及其恶果	赵继敏	社会科学战线	2005	01

篇名	作者	刊名	年份	期次
结构/制度与社会环境：沦陷区经济史研究的新视角——以日伪时期的南京金融业为例	张福运	江西财经大学人文学院	2007	01
无奈的选择：孔祥熙与抗战时期的增发货币政策	吕志茹	山西师大学报（社会科学版）	2008	01
日本侵华时期国民政府陆军武器装备建设之考察	章慕荣	抗日战争研究	2008	01
重庆：在抗日烽火中"涅槃"	唐润明	红岩春秋	2009	01
抗战时期山东北海币与法币的关系述论	刘卫东	中国经济史研究	2010	09
抗战时期晋绥边区的货币斗争	王志芳	渭南师范学院学报	2012	01
国民政府抗战时期的金融体制与监管	李春燕	兰台世界	2013	06
抗战时期中共山东分局的货币斗争探析	王云清	凯里学院学报	2013	08
抗日战争时期国统区财政金融政策研究	谢佳	学术探索	2014	05
抗战视阈下的农业金融之另类考察	徐德莉	东疆学刊	2015	01

（三）相关文章目录

篇名	作者	刊名	年份	期次
论抗日根据地的货币斗争	黄存林	河北学刊	1985	05
日本对中国铁路的强占和金融扩张（1931 年 9 月—1945 年 8 月）	李安庆	历史教学	1985	05
伪满最后的纸币印制	刘长福	中国钱币	1989	04

篇名	作者	刊名	年份	期次
论晋察冀边区的金融事业	贾秉文	金融教学与研究	1993	01
抗战时期的中日货币战	戴建兵	党史文汇	1995	01
从控制金融看日本对中国的经济掠夺	黄小波	历史教学问题	1995	03
华北、华中地区的中日货币战	郭静洲	东南文化	1995	03
从伪满中央银行看日本对中国东北地区的经济掠夺	刘洪陆	历史教学	1995	07
伪满时期的价格形式及其价格管理标志	王玉	北京物价	1996	02
日伪时期的军票与中储券	宋玉	武汉文史资料	1996	03
川陕苏区的货币发行与反伪币斗争	唐文	四川党史	1997	06
抗战时期山东解放区的对敌货币斗争	唐致卿	文史哲	1999	02
抗日战争时期陕甘宁边区的货币斗争	雷甲平	延安教育学院学报	1999	03
试论抗战时期的通货膨胀	杨菁	抗日战争研究	1999	04
抗战时期日伪在华北的金融掠夺和人民的反抗	席长庚	北京党史	2000	04
太平洋战争前后日军实行华中金融统制史料选	成兴法	档案与史学	2001	06
抗日战争中抗币与法币、伪币斗争述论	樊建莹、郭晓平	许昌学院学报	2003	01
日本侵华战争中的货币战	梁晨	东岳论丛	2004	06
抗日战争时期日本对青岛的金融掠夺	吕明灼	东方论坛	2007	10
抗战时期中日金融战的回顾及思考	童振华	沧桑	2007	12
抗战时期大后方与沦陷区间的经济关系	齐春风	中国经济史研究	2008	12

篇名	作者	刊名	年份	期次
无奈的抉择——论抗日战争时期净锡山与日本的关系	胡云好	乐山师范学院学报	2009	06
抗战时期国民政府对敌金融作战的措施与办法	王红曼	东疆学刊	2010	0
抗日根据地驱逐日伪币的斗争述论	高翠	延安大学学报（社会科学版）	2011	12
抗战大后方金融网中的县银行建设	刘志英	抗日战争研究	2012	02
20世纪40年代前期重庆银行公会对政府金融法规的因应	张天政、李冬梅	中国经济史研究	2013	03
强制性变迁主导下的兰州近代金融业：1906—1945年	李晓英	兰州学刊	2014	04
抗日战争时期国统区财政金融政策研究	谢佳	学术探索	2014	05
抗战时期货币伪造诸象之多维社会成因	徐德莉	云南财经大学学报	2015	02
抗战时期中国农民银行土地金融活动考察	石攀峰	暨南学报（哲学社会科学版）	2015	05

四、文化教育损失

（一）重点文章评介

对于一个国家来说，文化教育既是一种有形的财产，又是一种无形的财产。唯其"无形"，才有着难以用"量"来表示的特性。欲灭一国，必先灭其文化。我国学者对日本帝国主义侵华期间对中国文化教育的破坏和掠夺的研究，一方面推动着抗战损失的研究向更广的领域迈进，同时也从更深的层次揭露了日本帝国主义灭亡中国的野心。学者们的研究表明，日本侵略者在实行对华政治、经济、军事全面侵略的同时，也不遗余力地破坏中国文化教育事业，其目的是要摧毁中国的文化基础，瓦解中国人民的民族聚合力，麻痹中国人的心智，培养中国人奴性的服从的殖民心态，从而彻底征服中国。

改革开放以来，我国学者对研究抗战时期中国的文化教育损失进行了比较广泛而深入的研究，本专题精选的文章，从不同地域、不同角度对我国文化教育的损失情况进行了研究，代表了我国学者对这一课题的总体研究水平。

王向远在《日本对华文化侵略的特征、方式与危害》一文中提出，日本对华"文化侵略"的历史比"武装侵略"的历史更长，而且制定了一个包括方针、方案、政策、途径和方式在内的，全面而完备的侵略计划。值得注意的是，在这篇文章中，作者提出一个与流行观点所不同的见解，这就是：日本"民间的、在野的学者、文化人对日本侵华战争负有重要的、有时甚至是关键的责任，那种认为日本侵华战争只是军国政府当局一意孤行发动起来的看法，是表面的和简单化的。"作者这一观点来自于对日本学者文人与侵华战争的关系的历史考察。作者指出，日本侵华战争从设想到实施大体经过四个阶段，其中都有学者和文化人的作用。第一阶段为学者文化人个人的侵华设想、方策的提出，但基本处于书斋状态；第二阶段为学者文化人的侵华主张传媒化，并被许多民族主义者所理解和接受；第三阶段为学者文化人的战争舆论与军国政府之间的互动，导致侵华战争的爆发；第四阶段为学者文化人在侵华战争期间成为媒体宣传、情报搜集、文化教育、宗教入侵等文化侵略的主体。该文在此问题上的独到见解，确实值得学术界注意。

王春南的《侵华战争中日本对中国文化的摧残》，以及赵建民的《抗战期间日本对中国文化财产的破坏和掠夺》，是从日本对我国不同文化教育机构的轰炸、焚烧和劫掠等方面所造成的损失来进行研究的。他们根据国民政府时期的统计资料，对学校、图书馆、博物馆、科研机构的损失进行了研究。文章根据中华图书协会的统计指出：在全面抗战爆发前的1936年，全国有各类图书馆1576所，其中包括县级社会教育所附设的小图书馆。但到抗战结束后的1946年，全国图书馆数量已减少到831所。在战争中，中国各类图书馆所损失的图书在1500万册以上，其中有不少珍稀古籍。博物馆方面的损失情况是：全国博物馆在战前计有37所，工作人员110人。战时，故宫博物院所藏之文物珍品多迁至四川、贵州各地妥藏。各省设立的博物馆大多停办。至1944年，全国仅存博物馆18所，比战前减少了一半。在珍贵文物损失方面，据国民政府战后统计，共损失字画15166幅、碑帖9377件、古物16385件、古迹741处、标本32486件、地图56128幅。大量无价之宝、稀世珍物被日军劫去。其中，周口店发掘的"北京猿人"第一个完整的头骨，是世界古人类研究史上的重大发现，被日军截夺。总之，抗战期间日本对中国文化财产的破坏和掠夺是惨重和惊人的。其所以如此，无外乎日本出于其侵略中国的目的，即不仅要灭亡中国，而且要消灭中国固有之文化。但遗憾的是，我国对文化教育损失的研究工作，包括史料的搜集，还很不够，不足以反映损失的全貌，不足以彻底揭露日本帝国主义的罪恶。

农伟雄、关健文的《日本侵华战争对中国图书馆事业的破坏》和戴雄的《抗战时期中国图书馆损失概况》，将研究的重点集中在图书损失方面。农伟雄、关健文的文章，从日军轰炸、图书馆西迁、日军对沦陷区图书馆的占领和破坏、日军对珍善本书刊的掠夺等方面，揭露了日本对中国图书的破坏和掠夺。这篇文章的突出之处，是专门探讨了图书馆西迁时的损失。文章指出：由于沉重的图书和落后的运输工具，加上敌人的重重袭击和恶劣的自然条件，大批图书在西迁途中遭到严重损失。其中，有因被日机炸沉运书的船只、火车、汽车等而造成的损失；有因气候变化、爬山涉水造成的损失；有西迁地点多变，联系混乱，运出的图书无法到达目的地而造成的损失。作为中国第二历史馆的研究人员，戴雄的《抗战时期中国图书损失概况》以占有大量统计数据为优势，对中国图书馆损失的经过和数量作了比较系统的介绍。文章提出：中国图书最早遭到日本破坏是在 1931 年 10 月，当时黑龙江省立图书馆遭到日军炮火的轰炸。此后，随着中国蒙难地区的不断扩展，各地图书不断遭到劫难。戴雄根据国民政府当时成立的"清理战时文物损失委员会"有关档案及其他资料，得出 14 年中日本通过轰炸、焚烧、掠夺、变卖等手段，造成中国图书大量损失的数据，其中公有图书损失：2253252 册另 44538 部，5360 种，411 箱，地图 125件；私有图书损失：488856 册另 1215 部，18315 种，168 箱 8 架，地图 56003件。两项合计：2742108 册另 45753 部，7195 种，579 箱 8 架，地图 56128 件。以上还不包括不具有历史艺术价值，或具有此种价值，但由于申报手续不完备并未统计在内的损失，此外还有尚未统计的普通百姓家庭的图书损失数字。因此，全国图书损失的实际数字应远远大于上述数字。戴雄在文章中尖锐地指出：焚烧、掠夺中国各地图书文献是日本侵华政策的一部分，其目的在于彻底摧毁中国人民的民族精神，斩断中国民族五千年的文化传统，造成中国文化的空白，使中国人民的文化心理无所依归，进而彻底泯灭中国人民的民族意识，服服帖帖地接受日本侵略者的统治，心甘情愿地做亡国奴。

对于抗战时期中国文物的损失，由于文物计价的特殊性和复杂性，我国研究者涉足这一问题的并不多见。正因为如此，戴雄的《抗战时期中国文物损失概况》一文，就显得尤为重要。该文指出，日本掠夺中国文物的由来已久。1894 年中日甲午战争中，日本宫廷顾问九鬼隆一就亲手制订"战时清国宝物搜集办法"，使日本掠夺中国文物组织化、系统化。毫无疑问，掠夺中国文物是日本侵略者侵华政策的重要组成部分。文章认为，七七事变后，日军抢夺、毁坏中国文物达到疯狂程度。日军师团一级一般专门配备"文物搜集员"，大多受过专门训练，具有一定的文物专业知识。日军每占一地，这些人便在日军当局指使下，组织力量对文物古籍进行全面掠夺。日本政府还不时派遣所谓"考察团"分赴各区对文物、书刊等进行搜索和甄别，确定有一定价值后，或运回日本，或予以毁坏。在日军的劫掠和毁坏下，1937 年前全国比较有影响的博物馆37 家，1944 年仅存 18 家，减少了一半，导致大量著名文物失踪，如：北京猿人的头骨化石，被溥仪带到长春的价值连城的顶珠冠、镶金猫眼石坠、清代龙袍等。此外，故宫博物院的大批文物被日军损毁或被日本人明抢暗盗，大量私人收藏也惨遭劫难。但遗憾的是，由于文博知识浅薄、登记时间仓促、文物所有者失踪、调查工作过于简单等原因，1946 年 3 月由"清理战时文物损失委员会"所统计的战时文物损失数量仅为 3607074 件又 1870 箱，古迹 741 处，远远少于实际损失数量。

王士花的《华北沦陷区教育概述》和郭贵儒的《华北沦陷区日伪奴化教育述论》，对针对华北地区的文化教育损失展开的研究。他们将研究的视角确定在日伪在华北的"奴化教育"上，深刻揭露了日本侵略者推行以"亲日"、"复古"为核心的奴化教育的罪恶目的。文章指出：伪华北临时政府下属的教育部是推行奴化教育的机构。由于是政府行为，所以在华北沦陷区，从城市到乡村的中小学，都处于奴化教育政策控制下，强制推行日语教育，为日本推行殖民统治政策服务。为消除中国人的民族意识和抗日思想，除强制推行日语教育外，还特别注意从思想上控制沦陷区的学生，利用各种宣传手段，查禁各种进步书刊，还举办各种训练班，力图使学生思想转向。同时在社会上推行"亲日"教育，鼓吹殖民侵略理论，误导舆论，蒙骗群众。总之，日伪在华北沦陷区推行的奴化教育，具有渗透面广、措施多样、欺骗性强等特点。但无论日伪采取什么样的教育手段，都无法掩盖侵略者的狰狞面目，因而也无法达到其控制中国人民思想的目的。

朴今海的《伪满时期日本帝国主义对东北朝鲜族的"皇民化"政策》，考察了日本推行"皇民化"政策的历史，指出 1938 年日本在朝鲜成立"国民精神总动员朝鲜联盟"后，"皇民化"运动便在朝鲜半岛和东北境内的朝鲜族地区全面展开。为了向朝鲜族灌输"忠君爱国"思想，日本强行在学校、机关团体及家庭设神棚，供奉日本天照大神的牌位；要求男女老幼背诵"皇国臣民誓词"。其次是创氏改名。为了彻底泯灭朝鲜族人民的民族意识，强令改用日本式氏名，否则就被当成"非国民"，不发给居民证，不配给粮食，不准就职，不准就学，甚至官方公署及铁路、邮局等一概不接受写有朝鲜文姓名的各种文件和邮件。在学校进行"皇民化"教育，加强日语教学，取消朝鲜语课，向朝鲜族学生灌输"日本精神"，使其成为日帝的"顺民"。此外，还通过其他方式，如向神社行脱帽礼，遥拜建国神庙，朗读"皇国臣民誓词"等来推行"皇民化"。文章认为，日本推行"皇民化"政策的目的有三：一是彻底抹杀朝鲜族的民族主体性，使其对日本天皇和日本国绝对忠诚；二是以经过彻底的精神洗脑，彻底破除民族主体之后朝鲜族，供日本的"圣战"驱使，鼓动以"精纯"的日本人为日本侵略战争效死，以尽作为"皇民"的义务。三是利用"皇民化"了的朝鲜族达到"以夷制夷，分而制之"的罪恶目的，制造朝鲜族同东北其他民族的隔阂，最后为其所用。

任其怿的《善邻协会及其内蒙古地区的文化侵略活动》一文，揭露了一个打着"善邻友好、文化向上"的旗号，在内蒙古地区进行文化侵略的罪恶机构。文章对善邻协会的沿革进行了考察，提出 1933 年 12 月，善邻协会在长春设立新京事务所，以伪满洲国为基地开展对内蒙古的工作。该协会以诊疗、卫生思想的普及，家畜的诊疗和改良，蒙古族子弟教育，产业的调配和指导，资源的收集和电影宣讲及文化方针宣传等手段，取得蒙古族人民和当地居民的信任，以配合日军的侵略。通过对善邻协会在内蒙古地区的活动考察，作者得出以下两个结论：第一，善邻协会是一个带有侵略色彩的组织，在内蒙古地区进行的活动是侵略活动。协会以财团法人身份出现，名义上属于民间组织，但其高层领导大多是日本陆军将领，与日本政府、军部、关东军和驻蒙军保持着密切联系，听命于军队的指挥，而且往往出现在战争的前线。它在内蒙古虽然从事的是医疗、教育、畜产指导等慈善活动，没有动刀动枪，但通过这些活动，骗取蒙古族和其他各族人民的信任，配合军队的行动，实际上是一种侵略行为。第二，善邻协会所从事的活动是一种文化侵略活动。它的主要任务还是针对蒙古族、回族，以怀柔、拉拢手段，骗取信任，实行奴化教育，培养亲日分子；宣传日满蒙回亲善，挑拨民族关系，实行分裂政策；进行反苏、反共和亲日宣传。文章指出：文化侵略一方面是为了配合军事、经济的侵略，另一方面它具有相对的独立性。日本企图通过文化侵略，树立日本文化的优越性，用日本精神和日本文化指导中国文化。

相对于其他地区来说，上海的文化教育事业在日本侵华期间所受的损失是比较严重的。庄志龄的《抗战时期日军对上海教育事业的破坏》一文，就是专门针对上海教育事业损失所进行的研究。该文一开始就尖锐地指出："战争所造成的物质损失可以用数字来统计，但日本侵略者在上海占领区所推行奴化政策，导致了教育事业的持续滑坡，这种损失是巨大的、无形的，余波所及，遗害无穷。"1931 年前，上海的教育事业在全国来说是相当发达的，有专科以上学校 22 所、中等学校 154 所、小学 792 所。而经过一二八、八一三两次战役，上海教育界蒙受了巨大损失，数百所大中小学校遭受程度不同的破坏，有的几成废墟。仅八一三后两个月，同济大学等 14 所高校的损失就达 6623159 元。据战后统计，中等学校全部被毁的有 29 所，遭受直接损失的学校有 271 所，损失金额为 190466611 元。日本在上海运用"以华制华"的原则，扶植利用汉奸政权，严密控制教育机构，极力推行殖民地奴化教育，企图把各级学校变成实施"中日亲善"的奴化教育机构。日伪在由它们"整顿"和恢复的学校里，使用亲日、媚日教材；对教师队伍进行严厉控制，凡不符合其反共亲日要求者，均取消教师资格。在日本侵略者殖民统治下，上海教育事业日益萎缩。1936 年，上海有初级学校 321 所，学生 62151 人，教职员 1720 人；到 1941 年，学校减至113 所，学生 41387 人，教职员 1144 人。大量学生因交不起学费失学。1942 年下半年，失学儿童占适龄儿童的 61.9%，总数达 21 万，比战前高 20%。大中学学生失学率也不断提高。据该文估计，日本侵华战争使上海教育事业蒙受了数亿元的巨大损失，而战争所造成的教育事业的断档、成千上万的学生失学与流亡，其损失是无法用数字来统计的。

与众多的对"南京大屠杀"的研究论文着重于日军对中国无辜者的杀戮不同，经盛鸿的《侵华日军对南京"文化大屠杀"述论》，则是从日军对南京文化教育事业的破坏角度，比较系统地叙述了南京文化教育事业方面的损失。作者指出：1937 年 12 月，日军攻占南京后，无视国际公法，对南京的历史文化遗产与文化典籍实施了有计划的疯狂的摧残与劫掠，造成了南京历史上一次无法估量与无可挽回的文化浩劫。日军对南京文化教育事业的破坏主要表现在：一是摧残历史文化古迹遗存。日军用炮火轰炸南京城墙、焚烧夫子庙的主建筑大成殿及所有配殿与楼阁，将历史文物全部抢劫与破坏；城内外许多佛教寺院被日军破坏和清真寺被毁坏；有 300 多年历史的明末清初著名画家龚贤的故居

"半亩园"被焚毁。二是对图书、文化、出版机构与设施进行疯狂的破坏。被日军完全毁掉的图书馆有43家，毁掉图书170余万册。一些孤本、缮本被劫往日本，大量档案古籍被烧毁。商务印书馆在南京太平路的分馆被全部焚毁，一些印刷厂、印刷所、报社等被抢被焚。三是大量劫掠图书、文物。日军对各类图书馆、博物馆、纪念馆中的藏物进行劫掠与霸占。据不完整统计，日军在南京共劫掠公私图书达897178册，超过了当时日本最大的东京帝国图书馆的85万册的藏书量。四是劫掠南京的珍贵文物与学术标本。作者指出：日本侵略者对南京图书文物的破坏与劫掠，是南京大屠杀的重要组成部分。

官丽珍对抗战期间日本在广东的文化侵略进行了研究。她指出，侵粤日军对广东的文化侵略主要表现在：第一，推行殖民主义文化，实行奴化教育。日军采取强制性的暴力手段开办日语学校；实行严密的思想控制，极力宣传殖民思想和殖民文化；把持新闻舆论机构和统制新闻出版事业；利用奴化教育为殖民经济体系和殖民统治机构培养经济专业人员和奴才。第二，破坏文化教育设施，摧残民族文化载体。日本侵粤期间，用轰炸、纵火、抢夺等手段，摧残、破坏学校、科研机构、出版社、图书馆、博物馆和文化古迹，使广东文化教育设施遭到空前浩劫，许多民族文化载体毁于一旦。1941年，全省小学由抗战前的2.4万多所减到1.6万所，大专学校由14所减到7所。广州的中山纪念堂、中央公园、净慧公园、黄花岗烈士陵园以及许多文化设施被炸。为扼杀中国人民的民族意识，封锁抗战消息，日军对广东各地的新闻传媒实行严格检查，严厉压制抗日言论，任意破坏出版机构，许多报纸、刊物被迫停办。计有16种中文日报和两份英文日报在广州沦陷时停办。第三，掠夺文化典籍，劫毁文物古迹。图书馆在日军入侵时遭到毁灭性破坏。中山图书馆不但在沦陷时被迫停馆，馆舍被日本海军武官霸占，未运走的书刊近十万册，均被日军掠走。日军还野蛮抢掠图书、报刊、典籍，甚至对于地方志、家谱也不放过。至于字画、古董更是尽收囊中。广东各地的庙宇、祠堂及宗教场所也多毁于日机的轰炸。仅丰顺县的庙宇损失就达6878万元。据战后统计，广东文化教育事业的损失，按当时的国币，图书损失3035245元；广州市府机关、学校的直接损失7167365629元，间接损失7732484149元；广州私立小学校直接损失107296730元，间接损失10260000元。作者指出：日本的侵华战争不仅给中国人民的生命财产带来巨大的损失，而且给文化教育事业带来毁灭性的灾难，不仅使教育设施遭破坏，文化生活秩序被扰乱，还直接损害了广东文化的发展。

孟国祥、韩文宁、刘燕军的《对抗战时期南京图书损失的研究》一文，认为侵华日军对南京的图书造成巨大的破坏。对南京图书损失问题的研究，他们以新的史料，对南京公立图书馆、政府机构图书馆、学校图书馆及民间藏书损失进行梳理，得出南京市立图书馆损失图书 20 万册，报刊杂志 5 万余册；国学图书馆损失典籍 7 万册，印行秘籍 9 万册；中央图书馆损失约 10 万册。金陵女子文理学院损失 5 万册，金陵大学损失 73000 余册，中央大学及院系损失约 25 万册。8 所中小学校申报损失就达 63576 册。9 个政府部会机关图书损失就有 276000 册之多。私人损失难以计算，中央大学、金陵大学两校个人申报就达 10 万册，散见于档案的其他个人图书损失申报就达 20 万册。扣除国学图书馆印行秘籍 9 万册、提拔书局 40 万册新版图书外，南京部分学校、图书馆和私人藏书损失就达 97 万册。

刘苏华在《试论抗日战争时期沦陷区日伪的出版统制与出版业的严重萎缩》一文中指出，抗战时期，日伪在沦陷区出版界实行出版统制政策，通过建立出版统制管理机构、颁布出版法规、检查出版物、查封进步出版机构、迫害进步出版界等多种方式，向中国出版业进行渗透和统制。沦陷区出版业出现了出版资产大量毁坏、出版营业额与出书种数大幅减少、报纸期刊纷纷停刊等严重萎缩局面。

庄虹、张冬林在《我国抗战时期古籍、图书损失略述》一文中，通过对抗战后期国民政府及学术机构有关我国境内古籍、图书被掠夺和损毁统计资料的梳理，从一个侧面揭示了日本侵略者在中国历史上制造的难以弥补的文化灾难。九一八事变后，日本政府配备了经过训练，具有一定专业知识的"文物搜集员"。每占领一地，便对当地的古籍、图书、文物等进行疯狂的掠夺。另有各种人员，将搜集的古籍、文物等进行甄别，根据其价值或直接销毁，或运回日本。1938 年 3 月，日本从国内组织派遣一个庞大的"科学考察团"。以"考察"之名到中国南方各省搜掠古籍珍本图书。这个团由各方面的专家组成，其中包括图书馆学和版本目录学专家 3 人。仅在南京一地，他们就检查了文化单位 72 处，动用特工人员多达 7000 人，劳工 800 人，卡车 810 辆，"收缴" 88 万册书刊。在整个"考察"期间劫往日本的书刊比当时日本最大的图书馆——帝国图书馆的藏书还多。七七事变之后，各地图书馆、高校陆续开始了中国文化史上规模最浩大的图书西迁大转移。主要是从华北、华东等地区向陕西、甘肃、云南、四川、贵州等西北、西南省份转移。由于当时战火纷乱，人力、物力、财力有限，除国立中央图书馆等少数大型机构携书迁移外，当时更多的图书馆则是就近迁移到附近的山区躲避战火。落后的工具、沉重的图书、日军的袭击、不便的交通等等因素，使西迁工作困难重重，大批图书在迁移的过程中又遭受到严重损失。1938年12月，武汉大学图书馆西迁，载书的木船，在三峡巴东县境内触礁沉没，损失图书2万余册。1944年，广西南宁图书馆奉命西迁百色山区，因山路艰险，有几十箱书掉入悬崖，损失书刊2万余册。其实，迁移的图书也只是其中的一部分。国立北平图书馆是全国馆藏最丰富，也是迁移最早的图书馆，但迁出的数量最多只占馆藏的十分之一。相对而言，高校图书馆西迁的数量较多一些，总共迁出图书1107478册，但未迁出的仍有1923380册。随着国土大面积的沦丧，各个图书机构虽已经尽力，但仍然有大部分图书被日军占据、处理了。据统计，至1944年，仅沦陷区公共图书馆被日敌劫运出境的图书，"北京约20万册，上海约40万册，天津约20万册，杭州、广州等地各约15万册"；另有"私家藏书如海盐、南浔、苏州等地的藏书大家或被捆截而去，或散失无踪，概同罹劫难"。

类似的研究还有孟国祥的《抗战时期江苏图书损失概述》。其在文章中指出，抗战时期，江苏公私图书，或焚毁于炮火，或失之于抢劫，更由于日本政府有组织的掠夺。江苏省省立、县立、私人图书和学校图书馆均遭到严重损失。其中省立图书馆损失图书2038种12798册。以种数计，损失约22%，以册数计，约损失18%。至杂志期刊，原有927种15163册，报纸汇订本原有26种1747册，则全部损失。馆藏前江苏书局木刻图书版片，分存版库12室。原有188种74086片，经整理清查后，残存166种55907片，损失22种18179片。其损失原因，由于1937年11月至1939年5月间馆舍为日军所占，版片多被生火烧毁，以致凌乱间缺。县里图书馆中昆山、松江、太仓等图书馆均有不同程度的损失。抗战期间，江苏藏书家的损失十分严重。其中，松江桐庐袁爽秋所购图书，如世间罕有之经史方舆志籍，以无人看守，致被捆载盗卖，藏书楼6大间被放火烧毁。西门外，韩姓由祖传珍秘书籍，日军任意糟蹋，古书珍籍被弃置马厩中。镇江世代书香，如陈氏、赵氏、吴氏所藏古籍，均极可观，战时损失不少。战时学校迁移，流离颠沛，图书多有损失。私立无锡国学专修学校战时转迁湖南、广西桂林，与江苏教育学院会合。该校原有图书8万册，战时损失过半。省立江苏医政学院在内迁湖南、贵州、四川时，也损失部分图书。苏州东吴大学战时部分流转长沙，部分折回上海租界，部分经杭州转安徽黟县，部分内迁成都借华西大学上课，该校多次搬迁，"图书散佚甚多"。扬州中学为保存图书，匆忙之中"将50箱贵重书籍、仪器等，运东台县属圣堂庄顾君克义家中收藏"。文章最后指出虽然江苏省图书损失数量还有待进一步研究，但

《江苏省抗战时期公私文物损失数量及估价目录》的统计，明显失之偏少。究其原因种种，如战时江苏大部沦陷，战后苏中、苏北为国共军事严重对峙地区，难以求得完备周详的统计，而部分县根本没有统计。重要原因之一还在于，抗战胜利后，中国政府为向日本索赔，需要尽快向日本递交中国抗战时期文物损失数量及估价目录。由于任务重，时间紧，致使部分未能精确求证的损失付之阙如。

学者们对于奴化教育问题研究的较多，以吴洪成、钱露的《抗战时期河北沦陷区中小学奴化教育初探》为例，其在文章中指出，日伪政权在中小学进行殖民统治，在学校管理、教育内容、教师控制等方面进行多方位奴化教育管理，同时在思想意识方面控制中学学生，推行日语教育，并用封建传统道德和王道主义束缚学生们。文章最后指出，日本发动的侵华战争，使沦陷区的教育机构遭到前所未有的毁灭，日军的破坏在河北教育史上是一场空前的浩劫。日伪随之在河北沦陷区推行的奴化教育，其主要用意无外乎三点：一是打破河北人民的民族思想，泯灭民族情感；二是消灭对日军的仇恨心理，将日军视为"提携"中国之"友邦"；三是训练俯首帖耳的臣民，使学生丧失自主、自尊的心理，成为日本侵略者手中的木偶或工具。日本侵略者通过在河北沦陷区推行奴化教育强行传播日本的殖民侵略思想，又以"皇道文化"来教化愚弄民众，妄图使其成为日本天皇的忠良国民，从而决定了这种奴化教育的政治工具属性与文化侵略本质，这是教育上典型的殖民主义。

日伪在我国东北地区统治时间较长，因此推行奴化教育也较早。吕华在《日伪统治时期日本在中国东北推行的奴化教育》一文指出，日伪统治时期，从日本在中国东北教育体系和教育方针的确立、对东北学校教育的摧残与破坏、奴化教育的教学内容设计和对东北广大爱国师生的迫害等几个方面看，日本在中国东北推行的教育是完全纳入军事、政治轨道的殖民地奴化教育。太平洋战争爆发后，日本公然宣称教育要为支持"大东亚圣战"而服务，为了确保殖民主义奴化教育方针的实施，日本帝国主义不惜对东北的学校教育进行了严重的破坏。日本在中国东北推行的奴化教育，较之军事、政治、经济侵略更毒辣，具有彻底地实行民族同化的隐蔽性，其后果也更严重。

日本对我国文化侵略还体现在对图书馆的破坏和掠夺上，石嘉在《抗战时期日本在上海的文化侵略——以上海日本近代科学图书馆为例》一文中指出，1937 年 3 月，日本在上海成立近代科学图书馆。该馆成立伊始，受制于各种不利因素的掣肘，发展缓慢且一度闭馆。上馆复馆后采取一系列行动，在推动其自身发展的同时，加强日本在上海的文化侵略。该馆通过此类活动宣传日本文化、排挤西方势力、毒化上海民众思想，进而消泯其反日、排日意识，维系日本在上海的殖民统治。日本政府更是在经济上、管理上操纵该馆的运营，使其各项工作紧密配合其侵华政策，该馆最终嬗变成日本侵略、控制上海的重要机构。

（二）重点文章目录

篇名	作者	刊名	年份	期次
侵华战争中日本对中国文化的摧残	王春南	抗日战争研究	1993	01
日本侵华战争对中国图书馆事业的破坏	农伟雄、关健文	抗日战争研究	1994	03
抗战时期日军对上海教育事业的破坏	庄志龄	上海党史研究	1995	S1
抗战期间日本对中国文化财产的破坏和掠夺	赵建民	档案与史学	1997	02
抗战期间日本对广东的文化侵略述论	官丽珍	广东社会科学	2002	06
抗战时期中国文物损失概况	戴雄	民国档案	2003	02
华北沦陷区教育概述	王士花	抗日战争研究	2004	03
抗战时期中国图书损失概况	戴雄	民国档案	2004	03
伪满时期日本帝国主义对东北朝鲜族的"皇民化"政策	朴今海	社会科学战线	2004	04
侵华日军对南京"文化大屠杀"述论	经盛鸿	江海学刊	2004	05
善邻协会及其内蒙古地区的文化侵略活动	任其怿	内蒙古社会科学（汉文版）	2004	06
日本对华文化侵略的特征、方式与危害	王向远	北京社会科学	2005	01
华北沦陷区日伪奴化教育述论	郭贵儒	河北师范大学学报（哲学社会科学版）	2005	06

篇名	作者	刊名	年份	期次
对抗战时期南京图书损失的研究	孟国祥、韩文宁、刘燕军	南京社会科学	2007	08
重庆抗战文化中心的形成及其历史地位	张凤琦	抗战文化研究	2007	09
抗战时期江苏图书损失概述	孟国祥	民国档案	2009	08
时困犹存劫后书——抗战时期岭南大学图书馆的藏书活动	周旖	图书情报知识	2010	01
试论抗日战争时期沦陷区日伪的出版统制与出版业的严重萎缩	刘苏华	湖南广播电视大学学报	2012	02
抗战时期河北沦陷区中小学奴化教育初探	吴洪成、钱露	河北师范大学学报（教育科学版）	2012	05
日伪统治时期日本在中国东北推行的奴化教育	吕华	辽宁师范大学学报（社会科学版）	2013	03
我国抗战时期古籍、图书损失略述	庄虹、张冬林	科学经济社会	2013	04
桂林抗战文化研究的回顾及展望	刘春燕、盘福东	社会科学家	2013	12
西部地区优势特色学科发展探微——以桂林抗战文化研究为例	李建平	学术论坛	2014	09
抗战时期永安防空状况与损失	林家卓	福建党史月刊	2014	09
抗战时期日本在上海的文化侵略——以上海日本近代科学图书馆为例	石嘉	江苏社会科学	2015	01
朝鲜义勇队与桂林抗战文化运动	黄晓林、黄兰堞、李端阳	哈尔滨师范大学社会科学学报	2015	01

（三）相关论文目录

篇名	作者	刊名	年份	期次
日本帝国主义在辽东的奴化教育	李荣君	黑龙江财专学报	1985	01
抗日战争时期桂林的新闻事业	彭继良	广西大学学报（哲学社会科学版）	1986	02
帝国主义对藏区的文化侵略述评	朱解琳	西北民族研究	1986	06
日伪对我国关内地区教育侵略述评	经盛鸿	南京师大学报（社会科学版）	1988	01
日本帝国主义侵华期间在沦陷区奴化和毒化我国人民的罪行	王瑞珍	历史教学	1989	07
剖析日本帝国主义在我国东北的殖民奴化教育	胡小淳	南京政治学院学报	1990	01
抗日时期的东北图书馆	郑侃	图书馆建设	1992	05
东北沦陷时期的奴化教育	韩山保	长春师范学院学报	1994	04
日语教育是奴化教育的尖兵	徐敏民	探索与争鸣	1995	S1
可恨的日伪奴化教育	杨生江	山西文史月刊	1995	Z1
日本侵华战争与中国图书馆	王子平	山东图书馆季刊	1995	02
日本侵华过程中的奴化教育述评——纪念中国抗日战争胜利五十周年	欧阳杰	井冈山师范学院学报	1995	03
日寇侵略性考古和对中国文物的掠夺破坏	杨群	南方文物	1995	03
伪满时期"东三省"实施的"奴化"教育	李朝	黑龙江农垦师专学报	1995	03
论1937—1945年台湾人民对日本"皇民化"运动的抵制	茅家琦、胡华军	东南文化	1995	03
日本在台湾的"皇民化"教育及其影响	许维勤	福建论坛（文史哲版）	1995	04

篇名	作者	刊名	年份	期次
浅说日本占领东北时期对中国的奴化教育	戴玉堂	乌鲁木齐成人教育学院学报	1995	04
日寇在江苏地区推行的奴化教育	墨尼	江苏地方志	1995	04
侵华日军对南京的"文化大屠杀"	孟国祥	南京史志	1995	06
日本帝国主义对浙江的文化侵略	吕红、鲍珍玲	浙江档案	1995	06
抗战时期日军对上海教育事业的破坏	庄志龄	上海党史与党建	1995	S1
策划久远 用心险恶——论日本对东北、台湾的侵占及其推行的奴化、同化政策	肖安鹿	甘肃社会科学	1996	01
简析日本侵略者对东北青少年的奴化思想教育	夏潮、史会来	世纪桥	1996	04
日伪统治时期对辽宁的奴化教育	董慧云	兰台世界	1996	05
日伪在山西沦陷区推行的奴化教育	王运丽、张全盛	沧桑	1997	01
抗战时期日本在山西大同的"坑儒"	田利军	文史杂志	1997	04
日本对"关东州"文化侵略过程概述	阎华	辽宁师范大学学报	1997	06
论日本侵华时期的学校奴化教育	邓红	日本问题研究	1999	02
日伪政权在广东的奴化宣教概述	郑泽隆	广东史志	1999	03
南京大屠杀期间日本对南京文献资源之掠夺	李彭元	江苏图书馆学报	1999	04
抗战时期河南沦陷区的奴化教育	谢冰松	史学月刊	1999	05

篇名	作者	刊名	年份	期次
抗战初期两所"鸡犬不留"的大学	经盛鸿	纵横	2000	02
伪满的"国高"奴化教育	郑玉善	兰台世界	2000	06
日本侵华期间在山西沦陷区的奴化教育	张理明、张静娴	沧桑	2000	06
论日本对青岛的"思想战"	陆安	青岛教育学院学报	2001	01
试论抗战期间日本在华东沦陷区的奴化教育——以伪中央大学为个案研究	邱从强、张炳伟	南京中医药大学学报	2002	03
从"日满时期"东北地区的奴化教育看日本的侵略野心	杨凤霞、李慧娟	绥化师专学报	2002	04
抗战期间日本对广东的文化侵略述论	官丽珍	广东社会科学	2002	06
汪伪政权的"奴化教育"	黄骏	民国档案	2003	01
日军对厦门的经济掠夺与奴化教育述论	张玉龙	漳州师范学院学报	2003	01
抗战时期的山东日伪教育	钟春翔	抗日战争研究	2003	01
日本在青岛的殖民奴化教育评析	孙新兴	抗日战争研究	2003	01
满映——日本对华文化侵略的铁证	张学智	电影艺术	2003	01 \ 02
汪伪统治时期以奴化教育为目的的青少年活动	周竞风	广西社会科学	2003	09
日本侵略者在华北沦陷区的奴化教育罪行	谢嘉	档案天地	2003	S1
日伪新民会与华北沦陷区的奴化教育	杨琪	北华大学学报（社会科学版）	2004	01
日本侵占期间山东沦陷区人民反奴化教育的斗争	钟春翔、李清民	山东教育学院学报	2004	01

篇名	作者	刊名	年份	期次
抗战时期沦陷区文化的特点——奴化思想教育	李惠康	中南林学院学报	2004	03
抗战时期日本在中国的奴化教育	赵顺成	北京电子科技学院学报	2004	03
华北沦陷区教育概述	王士花	抗日战争研究	2004	03
论总务厅在日本帝国主义对东北实施殖民文化统治中的作用	李慧娟、薛朝广	黑龙江省社会主义学院学报	2004	04
日本侵占山东期间的奴化教育初探	李清民、钟春翔	山东社会科学	2004	07
善邻协会：日本文化侵略的罪证	任其怿	百科知识	2004	09
抗战时期迁渝高等院校的考证	张成明、张国镛	抗日战争研究	2005	01
抗战时期内迁高等学校对贵州的影响	戴政洪	贵阳文史	2005	01
论沦陷时期日伪在武汉进行的殖民奴化教育	程利、李卫东	曲靖师范学院学报	2005	01
揭露日伪统治时期日本在辽宁推行的奴化教育及其实质	朱兰英	辽宁教育	2005	04
试析"皇民化"时期日本在台教育方针的转变及影响	陈韵	党史研究与教学	2006	01
日据时期台湾"皇民化运动"的遗患和破除	钟兆云	福州大学学报（哲学社会科学版）	2006	01
日本帝国主义对中国朝鲜族奴化教育体系的形成过程	吴千石	东疆学刊	2006	02
日伪统治下华北沦陷区的高等教育	余子侠	近代史研究	2006	06
抗日战争时期沦陷区的奴化教育行政管理制度	吴洪成、张华	衡水学院学报	2008	02

篇名	作者	刊名	年份	期次
抗战时期日本对华文化侵略	张亚飞、张体	职业时空	2008	11
伪满时期日本对东北的奴化教育	王迹	商业文化（学术版）	2008	12
山东现代教育史的黑暗一页——抗战时期山东沦陷区奴化教育述论	吴洪成、路娟	衡水学院学报	2010	02
抗日战争时期沦陷区的奴化教育	吴洪成、方家峰	临沂师范学院学报	2010	02
看不见的硝烟——抗战时期中国珍贵档案图书掠夺与摧残	李群、刘维	档案天地	2010	05
抗战时期日军对华北地区文教机构破坏述评	方艳华、刘志鹏	信阳师范学院学报（哲学社会科学版）	2010	06
伪满时期日本在东北实行的奴化教育及危害	胡庆祝	党史文苑	2010	14
伪满时期赤峰地区殖民奴化教育之评析	郭小丽	赤峰学院学报（汉文哲学社会科学版）	2011	08
东北人民对日本移民侵略的反抗斗争	孟月明	兰台世界	2011	12
东北沦陷时期日本奴化教育及罪恶举要	胡庆祝	兰台世界	2011	26
日本殖民统治时期的奴化教育——以旅大地区为例	阎利	大连近代史研究	2012	00
抗日战争时期河北沦陷区的奴化教育行政管理制度	吴洪成、钱露	邯郸学院学报	2012	01
东北沦陷时期日本奴化教育及其危害	胡庆祝	学术交流	2012	02
近二十年来关于抗战时期日本空袭与中国反空袭斗争研究综述	古琳晖	抗日战争研究	2012	05

篇名	作者	刊名	年份	期次
论抗战时期日伪在华北沦陷区的学校教育	宋阳	青春岁月	2013	12
浅谈伪满时期东北中小学的奴化教育	党春艳	兰台世界	2014	07
日伪时期奴化基础教育活动述论	刘京京、李晓菊	兰台世界	2014	28
论抗战时期华北沦陷区的奴化教育——以伪新民学院的学制为例	彭程	黑龙江史志	2015	06

五、日本移民侵略造成的损失

（一）重点文章评介

关于日本对中国东北农村移民侵略问题的研究，是自 20 世纪 80 年代以来学术界比较关注的问题之一。经过 30 多年的不懈努力，有关日本对中国东北移民侵略的诸方面，我国大陆的研究者都或多或少有所涉及，并取得了一定的成果。

关于日本移民政策的产生。关伟、关捷的《日本"满洲移民"诸问题探讨》依据档案资料指出，最早直接提出向中国东北移民主张的是先后任桂太郎内阁内务大臣、陆军大臣和文部大臣的儿玉源太郎。后来出任"满洲铁道株式会社"（简称"满铁"）总裁的后藤新平进一步阐明了移民满洲 50 万人的必要性，以后更有小村寿太郎的百万移民计划。

关于日本向中国东北移民的历史分期，关伟、关捷的将其分为两个时期、四个阶段。即九一八事变前为第一时期第一阶段；九一八事变后为第二时期，其中又可分为三个阶段。宋承荣、张庆山的《二战时期日本的移民侵略及其对我国东北土地资源的掠夺》一文，则分为三个时期：九一八事变前，为日本移民侵略准备时期；九一八事变后，为大空间的武装移民时期；七七事变后，为大批量的国策移民时期。大多数研究者都赞成第二种分期法。如纪万春的《略论日本对中国东北 14 年的移民侵略》，王秀华、李莹的《试论日本移民中国东北及其影响》就是采用这种分期法。他们认为，第一时期（1915—1931年）为小规模试验移民时期。1919年，日本关东都督府在福岛安正大将策划下，将19户48人移入关东州（今大连）地区的爱川村，将爱川村作为日本人移民农村计划的试验地。此后至1931年九一八事变爆发，日本共向我国东北移民1457户、3600多人。这一阶段的移民数量虽然不多，但它对日本其后的移民决策有着重要影响。第二时期（1931—1936）为武装移民时期。1932年初，日本拓务省制定了对我国东北移民计划大纲。从1932年至1936年共组织了五次集团移民。这些移民都是由日本政府组织实施的。所谓"武装移民"，是因为这五次集团移民中都有退役军人，他们在日本国内经过训练后，携带武器来到中国东北。除了由日本政府组织的集团武装移民外，还有民间组织的移民，称为"集合移民"。以上这两种移民多从事农业生产。除此之外，还有"畜产移民"、"采金移民"、"林业移民"等，以及零散的自由移民。第三阶段（1937—1945）为国策移民时期。1936年5月，日本关东军提出20年内百万户（500万人）的移民计划，同年8月这一计划得到日本政府的确认，并定为国策之一。从1937年至1945年，除了政府大批组织移民外，集合移民也同时进行，各种名目的移民如"烟草移民"、"渔业移民"等，不胜枚举。为了达到最终将中国土地据为己有的目的，日本政府还组织了"青少年义勇军"，以及为其谋求配偶的"妇女移民"等。

研究者认为，日本移民的形式是随着其侵华战争的不断扩大而发生变化的。九一八事变前，日本主要以掠夺大连等地的土地为主，移民的规模和数量较少，是移民试验期，其主要推行和实施者为日本在东北的殖民统治者和满铁有关机构。九一八事变后至七七事变前，日本以招募的退役军人为主体，开始有计划地大规模武装移民，其主要推行和实施者是关东军部，移民计划得到日本国会的认可。武装移民以刀枪开路，为了霸占中国农民的土地，逼迫和驱赶中国农民迁出移民区。七七事变后，随着日本侵华战争的不断扩大，日本欲将中国东北变成其进行战争的后方基地，日本政府同意了关东军制定的20年内移民百万户的计划，于是大批量移民成了日本的国策。随着一系列有关移民法的制定，向中国东北移民以法律的形式得以实施。总之，日本的移民侵略与军事侵略形影相随，同步升级。

由于没有作过权威的统计，关于日本移民东北的数量，研究者根据不同的资料，就产生了不同的说法。衣保中、廉晓梅在《日本移民侵略与东北殖民地土地占有关系》一文提出：日本移民有1131个开拓团，移民27.0428万人。王元周的《日本在中国东北移民的农业经营（1905—1945）》一文提出有"27人"，与前者的说法接近。纪万春在文章中说"至少 30 万人"。此外，还有241374 人，318000 人等说法。

关于日本移民侵略给中国带来的损失，许多研究者都进行了比较深入的分析。在经济损失方面，衣保中、廉晓梅在文章中指出：日本移民侵占了中国东北的大量土地，使大多数农民丧失了经济来源，成为无地或受雇于日本移民的佃户，受日本人的剥削压迫，同时还要受当地地主、地痞、伪警察等的盘剥，使东北原有的封建半封建生产关系得以巩固和延续。在精神方面，宋承荣、张庆山在《二战时期日本的移民侵略及其对我国东北土地资源的掠夺》一文中说：被强迫远走他乡的农民，有的被装进闷罐车，途中受尽非人的折磨，有许多人在途中则冻饿而死。留在当地的农民，则沦为日本移民及移民公司的佃户或长工。丧失了土地的中国农民过着奴隶般的生活，饱受各种苦难的煎熬。还有一部分被强征修筑关东军的军事工程，被折磨致死者不在少数。

与大多数文章从总体上探讨日本移民对中国造成的损失状况不同，申久男的《内蒙古通辽日本满蒙开拓团始末》一文，则着眼于个案。文章以大量的史料为依据，探讨了日本满蒙开拓团在内蒙古通辽的始末，并得出了独到的结论。他指出，广大的日本移民也是牺牲品。1945 年 8 月苏军解放兴安时，日本开拓团及义勇队的青壮年大多已被征上战场，留下来的以老弱妇孺为体的开拓民本可静等中国人民的处置，但这些开拓民由于看到关东军的神话破灭，竟受地方日本官员的左右，仓卒出逃，在途中有的集体被苏军坦克歼灭，有的被抗日武装民众击毙，不少儿童被遗弃，大量地冻饿病死。一些人在走投无路的情况下上演了集体自杀的惨剧，能九死一生逃回日本的则终生难以忘记这场日本侵略者制造的噩梦。所以，日本开拓民既是日本对华侵略政策的具体执行者和受益者，也是牺牲品。

经过对日本的侵略档案研究后，王胜今、高瑛在《以"开拓"为名的日本移民侵略——日本移民侵略档案分析》一文中指出，从 1905 年到 1945 年间，日本政府在军事侵略中国的同时，对中国东北实施了有计划、有组织、有步骤的大规模移民侵略。明治维新后，日本在发展资本主义的同时，也走上了扩张军备和对邻近国家进行侵略扩张的军国主义道路——大陆政策。日本"开拓团"是近代日本殖民扩张政策的产物。日本为了掩饰其战略意图和侵略行径，把侵入中国东北的日本移民团改称"开拓团"，企图掩盖日本移民侵略的本质。准确地把握其政策形成过程，有助于深刻理解日本对东北实施移民的侵略动机和性质。从日本向我国东北大规模移民及其移民政策的变化过程来看，日本向中国东北移民是上升为"国策"地位的国家战略行为，是日本对中国东北地区实行殖民扩张的重要手段，日本"开拓团"本质上就是"殖民扩张团"。

（二）重点文章目录

篇名	作者	刊名	年份	期次
试论日本移民中国东北及其影响	王秀华、李莹	日本研究	1995	03
日本"满蒙开拓青少年义勇军"计划的实施与崩溃	孙继武、潘佩孟	社会科学战线	1995	04
内蒙古通辽日本满蒙开拓团始末	申久男	中央民族大学学报	1996	05
日本移民侵略与东北殖民地土地占有关系	衣保中、廉晓梅	北方文物	1997	03
日本在中国东北移民的农业经营（1905—1945）	王元周	抗日战争研究	1999	04
二战时期日本的移民侵略及其对我国东北土地资源的掠夺	宋承荣、张庆山	华中农业大学学报（社会科学版）	2001	01
论日本对中国东北地区的移民侵略——日本军国主义侵略本质的新视角	王胜今	东北亚论坛	2001	02
日本"满洲移民"诸问题探讨	关伟、关捷	抗日战争研究	2002	02
日本对华北沦陷区的移民及其影响	刘敬忠、米卫娜	河北大学成人教育学院学报	2006	01
近年来关于抗战时期难民研究的综述	谷秀青、彭雷霆	江汉大学学报（人文科学版）	2006	02
试论抗战时期的难民迁徙	邓春丰	沧桑	2007	06
日本侵华期间的青少年移民政策刍议	高乐才	世界历史	2008	08

篇名	作者	刊名	年份	期次
浅论日本对中国东北的移民侵略	王晓燕	康定民族师范高等专科学校学报	2009	02
满铁与日本向中国东北的移民侵略	王玉芹	社会科学战线	2009	10
论日本对中国东北初期农业移民	张淑贤、高乐才	东北师大学报（哲学社会科学版）	2010	01
伪满时期辽宁日本移民状况调查与研究	孟月明、赵朗	兰台世界	2011	06
日本对中国东北地区的移民侵略	张锦	东北史地	2012	03
从东北日本移民看伪满时期的土地关系及其社会影响	马伟	长白学刊	2013	01
论日本对中国东北移民的侵略本质	沈海涛、衣保中、王胜今	吉林大学社会科学学报	2014	05
以"开拓"为名的日本移民侵略——日本移民侵略档案分析	王胜今、高瑛	东北亚论坛	2015	02
抗战时期关中分区移民难民的安置	李彤	党史纵览	2015	03

（三）相关论文目录

篇名	作者	刊名	年份	期次
"九一八"事变后日本帝国主义对我国东北的"武装移民"	朱海举	东北师大学报	1980	04
日本对中国东北移民侵略始末	赵力群	社会科学辑刊	1992	02
太平洋战争爆发后的日本移民政策	刘含发	吉林师范学院学报	1995	02

篇名	作者	刊名	年份	期次
试论日本帝国主义向中国东北的移民	季淑芬	北方文物	1995	03
浅论日本对我国东北农村移民	杨韶明	历史档案	1995	04
日本"满蒙开拓青少年义勇军"移民政策的确立和实施	王友兴	黑龙江教育学院学报	1995	04
日本移民对中国东北土地的掠夺	张凤鸣	齐齐哈尔大学学报	1995	05
开拓还是掠夺	梁玉多	齐齐哈尔大学学报	1995	05
略论日本对东北的移民侵略	佟静	辽宁师范大学学报	1995	06
日本移民与伪满洲国的殖民地农业	衣保中	东北亚论坛	1996	04
日本对华"武装移民"政策及其战略目的	高乐才	东北亚论坛	1996	04
日本向中国东北地区"试点"移民及其失败	高乐才	东北师大学报	1997	06
试论日本对中国东北的移民侵略	冯敏、蓝海	求是学刊	1997	01
从满洲移民政策看日本的侵略本质	徐业滨	学术交流	1997	02
日本侵华战争时期兴安开拓团概述	森久男、房建昌	中国历史地理论丛	1997	01/02/03
日本满蒙开拓团及满蒙开拓青少年义勇军在内蒙古东部活动考略	房建昌	中国农史	1998	03
日本"百万户移民"时期的土地掠夺	高乐才	东北师大学报	1998	04
侵略者的罪证——日本移民地地名之演变	陈洁、刘含发	中国地名	1998	05

篇名	作者	刊名	年份	期次
"满洲拓植公社"在日本移民侵略中的地位和作用	高乐才	东北师大学报	1998	06
日本"开拓团"中非农业移民述论	黄定天	学术交流	1999	01
伪满日本开拓团的罪恶历史	姜东平	纵横	1999	04
日本"满洲移民"政策的三点透析	高乐才	东北师大学报	1999	04
日本"满洲移民"战略意图新探	高乐才	世界历史	1999	05
"九·一八"事变后日本对东北的移民侵略	肖建杰	沈阳师范学院学报（社会科学版）	1999	05
必须正确认识日本的移民侵略问题	范敬文、王静轩	北方论丛	2000	03
日本对满洲农业移民政策的演变	左学德	贵州师范大学学报（社会科学版）	2000	03
日本侵华的"锹部队"——对"开拓团"的研究与批判	李云智、于洪璋	党史纵横	2000	04
日本对中国东北的移民侵略与土地掠夺	王中茂、晓明	洛阳师范学院学报	2001	04
满铁"附属地""除队兵"移民述论	高乐才	东北师大学报	2001	06
日本侵华第一个移民村——爱川村	张杨、井松林	兰台世界	2002	02
日本对中国东北的武装移民侵略	王天平	兰台世界	2002	04
日本对中国东北的移民入侵与土地掠夺	朱理峰	黑龙江社会科学	2002	04
浅论日本对中国东北的"青少年"移民问题	卢海燕	辽宁教育学院学报	2002	05

篇名	作者	刊名	年份	期次
日本帝国主义对中国东北移民侵略特点之剖析	李淑娟	学术交流	2003	02
日本移民侵略与东北殖民地化	李莹	长春师范学院学报	2003	04
对日本侵略中国东北新形式的认识	范敬文	大庆高等专科学校学报	2003	01
日本向中国东北移民政策评析	齐春风	江海学刊	2004	01
日本侵华期间向中国东北移民逾166万		瞭望新闻周刊	2005	19
论日本对中国东北的移民侵略	马玉良、孔艳波	日本研究	2005	01
抗战时期的桂林：难民悲惨命运的见证及承载者	唐凌	玉林师范学院学报	2006	02
略谈俄日在大连地区的移民	关国磊	大连近代史研究	2007	10
日本移民侵略与东北土地产权结构的演变	李淑娟	北方文物	2008	02
略论日本"满洲移民"的类型	石艳春	辽宁省社会主义学院学报	2008	05
满铁与日本的中国东北移民	孙彤	外国问题研究	2009	06
日本"满洲移民"中的女性	石艳春	社会科学辑刊	2010	03
20世纪30年代日本对华北地区的移民侵略	米卫娜	中州学刊	2012	02
东北人民对日本移民侵略的反抗斗争	孟月明	兰台世界	2011	12
试论近代日本的人口问题与对华移民侵略	米卫娜	北华大学学报（社会科学版）	2012	02
日本军国主义的移民侵略	魏艳丽	黑龙江史志	2012	07

篇名	作者	刊名	年份	期次
《满洲农业移民入植图》暴露日本侵略野心	包艳伶	兰台世界	2013	03
伪满时期日本向中国东北移民过程中报德社的作用	秦颖	大连近代史研究	2013	10
近十年关于日本在中国东北移民研究综述	沈建刚	哈尔滨学院学报	2014	08
略论日本开拓团及其对东北的侵略	陈照明	黑龙江史志	2015	01

六、日军暴行造成的伤亡和损失

（一）重点文章评介

侵华日军在中国大地上究竟实施了多少暴行，再精细的学者恐怕都难以计算出一个准确的数字。而这些暴行给中国人民带来的伤亡和损失，更是无法用一个量词来表示的。但是，几十年来，有良知的学者并没有知难而退。他们尽自己所掌握的资料和所关注的重点，潜心研究日军暴行产生的原因、日军实施暴行的方式和目的、日军暴行给中国带来的巨大伤亡和损失，一笔笔地清算着日军的罪恶。或许日军暴行给中国造成的人口伤亡和财产损失永远也难以计算清楚，然而许多学者还是以锲而不舍的精神，坚定地推进着研究的开展和不断深入。

日军为什么会在中国发动灭绝人性的大屠杀，为什么会烧杀抢掠、无恶不作？是什么导致他们人性的泯灭？郑忠、高萍萍的《抗战时期日军暴行的文化分析》一文，从日本特有的文化角度，回答了这些问题。文章从"文化心理学"、"人类文化学"、"宗教文化学"三个方面，对日军暴行的文化背景进行了探讨，其分析有理有据，非常深刻。从文化层次分析日军暴行的产生，并不是作者的最终目的。因为文化基因对日军的影响固然是深刻的，但这些影响只有在适当的条件下才能演变成罪恶。所以作者进一步深挖了产生暴行的恶源，其结论是："一切暴行之源泉归根到底就是日本军国主义无休止的对外扩张！"

飞机轰炸是日军实施暴行的重要形式。而对中国非军事目标的狂轰滥炸，更加鲜明地表示出侵略者的残忍性。本专题所收的关于日军轰炸的文章，有赵建中的《日机对中国非军事目标的轰炸》，曾庆榴、官丽珍的《侵华战争时期日军轰炸广东罪行述略》，徐勇的《日军对自贡盐基地的轰炸与中国的防御》，王禄明、陈乐道的《日军轰炸兰州及甘肃各地实录》。从抗损调查的角度来看，追究日军暴行所造成的中国人口伤亡和财产损失的具体数据，应是这些文章的题中应有之义。实际上，这些文章也试图达到这个目的。比如，赵建中在文中详细列出了日本《每日新闻》在1937年10月13日列出的日机首次空袭南京之后所轰炸的"中国军事要地"名单，计有9个省的61个县。徐勇根据比较琐碎的档案资料，整理出《自贡市历年空袭被灾损失统计表》，得出如下结论：1939年10月至1941年8月，日军共向自贡市空投爆炸弹1079枚、燃烧弹465枚，共投弹1544枚；造成人员受伤622人、死亡365人，共伤亡987人；炸毁房屋1101间、震倒房屋354间、燃烧房屋1330间，共计2785间；造成财产损失约1.24亿元。徐勇认为，根据所掌握的资料，这个损失可能有偏低的倾向。在王禄明、陈乐道的文章中，依据甘肃省档案馆的馆藏资料，列出了日军从1937年7月至1941年9月轰炸甘肃的详细数据。然而，遗憾的是，由于所依据有资料来源不同，文中有关数据也有出入，而作者并没有对这些数据进行分析，以致出现相互矛盾的现象。比如，据甘肃省统计室所造《甘政三年统计提要》之《甘肃各县市遭受敌机空袭损害统计表》记载：日机袭击甘肃各县市共71次，造成1426人伤亡，其中死亡821人（男578人、女243人）、受伤605人（男444人、女161人）。而据甘肃省政府统计处1947年10月编制的《甘肃省战时敌机轰炸伤亡汇报总表》记载：甘肃所属兰州、皋兰、平凉、天水、武威、永昌、泾川、靖远、固原、陇西等十市县共因日机轰炸死亡663人，受伤680人。后者所记的死、伤数字与前者均有出入。日军对广东的轰炸持续了8年，遭受轰炸的县市达76个（未计海南），造成的伤亡和损失相当惨重。曾庆榴、官丽珍在试图搞清这8年因日军轰炸所造成的损伤情况时，遇到了一个无法逾越的障碍，这就是没有完整的统计数据。好在他们在1941年的《广东年鉴》中，找到了1937年8月31日至1941年底的统计数据，其内容是：日军出去飞机19281架次、投弹33857枚，炸死7153人、伤11836人；炸毁房屋18021栋。这个统计虽有遗漏之处，但毕竟可以反映部分情况。

　　秦坤在《抗战时期贵州遭受日军空袭及损失研究》一文中，指出1938年9月25日，日军空袭清镇平远哨机场和贵阳易场坝机场，揭开了侵略贵州的序幕。此后，日军频繁出动飞机，规模不等地在贵州过境、侦查、散发传单和狂轰滥炸，十分嚣张。据统计，从1938年9月到1944年10月，日机入黔轰炸约53次，其中1938年3次，1939年2次，1940年42次，1941年1次，1943年2次，1944年3次。出动飞机超过644架次，投弹约881枚，贵州被炸县市达18个，一再侵入沿河、贵定、平越、都匀、荔波、榕江、黄平、册亨、贞丰、兴义、安顺、毕节等县，还在龙里、贵定、平越一带抛撒传单。据不完全统计，抗战时期贵州空袭救济费总计约为1667万元。

日军对重庆的轰炸及其造成的"大隧道窒息惨案"，一直是研究者专注的重点。从1938年2月至1943年8月，日军对重庆进行了长达五年的轰炸，其中大规模的战略轰炸在1939年至1941年，然而，对于重庆因大轰炸造成的损伤情况，历史上竟有9种不同的统计数据。在潘洵、彭兴华的《抗战时期重庆大轰炸的损失及其遗留问题》一文，分析了这些不同数据产生的原因和相互之间的关系，并进一步根据地方志和档案资料，提出作者自己计算的人口伤亡数据，即死亡23659人、受伤37731人，总计61390人。至于财产损失，作者认为重庆市政府1948年2月向行政院赔偿委员会报送的数据（6375403184元）远不是重庆大轰炸损失的全部，因为这个数据既没有包括内迁重庆的中央机关、学校、事业单位的损失，也未包括重庆周边地区的损失。关于重庆"大隧道窒息惨案"死亡的人数，徐建明在《重庆"大隧道窒息惨案"死亡人数考析》一文中根据中日文资料，对不同的统计数据进行了分析，否定了"百人说"、"万人说"，认为应是1200人左右。作者认为，大轰炸时间，重庆的情况比较复杂，统计工作的精确度较低。在此特殊条件下，要对死亡人数作一精确统计，很显然是不现实的，即使作出了也是难以令人认同的，相对而言，就死亡人数确定一个范围显得更为妥当。

研究重庆大轰炸的文章还有以下几篇，周勇在《抗战时期"重庆大轰炸"几个基本问题的探讨》一文中，认为中外学术界对重庆大轰炸的研究取得过重要的阶段性成果。但是，研究结果相去甚远。其原因固然有研究资料的局限，研究视角、方式方法的不同，但更主要的还在于对重庆大轰炸若干基本问题的范畴没有进行过认真严肃的界定。其关于"重庆大轰炸"概念的界定方面，对区域范围、时间范围、损害范围等内容进行了分析，在重庆大轰炸造成的损害方面，对人员伤亡和财产损失进行了细致的论述，最终指出研究"重庆大轰炸"有助于揭露日本军国主义的残暴罪行，戳穿日本右翼势力歪曲历史、美化侵略的谎言，有助于弘扬以爱国主义为核心的伟大民族精神，有助于更加全面和实事求是地评价重庆在抗日战争中的地位和作用，有助于伸张正义，为重庆大轰炸的受害者讨回公道。潘洵在《抗争中的嬗变：重庆大轰炸的国际影响》一文中指出，抗日战争时期，作为中国战时首都的重庆，遭受到日军残酷的无差别战略轰炸。由于中国的抗战及重庆战时首都的独特地位，日军对重庆的无差别战略轰炸，不仅引起在华西方人士和国际社会的广泛关注，而且还直接影响到远东各国，尤其是中、日、美三国军事战略的演变。同时，重庆在反轰炸斗争中的英勇行为，一方面赢得了国际社会的广泛同情和支持，另一方面也制约了日本既定军事战略目标的实现，并在一定程度上促进了英美远东战略的调整和远东反法西斯战线的形成。任学丽在《试析抗战期间日军轰炸重庆的主要背景和战略意图》一文中指出，抗日战争全面爆发后，随着国民政府的西迁，重庆不仅成为中国的政治、经济与文化中心，而且成为世界远东反法西斯指挥中心，与华盛顿、伦敦和莫斯科齐名。重庆地位的巨大跃升，使其很快便成为日军狂轰滥炸的主要目标。日军轰炸彼时的重庆，具有非常明确的战略意图，那就是"以炸迫降"、"以炸迫和"。

日军在"南京大屠杀"中杀害中国军民 30 万以上，这个数据已经得到公认。所以，这些年来研究"南京大屠杀"的文章，大多是从深层次去挖掘大屠杀的原因和后果等，而对于伤亡人数研究的文章稍显短缺。孙宅巍在《南京大屠杀遇难同胞中究竟有多少军人》一文中，对南京大屠杀遇难同胞中的"军人"有一个界定，这就是："在南京大屠杀期间，在南京各区及附近郊县范围，并于放下武器后遭日军屠杀的那一部分"军人。根据这个界定，孙宅巍在详细分析了有关史料后，得出如下结论："属于'南京大屠杀遇难同胞'范畴的军人，由于受到已经披露的集体屠杀俘虏与安全撤离等数字的制约，应在 7—9 万人之间，最低不至低于 7 万人，最高亦不至高过 9 万人。"至于南京大屠杀所造成的财产损失，孙宅巍在《南京大屠杀所造成的社会经济后果研究》中根据原来的统计数据和有关史料，进行了比较详细的分析，认为公私财产损失达 2300多亿。

利用美国文献进行南京大屠杀的研究有张生的《美国文本记录的南京大屠杀》，其在文中指出，南京大屠杀期间，居留南京和不在南京却关心南京局势的美国人士对事件的大量报道、观察、记录和分析，构成关于南京大屠杀史富有特色的第三方文本，并传播到中国各地、欧洲和美国。美国文本记录了日军屠杀、强奸、抢劫、纵火、贩毒、推行"慰安妇"制度等犯罪事实，揭露了日本掩盖战争罪行的举措，在东京、南京审判中体现其证据价值。美国文本反映了美国人士对中国军民进行的人道救助，亦体现了美国人士对美国在华利益的思虑。

日军在中国境内制造的暴行惨案非常之多。本专题所收潘民中、余庸的《侵华日军在平顶山境域制造的惨案述评》、钟亭华的《日军在鄂暴行综述》、张港的《日军军队在新加坡对华侨的大屠杀》，均比较详细地记述了日军实施暴行的残酷手段，如烧、杀、掠、奸、炸等，及其给中华民族带来的伤亡和损失。比如，1941 年至 1944 年，日军在平顶山境内制造了一系列惨案，在其中较大的 6 起惨案中，杀害 3000 多人，烧毁房屋 2000 间。1937 年秋至 1938 年 10 月武汉沦陷，日机共出动 946 架次，侵入武汉上空 61 次，投弹约 4590 余枚，炸死 3389 人，炸伤 5211 人，炸毁房屋 4900 余栋。关于日军在新加坡杀害华侨的情况，张港的文章作了探究。文章虽然遗憾于对具体被害人数难以统计，但还是作出"至少杀害了两万华侨"的估计。

对于性暴力的研究成果有金一虹的《南京大屠杀中的性暴力及性别分析》，其通过对南京大屠杀幸存者、目击者个人叙事等资料，将南京大屠杀期间日军对南京女性的性暴力的记忆碎片做一全景式的拼接，让人们了解那些性暴力受害者的身体和心灵曾经遭受过怎样的伤害；另一方面也试图从社会性别的视角，从更深层面分析大屠杀期间的日军性暴力实质，赋女性苦难以女性本体意义。

（二）重点文章目录

篇名	作者	刊名	年份	期次
日机对中国非军事目标的轰炸	赵建中	民国春秋	1994	04
日军在鄂暴行综述	钟亭华	湖北文史资料	1995	01
侵华日军在平顶山境域制造的惨案述评	潘民中、余庸	平顶山师专学报	1995	03
南京大屠杀所造成的社会经济后果研究	孙宅巍	南京社会科学	1996	02
南京大屠杀遇难同胞中究竟有多少军人	孙宅巍	抗日战争研究	1997	04
日军对自贡井盐基地的轰炸与中国的防御	徐勇	抗日战争研究	1998	01

篇名	作者	刊名	年份	期次
侵华战争时期日军轰炸广东罪行述略	曾庆榴、官丽珍	抗日战争研究	1998	01
重庆"大隧道窒息惨案"死亡人数考析	徐建明	抗日战争研究	2001	03
抗战时期日军暴行的文化分析	郑忠、高萍萍	徐州师范大学学报	2002	03
日本军队在新加坡对华侨的大屠杀	张港	中学历史教学参考	2004	12
日军轰炸兰州及甘肃各地实录	王禄明、陈乐道	档案	2005	02
抗战时期重庆大轰炸的损失及其遗留问题	潘洵、彭兴华	（日）《战争责任研究》	2005	冬季号（总第50号）
试析抗战期间日军轰炸重庆的主要背景和战略意图	任学丽	党史文苑	2007	24
南京大屠杀研究的回顾与前瞻	陈红民、傅敏	抗日战争研究	2008	04
抗战时期贵州遭受日军空袭及损失研究	秦坤	遵义师范学院学报	2008	05
南京大屠杀中的性暴力及性别分析	金一虹	抗日战争研究	2008	05
抗战时期"重庆大轰炸"几个基本问题的探讨	周勇	重庆大学学报（社会科学版）	2009	01
南京大屠杀的历史记忆（1937—1985）	刘燕军	抗日战争研究	2009	04
抗争中的嬗变：重庆大轰炸的国际影响	潘洵	史学集刊	2012	03
美国文本记录的南京大屠杀	张生	历史研究	2012	05
论抗战时期重庆自来水公司的日机"大轰炸"应对	杜俊华、刘洪彪	抗日战争研究	2013	02

篇名	作者	刊名	年份	期次
论南京"审判战犯军事法庭"对南京大屠杀案的审判	经盛鸿	南京社会科学	2013	06
关于抗日战争时期"重庆大轰炸"研究的几个问题	唐润明	民国档案	2014	11
侵华日军滇西罪行相关史料的解读与应用初探	雷娟利、王建宏	保山学院学报	2015	02
侵华日军暴行的铁证——日军战俘及投诚官兵控诉日军暴行档案揭秘	张万祥、周忠全、贾茹	军事历史研究	2015	03

(三) 相关文章目录

篇名	作者	刊名	年份	期次
一九四三年"厂窖惨案"述评	熊耀才	湖南城市学院学报	1981	04
日本军国主义侵华罪行一斑——记信阳市部分群众对日本侵略军暴行的控诉	信阳师范学院政治教育系调查组	信阳师范学院学报	1982	02
日本侵略军制造的南京大屠杀案	邹明德、胡菊蓉、丁思泽	历史档案	1982	04
抗日战争时期日军在我国的暴行	侯善才	史学月刊	1982	06
勿忘日寇血腥罪行——1942年本溪煤矿死伤1800人大事故追忆	张洪崑	劳动保护	1982	09
抗战期间日军进攻汕头简况	吴小坚	汕头大学学报	1989	01
南京大屠杀与南京人口	孙宅巍	南京社会科学	1990	03
30万南京同胞被屠杀的史实岂容否定	孙宅巍	抗日战争研究	1991	02

篇名	作者	刊名	年份	期次
松井石根与南京大屠杀的几个问题	刘燕军	抗日战争研究	1991	02
论日军南京大屠杀中的残暴行为	笠原十九司	抗日战争研究	1991	02
德国档案馆中有关侵华日军南京大屠杀的档案资料		抗日战争研究	1991	02
侵华日军南京大屠杀部分遇难同胞姓名录	米士龙、孙荣鑫、黄丽辉	民国档案	1991	03
"南京大屠杀"前后的南京人口问题	赵洪宝	民国档案	1991	03
日军在江苏吴江县罪行史料选辑	仇怀耕	历史档案	1991	03
德国档案材料记录南京大屠杀实况	王德峰、那福才	瞭望周刊	1991	06
震撼山城的大隧道惨案亲历记	张开书	文史杂志	1992	04
南京大屠杀的预演——"八·一三"日军在上海暴行考略	孟彭兴	史林	1993	02
南京大屠杀与南京军民的反抗	孙宅巍	学海	1993	02
松井石根与"南京大屠杀"	胡晓丁、张连红	南京师大学报（社会科学版）	1993	03
南京大屠杀的真正祸首是谁?		党史研究与教学	1993	04
南京大屠杀始于何时	唐学锋	文史杂志	1993	05
满铁档案中有关南京大屠杀的一组史料	卢岳美、权方美	民国档案	1994	02
大屠杀，不该遗忘的历史——日军南京大屠杀经过	张洪涛、张朴宽	齐齐哈尔社会科学	1994	03

篇名	作者	刊名	年份	期次
南京大屠杀与日军的预谋	孙宅巍	江海学刊	1994	04
南京大屠杀事件之再研究	吴天威	抗日战争研究	1994	04
侵华日军在南京大屠杀的罪行不容抹煞	郭传玺	历史档案	1994	04
日机对重庆的"战略轰炸"和重庆的反空袭斗争	温贤美	天府新论	1994	04
日军在坤甸的大屠杀	林汉文	海内与海外	1994	10
抗战中日军的暴行		人民论坛	1994	11
南满铁道株式会社档案披露：南京大屠杀有历史铁证		社科信息文荟	1994	11
论南京大屠杀的背景和范畴	孙宅巍	民国档案	1995	01
侵华日军对重庆大轰炸见闻记	周云燕	湖北文史资料	1995	01
日寇在新洲的罪行	张剑南、余文祥	湖北文史资料	1995	01
抗战期间百色城的"白色恐怖"	蔡邺	文史春秋	1995	02
日寇入侵桂东概况	韦浩明	广西梧州师范高等专科学校学报	1995	02
美国新公开的有关"南京大屠杀"的档案资料	吴天威	抗日战争研究	1995	02
南京的毁灭	乔治·费区、郦玉明	民国档案	1995	03
1937年《纽约时报》关于南京大屠杀的报道（1937年12月18日）	F. 蒂尔曼·德丁、高兴祖	民国档案	1995	03
日军在承德的屠杀罪行调查报告	彭明生	承德民族师专学报	1995	03
惨绝人寰的大惨案——潘家峪惨案	任海生	唐山师范学院学报	1995	03

篇名	作者	刊名	年份	期次
在太原赛马场的活靶演习	崔汉明	文史月刊	1995	03
30 万冤魂给世人的警示——"南京大屠杀"事件之再剖析	许志龙、戴玉富	南昌大学学报	1995	03
古城南京的厄运侵华日军攻占南京时暴行纪实	朱成山	东南文化	1995	03
南京大屠杀原因探索	孙宅巍	东南文化	1995	03
6000 冤魂在呼喊	莲君	南京史志	1995	03
日本帝国主义侵华期间对四川各地的惨重轰炸		四川党史	1995	03
厂窖惨案——侵华日军特大罪行录	刘雨佳	湖南档案	1995	03
五十多年前日机轰炸广州之惨状	沈祥龙	岭南文史	1995	03
日军侵占南京目睹记		档案与史学	1995	04
罪证如山，不容抵赖——日机轰炸贵阳罪行采访记	张珮文	贵州文史丛刊	1995	04
震骇人寰的血火洗劫——日寇南京暴行略记	孙祥麟	中国天主教	1995	04
日军侵略龙南的暴行及龙南军民抗日纪实	蔡宪銮、菊辉、启达	党史文苑	1995	04
日军入侵兴国罪行录	黄健民、肖宗英	党史文苑	1995	04
日军在信阳的暴行	胡宏智	中州今古	1995	04
日寇蹂躏郏城纪实	徐华藻	武汉文史资料	1995	04
对和平与人道的肆虐——侵粤日军的暴行	曾庆榴、官丽珍	学术研究	1995	04
日寇杀光北疃村纪实	解力夫	炎黄春秋	1995	04

篇名	作者	刊名	年份	期次
惨绝人寰的"河家庄惨案"	李国成	沧桑	1995	04
青东大屠杀		上海党史与党建	1995	04
抗战初期国内外有关南京大屠杀事件的报道和著作	高兴祖	抗日战争研究	1995	04
日军在"大扫荡"、"大蚕食"、"大清乡"中迫害、屠杀我国人民群众例证表		西南民兵杂志	1995	05
日军进占山西始末	刘会杰、范春英	山西档案	1995	05
从日军在东北的暴行看日本殖民统治的野蛮性	郭素美	齐齐哈尔大学学报（哲学社会科学版）	1995	05
松井石根难道不是南京大屠杀的"真正元凶"吗	周红	民国春秋	1995	05
南京大屠杀的真正罪魁朝香宫		江淮文史	1995	05
现代史上最黑暗的一页——南京大屠杀述实	宋华忠	党史文汇	1995	05
侵华日军自供：我们在南京大屠杀	吴永泉、杨新华	紫金岁月	1995	05
侵华日军"杀人比赛"究竟从哪里开始	孙宅巍	紫金岁月	1995	05
从"二·四"轰炸看日本侵略者的暴行	沈德海	贵州文史丛刊	1995	05
"二·四"轰炸亲历记	李崇惠	贵州文史丛刊	1995	05
日寇轰炸延安亲历记	张宣	红岩春秋	1995	05
日军在无锡地区的暴行	施公惠	江南论坛	1995	05
日机轰炸下的浙江		浙江档案	1995	05
日军在无为县城的暴行	马俊如	江淮文史	1995	05
郑州教堂惨遭日寇飞机轰炸		中国天主教	1995	05
侵华日军对南京的"文化大屠杀"	孟国祥	紫金岁月	1995	06

篇名	作者	刊名	年份	期次
侵华日军南京大屠杀的又一见证 美国医生威尔逊日记首次公开	郭宗淳、王建群、田成功、顾宪进	科技文萃	1995	06
历史的控诉——日军轰炸榆社城纪实		山西档案	1995	06
日本军国主义与南京大屠杀	孙宅巍	江海学刊	1995	06
朝香宫是"南京大屠杀"的罪魁		兰台世界	1995	06
"破天荒的残暴记录"——南京大屠杀	张晓彤	国防	1995	06/07
南京大屠杀——日本军国主义有预谋的恐怖政策	高兴祖	南京社会科学	1995	08
侵华日军南京大屠杀暴行之文化心理剖析	南京社会科学	南京社会科学	1995	08
兰州被日军轰炸的回忆	柴玉英	党风通讯	1995	08
南京大屠杀血证保存者吴旋访问记	许贵明	江苏交通运输	1995	09
日机轰炸成都的一段亲历	杨瑞生	西南金融	1995	09
日军在福清的暴行	余贤龙	福建党史月刊	1995	10
日机轰炸重庆的暴行	杨耀健	文史精华	1995	12
南京大屠杀的铁证	吴广义	瞭望	1995	28
侵华日军南京大屠杀又一见证——南京鼓楼医院发现威尔逊日记	郭宗惇	紫金岁月	1995	Z1
日军侵晋重大暴行记	张全盛、武胜利	文史月刊	1995	Z1
论南京大屠杀	庞士让	咸阳师范专科学校学报	1996	01
日军轰炸重庆纪实	杨耀健	党史博览	1996	02
日军在湖南的大屠杀	胡秀勤、张雪峰	文史杂志	1996	03

篇名	作者	刊名	年份	期次
重庆大隧道惨案死亡人数辨析	程雨辰	民国档案	1996	04
北疃惨案纪实	杨青	党史博采	1996	06
侵华日军在河北的暴行综述	宋俊然	党史博采	1996	07
东赤里赤惨案	于振永	党史纵横	1996	09
日寇在吉安的暴行和吉安人民的抗日斗争	刘受初	吉安师专学报	1997	01
南京大屠杀亲历记	陈世玉	贵州文史天地	1997	01
美国驻华外交官有关"南京大屠杀"的证言	杨夏鸣	民国档案	1997	03
南京大屠杀目击记	拉贝	世界历史	1997	03
侵华日军南京幕府山大屠杀的一个重要历史见证	高兴祖	民国档案	1997	04
世界红卍字会关于南京大屠杀后掩埋救济工作报告		档案与史学	1997	04
南京大屠杀期间日军在金陵大学的暴行	高兴祖	南京大学学报（哲学人文科学社会科学版）	1997	04
从日本资料看日军在江苏常州地区的暴行	高兴祖	民国春秋	1997	05
南京沦陷时日军在宁沪地区的暴行	魏宏运	历史教学	1997	06
历史不能忘记——长沙临大、西南联大屡遭日军轰炸之实证	陈兆玲	北京档案	1997	07
浴血苦斗与悲惨一幕——南京守卫战与日军大屠杀纪略	克明、李实	党史纵横	1997	09
惨绝人寰的"南京大屠杀"		党史纵横	1997	11
世纪暴行——南京大屠杀	卞修跃	文史精华	1997	12
日军在南京的抢劫暴行	段月萍	文史精华	1997	12

篇名	作者	刊名	年份	期次
日军航空队袭击南京的暴行	高晓星	抗日战争研究	1998	01
南京大屠杀中日军杀俘问题的事实考证	刘萍、章伯锋	安徽史学	1998	01
侵华战争时期日军轰炸广东罪行述略	曾庆榴、官丽珍	抗日战争研究	1998	01
震撼人心的侵华日军南京大屠杀		中国电子出版	1998	02
日伪对上海新闻界的屠杀	经盛鸿、殷文	民国春秋	1998	02
日本京都十六师团和南京大屠杀	高兴祖	民国春秋	1998	03
日军血洗葛洲坝	邹德慧	党史博采	1998	03
日军航空队袭击广西罪行述略	王晓军	南宁师范高等专科学校学报	1998	04
侵华日军南京大屠杀中的栖霞山难民	高兴祖	紫金岁月	1998	06
层层白骨为历史作证——南京大屠杀江东门遇难者遗骨发掘纪实	朱成山	紫金岁月	1998	06
远东国际军事法庭对南京大屠杀案的审判		紫金岁月	1998	06
抗战时期骇人听闻的重庆大隧道惨案	赵子云	紫金岁月	1998	06
南京大屠杀与日本军国主义	马文哲	探求	1999	01
南京大屠杀的直接动因	姜良芹	江西师范大学学报	1999	01
洗劫南京	约翰·迈罗尼、施民生	抗日战争研究	1999	02
记忆中的重庆大轰炸	田苗	红岩春秋	1999	04
野场惨案追记	吴营洲	党史博采	1999	04
论重庆大轰炸	潘洵、杨光彦	西南师范大学学报（哲学社会科学版）	1999	06

篇名	作者	刊名	年份	期次
南京大屠杀的历史见证人贝德士	邹洪凯、吴宝红	民国春秋	1999	06
南京大屠杀的真正罪魁		山西老年	1999	10
略论侵华日军在运城地区的暴行	景惠西、薛千山	运城高等专科学校学报	2000	02
历史的真实记录——侵华日军南京大屠杀		中国电子出版	2000	02
关于重庆"大隧道窒息惨案"两个问题的补充讨论	杨筱	抗日战争研究	2000	02
铁证如山——档案史料中记载的南京大屠杀	傅华	中国档案	2000	03
对一组南京大屠杀史料的考订	刘燕军	抗日战争研究	2000	04
日本侵略军的"盐遮断"轰炸	谭刚	文史杂志	2000	04
南京大屠杀中栖霞、江宁、句容农民的苦难和德、丹友人的国际救援活动	高兴祖	抗日战争研究	2000	04
抗日战争时期日军在永州的暴行	蒋跃波、唐森树	零陵师范高等专科学校学报	2000	04
南京大屠杀——一场使 30 余万生灵罹难的空前浩劫		民国春秋	2000	06
南京大屠杀对南京市民社会心理的影响	张连红	江苏社会科学	2000	06
日军南京大屠杀的血腥罪行铁证如山	朱煊	档案与建设	2000	08
档案资料与南京大屠杀的研究	许华安、许书宏	历史档案	2001	01
日军在鄂东的滔天罪行	易玉山	湖北文史资料	2001	01
日本侵华时期"万人坑"的形成及其原因	赵晓光	长白学刊	2001	02
朝香宫鸠彦与南京大屠杀	王天平	档案与建设	2001	02

篇名	作者	刊名	年份	期次
南京大屠杀时期的日军当局与南京安全区	张连红	近代史研究	2001	03
重庆"大隧道窒息惨案"死亡人数考析	徐建明	抗日战争研究	2001	03
论南京大屠杀遇难人数认定的历史演变	孙宅巍	江海学刊	2001	06
南京大屠杀期间日军性暴力的构造	笠原十九司	江海学刊	2001	06
南京大屠杀亲历档案——魏特琳日记	刘维荣、林挺	档案	2001	06
英国外交档案中有关侵华日军南京大屠杀史料一组	杨夏鸣、王卫星	民国档案	2002	01
日军轰炸西南联大的后果	吕文浩	文史精华	2002	03
抗战时期日军暴行的文化分析	郑忠、高萍萍	徐州师范大学学报	2002	03
南京大屠杀中的日军屠杀令研究	程兆奇	历史研究	2002	06
南京汤山日军暴行调查实录	费仲兴	钟山风雨	2002	06
再论"百人斩"	程兆奇	江苏社会科学	2002	06
抚顺平顶山惨案始末	薛世孝	当代矿工	2003	01
南京大屠杀与南京市民的创伤记忆	张连红	江海学刊	2003	01
1872 年冤魂——侵华日军屠杀萧县牛眠村纪实	姜继永	安徽史学	2003	03
日军航空队袭击广西暴行述评	王晓军	抗日战争研究	2003	04
重庆大隧道惨案揭秘	赵子云	文史月刊	2003	05
伪满本溪湖煤矿大爆炸遇难矿工数目辨析	阎振民	辽宁师范大学学报	2003	06
德国 50 年后披露"南京大屠杀"铁证	王炳毅	文史春秋	2003	10

篇名	作者	刊名	年份	期次
罪证——侵华日军在阳泉的暴行	孟宏儒	党史文汇	2003	10
重庆较场口防空大隧道惨案	白木、周洁	海内与海外	2003	10
日伪时期本溪湖煤矿大爆炸	阎振民、李斌	兰台世界	2003	11
电影胶片记录下的南京大屠杀	曹必宏、蒋梅	纵横	2003	12
伪满本溪湖煤矿大爆炸原因分析	阎振民、洪赞	理论界	2004	01
浅析抗战时期日军侵略福建的罪行及对人口的影响	杨立红	闽西职业大学学报	2004	03
日本天皇裕仁与南京大屠杀	高凡夫	南京社会科学	2004	08
日军在西堡村制造的大惨案	范夺凯、陈蕴	文史月刊	2004	09
日本侵略者的罪证——肉丘坟	王佩荣、李英俏	兰台世界	2004	10
一位日军轰炸兰州的目击者——访兰州大学历史系教授安守仁先生	冯惠娟	档案	2005	02
弹片下的呻吟——日军轰炸兰州惨象细述	秋帆	档案	2005	02
关于日军飞机轰炸兰州的两种日记介绍	邓明	档案	2005	02
日机轰炸陇西城概略	李永新	档案	2005	02
日机轰炸武威纪实	张惠萍	档案	2005	02
日军空袭天水始末	孙小云	档案	2005	02
侵华日军地图与日军对靖远的轰炸	郭忠庆、彦生	档案	2005	02
发生在清真寺里的日军大屠杀——纪念抗日战争胜利60周年	王英麒	中国穆斯林	2005	02

篇名	作者	刊名	年份	期次
二十世纪最大的城市火灾——抗战时期"长沙大火"扫描	唐正芒、李衍增	长沙大学学报	2007	01
中日两国南京大屠杀研究的回顾与思考	张连红	南京大学学报（哲学人文科学社会科学版）	2007	01
从《新华日报》报道看南京大屠杀事件	王树林	百年潮	2008	02
驳《检证南京事件证据照片》——南京大屠杀历史照片再检证	易青、曹必宏	民国档案	2008	02
南京大屠杀期间侵华日军在南京下关地区罪行研究	徐康英、夏蓓	民国档案	2008	05
南京大屠杀中的活菩萨——拉贝	陈如芳	文史月刊	2009	02
南京大屠杀受害者 PTSD 初步研究	张生	抗日战争研究	2009	12
中国档案文献遗产——侵华日军南京大屠杀专题档案	刘峰	档案与建设	2010	06
南京大屠杀研究的几个问题	程兆奇	史林	2010	08
关于南京大屠杀的沉思	童正茂	湘潮（下半月）	2011	07
谁是第一个报道南京大屠杀的新闻记者	经盛鸿	中共党史研究	2012	03
满铁档案中的南京大屠杀	孙成德	兰台世界	2012	04
历史的真实胜于诡辩和抵赖——与否定南京大屠杀的日本右翼人士斗争的历史回顾	经盛鸿	南京社会科学	2012	04
重庆集中营大屠杀幸存者揭秘	肖荣华	党史纵横	2013	04
《时间》：堀田善卫对南京大屠杀的解读及对中日关系的思考	徐静波	日本问题研究	2013	12

篇名	作者	刊名	年份	期次
从两部电影剖析南京大屠杀血泪史	田利兰	电影文学	2014	04
《南京大屠杀史料集（拉贝日记)》书影	胡绳	郭沫若学刊	2014	06
重庆大轰炸期间的宋美龄	张瑾	重庆大学学报（社会科学版）	2015	01
抗战时期日军对湘空袭与我方反空袭	龙琛	档案时空	2015	01
口述史料的力量——幸存者眼中的"重庆大轰炸"	黎余	红岩春秋	2015	03

七、日军生化武器造成的伤亡和损失

（一）重点文章评介

由于日本将生化武器的研制和在战场上的运用列入"绝密性的军事行动"，所以其内幕在战后长达半个世纪的时间内无人所知。因而这一专题在相当长的时间内一直无人问津。近些年来，随着一份份有关档案资料的问世，随着七三一部队内幕的曝光，广大研究者才对这一专题有了比较深入的研究。

大陆学者关于侵华日军化学武器研制和投放及其给中国造成的人口伤亡和财产损失的研究，目前已经取得了一定的成果。本专题收入步平的《残暴罪行不容掩盖——揭露侵华日军在中国的毒气实验》、武月星的《侵华日军的化学战》、高晓燕的《侵华日军的化学战罪行》，从宏观上对侵华日军的化学战进行了研究。综合起来看，这三篇文章主要涉及以下几个问题：

第一，日军化学战的试验和施放规模。从九一八事变后，日本关东军就在东北开始了毒气实验。据不完全统计，1933年12月至1941年11月，仅在东北地区就进行了14次实验。1937年卢沟桥事变后，日军建立了化学战实施体制，不断向中国增派化学部队。化学部队所使用的毒气包括芥子气、路易氏气、光气、溴化苄基、本氯乙酮、二苯氰砷、氢氰酸等。经过在淞沪战役、太原战役中施放毒气的实验后，日军对化学战在侵华战争中的价值有了进一步认识。从1938年开始，日军在中国大规模地使用毒气、毒物，以残害中国军民。据统计，仅武汉会战期间，日本华中方面军第2军就施放毒气222次，第11军施放毒气80次，配属华中方面军的正规部队施放毒气92次，各师团临时发烟部队施放毒气210次，德川航空兵团也多次空投毒气弹。日军在中国施放化学武器的地域十分广阔，北起黑龙江的海拉尔，南到广东的虎门，东至上海，西到绥远、西安、延安，共涉及14个省市，77个县区。研究资料表明：从1934年至1945年，日军在中国使用化学毒气战至少在2000次以上，被毒气所伤害的中国军民至少在8万人以上。

第二，侵华日军在中国进行的化学战不仅武器精良，而且有体系完整的专用部队，从军、师团、旅团、联队到大中小队，都有健全的建制。各部队均装备多种毒剂的化学炮弹、化学迫击炮弹、化学手榴弹、毒气罐、毒气盒等。化学武器的来源，多数由日本国内制造，也有部分是由日军在中国东北、太原、宜昌、济南、南京、汉口、广州等地建立的毒气工厂或化学武器装备厂制造。日军在上海、宜昌、太原等地还驻有专门从事化学战的部队。第三，日军施用化学武器的手段十分毒辣。日军采用空中投、地上洒、水中放、人身注射、往食物中掺、往军械和物品上抹等种种方式，残害中国军民。为了避免国际舆论的谴责，日军要求将毒气"在烟幕中混用之，严格隐匿使用瓦斯的事实，注意不要残留痕迹"，并要求"对于在实施特种攻击地区的敌人务期歼灭，不使逃脱"。于是，许多被毒气伤害的军民，也被敌人残忍地杀害了。

另外，李东朗、李瑗对于裕仁天皇和日军化学战的关系进行了研究，他们指出，日军在侵略中国过程中灭绝人性地大量使用化学武器，荼毒中国人民至深。而日军的这些战争犯罪与日本裕仁天皇紧密地联系在一起，裕仁天皇是日本研制化学武器的最高决策者、日军在中国使用化学武器的主使人，因此他不但是发动侵略中国和太平洋战争的最大战犯，也是日军施行化学战、毒气战的最大罪魁。当日军与中国军队作战，裕仁天皇下令在中国进行化学战时，反复要求"使用时应注意避开市区特别是第三国人居住地域，并尽量与烟幕混用，严格隐匿毒气使用事实，勿留痕迹"。这种明知不该为而为之的行径，殊为可恨，也充分暴露了其反人类、反人道的真实面目。作为公认的颇有造诣的生物学家，他是清楚地知道化学武器的极大危害和严重后果的。而他的可憎之处恰恰是，正因为知道化学武器的危害，才下令大力发展它，企图以此达到日本灭亡中国、侵占东南亚以至称霸世界的罪恶目的。

高晓燕还对侵华日军在中国东北的化学战进行了研究，认为日军选择在东北进行化学实验是从政治、技术和地域等多方面因素考虑的，而且对广大抗日武装实施化学战，使东北人民惨遭伤害。战后又把大量的化学武器遗弃在东北地区，造成人员的伤亡和环境的污染。直到今天，仍有未知的毒弹埋在地下，威胁着中国东北人民的生命财产安全，而那些战后的受害者还在病痛中挣扎。因此销毁日军遗弃在华化学武器刻不容缓。

王选在《1938年武汉会战南浔战役日军第11军化学战例》中，对于使用化学战作战的部队进行了深入研究。他指出，日军第11军中一次性使用毒气弹数量最多的是东京101师团，该师团使用次数不多，但是每次的使用量都很大，一次使用90发以上的有两次，都是在庐山东侧星子县东、西枯岭战场。而且他指出，在战时化学战对中国军人造成巨大伤害，德安县万家岭一带，还有当年日军毒气战受害幸存者，在继续受病痛折磨。在战后，日军遗弃中国战场的毒气弹，又发生多起泄漏事故，引起严重人身伤害。因此，呼吁中日两国之间建立对话机制，积极地及时开展相关领域的调查研究和技术交流，以合作的方式，共同弥补过去战争造成的损害，防止日军化学武器残存物质对于当地的环境和居民继续造成伤害。

对于日军细菌战的研究，比起化学战的研究来，应该说更为深入一些和具体一些。本专题所收入的文章大多是关于细菌战的。日军在中国大陆部署的细菌部队比较广泛，主要有设在哈尔滨的七三一部队、长春的一〇〇部队、北京的一八五五部队、南京的一六四四部队、广州的八六〇四部队，这些部队以所在地为中心，其分部则向周围地区辐射，遭受细菌武器伤害的中国军民分布也很广。由此，研究者所关注的受细菌战侵害的地域范围也比较大，包括东北、华北、南京、浙江、江西、山东、武汉、广州、云南等地。研究者们根据历史档案资料和实地考察，对细菌部队和受害地区的情况进入了多方位、多角度的研究。

第一，关于七三一部队的研究。以石井四郎为首的七三一部队是日本在中国建立的第一支细菌部队，在中国进行了长达12年的屠杀活动。陆秀清的《侵华日军实验和使用细菌武器的罪行》一文指出：七三一部队主要是从事研究和繁殖鼠疫、霍乱、坏疽、炭疽热、伤寒等细菌，经过反复的动物试验和人体试验，得出有效的结论后，再进行批量生产。据估计，七三一部队每月可生产300—1000公斤的鼠疫苗、八九百公斤的炭疽菌、1000公斤的霍乱菌，利用这些制成细菌弹、陶瓷弹、喷射器、巧克力糖等细菌武器。放毒的方式有：以打预防针为名注射到人体内；施放染有鼠疫苗的老鼠和跳蚤；利用飞机空投染有菌类的麦粒、粟子、棉絮、面粉、破布等；把菌液洒到河流、水井、沼泽地里。

第二，关于一八五五部队。一八五五部队的全称是日本华北北支"甲"第一八五五部队。这支部队是七七事变后组建的，其总部在北平城内，其分部遍布华北各地，是日本继七三一部队后在中国建立的第二支细菌战部队。谢忠厚的《华北甲第一八五五细菌部队之研究》以非常丰富的史料，全面介绍了这支部队的组成和分工，分析了这支部队在对华作战中的作用。文章指出：华北甲第一八五五部队，由华北方面军军医部长统一指挥下，与陆军病院直接地配合行动，同时又在日本陆军大本营的统帅及石井四郎指导之下，与七三一部队、一六四四部队、八六〇四部队密切联系，成为侵华日军进行细菌战的一个重要基地和战略支点。由于华北的广大乡村是抗日根据地，与日军占据的城市、交通线及其据点形成犬牙交错的态势，因此日军使用细菌武器的方法有别于东北和南方地区，其方法是十分原始而又极其隐蔽的，而且将散布细菌和"扫荡"作战相结合，往往疫病传染猖獗而群众还以为是天灾，其所造成的损失是非常巨大的。徐勇的《侵华日军驻北平及华北各地细菌部队研究概论》，则考证了一八五五部队建立的具体时间、头目、下属组织等情况。经过对资料的综合分析，他认为这支部队建于 1938 年 1 月之前，其头目先是菊池，后是西村英二。这支部队有支部、派出所共有 12 个，还有各师团配属的"防疫给水班"。该文指出，一八五五部队活动范围遍及整个华北地区，犯有深重的生产制造细菌武器、对战俘和平民进行活体试验，以及 1943 年在北平制造的霍乱大流行等反人道的罪行。至于该部队于 1943 年秋在鲁西进行的细菌战，其目的是散布霍乱菌，大量杀戮中国人民并为准备攻击苏联作抵抗试验。徐畅的《1943 年秋日军鲁西细菌战述析》提出，根据日本战犯供述，这次细菌战的时间是从 1943 年 8 月至 10 月，共造成鲁西、冀南 42.75 万人死亡。这还只是受灾的部分县份的统计。

第三，关于一六四四部队。以南京为总部的"荣"字一六四四部队，成立于 1939 年 4 月 12 日，是由石井四郎带领哈尔滨七三一细菌部队的一部分人员与设备、器材到南京创建的，对外称日军"华中防疫给水部"，又称"多摩部队"或"桧字部队"，1943 年后改称"登"字一六四四部队。该部队的主要工作就是试验和制造细菌武器，直接参与对中国军民的细菌战。经盛鸿的《侵华日军在南京的秘密生化武器试验与战争实施》一文指出，1940 年至 1942 年间，侵华日军在华中地区进行了三大细菌战，即对浙东的鼠疫战、对湖南常德的鼠疫战、对浙赣铁路线的多种细菌战。这三大细菌战都是以七三一部队为主，由一六四四部队积极配合进行的。这几次细菌战均造成非常严重的后果。以浙赣铁路线细菌战为例，造成原本无鼠疫流行的浙赣铁路沿线 38 个县市形成鼠疫流行区。据不完全统计，当地居民因此死亡达 7371 人。除此之外，日军细菌部队还施放了霍乱、伤寒、副伤寒、赤痢等细菌。李力、郭洪茂在《论日寇浙赣细菌战及其后果》一文中提到，七三一部队在 1940 年 9 月 18 日至 10 月 7 日对浙赣地区共实行了 6 次细菌攻击，所散布的主要是鼠疫、霍乱、伤寒等细菌。此后，日机又多次在浙赣地区投放细菌，致使浙赣地区的 38 个县市成为疫区，据官方不完全统计，当地居民因鼠疫流行造成直接死亡人达 7371 人。至于江西省受害情况，吴永明在《侵华日军江西细菌战研究》一文中有比较详细的探讨。文章引用有关资料指出，从 1942 年到 1950 年，除 1943 年无病例报告外，其余 8 年均有鼠疫病例报告，感染鼠疫的共有 14 个县、市的 2989 人，其中有 1550 人死亡。关于在日军常德制造的细菌战中死亡的人数，陈致远、柳毅的《1941 年日军常德细菌战造成城区居民死亡人数的研究》中，从常德细菌战受害调查《死亡名册》中，抄录有详细记载的人名共 298 人。作者认为，实际死亡人数远远超过这个数字，大约在 1000 左右。

第四，关于八六〇四部队。沙东迅的《侵华日军在粤进行细菌战之概况》一文中，叙述了"波"字八六〇四部队的组建和对粤实施细菌战的情况。文章指出，"波"字八六〇四部队于 1939 年在广州编成，总部设在广州中山大学。首任部队长是田中严军医大佐，以后是佐佐木高行、佐藤俊二、龟泽鹿郎。除本部外，还在广东各地及华中滁州、福建、广西、香港（九龙）地区，打着为中国人防疫、救护等旗号，进行细菌战。广州南石头难民收容所是该部队在广东进行细菌战试验中杀人最多的场所，在此有数千名香港难民和广东难民惨死于细菌实验中。此外，细菌部队还在广东各地广泛进行细菌战，特别是当时的广东临时省会韶关及粤北地区，以及广东以外的地区，杀害了大量中国军民。据当时日军部队的一份报告称，他们将生产出的鼠疫跳蚤装上飞机，向昆明、丽水、衢县、桂林、南宁等城市投放。遗憾的是，"波"字八六〇四部队究竟以细菌战的方式杀害了多少中国军民，该文并没有作出总的估计。

此外，郑龙昌的《日军侵华最严重的毒气战在宜昌》一文记载了如下数据：据中国国民政府军政部防毒处公布的一份统计资料，1937 年 8 月至 1945 年 5 月，日军在中国大陆和缅甸对中国远征军共进行毒气战 1312 次，造成中国军人死伤 36968 人，其中中毒后立即死亡的 2086 人。其中最严重的一次对中国军队施放毒气是在 1941 年长沙会战期间。日本使用毒气弹达 2500 枚，致使中国官兵 1600 余人中毒，其中 600 余人死亡。

结合口述史资料，朱清如在《日本细菌战罪行研究与口述史料》一文中对细菌战进行了深入研究。他认为，在日本细菌战罪行研究这一领域里，细菌战口述史料是值得全方位、多途径去发掘的。为了还原历史的本来面目，讨还公道，维护人类的尊严，教育世人、警示后人和世界永久的和平，史学工作者有必要运用现代口述史学的理论与方法，挖掘日本细菌战口述史料，以利于日本细菌战罪行研究持续深入的进行。同时，研究者也不得不正视一个现实问题，随着时间的推移，日本细菌战罪行受害者诉讼团 180 位原告代表会越来越少，因此对这些"活的历史"进行有计划、多途径的挖掘是有必要的，也是迫不及待的。另外，在口述史料的搜集、整理与研究中，研究者还应该借鉴（或临摹）社会（历史）人类学、民俗学等学科的研究方法与手段，尤其是身兼口述史料的调查者与研究者更应具备跨学科的知识与方法。口述史料忌讳孤证。

从不同地域角度，有以下几篇文章对日军细菌战进行了个案研究。张华对侵华日军在云南腾冲进行鼠疫细菌战进行了研究。他指出，日军实施腾冲细菌战有两点战略意图。一是掐断中国国际交通补给线，二是缓解兵员严重不足之困。从战略层面讲，腾冲细菌战也和宁波、常德、浙赣线细菌战一样成为日军为实现重大战略意图而实施的重要细菌战之一。日军实施腾冲鼠疫细菌战的主要地点在腾冲县的龙川、萝卜司庄、南甸等地。1939—1945 年腾冲鼠疫细菌战造成了成百上千的人员伤亡和财产损失。它的严重影响"不仅在于人间瘟疫流行造成中国军民的严重伤亡，更在于它造成当地和临近地区人民的心理恐慌和精神痛苦"，它的最大残虐性在于造成了腾冲和邻近地区社会的崩溃。

赵延垒、沈庭云在《1943 年秋日军发动鲁西细菌战述评》一文中，对 1943 年 8 月下旬至 10 月下旬，在整个世界反法西斯战争节节胜利的大背景下，日本华北方面军第 12 军在以馆陶、临清为中心的鲁西、冀南地区实施了大规模的霍乱细菌战进行了研究。此次细菌战的实施过程分为两个阶段。第一阶段从 1943 年 8 月下旬至 9 月中旬。在这一阶段，日军主要以人工布菌法和空中布菌法向卫河及鲁西北各县布菌。同时，为了促进霍乱的进一步传播，日军先后掘开卫河河堤至少 3 处，致使鲁西、冀南一带大片地区遭到了极其严重的水灾。据冀南抗日根据地的调查材料，日军还在鸡泽县将滏阳河掘口，并破坏了漳河河堤。第二阶段从 9 月中旬至 10 月中旬。日军这一阶段共进行了三期"讨伐"作战。期间，日军在促使霍乱蔓延的同时，不断强化自身防疫措施，调查霍乱蔓延情况。在这一阶段，日军第 12 军主力和伪军进行了秋季大"扫荡"。经过三期"讨伐"作战和秋季大"扫荡"，霍乱在鲁西和冀南广大地区迅速蔓延，日军达到了作战目的。10 月 24 日，日本华北方面军司令官冈村宁次和华北方面军第 1 军军医部长石井四郎下达了停止"十八秋鲁西作战"和秋季大"扫荡"的命令。1943 年秋鲁西细菌战至此结束。关于此次细菌战中方人员的受害情况，根据日军第 59 师团第 44 大队步兵炮中队联队炮小队队长矢崎贤三的笔供，仅在临清、丘县、馆陶、冠县、堂邑、莘县、朝城、范县、观城、濮县、寿张、阳谷、聊城、茌平、博平、清平、夏津、高唐等 18 县，从 1943 年 8 月下旬至 10 月下旬，就有 20 万以上的中国人死于霍乱病菌。又根据日军第 53 旅团情报主任难博波口供，仅卫河馆陶至临清中间的弯曲处和临清大桥附近两次决堤，就造成 115 万人受灾。但是，以上数字都是极为保守的说法，中方研究人员认为，历时两个月的 1943 年秋鲁西细菌战造成的受灾区域，包括冀鲁豫抗日根据地北部和冀南抗日根据地全部地区，大致相当于今天的鲁西、冀南、豫北等地区，其中鲁西、冀南受灾最重，共有 42.75 万中国平民死亡。这还仅仅是对部分受灾县份的统计数字，估计整个细菌战中，中国平民死亡人数为 50 万—60 万。至于遭受水灾的总人数，据冀南抗日根据地的调查资料，仅冀南地区就高达 400 万人。实际上，此次细菌战到底造成多少中国平民死亡，现在已经很难说清楚了。

谢忠厚对于侵华日军细菌战进行了深入研究。他认为，第二次世界大战期间，有的国家拥有细菌（生物）武器，有的国家拥有毒气（化学）武器，有的国家同时拥有这两种武器。只有日本帝国主义，在侵华战争中，公然违背 1925 年《日内瓦国际公法》，同时使用了细菌（生物）和毒气（化学）这两种大规模杀伤性武器。日本自第一次世界大战末，即着手细菌战研究。1930 年，在东京陆军军医学校成立以石井四郎为首的细菌武器研究室，对外称"防疫研究室"。日本细菌战部队有 5 支在中国大陆，并先后在中国东北、华北、西北、华东、华中、华南的 60 多个城市设置细菌部队支部、办事处或分遣队。在日本大本营统帅、石井四郎和各方面军司令部军医部长的统一指挥下，这些细菌战部队相互密切联系，与各地日本陆军医院、海军医院，以及"同仁会"等所谓"慈善"机构协同配合行动，在中国大陆和东南亚地区筑成了实施细菌战的战略基地及其有力支点，形成了庞大而严密的细菌战体系。但是，由于日本天皇、政府和军部在战时始终把细菌战列为"绝密性的军事行动"，把活人实验和活人解剖列为"秘密中的秘密"，在战败投降时又下令销毁细菌战的一切罪证，下令有关细菌战人员缄口讳言；加之，战后，远东国际军事法庭审判日本战争罪犯时，美国与日本达成了秘密的交易，石井四郎等人把全部细菌战研究资料交给美国，由美国进行干预、操纵，使日本3000多名细菌战犯免于追究罪责；日本政府时至今日，仍拒绝披露有关细菌战的档案资料，企图将其所犯下的反人类的细菌战罪行继续隐瞒下去。但是，纵观侵华日军细菌战罪行研究的历史与现状，还存有不少缺憾，深感要继续深化细菌战研究仍任重道远。首先，虽然半个多世纪以来，特别是近20年来，中日两国和平友好人士和世界各国正义人士做出了不懈努力，追索日本细菌战的史实，获得了大量人证、物证，迫使日本政府不得承认细菌战部分史实，但这仅仅是日本细菌战罪行的很少一部分。现有的史料和研究状况表明，日本在中国大陆的五大细菌战基地还有不少内情仍鲜为人知，60多个细菌部队支部、办事处、分遣队的大多数还没有被揭露出来，一些细菌战受害的省份及县旗迄今尚未进行调查、揭露和研究，日军在中国各地的人体实验和细菌战的内情、实情、详情还深深的埋藏着。其次，为深化日本细菌战的研究，目前急需根据此项研究的空白和薄弱环节，一方面抓紧抢救活的资料，力争留下尽可能多的日军细菌战受害者和原日军细菌部队老兵及知情者的证言资料，这是研究日本细菌战的失不复得的直接证据；另一方面加紧进行专题调研，每一个空白点，每一个薄弱点，都要一个一个的突破，逐一积累资料，把史实搞清楚，把数据搞准确，写成专题调研性论文。这是深化日本细菌战研究的必备基础。第三，日本细菌战罪行，是一个历史上被隐瞒的问题，也是一个迄今仍被隐瞒的问题。日本右翼势力极力掩饰过去的侵略历史和企图复活日本军国主义，而日本政府仍严守过去细菌战的机密并拒绝公布有关细菌战的档案，且仍在沿用100多年前的所谓《大日本帝国宪法》，拒绝对细菌战受害者进行谢罪、赔偿。

总之，关于日军侵华期间生化武器所造成的人口伤亡和财产损失研究，已经取得了相当重要的成果。但由于日军使用生化武器的时间长、范围广，要想将由此造成的伤亡和损失情况彻底搞清楚，是十分困难的。只能寄希望于有志的研究者，对相关的地区的研究进行各个突破，最终得出比较接近真实的数据。

（二）重点文章目录

篇名	作者	刊名	年份	期次
论日寇浙赣细菌战及其后果	李力、郭洪茂	社会科学战线	1995	05
侵华日军的化学战	武月星	北京党史研究	1995	06

篇名	作者	刊名	年份	期次
侵华日军在粤进行细菌战之概况	沙东迅	抗日战争研究	1996	02
侵华日军实验和使用细菌武器的罪行	陆秀清	学习与探索	1997	03
华北甲第一八五五细菌战部队之研究	谢忠厚	抗日战争研究	2002	01
侵华日军驻北平及华北各地细菌部队研究概论	徐勇	抗日战争研究	2002	01
残暴罪行不容掩盖——揭露侵华日军在中国的毒气实验	步平	北方文物	2001	03
侵华日军在南京的秘密生化武器试验与战争实施	经盛鸿	江海学刊	2003	01
侵华日军在中国东北的化学战	高晓燕	纪念七七事变爆发70周年学术研讨会论文集	2007	07
日军在滇西的细菌战	谢本书	湖南文理学院学报（社会科学版）	2004	01
1941年日军常德细菌战造成城区居民死亡人数的研究	陈致远、柳毅	湖南文理学院学报（社会科学版）	2004	04
1943年秋日军鲁西细菌战述析	徐畅	聊城大学学报（社会科学版）	2004	06
日军侵华最严重的毒气战在宜昌	郑龙昌	纵横	2005	05
侵华日军江西细菌战研究的危害与战争遗留问题	吴永明、谢志民	江西社会科学	2005	09
裕仁天皇和日军罪恶的化学战	李东朗、李瑷	党史研究与教学	2007	02
侵华日军在中国东北的化学战	高晓燕	纪念七七事变爆发70周年学术研讨会论文集	2007	07

篇名	作者	刊名	年份	期次
日本细菌战罪行研究与口述史料	朱清如	湖南文理学院学报（社会科学版）	2008	01
侵华日军云南腾冲鼠疫细菌战研究	张华	湖南文理学院学报（社会科学版）	2009	05
1943年秋日军发动鲁西细菌战述评	赵延垒、沈庭云	军事历史	2009	06
侵华日军细菌战所致云南人民受害与死亡情况调研报告	陈祖樑	保山学院学报	2010	07
1938年武汉会战南浔战役日军第11军化学战例	王选	纪念抗战胜利65周年学术研讨会论文集	2010	08
日本侵华细菌战研究述论	孟晓旭	抗日战争研究	2011	03
侵华日军细菌战研究述论	谢忠厚	抗日战争研究	2011	03
浅析抗战时期日军对华的生化战	侯建新	沧桑	2013	04
永川籍细菌学家陈文贵：揭露日军侵华细菌战第一人	欧利伟	红岩春秋	2014	05
"516"化学毒气部队遗址的保护利用研究	关庆凡、崔建伟、姜彬	理论观察	2014	09
战时国民政府对日军罪行的调查——以"敌人罪行调查委员会"为中心	张连红	江海学刊	2015	03

（三）相关文章目录

篇名	作者	刊名	年份	期次
侵华日军武汉会战期间化学战实施概况	毕春富	民国档案	1991	04
日本在华北的一八五五部队	陈景彦	文史杂志	1991	06
日军曾在浙江进行细菌战	马登潮	浙江档案	1991	10

篇名	作者	刊名	年份	期次
日本 731 部队罪行在日披露	方晴	世纪桥	1994	06
日本侵华战争中的毒箭——细菌部队与细菌战	张秀春、赵焕林、王忠祥	辽宁档案	1994	06
魔鬼之尤——日本七三一和一〇〇部队罪行录	张秀春、赵焕林、王忠祥	党史纵横	1994	09
侵华日军使用毒气弹	闻慧斌	民国春秋	1995	01
略论侵华日军与化学武器	孙桂娟	北方文物	1995	03
南石冤魂——侵华日军在粤秘密进行细菌战的罪行	沙东迅	广东党史	1995	03
日本关东军第一〇〇部队的罪行	霍燎原	社会科学战线	1995	04
从日军七三一部队看日本军国主义的侵华罪行	姜兴林	黑河学刊	1995	05
灭绝人性的细菌战实验		医学教育	1995	08
侵华日军细菌部队在衢罪行录——写在纪念抗战胜利五十周年之际	刘国庆	浙江档案	1995	09
揭开罪恶的黑幕——侵华日军在粤细菌战曝光	沙东迅	党史文汇	1995	11
侵华日军波字 8604 部队在粤实施细菌战的罪行	沙东迅	广东史志	1996	01
骇人听闻的魔鬼——关东军一〇〇部队	赵聆实	纵横	1997	03
关于日军细菌战的调查与研究	丁晓强	浙江学刊	1997	04
日军细菌攻击的初步展开	森正孝	浙江学刊	1997	04
日军曾在常德使用鼠疫病菌和毒气弹	赵平	档案时空	1997	04

篇名	作者	刊名	年份	期次
崇山村的鼠疫流行与日本1644部队	水谷尚子	浙江学刊	1997	06
日军制造的崇山细菌战	王基录	文史精华	1997	10
石井四郎在山西进行的细菌战实验	张树纯	山西档案	1998	01
石井四郎与731特种部队	杨瑰珍	党史文汇	1998	03
日军在山西也进行过细菌战实验	章书、王洪庆	兰台世界	1998	03
日军在武汉会战中施放毒气		武汉文史资料	1998	03
日军常德细菌战大揭秘	黄加来	中国档案	1998	10
侵华日军在山西放毒投毒大事记	叶昌纲	山西文史资料	1999	01
再揭日军1644细菌部队活人试验的罪行	高兴祖	民国春秋	1999	03
征田鼠制造细菌　散鼠疫残害中国人民	马晓芳	兰台世界	2000	07
残暴罪行不容掩盖——揭露侵华日军在中国的毒气实验	步平	北方文物	2001	03
日军"鼠疫战"始末	胡介堂	南京医科大学学报（社会科学版）	2001	03
日军细菌战：浙江瓯江流域人间鼠疫之祸源	周耀明	广西民族学院学报（哲学社会科学版）	2001	S1
侵华日军常德细菌战大屠杀	杨万柱、童远忠	常德师范学院学报（社会科学版）	2002	01
日军对浙江的炭疽攻击	丁晓强	浙江档案	2002	01
日军南京"荣"字1644部队细菌战始末	胡介堂	南京医科大学学报（社会科学版）	2002	02
侵华日军浙赣细菌战中的炭疽攻击	徐浩一	中共党史研究	2002	02

篇名	作者	刊名	年份	期次
侵华日军最早进行细菌武器实验的工厂——小镇上的杀人魔窟	陈秀英、刘玉波	世纪桥	2000	02
日军在山西的毒气战	高晓燕	文史月刊	2002	05
关于侵华日军细菌战史料的几个问题	朱清如	常德师范学院学报（社会科学版）	2002	06
亲历侵晋日军细菌战	李时雨	文史月刊	2002	08
有关侵华日军细菌战问题的新补充	郭成周	常德师范学院学报（社会科学版）	2003	01
侵华日军在中国东北施放毒气的罪证	李平	世纪桥	2003	01
1941 年日军对湖南常德的细菌攻击	陈先初	湖南大学学报（社会科学版）	2003	01
日本细菌战医学罪犯战后踪迹	王选	常德师范学院学报（社会科学版）	2003	02
关于侵华日军细菌战罪行的研究	韩晓	常德师范学院学报（社会科学版）	2003	03
关于常德细菌战研究的几个问题	柳毅、陈致远	常德师范学院学报（社会科学版）	2003	03
常德细菌战疫死人数的七年调查——7643 人的死亡名单是如何产生的	刘雅玲、陈玉芳	常德师范学院学报（社会科学版）	2003	03
松本正一关于日军细菌战罪行的证词	王希亮	钟山风雨	2003	04
华北（甲）一八五五部队的细菌战犯罪	谢忠厚、谢丽丽	抗日战争研究	2003	04
抗战时期浙江的"鼠疫"防疫战	李存灵	浙江档案	2003	05
侵华日军在粤使用细菌武器的罪行	官丽珍	广东党史	2003	05

篇名	作者	刊名	年份	期次
揭开华北"731"秘史	赵润生	文史月刊	2003	07
世纪罪行——侵华日军对浙细菌战述略	马登潮、周峰林	浙江档案	2003	12
侵华日军化学战的部署与遗弃化学武器	纪学仁	环球军事	2003	20
揭开被掩盖的历史真实——华北的"731"——日军（甲）1855 细菌部队揭秘	谢忠厚	档案天地	2004	01
侵华日军浙赣细菌战中的炭疽攻击	丁晓强、何必会	湖南文理学院学报（社会科学版）	2004	01
从哈巴罗夫斯克审判看侵华日军的细菌战罪行	俞明	东华大学学报（社会科学版）	2004	02
南京荣字 1644 细菌部队的罪行	王希亮	钟山风雨	2004	04
原日本侵华军细菌毒气战分布及简介	徐文芳	黑龙江史志	2004	05
日本细菌部队在华的炭疽战	张启祥	钟山风雨	2004	06
细菌战的真相终将大白于天下——侵华日军细菌战的浙江调查	张启祥	史林	2004	S1
原日本侵华军细菌毒气战的隐秘	徐文芳	黑龙江史志	2005	02
日本天皇裕仁与细菌战	高凡夫、赵德芹	湖南文理学院学报（社会科学版）	2005	02
日军细菌战对常德地区社会经济的影响初探	罗运胜	湖南文理学院学报（社会科学版）	2005	02
侵华日军荣字 1644 细菌部队	张群	档案与建设	2005	04
杀人工厂：日军在中国建立的细菌战部队	刘庭华	军事历史	2005	05

篇名	作者	刊名	年份	期次
日军波字 8604 部队在粤的细菌战活动	沙东迅	湖南文理学院学报（社会科学版）	2006	02
日本国家意志对细菌战的隐匿	近藤昭二、王希亮	湖南文理学院学报（社会科学版）	2007	07
1941，侵华日军常德细菌战	陈志远	档案春秋	2007	07
"荣字第 1644 部队"：侵华日军的又一细菌战部队	陈家光、方续东	环球军事	2007	10
日军细菌战"特别输送"实证调查的几点结论	杨玉林	湖南文理学院学报（社会科学版）	2008	01
日本医学细菌战档案揭秘	李群	档案天地	2008	06
中国获赠一批日本细菌战罪证文物资料	张乐	兰台世界	2009	04
侵华日军细菌战罪行研究概述	谢忠厚	中华民族的抗争与复兴——第一、二届海峡两岸抗日战争史学术研讨会论文集（下）	2009	08
侵华日军细菌战中国受害者对日索赔途径新探析	韩文江	法制与社会	2009	11
日本政府对侵华日军细菌战承担国家责任的法律依据新探析	韩文江	法制与社会	2009	11
日本侵华实施细菌战的铁证	田可	学习时报	2009	12
日本在中国进行细菌战的态度	刘汝佳	黑龙江教育学院学报	2010	03
侵华日军细菌战所致云南人民受害与死亡情况调研报告	陈祖樑	保山学院学报	2010	07
1939 年 731 部队"诺门罕细菌战"	陈致远	武陵学刊	2010	09
日本侵华细菌战伤害中国军民人数问题之研究	谢忠厚	武陵学刊	2010	09

篇名	作者	刊名	年份	期次
"荣" 1644 部队与常德细菌战	朱清如	武陵学刊	2010	09
令人窒息的回忆——日军侵华时化学战的特点	李克峰	新知客	2010	10
侵华战争期间日本实施细菌战与化学战之研究	陈宏	大连近代史研究	2010	11
侵华日军"十八秋"细菌战	闫春河	文史春秋	2010	12
日本民间人士寻证侵华日军浙江细菌战	谭进	观察与思考	2011	03
日本遗弃化学武器移动式销毁与化学战剂中毒防治	茅建华、张志敏、于乐成、汪勇、岑爱萍	东南国防医药	2011	07
《侵华日军细菌战资料选编》（第一辑）出版发行	宋吉庆	北方文物	2011	08
日军太平洋细菌战之计划与实施分析	张华	武陵学刊	2011	10
日本细菌战及美日幕后交易	朱阿根	社会观察	2011	11
从国际禁止化学武器公约谈日本的化学战责任	高晓燕	学习与探索	2012	02
1942 年石井四郎被"撤职"原因新探——日军细菌战战略的调整变动	陈致、朱清如	民国档案	2012	02
日本发现细菌战新资料的主要内容、史料价值及其意义	王希亮	抗日战争研究	2012	02
日军细菌战与江西上饶地区鼠疫流行	谢志民	前沿	2012	03
初探细菌 162 支队在日军细菌战中的作用	李静华	黑龙江史志	2012	04

篇名	作者	刊名	年份	期次
日本细菌战：用活人做实验	赵责远	文史博览	2012	09
论日本细菌战战略的成因及实施	谢志民	赤峰学院学报（汉文哲学社会科学版）	2012	11
美国保存的日本细菌战档案主要内容、史料价值及利用建议	杨彦君	北方文物	2013	05
关于731部队鼠疫报告书的初步解读——基于美国解密日本细菌战档案的调查	杨彦君	医学与哲学（A）	2013	06
1943年日军鲁西细菌战及其死亡人数	陈致远	抗战史料研究	2013	07
日本否认化学战及遗弃化武责任问题剖析	高晓燕	社会科学战线	2013	12
日军对华北抗日部队实施毒气战史述	谢忠厚	抗战史料研究	2014	06
日本学者著书揭露日在华实施化学战	袁杨、张世斌、钱华	解放军报	2014	07
七三一部队对细菌战剂的研究、实验与选择——基于美国解密档案的调查	宫文婧	北方文物	2014	08
档案见证历史——1952年青岛市南区反细菌战掠影	王艳丽	山东档案	2014	10
侵华日军在中国南方实施的细菌战	陈致远	军事历史研究	2015	01
侵华日军进行化学战铁证如山	高晓燕	中国社会科学报	2015	03
日军细菌战部队的建立及对华细菌战	奈须重雄、谢彩虹	军事历史研究	2015	01
侵华日军衢州、宁波细菌战致死居民人数考	朱清如	军事历史研究	2015	01
侵华日军细菌战理论探析	罗运胜	军事历史研究	2015	01

八、日军性侵犯造成的伤亡和损失

（一）重点文章评介

日军侵华期间对中国妇女的性侵犯，是强国对弱国、强者对弱者采取的非正义、非理性、非人性的行为，充分暴露了日本侵略者的残暴本性。以"慰安妇"制度为代表的性侵犯活动，证明这一残暴行径是得到日本政府和军方支持的。

从 20 世纪 80 年代开始，以上海师范大学苏智良教授为代表的研究者，开始对以"慰安妇"制度为代表的日军性侵犯活动进行研究。他们的研究表明：在日军长期占领的地方，必然有"慰安所"存在。日军的"慰安所"不仅设在交通便利的大中城市，甚至许多交通不便的县城、乡镇、村庄也有。在云南省的滇西地区，边远的村庄里也有日军的"慰安所"。

收入本专题的论文中，苏智良、陈丽菲的《侵华日军慰安妇制度略论》探讨了日军"慰安妇"制度的由来及形成过程、日军在华"慰安所"的类型及其设立，并对日军强迫中国妇女充当"慰安妇"的方式和"慰安妇"数量的估计等相关内容进行了分析。这是一篇比较全面地研究"慰安妇"制度的论文。该文定义"慰安妇"为"在强迫状况下为日军提供性服务的女性性奴隶，而不包括被日军偶尔强奸的妇女"。从这个定义出发，该文指出，日本学者估计二战期间日军"慰安妇"的数量最多有 20 万，是不准确的，"慰安妇"的数量应不少于 36 万至 41 万人。从国籍看，"慰安妇"的主体是中国和朝鲜女子，其中朝鲜籍在 16 万左右，日本籍在 2 万至 3 万，台湾、东南亚一些地区各有数千人，澳大利亚、美国、英国、荷兰、西班牙、俄罗斯等国的"慰安妇"各有数百人，而中国大陆的"慰安妇"人数最多，估计在 20 万以上。

卞修跃的《慰安妇问题与日本战争罪责》，以丰富的史料证明了日军"慰安妇"的存在，驳斥了日军右翼否认"慰安妇"制度存在的谎言，并着重论证了日本的战争罪责问题。该文指出，征集中国妇女充当日军"慰安妇"是在日本最高当局和军部直接策划指使下的有组织、有计划的罪行；日军对"慰安妇"的征集和管理以及对"慰安妇"的残酷蹂躏，都具有明显的"强制性"；强征中国妇女充当"慰安妇"作为日本国家当年犯下战争罪的同时所犯下的一项严重的反人类罪行，日本国家要对此承担无可推卸的战争罪责。

关于日军在中国各地强征"慰安妇"、设立"慰安所"的情况，目前已经有一批相关的研究成果。本专题所选的几篇，是其中的一小部分。刘萍的《关于日军强征山西"慰安妇"的调查报告》，是作者经过亲自调查访问受害的"慰安妇"后写作而成。接受调研的四人均是山西盂县的"慰安妇"幸存者。她们以亲身经历，控诉了日军强征"慰安妇"给中国妇女和家庭造成的人身伤害和精神伤害。该文根据调查所得资料，分析了日军在山西强征"慰安妇"的方式：一是将"扫荡"中抓捕的女共产党员作"慰安妇"；二是强抓良家妇女充当"慰安妇"；三是被日军"看中"后单独霸占的"慰安妇"；四是通过伪维持会强征"慰安妇"。该文鲜明地指出：日军"慰安妇"制度在中国实施的过程中，出现了两种现象：一是大多数研究者指出的，即"慰安妇"制度是以军队有组织、有计划地强征妇女、经营"慰安所"；一是士兵无组织、自发地抓捕、监禁妇女充当"慰安妇"。这两种现象并存，而且肆意抓捕、监禁妇女的性暴力事件自始至终贯穿于整个战争期间，受害者人数众多。这部分受害妇女虽然不是在"慰安所"内为日军提供"服务"，但她们被征集在日军驻扎地、据点、炮楼内为日军充当性工具，与"慰安所"里的妇女是一样的，也应该是算作"慰安妇"。只有这样，才能对日本的"慰安妇"制度作出全面、客观的反映和彻底的揭露。

　　苏智良的《侵沪日军的"慰安所"》，也是在实地调查和走访知情者的基础上，结合相关档案资料所写而成的文章。该文认为，在沪东的"杨家宅陆军娱乐所"，是日军在中国大陆最早设立的"慰安所"，设立时间是1938年1月。此后，专门为日军服务的"慰安所"如"大一记"、"海乃家"等陆续在上海设立。在一些侵沪陆军里，中队规模就拥有5至6名"慰安妇"，她们随时与部队一起行动。充当"慰安妇"的妇女主要来自日本、朝鲜和中国。该文还指出：上海不仅是日军"慰安妇"制度的发源地，而且也是日军设置"慰安所"时间最久、最稳定的城市。

　　经盛鸿、张连红的《对南京日军"慰安所"的最新调查报告》，在文章的一开始就提出两个令人震惊的数字：一是日军攻占南京后，在很短时间内，被强奸的中国妇女即达2万人次；二是日军在南京设立的"慰安所"有40多家。该文以南京所发生的事实，支持了前述刘萍的观点。这些事实就是：日本攻占南京后的初期，日军部密令各部日军先自行设法设立各种临时性质的"慰安所"。于是，各部日军就用种种方法，抓获大批中国妇女，然后随意选择一些场所，建起各种不挂牌子的临时"慰安所"，这些"慰安所"数目众多。后来逐渐被另一种途径所取代，这就是由中国的地痞流氓和伪政权设立的"慰安所"。而最终在南京大规模设立和经营的，是由日军部直接开办或委托日侨娼业主设立的"慰安所"。至于"慰安妇"的悲惨命运，该文也进行了较详细的叙述。通过对南京日军"慰安所"的调查，该文提出：日本侵略军实施的"慰安妇"制度，是人类数千年历史上罕见的野蛮暴行。它长期地、公开地、有计划有组织地胁迫成千上万的妇女充当日军官兵的性奴隶与性工具，充分暴露了日本军国主义的残忍、野蛮与暴虐。

杜汉文的《日本侵略海南时期的"慰安妇"制度浅探》和符和积的《侵琼日军慰安妇实录》，探讨了自 1939 年 2 月日军占领海南岛至 1945 年 8 月日本投降期间，日军在海南设立"慰安所"和强征"慰安妇"的情况。在日军"慰安妇"的来源方面，林文提出，主要来自于日本、朝鲜、菲律宾、新加坡，中国大陆的上海、广州以及香港、台湾和海南岛。岛外来的"慰安妇"，绝大多数是被诱骗而来，而在海南本土的"慰安妇"，则全部是强行征召和直接劫掠而来。至于在海南"慰安妇"的数量，林文以已发现的资料为依据，并综合各种因素考虑，认为当在 3500 人以上，其中海南妇女占多数。至于海南"慰安所"的数量，符文则给予了明确的回答。符文根据调研所得资料，提出在海南的日军"慰安所"至少有 62 处。符文也试图搞清海南"慰安妇"的数量，并列举了一些"慰安所"中"慰安妇"的具体数字，比如日军机场军人"乐园"有 21 人，红沙市欧家园有 52 人，儋县那大市日军"慰安所"有 150 人，感恩县八所市（港）有 200 多人，昌江县"慰安妇"约 400 多人等等。但遗憾的是，由于所掌握的资料有限，海南究竟有多少"慰安妇"仍无从计算。令人震惊的是，符文提出，在数以千计的"慰安妇"中，在日本投降时幸存下来的却为数寥寥。如石碌"慰安所"有 300 多名"慰安妇"，到日本投降时，苟活下来的仅有 10 多人。感恩市新街市"慰安所"有 40 多名少女，经过 5 年的非人折磨，到最后只剩下 10 多人。

日军占领香港后，也在香港开设了"慰安所"。苏智良在《香港日军慰安所调研记》中，以自己的实地调查和访问，对日军在香港开设"慰安所"的情况进行了揭露。文章指出，日军在占领香港初期，为了激励在港的 2 万名日军的干着急，日军总督矶谷廉介决定建立大规模的军事红灯区，于是强征"慰安妇"和开设"慰安所"的活动明目张胆地在香港进行，而且发展到公开在媒体上刊登征召"慰安妇"的广告。"慰安妇"所受的身心伤害究竟有多深，谁也无法估计，只有幸存者在问及此事时仍然流淌的泪水，告诉了人们她们终生难以弥合的伤痛。

日军给中国妇女造成的伤害，绝不止是"慰安妇"问题。可以肯定，在长达14年的日本侵华期间，遭受日军强暴并被以各种残忍手段杀害的中国妇女的数量，远远超过"慰安妇"的数量。本专题收入的孙宅巍的《论南京大屠杀中的性暴力问题》和李金莲的《抗战时期日军对滇西妇女的性暴行初探》，就是专门研究这个问题的两篇文章。孙文认为，性暴行是南京大屠杀暴行的一个重要内容。远东国家军事法庭确认，在日本占领南京后的一个月中，在南京市内发生了2万起左右的强奸事件。孙文还着重探讨了南京日军性暴行的特点，认为其具有普遍性、野蛮性、官方性。对于"官方性"这一特点，该文指出，大量资料显示，南京大屠杀中的日军性暴行，是一种有组织、有预谋的罪恶行动。如日军第10军第11师团的士兵田所耕造证实：日军从下关坐着烧木炭的汽车到村庄里把妇女抢来分配给军队，每15个到20个兵分1妇女。就在仓库周围或找个向阳的地方，用树枝树叶搭起一个场所。士兵们拿着有中队长图章的红券，解开裤带排队等待着。李文则对日军在滇西地区对各族妇女的奸杀和蹂躏进行了揭露，以一个个令人触目惊心的事实，控诉了日军的非人行径。在滇西，被迫害致死的妇女究竟有多少，恐怕永远也统计不清楚。但从个案可以看出，其死亡数量是惊人的。据1946年5月龙陵县政府粗略统计，在日军占领龙陵期间，全县8个乡镇中遭日军强奸的妇女达200多人，被日军杀害的妇女多达2173人。

吉见义明、王亚琴在《日本陆军中央与"从军慰安妇"制度——以金原节三〈陆军省业务日志摘录〉为中心》中指出，1993年日本公布的金原节三《陆军省业务日志摘录》说明了三个问题：（一）太平洋战争爆发后，随着日本出兵人数的增多，就连日本陆军中央也直接设置了"军用慰安所"，并通过陆军中央的指导与统制在亚洲太平洋各地设置了"慰安所"。（二）在日本陆军中央的指导与统制下于亚洲太平洋各地大范围地设置"军用慰安所"的大背景，是日本军人强奸事件的多发、军中性病蔓延、军人战争生活的恶劣。"军用慰安所"设置运营的动机目的，是防止日军的强奸行为、预防性病以及给日军提供性服务。尤其是日本在菲律宾、马来的性犯罪频发，是设置"军用慰安所"的主要原因。（三）陆军省在荷属东印度（印度尼西亚）实施强行征集当地女性充当"从军慰安妇"的计划。

陈健行在《试析战后日本政府对"慰安妇"问题的认识》中指出，日本"慰安妇"问题是第二次世界大战的遗留问题，自20世纪90年代初被揭露以来，特别是1993年日本"河野谈话"的发表，受到国际社会尤其是亚洲地区的强烈关注。但是在战争已经过去 70 年的今天，具有加害责任的日本政府，不但没有认罪并进行赔偿，还极力加以否认和篡改历史，这与日本社会在如何认识侵略战争历史和如何承担战争责任等原则问题上出现的右倾化趋势密不可分。同时，美国的纵容包庇和战后亚洲国家无力追究日本历史责任也是重要原因之一。日本政府对待"慰安妇"问题的态度，不仅损害日本的国家形象，而且影响着日本人的历史观，使相当多日本人认为，日本对外发动的一系列战争是因为自己的利益受到威胁，是不得已才进行的自卫战争，是被迫应战的。在日本谋求政治大国，企图加入联合国安理会常任理事国的今天，这种逃脱战争罪责，拒不谢罪悔过的抵赖态度，不仅加深了它与被害国之间的积怨，恶化了它与被害国的关系，而且也让国际社会开始思考日本是否真的能承担起政治大国应该承担的责任，为世界和平稳定作出贡献。再者，日本对东京审判的质疑，认为东京审判完全是战胜国强加给日本的，这是日本对推翻二战后国际格局的政治冒险，其真实意图是否定二战历史，为日本翻案做舆论动员。日本政府在历史问题上变得越来越不理性，越走越远，不仅伤害日本同亚洲国家的关系和彼此的现实利益，而且阻碍亚洲国家的区域一体化进程，甚至危及东亚地区的和平发展。"慰安妇"问题的最终解决不仅仅是要还给在战争中受到残害的妇女们一个公道，也是要让人们认识到这场战争的侵略性质，追究日本的战争责任和战后责任，从中积极吸取教训，以史为鉴，面向未来。

苏智良在《日军在湖北实施"慰安妇"制度的考察》一文中，依据战时档案文献、日本老兵回忆、战犯供状、实地田野调查，对日军在湖北境内建立的"慰安所"系统进行初步的研究，尤其是汉口、武昌、汉阳及湖北其他地方的"慰安所"进行了细致研究，认为日军在侵略湖北过程中设立了数以百计的"慰安所"，而且这只是日军"慰安妇"制度的冰山一角。"慰安所"中的"慰安妇"们失去人身自由、处于被奴役状态。

总之，日军在中国建立的"慰安所"制度，是有计划、有组织、有制度的暴力行为，给中国人民和中国妇女造成了巨大伤害。日本右翼势力想抹煞这个事实，只能是枉费心机！

（二）重点文章目录

篇名	作者	刊名	年份	期次
侵华日军慰安妇制度略论	苏智良、陈丽菲	历史研究	1988	04

篇名	作者	刊名	年份	期次
侵沪日军的慰安所	苏智良	抗日战争研究	1996	04
侵琼日军慰安妇实录	符和积	抗日战争研究	1996	04
慰安妇问题与日本战争罪责	卞修跃	抗日战争研究	1999	02
关于日军强征山西"慰安妇"的调查报告	刘萍	抗日战争研究	1999	02
香港日军慰安所调查记	苏智良	探索与争鸣	2000	02
论南京大屠杀中的性暴力问题	孙宅巍	民国档案	2000	04
抗战时期日军对滇西妇女的性暴行初探	李金莲	楚雄师范学院学报	2003	01
日本侵略海南时期的慰安妇制度浅探	杜汉文	海南文史：纪念抗战胜利60周年专辑	2006	09
对南京原日军慰安所的最新调查报告	经盛鸿	社会科学战线	2007	03
宜昌平和里慰安所旧址见证一段历史	宜昌市炎黄文化研究会课题组	经济研究导刊	2011	10
抗战文学中的慰安妇题材	王学振	南京师范大学文学院学报	2012	12
日军"慰安"制度在滇西	华强	文史天地	2013	08
日军"慰安所"历史罪责及其现实的研究课题	金成镐、金成杰	延边大学学报（社会科学版）	2014	09
日本陆军中央与"从军慰安妇"制度——以金原节三《陆军省业务日志摘录》为中心	吉见义明、王亚琴	军事历史研究	2015	02
惨绝人寰：中国籍"慰安妇"遭受的性奴役	苏智良	军事历史研究	2015	03
日军在湖北实施"慰安妇"制度的考察	苏智良	华中师范大学学报（人文社会科学版）	2015	03

（三）相关文章目录

篇名	作者	刊名	年份	期次
日本侵略者强迫中国妇女作日军慰安妇实录	稣实	抗日战争研究	1992	04
日军强逼中国妇女为"慰安妇"资料摘编	何吉、管宁	抗日战争研究	1993	04
血泪写就的历史岂能无视——二战日军"慰安妇"问题综述	林晓光	国际观察	1994	01
日军慰安妇与南京慰安所	陈娟	民国春秋	1994	05
侵华日军上海慰安所揭秘	苏智良	上海党史与党建	1995	04
武汉慰安所揭秘	江城	武汉文史资料	1995	04
不堪回首的屈辱往事—— 一个侵琼日军"慰安妇"的诉述	符和积	纵横	1995	04
二战时期的日军"慰安妇制度"	王延华	齐齐哈尔社会科学	1995	05
侵沪日军搜掠妇女充当慰安妇史料		档案与史学	1995	05
慰安妇：讨个说法	张友新、赵喜鸣	贵州文史天地	1995	06
我做"慰安妇"的痛苦经历	李天英	文史精华	1995	08
日军"慰安妇"的天涯血泪	符和积	文史精华	1995	09
侵华日军的第一个慰安所	荣集	海内与海外	1996	02
关于日军慰安妇制度的几点辨析	苏智良	抗日战争研究	1997	03
长恨当悲 杭城洒泪——记日军侵华期间出现在杭州的慰安妇	郑箴、宋微	浙江档案	1997	07

篇名	作者	刊名	年份	期次
新发现的日军在天津强征中国妇女充当慰安妇的档案资料	卞修跃	抗日战争研究	1998	03
侵占海南岛日军的慰安活动	程昭星	文史春秋	1998	04
我找到了第一位中国慰安妇	张双兵	法律与生活	1998	10
透过历史的尘埃看中国"慰安妇"真相	陈秋兰	中国律师	1998	11
透视中国"慰安妇"真相	陈秋兰	时代潮	1999	01
慰安妇问题与日本战争罪责	卞修跃	抗日战争研究	1999	02
侵华日军性暴力对中国女性的摧残——抗战时期山西盂县日军性暴力受害者调查	王海华	妇女研究论丛	1999	02
南京"慰安妇"写真	经盛鸿、孙良铭	民国春秋	1999	06
侵华日军南京"慰安妇"制度述论	经盛鸿	江海学刊	2000	06
南京下关区侵华日军慰安所的调查报告	张连红、李广廉	南京师大学报（社会科学版）	2000	06
慰安妇幸存者的血泪控诉	秦维宪	炎黄春秋	2000	12
不堪回首的回忆——我的慰安妇生涯	朴莲伊、金镇烈、黄一兵	纵横	2001	01
东宁要塞慰安妇首次揭秘	兰草、韩茂才	文史精华	2001	10
日军侵占太原时的慰安妇与殡仪馆	刘展	文史月刊	2002	01
慰安妇问题与日本的战争责任认识	步平	抗日战争研究	2002	02
侵华日军华中"慰安妇"罪行新证	陈正卿	档案与史学	2003	01

篇名	作者	刊名	年份	期次
侵华日军东宁要塞群中国劳工、慰安妇调查报告	黑龙江大学历史文化旅游学院课题组	黑龙江省社会主义学院学报	2003	02
日本慰安妇制度的起源	田中良、张涛	池州师专学报	2004	05
南京利济巷2号——侵华日军慰安所遗址考证	经盛鸿	档案与建设	2004	08
侵华日军南京慰安所调查与研究	经盛鸿、管尔东	南京社会科学	2004	12
新发现的日军在华北设置慰安所的罪证	田苏苏	档案天地	2005	01
南京的"慰安所"与"慰安妇"	经盛鸿、王冠保	钟山风雨	2005	02
海南"慰安妇"	黄一鸣	中国摄影家	2006	02
慰安妇血铸的史实——对南京侵华日军慰安所的调查	经盛鸿	南京师大学报（社会科学版）	2007	01
中国"慰安妇"问题研究综述	胡银平	周口师范学院学报	2007	01
"慰安妇"问题：日本欲盖弥彰	张国清	解放日报	2007	03
南京慰安妇的血泪——对南京侵华日军慰安所的最新调查报告	经盛鸿、王丽娜、曹燕	百年潮	2007	05
困扰中日关系的历史问题——以"慰安妇"为例	江文君、苏智良	甘肃社会科学	2007	05
日军暴力下的中国"慰安妇"	陈丽菲	书摘	2007	05
慰安妇，揭开最真实最伤痛的记忆	陈庆港	爱情婚姻家庭（冷暖人生）	2008	06

篇名	作者	刊名	年份	期次
驻孙吴日军"慰安妇"	杨柏林	黑龙江档案	2008	08
南京、拉贝与慰安妇	杨晋	世界知识	2009	06
慰安妇制度受害的不仅是女性	夏蓓	南京大屠杀史研究	2012	02
抗日战争中的滇西慰安妇	陆安	档案春秋	2012	06
南京日军"慰安所"与"慰安妇"概论	经盛鸿、胡卓然	日本侵华史研究	2013	09
慰安妇制度的见证——以孙吴侵华日军军人会馆为例	韩雪	黑河学刊	2013	11
"慰安妇"档案申遗	姜浩峰	新民周刊	2014	06
试析战后日本政府对"慰安妇"问题的认识	陈健行	军事历史研究	2015	03

九、日本制造"无人区"和"集团部落"造成的伤亡和损失

（一）重点文章评介

日军在华北制造的"无人区"和在东北制造的"集团部落"，虽然地域不同，名称各异，但功能和目的都是一样的，都是为了封锁、隔绝、扼杀抗日力量与广大人民群众之间的联系。近年来，有关这个专题的研究著述陆续问世，但与其他专题相比较而言，取得的研究成果还是相对较少。收入本专题的四篇文章，从不同的方面对华北"无人区"和东北"集团部落"进行了研究，从中可以看到有关研究进展的程度。

在华北"无人区"的研究中，申玉山、赵志伟的《侵华日军在华北制造"无人区"的几个问题》和陈平的《日军在长城线上制造惨绝人寰的"无人区"》是比较有代表性的。这两篇文章主要涉及以下几个问题：

第一，日军在华北制造的"无人区"的数量。文章根据有关资料，提出"无人区"主要有四个，分别是：（1）热南"无人区"。包括热河的承德、兴

隆、平泉、青龙、滦平、凌源及河北的遵化、迁安、密云等9县之大部，东西长700余里，南北宽60里。（2）热西察南"无人区"。包括热河滦平西部及丰宁、察南之赤城以东平北密云等县之大部，东西长200里，南北宽40里。（3）晋东北"无人区"。包括山西平定之东北部、盂县之东部、五台之东部，河北平山之西部，南北长200余里，东西宽五六十里。（4）灵寿、行唐、曲阳"无人区"。系1941年敌人"扫荡"挖封锁沟时所制造而成，包括行唐、灵寿、曲阳沿沟附近10里以内的村庄。这一"无人区"地带一年多后即被抗日武装所粉碎。在这四个"无人区"中，其中热南和热西察南的"无人区"，首尾相接，东西长达千里，总面积5万平方公里，因为处于长城沿线，一般笼统称为长城沿线"无人区"，或千里"无人区"。这是日军在华北最早制造的"无人区"，也是面积最大、存在时间最长的"无人区"。除这些大的"无人区"外，日军还在山东省和晋中、晋西北及河南省内制造了大大小小若干"无人区"。

第二，日军最早在华北制造"无人区"的时间。申文不同意此前有人提出日军最早制造的"无人区"是在1942年9月的说法，认为最早应是在1939年秋。而陈文虽然没有明确"最早时间"，但在行文中有这样的话："为了扑灭向满洲地区蔓延的抗日游击战火，日本关东军在频频军事'扫荡'的支撑下，于1939年至1940年间，在游击队活动的兴隆县五指山和雾灵山的局部地区实行集家并村，制造'无人区'。"这实际上是支持了申文的观点。

第三，日军制造"无人区"的方法。主要有两种：一是通过"三光作战"，将划定为"无人区"的原住百姓驱赶到其所谓的"治安区"，之后由群众自行选择去向，并不强制进行集中管理。二是用武力集家并村，实行集中强制性管理。这一办法主要在长城外侧实行，是日军制造长城外"无人区"的中心环节。日军制造"无人区"究竟有多少家庭受害，目前尚无具体统计数字。不过，研究者们还是查到了热河省的相关资料。经过考证，申文认定：在抗战时期，热河省共有641514户，被集家的有214179户，占到总户数的33.4%；共有3725899人，被集家的有1070895人，占总人数的28.7%。

第四，日军制造"无人区"的目的。日军以制造"无人区"的残酷手段，企图达到彻底切断共产党八路军同人民群众的关系，实现"匪民分离"，消灭共产党八路军，摧毁抗日军民一切生活条件。

第五，日军制造"无人区"的后果。日军在制造"无人区"的过程中，屠杀了许多无辜的百姓。而被集中到"人圈"里的百姓，则过着猪狗不如的生活。饥饿的折磨、瘟疫的流行夺去了七八万人的生命；日军的滥捕滥杀，致使

20多万人死于非命。"无人区"还导致人口锐减。以兴隆县为例：1933年总人口为15万，按旧中国人口增殖率为27‰计算，到1945年，应增加到20万人。但日军在制造"无人区"的6年多时间内，在抗日游击区屠杀1.4万人，在"人圈"中屠杀2万多人，死于瘟疫和冻饿的1万多人，再加生活极度困苦，绝大多数妇女失去了生育能力，到1945年，总人口已不足10万。

侵华日军在东北制造的"人圈"，与"无人区"的性质完全相同，但习惯上称为"集团部落"。周圣亮的《日本侵华历史的罪证：集团部落》和车霁虹的《沦陷时期日本帝国主义在东北建立的"集团部落"》，对于"集团部落"的相关问题进行了探讨。

第一，关于"集团部落"的定义。周文提出：所谓"集团部落"是日本关东军一手策划炮制的特殊村落形式。它是在指定地带，按照特定规模和结构修建起来的、具有政治和军事战略作用的集团村庄。车文对"集团部落"的定义，则更强调实施者和被实施者的关系。文章提出：所谓"集团部落"，就是在日本军国主义者的刀枪下，东北无数群众被迫离开世代居住的家园和土地，强行迁入到指定的地区，并由日伪军警严密控制，实行法西斯集中营式的殖民统治。

第二，"集团部落"最早建立的时间和最终数字。两篇文章均认为，1933年，日伪在延吉、和龙、珲春三县偏远地区和农村实行"归屯并户"，尝试性地建立了8处"集团部落"。当时的主要目的是解决当地治安问题，并为日本的东满拓殖公司输送廉价劳工，以及安置日军移民。收到一定效果后，被日伪统治者倍加推崇，逐渐在东北推广开来。到1941年末，"集团部落"的数量竟达13658个，这还不包括50户以下的"集家部落"。

第三，"集团部落"的危害。首先，"集团部落"推行的过程，也是日伪军警疯狂实行"三光"政策，实行法西斯暴行的过程。其次，"集团部落"大规范的推行，极大地破坏了东北社会生产力。农村耕地迅速减少，甚至大量荒芜；耕畜和农具严重破坏；严重的缺粮造成群众饥饿而死。在辉南县，仅在1935年就有饥民2100多人。此外还导致瘟病流行。1936年，柳河县有4385人患传染病，死亡315人。最后，给抗日武装的活动造成严重困难，使抗日联军部队遭到重创。

研究"集团部落"的成果还涉及以下几个方面，如王玉芹在《试析日本侵略者在吉林建立的"集团部落"》一文中指出，九一八事变后，东北大好河山沦为日本殖民地。面对日本帝国主义野蛮无耻的侵略行为，东北各地纷纷成立了反日会、农民自卫队、游击队、红枪会等反日组织。尽管日本侵略者对东北抗日武装力量与民众进行极为残酷的镇压和血腥"讨伐"，但东北人民的抗日武装斗争从未间断过，给日本侵略者以沉重打击。这使日本当局逐渐认识到，"对付共匪，如只依靠武力讨伐，犹如只铲除地面之草，不能铲除其根"。于是，日本侵略者改变策略，在对抗日武装进行军事讨伐的同时，辅之以经济封锁。为彻底断绝抗日武装力量的补给来源，使抗日力量成为无源之水，无本之木，最后自消自灭，日伪决定实行"根除分散住户的匪民分离"措施，即强迫人民群众实行归屯并户，建造野蛮的"集团部落"和无人区，从而在地理上隔绝抗日队伍和人民群众的联系。不仅如此，日伪殖民当局也认识到，建造"集团部落"在达到灭共目的的同时，可将普通民众置于县官的直接监控下，而且"能够有效抵挡苏联的进攻；同时便于木材的掠夺，金矿以及其他矿业的开发"。为此，伪满洲国举全力强制建造"集团部落"。"集团部落"的类型从规模结构上大体分为三种类型。第一种是规模较大的"集团部落"。可容纳村民200户至2000户，占地一般都在五垧以上。第二种是普通"集团部落"，日伪称之为防卫部落。一般收容70多户到200户。第三种是小聚落。也被称为"集家部落"或"聚家"，一般收容20户至50户。"集团部落"中的老百姓生活悲惨，首先是没有人身自由，第二是被收容到"集团部落"的农户，连生活所需的住房都无法保证，第三是赋役和捐税负担沉重，第四是严重缺粮，第五是传染病蔓延。因此，沦陷时期日伪为了维护所谓的治安，强迫农民放弃适合东北各地自然条件的散在部落形态，将这种"集团部落"统治政策移植到整个东北地区，并且强制推行，给吉林人民带来深重灾难，给社会造成严重危害。

罗存康在《日军在华北的侵华罪行："集团部落"》中指出，侵华战争期间，日本侵略者在长城线上制造了"千里无人区"。建设"人圈"（日军称为"集团部落"）是日军制造"无人区"的重要内容。日军在制造"无人区"的过程中，被驱赶集家的群众约140万人，被集家的自然村1.7万个，共建立2506座"集团部落"。日本侵略者建设"集团部落"的过程就是制造"无人区"的过程，而日本侵略者在"集团部落"中的残酷统治和广大人民群众在"集团部落"中的悲惨生活，则是日本侵略者欠下中国人民的又一笔血债。敌后军民英勇地开展了反"集家"，反"集团部落"的斗争。

总之，"集团部落"在东北和华北的野蛮推行，集中体现了日本法西斯实行法西斯政治统治和军事镇压相结合的极端残酷的殖民统治政策，给中国军民造成巨大的伤亡和损失。

（二）重点文章目录

篇名	作者	刊名	年份	期次
侵华日军在华北制造"无人区"的几个问题	申玉山、赵志伟	抗日战争研究	1995	01
沦陷时期日本帝国主义在东北建立的"集团部落"	车霁虹	北方文物	1995	03
日本侵华历史的罪证：集团部落	周圣亮	理论建设	1995	04
日本学者见证千里"无人区"	邓一民、吴云	党史博采（纪实）	2007	10
日本帝国主义的集团部落政策对朝鲜族传统居住文化的影响	崔明玉、高小岩	黑龙江史志	2008	10
试析日本侵略者在吉林建立的"集团部落"	王玉芹	东北史地	2009	05
沦陷时期日伪当局建立"集团部落"对东北农民危害剖析	车霁虹	世纪桥	2010	10
日军在华北的侵华罪行："集团部落"	罗存康	南京大屠杀史研究	2012	03

（三）相关文章目录

篇名	作者	刊名	年份	期次
试析中共东北党组织反对日伪"集团部落"斗争失利的原因	韩学平	世纪桥	1994	01
日本帝国主义在黑龙江建立"集团部落"剖析	车霁虹	龙江社会科学	1994	06
沦陷时期日本帝国主义在东北建立的"集团部落"	车霁虹	北方文物	1995	03

篇名	作者	刊名	年份	期次
侵华日军在五常制造"无人区"的罪恶	李志新、李兆巍	世纪桥	1997	04
东北抗日联军反"集团部落"斗争	周圣亮	世纪桥	1998	03
举世罕见的铁证——长城"无人区"纪实	李运昌	党史纵横	2000	03
侵华日军在辽西制造的"无人区"	刘斌	兰台世界	2000	04
党领导的东北抗战与日伪"集团部落"的推行	周圣亮	中共党史研究	2002	01
罪行昭彰档案可鉴——日本侵略军在承德制造"无人区"的罪行	陈久来	档案天地	2002	S1
侵华日军在华北制造的"无人区"研究	申玉山	东方论坛	2004	04
侵华日军在晋察冀边区制造的"无人区"	申玉山	档案天地	2004	11
日军在华北的侵华罪行:"集团部落"	罗存康	南京大屠杀史研究	2012	09
试析伪满时期吉林地区的"归屯并户"和"集团部落"	郝秀	黑龙江史志	2014	03

十、日本毒品侵略造成的伤亡和损失

（一）重点文章评介

从第一次世界大战开始，日本即向中国推行鸦片政策，并逐渐代替英国成为向中国输入鸦片和毒品的主要国家。1931年九一八事变后，随着日军向中国广大地区的进攻，日本开始在占领区内积极推行鸦片专卖政策，导致沦陷区毒品泛滥。日本帝国主义对中国采取毒化政策的目的，是为了灭我种族，使我国家陷于万劫不复之境地。

本专题收入的王金香的《日本鸦片侵华政策述论》、孙修福的《抗战时期日本帝国主义烟毒侵华罪行》、黄明华的《论日本帝国主义对中国的鸦片侵略》和王德溥的《日本在中国占领区内使用麻醉毒品戕害中国人民的罪行》，均是从宏观的方面来探讨有关问题。由于所引用的资料翔实，数据明确，这四篇文章不失为这一专题研究的重要成果。现将其中所涉及的问题作如下梳理。

第一，日本向中国输入毒品的时间和渠道。从19世纪末始，日本即对我国开始了鸦片侵略，到1945年止，在长达半个世纪的时间里，日本政府为了牟取暴利和毒害中国人民，利用种种公开的、隐蔽的手段，对中国进行毒品侵略。由于日本政府的鼓励和支持，参与毒品业务的，有日本军方、大使馆、兴亚院、军宪特务，有由日本官方支持的公司，有日伪政权，也有日本浪人、妓女等。他们通过境外和境内两个渠道将毒品输入中国。境外渠道，是从日本、朝鲜、伊朗、印度、土耳其等鸦片产生国输入。日本在20世纪30年代年产鸦片1万公斤，其中绝大部分销到中国。作为日本的殖民地，朝鲜在1933年至1944年间，年产鸦片2.6万至3.9万公斤，几乎全部运往中国。日本还大肆从印度、伊朗、土耳其等国购买鸦片输入中国。据估计，日本的鸦片输华交易额每年超过600万日元。这些非法收入多数被用于侵华战争的军费开支。

第二，鸦片在中国种植、制造、销售情况。在日伪统治下，中国各地究竟种植、制造和销售了多少鸦片，要拿出一个全面准确的数字已经是不可能的了。现在只能通过一些零星的数字，来说明其规模。日本在中国境内的鸦片种植与生产，是伴随其占领范围的扩大而不断增加。因此，中国的东北、华北、华东、华中、华南及香港、澳门地区，均是遭受鸦片等毒品毒害的地区。在东北，鸦片种植地区遍及伪满洲国划定的16个省中的14个，种植面积177750英亩，年产量1271公斤。1937年，哈尔滨及附近富家店地区的海洛因馆有3000多家，还有102家公开的鸦片沙龙。1945年，东北地区仅登记在册的吸毒者就有65万人。华北地区是烟毒泛滥最广的地区，鸦片的种植、制造和销售十分猖獗，1940年前后就有10500家海洛因店。据统计，1939年3月，北平的烟馆达到500多家。在天津，有海洛因提炼厂200多家，约有1500个日本技师和1万多名中国人从事毒品生产，年产海洛因近1000公斤、注射剂1.5万毫升和一种叫作"角"的麻醉剂19200组（合24115.2公斤）。到1945年，天津已有烟馆180多家。在河北，1936年时由日本人和朝鲜人开设的烟馆已达700多家。山西省是受害最为严重的地区之一。1940年，晋北的12个县种植罂粟达16万亩，鸦片总产量为129355两。在山东济南，1938年9月有烟馆40家，到11月底增至136家。在察哈尔，1942年除怀来县外，所有的县均大面积种植了罂粟。在南察种烟区，种植罂粟超过了50万亩。在绥远，1941年仅归绥、陕坝、包头、托克托和清水河等五县共种植罂粟60万亩。在华东、华中、华南地区，鸦片也有较大规模的种植。1939年下半年起，广东从化、番禺一带种植罂粟在1万亩以上。在华中，日本要求种植罂粟100万亩，广泛分布在浙江、江苏、安徽、江西、湖南、湖北等省。

第三，毒品对中国人民的毒害。日本通过公开销售毒品、开设烟馆和沙龙，鼓励吸食等方法，利用烟毒残害中国人民。为了满足不同层次人的需要，除了鸦片和海洛因外，日本人还鼓励白面、黄面、红丸、快上快、高根、黑膏、吗啡、可卡因等毒品在中国制造和销售。据不完全统计，至1944年末，沦陷区吸毒人数超过3000万。在东北，伪满政府登记的烟民数逐年增加，1933年为56804人，至1937年即有811005人；仅1938年因吸毒而死者达14万至15万人。在华北地区，海洛因瘾君子达170万，每年有数以十万计的人死于吸毒。在天津，1945年日本投降前，平均每天吸毒人数超过15万人，甚至两三岁的孩子也不自觉地染上了烟瘾。

第四，日本毒化政策给中国人民造成的财产损失。这个数字恐怕永远也无法搞清，但其损失之大仅从别省的情况就可见一斑。据河南省政府1942年的两次呈文，鸦片交易给河南造成的损失估计在10005000万元以上。其中，中牟县人民遭受直接损失约5亿元，被强迫分担配售烟毒而造成的间接损失100亿元；临汝县损失10239.2435万元；洛宁县损失约186508万元。据1946年的不完全统计，山西省农民种烟所受损失6118687.5万元，被诱迫吸食烟毒人民所受损失8078352万元。在福建省，仅厦门市损失就达56亿元。

关于国统区毒品走私活动的研究，公开发表的文章还不多见。齐春风的《抗战时期日本对国统区毒品走私活动述评》，从日本毒品走私政策的制定、日本毒品走私政策的推行、日本毒品走私活动的后果、日本毒品走私政策的评价四个方面，比较系统地探讨了这个问题。文章指出，自1939年7月始，日本由于美、英、荷等国的经济封锁而使军需物资日益匮乏。为了缓解压力，1941年，日本制定"对华长期战争策略要领"，除了在沦陷区继续搜刮外，还将魔爪伸向沦陷区以外的地区。华北日军据此制定了《昭和16年度（1941年）经济封锁并确保资源要领》，规定"努力套取非占领区域之重要物资，……交换物资尽量利用鸦片、化妆品、果子酒、人造绢丝等不能增加敌战斗力及生活力之商品。"日本为了推行毒品走私政策，采取了三种方式：一是强迫民众在临近国统区的地带广种罂粟，一方面将烟毒伺机运入国统区，另一方面在沦陷区和国统区之间划出一条无粮及毒化地带，同时在接近国统区的地带设立大型制毒工厂。二是以"让利"为诱饵出售毒品，引诱奸商购买，以获取暴利和急需物品。三是伪装成其他物品，策动私枭将烟毒走私到国统区。日本毒品走私在国统区造成严重后果：严重破坏了国统区的禁烟政策，造成烟毒在大后方的蔓延与泛滥；破坏了大后方的民风军纪；获取了大量的金钱与战略物资，损害了大后方人民的利益。

对于华北地区受害情况的研究，本专题选了两篇文章。郭贵儒的《论日本在华北的毒品政策及其危害》，揭露了日本对华北实行毒品侵略的手段，并以大量数据论证了日本烟毒政策给华北人民造成的危害。文章指出，日本在华北实行烟毒侵略的手段有如下几种：1. 实行毒品统制；2. 明令划定种植罂粟地带，诱迫人民种植；3. 实行"报贴鸦片政策"（即发给走私者证明书，免除关税），鼓励向华北走私鸦片；4. 广设烟馆，诱使人们吸毒；5. 设置制毒工厂，提炼毒品运销各地；6. 尽量扩大种植面积和毒品市场。通过上述这些手段，毒祸在华北广大地区肆意蔓延，严重戕害了华北沦陷区人民的身心健康，破坏了农村经济，毒化了社会风气。日本通过推行毒品政策，从华北掠夺了大笔财富。肖红松、李真在《抗战时期日本毒化河北实态研究》一文中，对抗日战争时期日本在河北有计划地推行毒化活动进行研究。其认为政策上存在从阳禁阴纵到强制毒化阶段性嬗变，其实质是对鸦片实行统制配销，诱迫民众种植罂粟，放纵毒品生产，纵容大量蒙疆，广设烟毒馆，诱迫民众吸食热河鸦片走私贩入。从而一方面导致毒品泛滥，严重危害河北人民的身心健康，另一方面日本在烟毒经营中攫取了巨额财富。最后，作者指出研究河北毒化问题的重要意义，即河北烟毒是抗战时期日本军国主义政府在华毒品政策的映象，以河北地区为基点深入剖析日本毒化实态及危害，将有助于从深层次揭露和谴责日本侵略中国、征服中国的狂妄野心和用烟毒弱化中国人民人力资源与反抗意志的险恶用心。

关于东北地区的受害情况，郑敏的《"九一八"事变后日本在我国东北地区的鸦片毒化政策》、李淑娟的《日伪的鸦片毒化政策对东北农村社会的影响》对此问题进行了探讨。这两篇文章回顾了日本以毒品侵害东北的历史，指出日伪在1932年11月30日公布的《鸦片法》和《鸦片法实行令》，奠定了鸦片专卖的合法性，标志着日伪政府成为合法的垄断机关和公开贩毒机构。在日伪的强迫和鼓励下，烟毒种植和吸食在东北地区泛滥成灾，以下是一些具体的数字：1934 年至 1937 年东北种植鸦片总面积达 103 万亩；1937 年东北各地的鸦片零卖所仅据官方统计有 2196 个；1937 年伪鸦片专卖机构向瘾者售出的鸦片吸食器具达 145923 个，收益 4044667 元；1937 年登记在册的吸食鸦片人数达 811005 人；1944 年伪满鸦片收入达 3 亿元；自日伪实行鸦片毒害政策后，中毒者至少有 254.4 万人。在日伪鸦片专卖总署的控制下，种植鸦片的农民遭受残酷的盘剥，不能按时按量缴纳鸦片的烟农，则遭到非人折磨，导致无数农户倾家荡产。烟毒在东北农村的泛滥，对农民的身心造成严重摧残和破坏，上百万农民丧失劳动能力，极大影响了农业生产的发展。更可怕的是，吸毒者为了得到毒品，丧失人性和理智，也丧失了民族的尊严，真正成了日本侵略者的"顺民"。由此可见，鸦片毒化作为日本的一种特殊武器和精神麻醉战略，其影响已渗透到东北农村社会的每个角落，达到了军事进攻所不能替代的作用。另外，赵朗、廖晓晴在《日本在东北地区实施的鸦片侵略政策——以抚顺千金寨地区鸦片毒品贩卖活动为中心》一文中指出，自 1905 年日俄战争结束后，日本在东北实施了长达 40 年的鸦片毒化政策，而千金寨则成为日本实施鸦片战略的据点和重灾区。文章认为，日本实施鸦片侵略政策的目的，主要有：第一，筹措侵华军费；第二，摧残中国人的身心健康，削弱中国人的抵抗意志；第三，由于千金寨蕴藏着丰富的煤炭资源，出于经济掠夺的需要，日本加强了对这一地方的统治。日本在这里拥有警察权、教育权、司法权、课税权等治外法权，不受中国的制裁。许多日本浪人、朝鲜人、商人以及地痞流氓等来到千金寨，在日本当局的有意怂恿和暗中支持之下，大都做起了贩毒的投机生意。

对于毒品在蒙疆地区的危害，张同乐的《日伪的毒品政策与蒙疆烟毒》、农伟雄的《九一八事变后日本对西蒙的鸦片毒品入侵》对此问题进行了研究。他们的研究表明：日本对蒙疆地区的毒品侵略开始于 1933 年，主要由伪蒙疆政府实施。蒙疆地区包括察哈尔省、绥远省的全部以及山西省北部的大同地区，面积约 50 万平方公里。日本对蒙疆地区的毒品入侵始于 1933 年，至 1936 年开始大面积种植。1937 年 12 月，伪蒙疆政府公布《鸦片业务指导纲要》，鼓励种植鸦片，规定由政府所属的鸦片公会管理鸦片专卖，并成立专门管理贩运鸦片的"鸦片榷运总署"。1938 年底，日本在东京成立兴亚院总部后，在蒙疆成立了兴亚院的联络部，其主要工作之一就是规划蒙疆鸦片种植、配购。在兴业院蒙疆联络部的操纵下，鸦片的种植规模逐年加大，制毒工厂的生产规模日益扩大。据统计，1944 年，张家口署种植罂粟 30.8 万亩、大同署种植 39.4 万亩、厚和署种植 93.8 万亩。吸毒人数也逐年增加。在张北县,最高年份,吸食鸦片的人竟占到总人口的 30% 左右,其中嗜毒成瘾者约占 10%—15%。

对于毒品在华南的危害,本专题收入了曹大臣的《日本侵华时期在华南的毒化活动(1937—1945)》、赖正维的《论侵华日军在福建的贩毒活动》和王爱菊的《略述抗战时期日本在福建的毒化政策》三篇文章。前两篇文章主要探讨了以下几个问题:第一,日本在华南毒品侵略的特点。主要有三个方面:一是以厦门、广州等城市为毒化中心,波及周边地区;二是直接操纵者为日海军和日驻厦总领事,其他占领区则主要由陆军和特务部直接控制;三是毒品走私情形较为严重。第二,日本在福建的贩毒活动。日本在福建的毒化活动始于 19 世纪末,主要是移居厦门的日籍台湾人在厦门进行非法的毒品走私活动。到 1937 年,台民在福州开设大小烟馆 139 家,在厦门有 203 家。1937 年以后,厦门、福州及周边郊县由于与台湾的便利交通而成为日本在华南地区主要制毒、贩毒点。1938 年 8 月由兴亚院厦门联络部组织"公卖管理委员会",设立公卖局,由福裕公司承揽公卖局鸦片烟膏的制造与贩卖业务。福裕公司生产的毒烟除供金门、厦门烟民吸食外,还在上海、南京、广州等地销售。日本在福州毒化活动的特点是:其一,毒化活动由日本海军和日本驻厦门领事馆直接掌控;其二,毒化过程中充分利用日籍台人及汉奸力量;其三,毒化政策的实施过程中建立了严密的毒品制造及销售网络系统;其四,毒化政策的推行采用利诱与强制相结合的手段;其五,毒化情形较其他占领区更为严重。福建与台湾交通便利,日本在福建的毒化活动由来已久,日方将台湾的成功经验移植到福建。从毒品的贩卖及贩毒网的形成,罂粟的种植、收购和加工,毒品公司的组建乃至所谓禁洞机构的设立,再加上有台籍日人的相助,致使福建的制毒、贩毒、吸毒情况相当严重。厦门市共有居民 124075 人,其中吸毒居民达 5000 人,所受经济损失高达 320 万元。金门县原有农田 15125 亩,被迫种植烟苗 2965 亩,按种烟 200 亩如易以种麦可收 500 担、价值 250 万元计算,全县所受经济损失达 1520 万元。第三篇文章则系统论述了日本在福建省贩卖毒品的罪恶政策,并指出毒化政策作为"一种'软式战争手段',以与日军在中国各地的屠杀掳掠(南京大屠杀、'三光作战'以及其他各地发生频繁的中、小规模屠杀与零星杀戮)、细菌战、化学战等'硬式战争手段',互为配合,作为实现日本总国策分割中国与征服中国对日本的反抗意志之下的'分国策',而且日本已将这种毒化政策发挥至非常全面、深入与恐怖的程度"。即想通过毒化政策来麻痹、弱化中国人民的抗日斗志,以达到其最终征服中国的目的。日本在福建施行的毒化政策,使得国民政府于 1935 年开始实行的"六年禁烟"与"两年禁毒"的成果破坏殆尽。为引诱更多的人吸食,日本在厦门等地开设妓院、赌场,不仅损害了国民身体健康,更使得社会风气乌烟瘴气,这种损失则难以估量。

对于华东地区受害情况的研究。许金生在《侵华日军对南京的鸦片毒害》一文中提出,南京的毒品产销是在兴亚院华中联络部的指导下进行的,伪政府直接参与销售和推广。到 1940 年 3 月,南京市已有 210 家烟馆,登记在册的吸烟人数为 1541 人,而实际调查后的人数为 4505 人。烟吸者超低龄化是一大特点,其中 50 岁以下的人占到 80%。文章指出,日军在南京实行鸦片统治的目的有二:一是为了获得扶植南京伪政权的资金,解决财政问题;二是为了从精神和肉体上削弱中国人民的抗战能力。高宇、燕红忠在《日本占领青岛期间的鸦片专卖与占领财政》一文中,通过分析青岛殖民当局鸦片政策的实施过程、日本内阁两次废除殖民地鸦片制度决定的真实意图和实际效果,揭示日本在占领地区推行鸦片专卖政策的真实状态。青岛殖民当局的鸦片专卖制完全是为了获取财政收入而实施的。最初始于进口台湾所制烟膏,但由于销售烟膏利润较小,1916 年开始以利用没收鸦片制造"善良烟膏"为名大量进口伊朗和印度烟土,并将销售地区扩大到青岛以外,其专卖收入迅速成倍增加,在 1918 到 1920 年间到达顶点,占到其殖民当局全部财政收入的 80%。王明星的《日本侵略者对山东的鸦片毒化政策》,将日本毒品侵鲁的历史分为三个阶段:第一阶段是 1914 年日本侵入青岛至 1922 年撤出,日本通过青岛军政署公开实行鸦片专场制,同时以青岛为根据地在山东各地从事鸦片走私贸易。第二阶段是从 1922 年至 1937 年,日本从公开贸易与走私贸易相结合,转入秘密走私贸易。第三阶段是从 1937 年至 1945 年,在日本军警和伪政权的庇护下,全面施行鸦片特许专卖制。文章认为,日本对山东的鸦片毒化政策是由日本政府一手策划,日本海军省、陆军省和外务省直接操纵的一种有预谋、有组织的国家犯罪行为。它不仅严重摧残了山东人民的身心健康,而且在经济上残酷地剥夺了山东人民。

对于毒品在台湾地区的危害。徐振伟研究了日据时期日本在台湾的鸦片政策问题后,指出鸦片不仅榨干台湾民众的钱财,更腐化了台湾各界的抗日精神,戕害台湾民众身心健康。日本通过在台湾的鸦片专卖,进一步强化了在台湾的殖民统治,也系统总结出一套治理殖民地鸦片问题的经验。进而认为日本在台湾的鸦片专卖不仅给台湾,也给整个中国带来了深重的灾难,但它的专卖也让别国迫使日本至少在表面上开始大张旗鼓地禁烟,从而使国际社会联合起来开展禁烟,这使菲律宾鸦片问题初步得到解决,从而巩固了美国在菲律宾的殖民统治地位。

（二）重点文章目录

篇名	作者	刊名	年份	期次
日本鸦片侵华政策述论	王金香	抗日战争研究	1993	02
日本在中国占领区内使用麻醉毒品戕害中国人民的罪行	王德溥著、郦玉明译	民国档案	1994	01
论日本帝国主义对中国的鸦片侵略	黄明华	江苏社会科学	1997	01
日本侵略者对山东的鸦片毒化政策	王明星	抗日战争研究	1998	03
"九一八"事变后日本在我国东北地区的鸦片毒化政策	郑敏	日本学刊	2000	02
论日本在华北的毒品政策及其危害	郭贵儒	燕山大学学报（哲学社会科学版）	2001	04
日本侵华时期在华南的毒化活动（1937—1945）	曹大臣	民国档案	2002	01
九一八事变后日本对西蒙的鸦片毒品入侵	农伟雄	抗日战争研究	2002	03
抗战时期日本对国统区毒品走私活动述评	齐春风	民国档案	2003	01
日伪的毒品政策与蒙疆烟毒	张同乐	史学月刊	2003	09
侵华日军对南京的鸦片毒害	许金生	抗日战争研究	2004	01
日伪的鸦片毒化政策对东北农村社会的影响	李淑娟	抗日战争研究	2005	01
论侵华日军在福建的贩毒活动	赖正维	晋阳学刊	2005	03
日据时期日本在台湾的鸦片政策	徐振伟	日本学论坛	2008	04
抗战时期日本毒化河北实态研究	肖红松、李真	日本问题研究	2009	02

篇名	作者	刊名	年份	期次
抗战时期日本帝国主义烟毒侵华罪行	孙修福			
略述抗战时期日本在福建的毒化政策	王爱菊	福建党史月刊	2013	06
日本在东北地区实施的鸦片侵略政策——以抚顺千金寨地区鸦片毒品贩卖活动为中心	赵朗、廖晓晴	社会科学战线	2014	04
日本占领青岛期间的鸦片专卖与占领财政	高宇、燕红忠	中国经济史研究	2015	01

（三）相关论文目录

篇名	作者	刊名	年份	期次
日本据台时期对中国的毒品祸害	连心豪	台湾研究集刊	1994	04
日本帝国主义对华鸦片侵略内幕	韩文宁	紫金岁月	1995	04
抗战时期日本在中国的毒品贸易	吴敏	贵州财经学院学报	1995	06
日本对福建的烟毒侵略	吕东征	福建党史月刊	1995	09
如此政府纵毒害民——伪满政府鸦片官卖旧话	兰殿君	文史杂志	1996	02
日本帝国主义在东北推行的鸦片政策	王祥滨	北方文物	1996	03
日本对中国的毒品侵略政策	王金香	民国春秋	1996	03
日军"毒化政策"在山西	陈翼、郝玉文、吕楚珩	山西文史资料	1996	03
日伪时期寿阳县种毒吸毒简况	付光元	山西文史资料	1996	03

篇名	作者	刊名	年份	期次
抗战时期日本以毒品换取中国内地战略物资史料		档案与史学	1996	04
本世纪 30 年代前后日本对华北的毒化政策	李恩涵	近代史研究	1997	04
日本帝国主义对华北的毒品侵略	孟悌清	理论学刊	1998	01
日本内蒙鸦片政策述评	陆伟	党史研究与教学	1998	03
日本华中"毒化"和汪伪政权	陈正卿	抗日战争研究	1999	01
"罪恶之花"在东北——日本在东北实行的烟毒政策	尹正萍	团结	2001	03
有关 30 年代中后期贵州禁烟运动的由来及其认识	秦和平	贵州文史丛刊	2001	03
日伪在南京地区的毒品政策	黄新华	档案与建设	2001	11
鸦片：日军侵华的软武器	谢凤华	河北师范大学学报	2004	01
日本侵华毒化机构——华中宏济善堂	曹大臣	抗日战争研究	2004	01
日本伪蒙疆政权时期的鸦片专卖政策——以专卖制度为中心	丁晓杰	内蒙古师范大学学报	2004	06
东北沦陷期间日伪的鸦片毒化政策	李淑娟	历史教学	2004	11
抗战时期日本对中国社会的毒化政策	叶锋	株洲师范高等专科学校学报	2006	01
山西抗日根据地同日伪毒化政策的斗争	高春平	晋阳学刊	2006	02
鸦片利益背后的重重矛盾——以日本在华中地区的毒化政策为例	朱守云	兰州教育学院学报	2008	06
日本"治台经验"在中国大陆的运用及其危害——以鸦片政策为中心	朱庆葆	江海学刊	2008	07

篇名	作者	刊名	年份	期次
东北沦陷时期日本炮制伪满鸦片专卖政策的经过及实质	孙彤、郑敏	大连近代史研究	2008	09
战后日本的鸦片战争史研究	王铁军	日本研究论集	2008	12
九·一八事变后日本在奉天地区的鸦片政策	王香	唐山师范学院学报	2009	05
日本在辽鸦片政策研究（1905—1945）	赵朗	社会科学辑刊	2009	07
日本在辽西地区的鸦片走私活动述论	赵朗	兰台世界	2010	06
简论伪满时期日本在中国东北的鸦片毒化政策	屈宏、荆蕙兰、王璐	东北抗联史学术交流会文集	2011	10
注重史料利用以提高中国近代史教学质量——以日本在凌源县、凌南县实施的鸦片掠夺毒害政策为例	马德全、王利民	内蒙古师范大学学报（教育科学版）	2012	05
日本在满铁附属地的鸦片贩毒罪行	赵朗	理论学刊	2013	07
九一八事变之前日本在辽宁的鸦片政策研究	栾兆靖	长春工业大学学报（社会科学版）	2014	03
抗战时期日本对中国的毒品战	都斌	海内与海外	2014	08
编年史视角下的日本在华鸦片贸易	若林正、王山峰	日本侵华史研究	2014	09
1938—1945 年日伪鸦片毒化政策探析——以湖北沦陷区为考察	刘正强	财经政法资讯	2014	09
日本在中国东北实施鸦片毒化政策演变的剖析	金恒薇	黑龙江史志	2014	11
东京审判庭审记录与日本对华鸦片侵略研究——以"满洲国"为例	韩华	日本侵华史研究	2015	03
档案揭秘日本毒化政策对河北之危害	曹立朝	档案天地	2015	04

十一、难民伤亡和损失

（一）重点文章评介

在日本侵华战争期间为了躲避战火或难以生存而离开家园、流落他乡的人，被称作"难民"。从1931年至1945年，究竟有多少人沦落为难民，恐怕是永远也无法搞清楚的。但是，当有志于此专题研究的学者们专注于这一问题的研究之后，一些与抗战时期的难民有关的问题，还是得到了很大的进展。

孙彦魁在《抗战时期难民群体初探》一文中，运用可靠的史料记载，对1937年全国抗战爆发至1945年抗战结束共8年间的难民问题进行了比较全面的分析。该文提出，据国民政府行政院赈济委员会统计，从1938年4月至1944年12月底，各救济区救济难民人数为8847208人；各省市赈济会救济难民人数为10716154人；各慈善机关救济难民人数为30151531人，三项总计为49014893人。但这只是被救济的人次，而不是全部难民的数字，因为尚未包括未能得到救济的难民，而且在统计时间上并不完整。但可以肯定，抗战时期的难民人数之多，规模之大，超过了中国历史上任何一次天灾人祸。对于难民的成分，该文也进行了探讨，认为主要有：商人、小手工业者、农民、工人、知识分子。在每个阶层中，文化程度越高，经济地位越高，其逃难的人数也越多。关于难民的来源地，主要是遭受日本侵略程度沉重的地区，在北方以河南、河北、山东为多，在南方以湖北、安徽、江苏为多。在难民的年龄上，该文根据1939年9月湖南省赈济会的一份材料分析出，15岁以下少年儿童占总数的33.7%，16岁至60岁的占总数的63.2%，61岁以上的占总数的3%。这种年龄结构反映出，战时人民在逃难过程中，不少婴幼儿和老人因体弱、疾病、饥饿等原因被遗弃或死亡。关于难民流动的趋向，该文也作了分析，认为有以下四种，一是从城市返回农村故里；二是从乡村逃难到城市；三是从城市到城市；四是近避邻区或山区。

程朝云的《抗战初期的难民内迁》一文提出，对"难民"的界定有狭义和广义之分。从狭义角度来看，难民是指"除随政府机关、学校、厂矿等有组织地迁徙的人口以外的所有战时迁移人口"；从广义的角度来看，在战争环境下，任何阶层、任何人的命运都与战争息息相关，即使随政府机关、学校、厂矿等有组织地迁徙的人口，也同样有被迫离家别业、远徙异乡的特点，因此他们也可算是难民。该文探讨的是无组织的难民在1937全面抗战爆发至1938年10月武汉会战结束之前，由华北、华东、华中、华南的迁往西南、西北的情况。关于内迁难民的数量，该文认为"900万左右"的估计是比较合适的。该文还探讨了华北、华南难民内迁的不同路线，以及不同阶段的不同特点。

对抗战时期全国难民的迁徙情况进行研究的，有王同起的《抗日战争时期难民的迁徙与安置》。该文指出，从九一八事变后，东北的大批难民涌入关内，达数十万之众。这些难民或是原关内流向关外谋生的移民，或是东北籍军人、官员的家眷；或是具有强烈爱国热情的知识分子。这些人除少数后来重新返回东北或随东北军迁至西北外，大多数人在卢沟桥事变后融入全国性的难民迁徙潮流中。华北的难民潮出现于1937年8月平津沦陷之后。一部分或匿身附近农村，或迁居租界；更多的人或从陆路到武汉三镇和上海，或从海路到烟台、青岛，再经陆路到济南。济南战事紧张后，难民部分返青岛乘船赴上海，绝大多数则沿津浦路南下。河北、豫北一带的难民，主要沿平汉路南迁至郑州，有的再往豫南和湖北，有的沿陇海路迁往陕西。山西雁北、太原等地的难民有的逃往山里，有的流入西北各省。华北地区的难民潮出现在1938年淞沪会战之后。这些难民有的逃往南京，有的逃往乡下，也有的逃往江北。华南地区的难民潮出现较晚。东南沿海被日军封锁后，福建、广东等地居民有的逃往山区和内地，有的到香港、澳门，也有的移居南洋一带。

在逃亡的难民中，有一个特殊的群体，这就是流离失所、无家可归的难童。苏华的《抗战时期难童的异常心理问题》，就探讨了这一特殊的群体在战争状态的心理状况。该文首先从心理学的角度，分析了战时难童的特殊心理状况，指出战争对儿童身心健康带来的摧残是不可低估的。对于儿童来说，外界的巨变在儿童心理上的打击是相当严重的，势必引起一系列负面情绪，如失望、恐惧、忧虑、绝望、孤独等。该文根据1943年中央卫生实验院心理卫生室对第一保育会疗养院的保育生进行的团体测验和个案研究的结果，认为战时的难童普遍有着病态的人格，主要有分裂型人格、情感低落型人格、偏执型人格。有的甚至有心理严重扭曲的表现。这说明战争给难童幼小的心灵造成了可怕的伤害。

艾萍在《抗战时期新桂系对内迁难民的救助》一文中，曾试图对内迁广西的难民总数有一个估计，但由于资料所限而未能如愿。但文中根据已有资料所列出的具体数字，还是惊人的。难民进入广西的时间大约是从1938年9月始，同年10月广州、武汉失守后，大量难民涌入广西。到1941年底，广西省振济会救济难民数达到103547人，占全国救济难民总数的11.2%。到了战争后期，大批华东、华北难民迁回原籍，而华南地区战事兴起，广东籍、湖南籍等西南地区难民增多。到1946年4月，流落广西的难民有41940人。流落广西的难民具有人数多、来源广泛、性别比差较大、工商业者较多等特点。据1946年4月统计，流落在广西的难民有广东、湖南、福建、江西、云南、河北、湖北、河南、山东、安徽、江苏、浙江、山西以及东北等地的人。对于难民的救济工作，是国民政府战时的一项重要工作，多数研究者对国民政府的这一工作给予了充分肯定。该文对新桂系政府对流落广西的难民救济工作，进行比较详细的回顾，认为新桂系政府通过采取设立专门救助机构、帮助难民恢复生产、进行生活救济和医疗救济等措施，以及组织难民服兵役、工役，进行急赈等手段，对解决难民的生存问题起到了积极的作用。但省政府由于财政困难，投入难民救助的资金严重不足，也使一些救助措施流于形式。至于难民的教育工作，政府更是难以保障了。

作为大后方的贵州，与广西一样，也成为难民躲避战火的地方。李光厚的《抗日战争时期沦陷区难民在三穗》，就探讨了地处贵州东部的三穗，在抗战期间收纳难民的情况。文章根据有关资料，列出了从1939年至1946年难民流入三穗的数字：1939年925人，1940年1870人，1941年2128人，1942年1358人，1943年684人，1944年933人，1945年1087人，1946年416人。三穗县对于难民的救助工作，该文也有所涉及。三穗县安置难民的办法主要是查明留居难民的户数、人口，按规定给予商业贷款，鼓励从事工商业，自谋生计。政府还开办学校，免费招收难童入学。1944年7月，正式成立了三穗县救济院，收容过境难民、伤兵，供食宿、路费，处理伤病、死亡等。同时成立三穗县救济战区难民临时委员会，组织救济工作。驻留三穗的难民从事工商业活动，也把江南、华北等先进地区的经营方式带到了三穗，从而开阔了三穗人的眼界，促进了当地工商业和餐饮业的发展，带来了文化的繁荣。

抗战时期香港是难民的主要迁徙目的地之一。关于进入香港的难民数量及其所产生的影响，张丽的《抗日战争时期香港的内地难民问题》一文中有所涉及。该文指出，内地难民入港相对集中于1937年下半年至1939年这一段时间。不包括铁路和轮船运输的统计数字，1937年入港移民人数为11.1万人，1938年上半年为7.4万人。据铁路和航运部门不完全统计，从1937年7月至1938年7月，香港人口净增加近25万人。1938年10月日军进攻广州后，仅同月乘船入港者达1.6万人。据同年12月23日香港总督报告，港岛和九龙新增人口约25万至50万之间。1939年3月，香港各难民营共收容难民12299人。难民的涌入导致香港人口激增，同年9月，香港人口增至200万。1941年后，香港的战争气氛越来越浓，很多难民又流回内地。到1941年3月，香港人口为165万，比1937年12月的100万人口，还是净增了65万。在进入香港的难民中，工商业者和文化人士均生活无虞，而平民百姓则生活困苦。1938年夏，港岛和九龙分别有1.3万人和1.7万人流落街头，其中有相当一部分是难民。从1939年6月起，香港政府对于难民入境采取了限制措施，不过对于进入香港的难民，还是给予了应有的救助。香港各界对于救助难民也表现出很高的热情。香港难民潮的出现，一方面加重了香港政府和社会各阶层的压力，另一方面也给香港社会注入了活力，促使了香港社会政治、经济和文化的发展。

（二）重点文章目录

篇名	作者	刊名	年份	期次
抗战时期难民群体初探	孙彦魁	民国档案	1991	02
抗日战争时期沦陷区难民在三穗	李光厚	贵州文史天地	1994	03
抗日战争时期香港的内地难民问题	张丽	抗日战争研究	1994	04
抗战时期难童的异常心理问题	苏华	民国档案	1995	03
抗战初期的难民内迁	程朝云	抗日战争研究	2000	02
抗日战争时期难民的迁徙与安置	王同起	历史教学	2002	12
抗战时期新桂系对内迁难民的救助	艾萍	桂林师范高等专科学校学报（综合版）	2003	01
试论抗战时期的难民迁徙	邓春丰	沧桑	2007	06
抗战时期国共两党关于难民安置的态度及措施之比较研究	刘俊斌	山西高等学校社会科学学报	2008	04
抗战时期广东难民入港境况及港英政府的应对	余九林	传承	2009	01
抗战时期广西难民群体构成管窥	万东升	广西地方志	2010	04

篇名	作者	刊名	年份	期次
国内抗战时期难童救助研究综述	丁戎	抗日战争研究	2011	05
抗战时期广东难童保育工作初探	胡相花	岭南文史	2014	09
中国抗战时期难民问题研究	王春英	西华大学学报（哲学社会科学版）	2015	03

（三）相关文章目录

篇名	作者	刊名	年份	期次
试论抗战时期国民政府的难民救济工作	孙艳魁	抗日战争研究	1993	01
抗日战争时期难民垦荒问题述略	孙艳魁	民国档案	1995	02
抗战时期难童救济教养工作概述	冯敏	民国档案	1995	03
他们拯救了三万难童——邓颖超等领导战时儿童保育会拯救孤儿到四川散记	毕汝钦	今日四川	1995	04
抗战史研究中一个被忽略的课题——我国抗战时人口西迁与难民问题	刘敬坤	民国春秋	1995	04
回忆难童生活	王家德	江淮文史	1996	05
战时儿童保育会与难童救济	孙艳魁	民国春秋	1996	02
战时儿童保育会的难童救济工作初探	孙艳魁	江汉论坛	1997	05
抗战期间宜昌救助难民难童记	郑龙昌、刘思华	武汉文史资料	2000	08
战时难童逃亡记	张苏	湖北文史资料	2001	01
抗战时期浙江省人口迁移的特征与影响	张根福	中国历史地理论丛	2003	03

篇名	作者	刊名	年份	期次
邓颖超与抗战时期抢救难童工作	罗瑞芳	党的文献	2003	04
抗日战争时期广西的难童救济工作	滕兰花	广西社会科学	2003	09
宋美龄领导抢救抗战中的难童	谷鸣	炎黄春秋	2003	06
"宜昌大撤退"中对难民难童的疏散后送	郑龙昌	纵横	2003	11
抗战时期人口内迁与后方社会意识的变动	艾萍、王荣环	安庆师范学院学报（社会科学版）	2004	01
抗战时期难民收容所的设立及其特点	王春英	抗日战争研究	2004	03
民生视角下的抗战时期陕甘宁边区的灾难民救助	魏彩苹	赤峰学院学报（人文哲学社会科学版）	2011	02
独臂神父饶家驹与抗战时期的难民救济	王淼	中国图书评论	2011	12
抗战时期难民人口伤亡刍议	孙艳魁	民国档案	2012	03
试论移难民与大生产运动——以抗战时期陕甘宁边区为中心的考察	汤春松	延安大学学报（社会科学版）	2014	02
抗战时期桂林难民垦殖区建设略述	曾少文、罗天、秦翠英	河池学院学报	2014	02
抗战时期陕甘宁边区难民问题研究	庞娟	黑龙江生态工程职业学院学报	2014	03
抗战时期陕甘宁边区的移民、难民与经济	李芳	长江大学学报（社科版）	2014	09
抗战时期关中分区移民难民的安置	李彤	党史纵览	2015	03

十二、劳工伤亡

（一）重点文章评介

日本侵华期间所使用的中国劳工，是间接人口伤亡中非常重要的一部分。因为其数目之大、牵涉范围之广，已经成为研究者关注的重点专题之一。近些年，中国劳工诉讼日本政府的案件不断出现，也使劳工问题越过纯学术研究的层面，引起社会的广泛关注。尽管日本法院以种种理由拒绝赔偿，但在确凿的证据面前，日方也不得不承认日本侵华期间使用中国劳工的事实。日本侵华期间所强制使用的中国劳工，主要包括在日本本土的劳工、在中国大陆的劳工、在台湾的劳工三部分，也有少量的劳工被输往朝鲜。

日本侵华期间的强制劳工究竟有多少？目前还没有一个比较准确的数字。居之芬的《论太平洋战争爆发后日本强掳虐待中国强制劳工的罪行》一文中，根据可靠的资料，对不同地区的强制劳工数有一个估计，具体是：1942 年至 1945 年 8 月，日本在满洲实际动员劳工约为 430 万，其中东北当地的劳工 300 多万、华北输入东北的团体劳工 100 余万；还有不少于 10 万人（也有人估计为 20 万人）的"特殊劳工"（包括被俘获的中国战俘和有抗日嫌疑的中国平民），两项总计为 440 万人以上。1942 年 1 月至 1945 年 8 月，日本向东亚各地输出的华北强制劳工总数，有据可查者达 162.4175 万人，其中向满洲输出散劳工 135.4 万人，向蒙疆输出 17.08 万人，向华中输出 5.916 万人，向朝鲜输出 1815 人，向日本本土输出近 4 万人。1941 年至 1945 年 8 月，被征用到日本在华北的"国策"企业、矿山的强制劳工 300 万人左右。1940 年至 1942 年，日本的华北方面军为修筑军事工程征用华北强制劳工 100 万人以上。关于 1940 年至 1945 年蒙疆的强制劳工总数，居之芬在《关于日本在华北劳务掠夺体系与强制劳工人数若干问题考》中在提出，总数应在 40 余万，其中华北强制劳工 25.4 万，蒙疆本地劳工 16.9 万。关于华北劳工在进入东北服劳役的情况，孙玉玲、孙永安的《东北沦陷时期日伪的劳工政策及其后果》一文中有比较详细的研究。文章提出，华北劳工进入东北的人数，1932 年至 1935 年的 4 年间，平均每年有 47.3 万人进入东北；1936 年有 35.9 万人，1937 年有 32.4 万人，1938 年有 49.2 万人，1939 年有 98.6 万人，1940 年达 131.9 万人。1941 年以后，在东北劳工主体发生了变化。日伪当局将依靠华北劳工的"依赖制"，转换为由当地提供劳动力的"自给制"，大力推行"勤劳奉制"、"劳工供出制"、"国民手账法"（即劳工手册制）和"地盘育成"方案，实际上"全民皆劳"政策，每年在当地强征和骗招 200 多万劳工，使东北人民的生命财产及农业经济的发展遭到空前的浩劫。

陈景彦的《论在日中国劳工研究中的问题》一文中，同样认为被输出到日本的中国强制劳工近 4 万人，准确数字是 39255 人。这篇文章还进一步研究了日本强掳中国劳工到日本的目的、使用中国劳工的日本企业数与场所数，以及中国劳工的成分等问题。关于日本强掳中国劳工到日本的目的，作者不同意"从肉体上大批消灭中国抗日力量"的说法，认为其目的是为了解决日本国内劳动力不足的问题。关于使用中国劳工的日本企业数与场所数，作者提出《日本外务省报告书》和传统的说法即"日本 35 个企业在 135 处使用了中国劳工"并不准确，实际上使用中国劳工的日本企业就是 55 个，中国劳工在日本的劳动场所至少有 136 处。至于中国劳工的成分，作者不同意日本政府的"华人劳务者"的说法，也不同意"战俘劳工"的说法，而提出劳工成分是以农民为主体，还有商人、被俘的国民党官兵和八路军、游击队、伪军、保安队、原劳工、医生、教师、学生、无业游民等。

何天义在《论日军在中国建立的战俘劳工集中营》一文中，使用了"集中营"一词，来界定日军集中关押并强制使用战俘和平民的地方。该文指出，在"战俘劳工集中营"中，日军对战俘和劳工实行的是监狱式的管理，动辄施用非人的惩罚手段。战俘劳工干着繁重的劳役，而生活状况又非常恶劣，加之瘟疫的流行，导致大批劳工死亡。

赵宁、贾雪虹的《日本关东军的对苏战略与苦难的中国劳工》和程鹏汉的《满洲筑垒地域：牵动百万劳工命运的"远东马其诺防线"》，其内容都是探讨日本关东军在东北使役劳工和造成劳工伤亡的情况。文章指出，从 1934 年至 1939 年，日军强迫劳工在 3000 里长的中苏边境上，修筑了钢筋水泥灌筑的永久性地下要塞 54 处，地上水泥野战阵地 165 处，一般性野战阵地 63 处，空军基地 20 个、飞机场 133 个、降落场 200 多处。修建这些设施的费用是惊人的。据不完全统计，从 1934 年至 1945 年 8 月，全部费用高达 4.5 亿元之多。1939 年日本关东军又抛出"北边振兴计划"，继续使用劳工建设用于战争的交通、通讯、航空基地和军储设施。从 1939 年至 1945 年上半年，这些军事工程共征调劳工 525 万人，年平均为 45 万人左右。除了国防军事工程的劳务外，为把东北建设成扩大侵略战争的物资供应基地，所需要的劳动力队伍更为庞大，仅东北的抚顺、北票、阜新、鸡西、鹤岗等几大煤矿，每个都使役着百万计的劳工。非人的折磨造成劳工大量死亡，仅鸡西煤矿在不到 8 年的时间就烧掉死亡劳工的尸体 5 万具。在老城子沟附近一个面积为 10584 余平方米的劳动坟，里面埋着几千具劳工的遗体。

薛世孝的《"万人坑"——日本残杀中国矿工的铁证》文章，在简述日本帝国主义侵略中国历史之后，着重论述了日本在疯狂掠夺中国煤炭资源同时，惨杀中国矿工的血腥罪行，比较详细地记述了日本在抚顺、本溪、辽源（西安）、鸡西、鹤岗、阜新、北票、大同、淮南（大通）、井陉等十大煤矿制造"万人坑"、"炼人炉"的历史，唤起人民牢记历史教训，用血的历史事实，教育子孙后代。

（二）重点文章目录

篇名	作者	刊名	年份	期次
日本关东军的对苏战略与苦难的中国劳工	赵宁、贾雪虹	北方文物	1995	03
满洲筑垒地域：牵动百万劳工命运的"远东马其诺防线"	程鹏汉	纵横	1997	05
论在日中国劳工研究中的问题	陈景彦	日本研究	1999	03
东北沦陷时期日伪的劳工政策及其后果	孙玉玲、孙永安	社会科学辑刊	2000	05
关于日本在华北劳务掠夺体系与强制劳工人数若干问题考	居之芬	抗日战争研究	2002	03
论太平洋战争爆发后日本强掳虐待华北强制劳工的罪行	居之芬	民国档案	2003	02
日军在华北的战俘劳工集中营	何天义	档案天地	2004	03
侵华日军南京在屠杀遇难同胞纪念馆"万人坑"遗骸遗址保护	奚三彩、郑冬青、张品荣	东南文化	2008	11

篇名	作者	刊名	年份	期次
大同煤矿"万人坑"揭秘		科技视界	2011	12
"万人坑"——日本残杀中国矿工的铁证	薛世孝	河南理工大学学报（社会科学版）	2013	10
江东门"万人坑"触目惊心	本报记者肖姗 本报实习生钱琎	南京日报	2014	12
中国抗战时期难民问题研究	王春英	西华大学学报（哲学社会科学版）	2015	03

（三）相关文章目录

篇名	作者	刊名	年份	期次
从集中营到万人坑	何天义、党福民	党史博采	1994	08
累累白骨　血泪控诉——鹤岗"东山万人坑"纪实	梁荣胜	世纪桥	1994	Z1
仇满"万人坑"——日本帝国主义对我国煤矿工人的暴行	薛世孝	当代矿工	1995	04
日军在海南虐杀劳工的罪行	龙建武	文史精华	1995	09
富家滩煤矿，那五座"万人坑"……	鲁生	民族团结	1995	09
日寇制造的"滴道万人坑"	路永玲	龙江党史	1995	Z1
论日伪时期战时劳工统制政策及劳工的斗争	刘淑梅	齐齐哈尔大学学报	1998	01
论日本强掳中国战俘、劳工的责任	何天义	民国档案	1998	01
关于日伪统治时期军事工程及军用劳工问题的研究和探讨	肖炳龙、胡凤斌	北方文物	1998	03

篇名	作者	刊名	年份	期次
日本军国主义与中国劳工"万人坑"	孙宅巍	民国档案	1999	01
劳工的血泪——伪满"行政供出"的罪恶本质	赵晓光、魏子扬	党史纵横	2000	01
日据时期的大陆赴台劳工	陈小冲	台湾研究集刊	2000	01
战时海南劳工自述	侯桂芳、周向峰	档案与史学	2002	06
"肉丘坟"与"万人坑"	吴晓煜	煤炭经济研究	2002	07
侵华日军东宁要塞群中国劳工、慰安妇调查报告	黑龙江大学历史文化旅游学院课题组	黑龙江省社会主义学院学报	2003	02
浅析"七·七事变"后日伪对华北劳动力掠夺的特点	范立君	吉林师范大学学报（人文社会科学版）	2003	03
河北战俘劳工在中苏边境东宁要塞的抗日暴动	何天义、范媛媛	档案天地	2004	05
海拉尔要塞劳工血泪深仇录	曹晋杰	纵横	2005	05
亚洲奥斯威辛华北战俘劳工集中营	杜兴	时代教育（先锋国家历史）	2007	10
侵华日军南京大屠杀遇难同胞纪念馆"万人坑"遗骸遗址保护	奚三彩、郑冬青、张品荣	东南文化	2008	11
日本侵略和工业掠夺的直接罪证：阜新万人坑	周桂云	兰台世界	2009	06
深藏在黔东南大山里的日军战俘营——兼记抗战时期反战和平运动	姜龙飞	档案春秋	2009	12
日军战俘政策历史述论	王铁军	社会科学战线	2010	06
日军战俘在延安日本工农学校的改造	王仕琪	档案天地	2011	02
站在历史的灵魂深处——记二战中国劳工史之山西大同煤矿"万人坑"	李晋奇	东北抗联史学术交流会文集	2011	10

篇名	作者	刊名	年份	期次
日本 731 部队与沈阳盟军战俘营	高建	抗战史料研究	2012	11
日军侵华战俘营总论	何天义	抗战史料研究	2013	07
铁证如山：战俘·731·慰安妇	单颖文	文汇报	2014	04
日军奴役虐杀中国战俘的罪行必须彻底清算	何天义	日本侵华史研究	2014	04
揭秘日军"死亡战俘营"	沈阳大学奉天盟军战俘集中营研究所　杨竞	人民日报	2014	05
关于侵华日军对待英美战俘情况的档案	吉林省档案馆	中国档案报	2014	05
阜新万人坑	兰台世界		2014	09
大同煤矿万人坑揭秘	君懿	百科知识	2014	11
浦口战俘营：4000 余名抗日将士惨死在这里	毛庆、赵修丽	南京日报	2014	12
日据时代：海南岛劳工血泪史	侯桂芳	社会观察	2015	03

中国人民抗日战争，是中华民族抵抗日本帝国主义侵略的一场规模巨大的战争，是世界反法西斯战争的重要组成部分和东方主战场，是近代以来中国反对外敌入侵第一次取得完全胜利的民族解放战争。中国人民抗日战争的胜利，成为中华民族由衰败走向振兴的重大转折点，也对世界各国人民取得反法西斯战争的胜利、争取世界和平的伟大事业产生了巨大影响。

然而，中华民族为抗日战争和世界反法西斯战争的胜利付出了惨重的代价。日本侵略者无视国家公法，肆意践踏人类公理和正义，在 14 年间，以极为残暴的手段，侵占我国领土，杀害我国军民，掠夺物资，强征劳工，施放毒气，蹂躏妇女和儿童，毁坏和窃取文物，造成了大量人口伤亡和财产的损失，给中国人民留下了巨大的创伤，给世界文明造成了空前的破坏。通过我国研究者对抗战时期中国人口伤亡和财产损失的研究，以确凿的证据揭露了日本侵略者对中国人民犯下的滔天罪行，有力回击和反驳了日本右翼势力掩盖日军侵华历史的企图。

侵华日军对中国东北经济掠夺研究

茅永怀

摘要 日本侵占我国东北，其目的是要掠夺东北的各种资源，把东北打造成日本的军事基地和物资后援基地。

关东都督府、南满铁道株式会社、驻奉天总领事馆是日本军国主义竭力打造，对东北实行经济侵略和掠夺的专门组织。

日本在东北的所有活动，都是为了对东北进行经济统制和掠夺。他们强占铁路资产，垄断铁路经营；控制财政金融，进行金融掠夺；夺取通讯设施，进行通讯掠夺；全面夺取海关，进行贸易掠夺；疯狂掠夺矿产资源和能源；强取豪夺农业资源；奴役劳工……

日本对东北的经济掠夺给东北经济和人民生活带来了深重的灾难。

关键词 经济掠夺 强占铁路 金融掠夺 资源掠夺 奴役劳工

日本国与中国隔海相望，本土面积约37万平方公里，相当于中国东北地区的三分之一。发动侵华战争前夕的1928年，人口约6210万人，相当于当时中国的八分之一强。日本是一个资源小国，铁、煤、棉等主要物产均不能自给。然而，正是这样一个先天不足的国家，近百年来却成为东亚发动侵略战争的主角。自明治维新后不久的1874年发动侵略中国台湾岛的战争开始，每隔5—10年，它就要发动一次对外侵略战争。

1875年以后，日本开始把侵略的目标瞄准中国，提出日本对外扩张的主要敌手"不是英国，不是法国，亦不是俄国，而是邻邦清国。"① 据此大陆政策及对华战略，日本加剧扩充陆海军，逐步完善了侵华作战的组织指挥系统。

1900年八国联军侵略中国，日本出兵最多，逼迫清政府签订《辛丑条约》，取得了在中国天津与北京等华北心脏地区的驻兵权。紧接着日本发动了1904年

---

① ［日］山县有朋监修：《陆军省沿革史》，日本评论社1942年版，第68页。

至 1905 年间的日俄战争，在中国的领土上厮杀，夺占了俄国在中国东北南部的殖民权益，吞并了辽东半岛。

从 1904 年日俄战争开始，日本军国主义对东北的经济侵略就开始了。1916年，日本又发动了第二次"满蒙独立"运动，同沙俄签订第四次日俄密约，妄图直接统治满蒙地区。虽未完全达到目的，但其在华的殖民势力得到进一步扩张。

日本侵占中国东北，最根本的目的，是要掠夺东北的各种资源，把东北打造成日本的军事基地和物资后援基地。

一、竭力打造掠夺机构

日本对中国东北实行经济掠夺的政策是由日本最高当局、关东军和"满铁"共同制订的。伪满政府的财政部、实业部、交通部等皆由日本"南满铁路株式会社"的要员控制，主要策划者为驹井德三。1933 年 3 月 1 日，在驹井德三亲手炮制下，得到日本关东军和内阁同意的《满洲国经济建设纲要》正式出笼，它实质上是日本对中国东北进行经济掠夺的一个具体计划。该计划赤裸裸地表明要在"日满共存"、"日满一体"的口号下，使东北彻底成为日本军国主义的经济附庸，凡涉及国计民生的重要产业，均受日伪当局统制，日本可任其需要进行掠夺。

通过侵略，日本成了在中国大陆拥有最大殖民势力的帝国主义国家，其势力遍布福建沿海、长江中下游、华北各地。特别是在东北地区，日本迅速建立了以旅大为中心的关东州强大殖民机构，竭尽全力打造掠夺东北经济的组织机构，构建掠夺网络。

关东都督府。这是日本管辖关东州和南满铁道附近地区的殖民机构。

日俄战争尚在进行时，日本就在军事占领区设官建制，明目张胆地侵犯我国主权。1904 年 9 月便在金州设立关东守备军司令部及军政署，由参谋总长神尾光臣为军政长官，对金州等地实行军政统治，这是日本在"南满"实行殖民统治的开始。

1905 年 5 月，日本政府改关东守备军司令部及军政署为关东州民政署。署址由金州迁大连，并于金州、旅顺设民政支署，任命石冢英藏为第一任民政长官，隶属于以署理参谋长事务的陆军大将儿玉源太郎为首的满洲军总司令部之下。

关东者，系指山海关以东。日本帝国主义将旅大租借地命名为"关东州"，并在民政署前冠以"关东州"，足见日本占领整个东北的野心。

日本为了加强对这一地区的统治，分"关东州"为大连、旅顺、金州三个行政区，因为金州区域较大，故又于金州辖地内之普兰占、貔子窝二处分设民政支署。各民政署长为地方行政长官。

1906年8月，日本将关东州民政署改为关东都督府，迁至旅顺，任命陆军大将大岛义昌为关东都督。都督府的下设职员，有民政长官一人（敕任），参事官专任六人（奏任），民政署长专任三人（奏任），属、警部、技手、监吏、监狱医、翻译生专任二百二十人（判任），进一步对"关东州"地区进行统治，残酷镇压平民百姓。

日本天皇以196号敕令颁布"关东都督府官制"，规定都督的权限为统辖日本"在满之兵力"，"保护"南满铁道，并监督南满铁道的业务。

"敕令，设置关东都督府"的职权内容共四十三条，其核心是以强大武力为后盾，强化殖民统治。都督府内设民政部和陆军部，后于1919年4月12日撤销。其民政部改为关东厅，陆军部改为关东军司令部，统一指挥日本在中国东北的军队，实际上独揽军政大权。关东军司令官由现役陆军上将或中将充任，直属于天皇。

臭名昭著的日本关东军，因最初侵驻中国东北的金县、大连地区的"关东州"而得名。编有31个步兵师团，11个步兵和坦克旅团，1个敢死队旅团和2个航空军，以及伪满洲国部队等，共约120万人，是20世纪上半叶长期侵驻中国东北地区的日本陆军重兵集团。

1926年，日本裕仁天皇登基，日本进入了昭和时代。天皇虽然具有"昭和"的良好意愿，但是田中义一内阁的上台，发展了日本的军国主义政治，日本开始加紧推行侵略中国和准备对苏作战的"大陆政策"。于是，关东军制造的一系列事件接踵而来。1928年，为了给"不听话"的奉系军阀一个教训，关东军制造了"皇姑屯事件"，炸死了奉系首领张作霖。1931年9月18日，关东军又奉命制造了"柳条湖事件"，炸毁沈阳柳条湖附近的南满铁路路轨，并嫁祸给中国军队，后又以此为借口炮击东北军大营，发动了骇人听闻的九一八事变，拉开了长达14年侵华战争的序幕。

关东军的设置强化了日本在东北的军事力量，是日本对我国东北实施进一步扩张侵略和经济掠夺的武装保证。

"南满铁道株式会社"（以下简称"满铁"）。这是日本帝国主义榨取东北经济资源最大的吸血机关，由日本天皇在1906年6月5日亲下诏书组织建立。它于1907年4月1日正式营业，总部先设在东京，后迁往大连。

满铁从表面上看，是一个经营铁道事业的公司，实际上它是一个担负着政治、经济、文化侵略三重任务的特殊机构。附属地的最高行政机构"满铁总社"设总裁，统管整个附属地的政治、经济、文化教育等，由日本内阁大臣一级的人物担任。如首任总裁藤新平，曾经担任东京市长和日本内务相。作为"满蒙是日本的生命线"的鼓吹者，九一八前多次担任日本驻中国领事的松冈洋右，曾在1935年担任满铁总裁，1940年担任日本外相。

满铁既是一个殖民侵略机构，又是一个国家垄断资本主义企业，这种二重性，使满铁一方面以扩大侵略权益为最高原则，必要时可以不计盈亏，以其经济利益服从于日本侵略扩张的政治或军事要求。另一方面，它又以攫取最大限度利润为目标，力图减少非生产性开支和"国策"性负担。这就是满铁一身二任的基本属性。

满铁的这种性质是与它的使命相适应的。满铁的使命用一句话概括就是"经营满洲"，即利用其拥有的各种特权和手段，以和平方式，即政治、经济和文化的方式，努力发展日本的势力，把中国东北打造成日本的商品市场、投资场所、原料供应地，进而变成殖民地。这是日本政府设立满铁的根本目的所在。

为了同关东都督府在侵华行动上步调一致，日本让满铁总裁兼任关东都督府顾问。满铁附属地的最高行政机构是满铁总社，社址在大连，分社址在日本。总社在附属地内又下设许多事务所。附属地的铁路贯穿长春、四平、开原、铁岭、沈阳、辽阳、鞍山、营口、盖平、瓦房店、抚顺、本溪、丹东等10多个大城市。它的资本总额为2亿元（日币，下同），其中1亿元由日本政府投资，另1亿元名义上规定由中日两国募股，事实上中国人从未入股。至1931年，资本额增加到4.4亿元，九一八后又有更大的增加。它的经营范围很广，除铁路外，"得经营各种附属事业，其主要者为抚顺及烟台煤矿、航业、仓库业、电气工业，及铁路附属地中之土地及房屋业等"；"得经营铁路沿线主要车站之旅客食宿、货物贮藏，以及铁路、港湾、水陆运输联络诸必要的设备"；"得于铁路沿线经营土木、教育、卫生等各种必要设置。"[①] 可见，满铁是以经营东北铁路为枢纽，进而成为一个无所不包的殖民公司。

这个殖民公司，操纵着东北的经济命脉，吮吸着中国人民的血汗，并且还

① 杨勤为、陈荣勋主编：《中国革命史辅助教材1840—1956》，中共党史资料出版社1988年版，第189页。

是日本"满蒙政策"的执行机关，负有将满蒙乃至全中国变为日本殖民地的使命，其性质类似英国的东印度公司。满铁的机构非常庞大，截至1934年6月，它直接经营的事业，其工作人员就多达16.9万余人。

九一八后，满铁的势力更加扩大。1933年3月，日本与伪满签订"委任经营合同"，规定将伪满所有铁路及铁路所属财产全部交给满铁。此外，日本还通过这个委任经营合同，取得了敦图（吉林敦化至图们）、拉滨（吉林拉法至哈尔滨）、海克（黑龙江绥化海伦至齐齐哈尔克山）三路的建筑权。敦图路于1933年9月1日建成，由伪满委托满铁经营。此线与朝鲜罗津港相通，将朝鲜与东北连成一片，大大缩短了由朝鲜罗津港到苏联边境的路程，便于日本侵略者威慑苏联和打击东北的抗日义勇军。日本修建海克线和拉滨线的主要目的，则在于截断和包围19世纪末20世纪初沙皇俄国为攫取中国东北资源、称霸远东地区而修建的一条"丁"字形铁路——东北中东铁路，欲置中东铁路于无用之地。

满铁除鲸吞东北路权外，其垄断资本还渗透到工业、矿业、交通、电气瓦斯、土木、信托、金融、保险等各个部门。至1934年，它的附属企业共有57个，资本总额为4.5亿元，其中满铁投资为1.25亿元。其中规模较大者，有昭和制钢、满蒙毛织、满洲纺织、东亚烟草、满洲制粉、大连汽船、满洲航空等企业。

随着日本在东北不断攫取权益，铁道附属地成为日本侵华的基地。所谓铁道附属地，是"满铁"占领并经营的铁道用地和沿线主要城市占领区。"满铁"初设时其附属地为149.7平方公里，其后通过强占、强买、兼并等无赖手段使附属地不断扩大，到九一八事变时，已扩展为近500平方公里。在沈阳，国际大马路（现和平大街）以西的市区，均被辟为"满铁"铁道附属地。

满铁在附属地设立行政机关，抽捐收税，经营市街，大兴土木，设学校、开医院、修神社、办报馆，驻扎军队，藏污纳垢，使它成为日本对中国进行政治、经济、文化以及军事侵略的重要基地，一个完全脱离中国主权的满铁独立王国。

满铁设有专门的调查情报机关，如调查课、情报课和散在各地的公所、办事处，专门调查中国的政治、经济情况和政法制度、风俗习惯，搜集各种情报。它的中央试验所、地质调查所、农事试验场等科研机构，则被用来调查东北资源，研究其利用和改良办法，为扩大其侵略和掠夺中国资源服务。

总之，九一八事变以后，满铁的资本势力很快扩展到整个东北，成为日本财阀统治东北经济的中枢。

除满铁外，三井、三菱、大仓、东洋拓殖公司、住友、根津、安田、浅野等日本财阀的势力也先后侵入东北，经营各种企业，展开无孔不入的经济掠夺。仅从九一八事变到七七事变几年间，基于加大掠夺力度的目的，日本对东北的投资就达八亿至九亿元，设立了369个企业会社，其中属于重工业和军事工业的有28个，其资本额占日本在东北全部投资的59%。满铁及这些垄断组织掌握下的企业，操纵着整个东北的经济命脉。

"满铁"在东北掠夺的资源和攫取的暴利，除满足日本国内需要外，大都用来支持日本对华侵略战争。因此，"满铁"成为日本对外侵略名副其实的后勤部。

"满铁"不仅进行经济掠夺，还直接参与和配合日军进行侵华战争。在九一八事变日侵占我东北，和七七事变后全面侵华战争中，"满铁"承担了几乎所有的铁路军事运输，可以肯定地说，没有"满铁"的协助，日军不可能在短时间内即占领我半壁河山。

作为"满铁"主要业务之一的情报调查和特务活动，在"满铁"存续40年间从未中断，仅调查部骨干人员就有2000多人，形成大量的调查、情报资料，为日军军事侵略和殖民统治提供了可靠的依据。

"满铁"侵华40年，从仅仅占有从沙俄手中接管的价值1亿元的南满铁路，发展到拥有40多亿元资产，40多万员工的特大型国家垄断资本主义集团，完全是用中国人民的血汗堆砌起来的。

九一八事变发生时，如果没有满铁的全力支持，只有一万余兵员的关东军，根本不可能实现其狂妄的军事计划。满铁成立专门负责军事运输的临时时局事务所，保证了关东军的调动和军运的需要。满铁还派人协助关东军接管中国的铁路、电台、工厂和银行。满铁及其附属地成为关东军的作战基地，为之提供各种后勤支援。甚至满铁社员也被武装起来组成自卫队协助关东军作战。满铁的情报网则成为日本军警搜集抗日武装情报的主要来源。满铁的一切宣传手段都被用来制造侵略有理的舆论。满铁所属日本人社员在事变当时是2.1万余人。而直接参加此次侵华战争、被军方奖赏的就达15884人之多。

关东军在拼凑伪满傀儡政权时，满铁又输送了大批人员成为各级政权组织和特殊公司的骨干。满铁长期豢养的汉奸队伍，是这个政权的另一个支柱。

九一八事变爆发后，"满铁"立即动员起来全力以赴为关东军运输军队和作战物资。战争中伤亡的日军官兵，都由"满铁"支付抚恤金和慰劳金。

可见，策划九一八事变、制造伪满洲国的虽然是关东军，但长期孕育这个怪胎的母体却是满铁。从这个意义上看，可以说，没有满铁就不会有九一八事变，也不会有伪满洲国出现。

驻奉天总领事馆，也是日本最早的对华侵略据点之一。它始建于 1906 年，以外交活动为掩护，从事各种公开的侵略与秘密阴谋活动，臭名昭著的战犯土肥原贤二等就曾在该馆任职。

1906 年 5 月 27 日，日本在沈阳小西门外设立了奉天总领事馆，首任总领事为萩原守一。1906 年 10 月，又设立了驻新民府分馆，1917 年 2 月 28 日设立了通化分馆。1908 年 5 月 30 日，日本在沈阳商埠地二纬路设立日本总领事馆警察署，吉田茂、加藤本四郎、小池张造、落合谦太郎、船津辰一郎、林久治郎等先后担任总领事。驻奉天总领事馆成为日本外务省派驻中国东北地区的外交总办事机构。

总领事馆成立之初，其管辖地包括奉天省安东、牛庄、长春、铁岭和辽阳的部分地方。1925 年，管辖地包括奉天省沈阳、抚顺、本溪、新民、彰武、黑山、桓仁、通化及兴京各县。

1937 年 11 月 5 日，日本与伪"满洲国"缔结《关于撤消（应为"撤销"——作者注）在满洲国的治外法权和转让南满铁路附属地行政权条约》。1939 年 2 月 28 日，驻奉天日本总领事馆关闭。

上述这三家机构，是日本军国主义竭尽全力打造，对东北实行经济侵略和掠夺的专门组织。它们之间的关系表面上各有归属，相互独立，实际上互相勾结，互为补充，在对华侵略和掠夺的过程中，分别扮演着极其凶残和贪婪的角色。

由此可知，早在九一八事变以前，日本军国主义就利用其在东北所获得的特权，迅速展开了独霸东北经济命脉的侵略活动，逐步吞并和挤垮中国的民族资本，代之以日本的垄断资本。到九一八事变把东北变为它直接统治下的殖民地后，就更加残酷地掠夺东北的丰富资源，把东北经济变为日本经济体系的重要组成部分，以实现其"工业日本，原料满洲"的殖民主义经济政策。

可以毫不夸张地说，现在东北地区面临资源枯竭、转型困难的发展困境，与当年日本军国主义疯狂的经济统制与掠夺是密切相关的。

二、控制经济命脉　展开全面掠夺

日本在东北的所有活动，都是为了对东北进行经济统制和掠夺。日本发动九一八事变，武装占领东北，炮制傀儡政权，是东北沦为殖民地的开端，也是东北沦为殖民地的决定性条件。随后，日本主要是通过操纵伪满傀儡政权，在政治上实行法西斯统治，在军事上实行残酷镇压，在经济上实行疯狂掠夺，在文化上实行奴化教育，以期把该地区变成任它奴役和宰割的殖民地。

曾经担任伪满总务厅次长的古海忠之，当年坚决执行了日本帝国主义的对华侵略和经济掠夺政策，成为日本帝国主义在伪满傀儡政权中掌握实权的第二号人物，犯下了严重罪行。战后，他在接受战犯改造时的自供状中供述道："伪满洲国的经济统制，是日本帝国主义侵略中国所采取的一种必然形式。因此，在伪满洲国成立后不久，就对重要产业实行了统制。为了奠定经济侵略的基础，首先由日本直接控制了交通运输和电信电话等重要部门。紧接着，各种矿物资源和森林资源，也全部被各个特殊会社所控制，逐渐地确立了经济侵略的基础。"①

（一）强占铁路资产　垄断铁路经营

九一八事变后，日本通过各种手段控制了东北的铁路、通讯、金融、贸易等经济命脉。铁路交通主要由满铁所控制。九一八事变以前，满铁只霸占了南满（长春至大连）铁路和安（东）奉（天）、大（连）抚（顺）等支线，以及大连港。九一八以后，在关东军的武力支持下，满铁又先后夺取了沈（阳）海（龙）、奉（天）山（海关）、吉（林）长（春）、四（平）洮（南）、呼（兰）海（伦）等铁路的路权和部分新铁路的修筑权。伪满洲国成立后，关东军司令官与满铁总裁签订了所谓《关于铁路、港湾、河川委托经营及新设等之协定》，将伪满的铁路、港湾、河川全部委托给满铁经营。1933年2月9日，关东军又迫使伪满与满铁签署了《满洲国铁道借款及委托经营细目契约》、《松花江水运事业委托经营细目契约》、《敦化、图们江铁道外二铁道建造借款及委托经营契约》等。这样，满铁就"名正言顺"地夺取了除中苏合办的中东（满洲里至绥芬河）铁路以外的东北所有铁路的经营权。1935年3月23日，日伪又与苏联正式签订了关于受让中东铁路的协定。日伪方面以1.7亿元的低价，获得了全长1700多公里的中东铁路及其附属财产。同年末，满铁派出2135人接管了中东铁路的全部业务。至此，东北铁路交通就完全置于满铁的垄断之下了。到

---

① 袁秋白、杨瑰珍编译：《罪恶的自供状：新中国对日本战犯的历史审判》，解放军出版社2001年版，第87页。

1936 年，铁路年收入达 133482465 元，盈利 79597220 元；港口年收入 15228736 元，盈利 3946435 元。[①] 1938 年，满铁铁路货运收入达 27400 万元，客票收入 9300 万元，其他收入 4900 万元，合计 41600 万元，"为开办以来之最高记录。"[②]

(二) 控制财政金融　进行金融掠夺

日本最直接的掠夺手段之一，是通过伪满洲国对东北进行直接的财政搜刮。伪满洲国的财政收入主要来自三个方面：经营性收入、税收和公债。

税收是最大的财政收入，有流通税、消费税、所得税和关税四大类。所得税中分为劳动所得、事业所得、矿产所得、房地产所得等 11 项。消费税中分烟酒、油脂、棉纱、面粉、水泥等 10 项。流通税是税收中最大的收入，分印花税、矿业、商业、船舶等登记税和各种交易税，共 13 项。关税在 1940 年前超过国内税总收入，1940 年后由于苏德战争爆发，日本与苏联和德国贸易大减，转向加征国内税以弥补不足，国内税逐渐超过关税。1937 年伪满的中央税和地方税总额为 24600 万元，到 1943 年增加到 75700 万元，几乎增加了三倍。[③]

据《满洲帝国统计月报》资料，1937 年全东北有 3695 万人，这年税收总额为 24693 万元，平均每人要负担 6.86 元。1940 年全东北有 4167 万人，这年税收总额为 52065 余万元，平均每人负担 12.5 元。到 1943 年全东北人口为 4673 万余人，这年税收总额为 75732 余万元，平均每人负担增至 16.2 元。1943 年较 1937 年每人负担加重了 2.36 倍。[④]

伪满洲国的财政收入，分为一般会计和特别会计两笔账。特别会计包括日伪各种国营事业、特殊公司、满铁等有关通过经营掠夺的数字在内。据统计，1932 年一般会计岁入为 15292.3 万元，到 1941 年增加至 74557.5 万元，增加 4.87 倍强，到 1945 年预算收入高达 38 亿元。特别会计 1932 年岁入为 2636 万元，到 1942 年增至 238948.7 万元，增长了 90 多倍。[⑤] 伪满洲国的财政支出中，以其所谓"国防"和"治安费"和与其相关的所谓"经济建设费"最大，1945 年"国防"和"治安"费开支占总预算支出的 35% 左右，"经济建设费"占

---

① 王天平著：《日本三代天皇操纵侵华战争内幕》，辽宁人民出版社 2013 年版，第 202 页。
②《九一八事变以后日本在东北经济掠夺各项资料》丛一（三〇〇），中国第二历史档案馆藏档案。
③ 余明侠主编：《中华民国法制史》，中国矿业大学出版社 1994 年版，第 571 页。
④ 姜念东等著：《伪满洲国史》，大连出版社 1991 年版，第 416、435 页。
⑤ 姜念东等著：《伪满洲国史》，大连出版社 1991 年版，第 416、435 页。

25%左右。日伪正是用搜刮中国人民的血汗钱来镇压和屠杀中国人民。

除直接搜刮财政收入，日伪还通过发行公债进行搜刮，1937年伪满政府总共发行公债4.45亿元，其中内债1.98亿元，外债1.93亿元，地方债5352万余元。到1942年则总额增加至近29亿元，其中内债17.57亿元，外债9.53亿元，地方债1.88亿元。[①] 1943年仅内债和地方债结欠额就达21.23亿余元，平均每个东北人要负担45.5元。[②]

除发行公债，日伪还强迫居民储蓄。1940年由伪"协和会"出面大搞"国民储蓄运动"，并将储蓄指标从上一年的5亿元增加到8亿元，1941年又增至11亿元，1942年再增至15亿元，1943年又增至16亿元。[③]

日伪从发行公债到"义务储蓄"，多采取强制手段。每次发行公债，除分摊给金融机关一定数量让其推销外，其余均令各地方政府强行在发放职工工资或津贴中扣除。在1939年颁布的《职员义务储金规定》中规定：以其工资收入多少按比例扣除，并说"除职员退职或死亡外，概不发还"。储蓄也是这样分摊，储入后就长期化。此外还发行"小额短期公债"、彩票等。1945年所规定的60亿元储蓄，分为由保甲摊派3.5亿元，居民购买商品附加储蓄1.92亿元，饮食店附征1.5亿元，自由职业者摊购8000万元，机关储蓄8000万元，农村储蓄10亿元，吸鸦片储蓄1.48亿元，不动产储蓄5000万元，彩票4000万元，有价证券13亿元，特殊措施6亿元，其他项目18.2亿元，日伪搜刮东北人民的血汗到了无孔不入的地步。[④]

与此同时，日军对东北的金融机构进行了武装占领。九一八以前，日本在东北的银行（总行、支行、办事处）有58处，名义资本3.1亿多元，实缴资本1.3亿多元。除日本银行外，还有苏联、英国、美国、法国等国的银行。从外国投资情况看，日本占72%强，英、美等国将近28%。中国自身在东北也拥有庞大的金融机构网，东三省官银号、边业银行、吉林永衡官银号和黑龙江省官银号，号称"四行号"，是东北金融界中的决定力量。除"四行号"外，还有中国银行、交通银行以及其他新设的普通银行。九一八后，关东军强行侵占了中国的这些金融机构，并美其名曰"实力保护与监视"。1932年6月6日，日

① 伪满经济部：《金融情势参考材料》，1943年版。

② 东北财经委员会调查统计处编印：《伪满时期东北经济统计》（1931—1945），第12辑，1949年印行，第1—12页。

③ 际仰渊、方庆秋主编：《民国社会经济史》，中国经济出版社1991年版，第665—666页。

④ 际仰渊、方庆秋主编：《民国社会经济史》，中国经济出版社1991年版，第665—666页。

本指令伪满通过了《满洲中央银行法》等法令，又于 6 月 15 日任命了伪满中央银行主要头目，并先后成立了伪中央银行及其总、分、支行 128 个，吞并了原来东北的四大金融机关，垄断了东北的金融市场。

日伪在东北的金融主管机关是"满洲中央银行"，该行成立后，实行了所谓"币制改革"，统一东北货币，发行"满元"，并将满元与日元联系，实行"日满货币一体化"，满元与日元维持固定的比价。东北货币即成为日本殖民地货币。日本通过伪满中央银行控制了东北货币的发行权，大大便利了其以通货膨胀政策加速对东北经济的掠夺。

1936 年，伪满政府又成立了"兴业银行"，资本 3000 万元，把原日本人经营的东洋拓殖会社支店、朝鲜银行支行、正隆银行支行的业务交给它办理。伪满中央银行只发行纸币，不发行硬币。据统计，1932 年该行发行纸币 15186.5 万元，到 1941 年增至 126153 万元，增加了 8.3 倍。十年中计发行纸币 54.58 亿元，发行债券 10 次，1.15 亿元，有奖券 2700 万元。[①]

由于滥发纸币，对资源疯狂掠夺，东北地区发生了恶性通货膨胀，物价飞涨，人民生活物资极度匮乏。1944 年比 1937 年物价上涨了 2.6 倍，沈阳、长春、哈尔滨黑市价格上涨指数分别上涨 7.9 倍、7 倍和 6.38 倍，[②] 东北人民又一次蒙受巨大的浩劫。

（三）夺取通讯设施　进行通讯掠夺

日本同时不放松对东北通讯权的夺取。事实上，日本对中国东北通讯业的控制由来已久。早在日俄战争后就控制了满铁以外的庞大通讯设施，还控制了大连至日本佐世保、长崎间的海底电缆；沈阳至汉城、东京间，大连至大阪、下关、沈阳间的直通电话；以及大连至东京、大阪、汉城、北平、天津间的无线电通讯。1931 年，日本在东北境内控制了 214 处电信局，收发信件 570 余万件。1932 年，控制电话局达 254 个，用户 2.1 万余户。[③] 九一八事变后，日本以武力手段强占了东北全部的通讯设施，将其置于军事控制之下，为其侵华战争服务。1932 年 4 月，关东军命令满铁经济调查会拟订"满洲电信及广播事业统制方案"，7 月就提出了《对满洲国通讯政策》，规定：

<hr>

[①] 陈真等编：《中国近代工业史资料》第二辑，三联书店 1961 年版，第 459 页。

[②] 东北财经委员会调查统计处编印：《伪满时期东北经济统计》（1931—1945），第 11 辑，1949 年印行，第 1—12 页。

[③] 姜念东等著：《伪满洲国史》，大连出版社 1991 年版，第 257 页。

"帝国在满洲最高指导机关应使日本人，特别是帝国将校参与满洲国电信电话公司的创设与经营，以贯彻帝国的政策和军事上的要求"，"使会社的实权把握在日本方面的手中"。[①] 1933 年 3 月，日本和伪满政府签订了《关于设立日满合办通信公司的协定》，接着接管了全东北各县营、民营的 110 多个电话局，包括 2 万多用户的全部电讯业务。1935 年又侵占了中东铁路及其沿线的所有通讯设施。

日本军国主义为了长期统治我国东北以掠夺资源，偏重在大城市、林区和矿山建设通讯干线，设立局、所，组建起新的通讯网络。为镇压人民反抗，在农村设立"警备电话"，只供"维持治安"的军、警、宪使用。伪满还仿照日本国内邮政通信经营管理方法，颁布了《邮便法》，以加强对伪满邮政通信的统治。1942 年以后，通讯业务的基点完全转向战时需要，全面废除以往各种特别服务，由公众通讯为主转为战时通讯为主。太平洋战争爆发以后，先后断绝对美、法等国的通讯。加强电信检查制度，严格检查各种邮件，扣留关内各种报纸，部分电信局停止办理日文以外的电报，优先处理军事及产业方面的业务，同时将电信费用上调 50%。到日本投降前，全伪满已设电报局 1000 多处、电话局 506 处，满洲电信电话株式会社职工达 1.8 万人。这个在当时堪称世界先进水平的通讯网，虽然在支持日本侵略战争和对东北的殖民统治方面起了重要作用，但终究未能挽救日本军国主义必然失败的命运。

（四）全面夺取海关　进行贸易掠夺

对作为国家经济门户的海关，日本当然不会放过。1932 年 3 月，伪满洲国向南京国民政府提议将东三省海关划归伪满洲国管理，遭到国民政府拒绝。随后日本即以武力强占东北各地海关，驱逐国民党政府委派的税务司及各级关员。日本首先攫取了占东北关税收入三分之一的大连海关，接着，又相继劫夺了哈尔滨、牛庄（营口）、安东、瑷珲（黑河）、大连、龙井（延吉）、沈阳等七个海关及十多个分支关，重建以日本人为主的海关。6 月，伪满洲国接管了东北的海关行政管理权，随即发表《满洲国关税自主文告》，宣布伪满海关脱离中国海关"独立"。此后，在东北的对外贸易统计中，中国即被当作"外国"处理，并在山海关及沿长城一线设立关卡以管理"对中国的贸易"。随即，伪满

---

① 满铁经调会：《满洲通信事业方案》（极秘），载姜念东等著：《伪满洲国史》，吉林人民出版社 1980 年版，第 258 页。

海关颁布了新税则。此后，为满足日本的需要，伪满税则多次进行了修订。到1933年1月，包括大黑河海关在内的东北海关，全部夺到手中。1944年，随着军事上的溃败，日本进一步加强了对东北对外贸易的控制，该年甚至宣布取消东北与日本之间的关税。

为满足不断扩大的对外侵略战争的需要，日本对东北对外贸易的统制也日趋强化。在限制其他国家与东北开展贸易的同时，鼓励日本工业品对东北输出及东北资源对日出口。1933年、1934年伪满政府两度调整关税，降低或免除了东北主要销往日本及从日本进口的商品关税。1937年10月，伪满政府还宣布对外汇实施管制，颁布了《修正汇兑管制条例》，规定凡是能从日本进口的货物，若从其他国家进口，所需外汇受数量限制。

为推行对外贸易统制政策，日本在东北设立了一系列相应的贸易统制机构。在农产品方面，1938年12月，设立"满洲粮谷株式会社"，作为东北粮食（未加工品）进出口的垄断机构，"米谷的输出、输入，除兴农部大臣及经济部大臣特别指定外，非满洲粮谷株式会社不得经营之；非满洲粮谷株式会社不得通过铁路或船舶运出。"[1] 1939年10月，设立了"满洲特产专管会社"，主要控制东北大豆、豆饼及豆油的买卖方式、价格及对日出口。1941年1月，又设立了"满洲谷粉管理株式会社"，全面控制东北高粱粉、玉米粉及其他谷粉的买卖与输出入。在工业品方面，1939年2月，日本将七七事变前设立的"日满商事株式会社"改组为"满洲生活必需品株式会社"，由其垄断生活必需品的进口及相关制造业、贩卖业的投资。

为满足军需，日本还在东北颁布实施了一系列农业统制条令，如1937年的《棉花统制法》，以低价强制收购农民的棉花。1939年颁布《小麦及制粉业统制法》，对小麦和面粉予以统制。1940年又颁布了《农产品强制出卖法》，日伪以低于成本的价格强制收购农民的粮食，实际是对农民的掠夺。日伪还设立了一系列统制机构，对农产品的种植品种、加工、购销等予以严格控制。设立所谓"国家农业站"控制农业生产，设立"满洲主产购买公司"垄断大豆及其制品的购销，"满洲谷物公司"则垄断了东北小麦、大米和面粉的购销。

太平洋战争爆发后，日本令其控制的伪满政权制订了"计划交易"政策。1941年12月，伪满政权颁布《战时紧急经济方策纲要》，提出："为适应战局，进一步强化生产经济的战时体制，运用自给资源，强化与大陆各地区的经济联

---

① 孙玉琴著：《中国对外贸易史教程》，对外经济贸易大学出版社2005年版，第462—463页。

系"。① 为此，日本进一步强化其在东北的贸易统制机构，通过合并相关组织充分扩大各统制机构的规模，增强其实力。1941 年 7 月，日伪将"满洲粮谷株式会社"、"满洲特产专管会社"（即"满洲谷粉管理株式会社"）合并为"满洲农产会社"，对东北农产品购销进行全面垄断。1942 年 1 月，日伪又设立"满关贸易联合会"，对东北出口物资实行计划性输出，以满足日本作战的需要。同时，对进口商品不仅控制其输入环节，而且控制其在东北的销售价格。为此，日本增设大量的统制机构。1942 年 3 月，设立"满关重要日用品统制组合"，对罐头食品、乳制品、肥皂等商品的进出口、配给、价格进行统制。5 月，设立"满关杂品统制组合"，对文具、乐器、钟表、眼睛、化妆品等商品的进出口、配给、价格进行统制。6 月，设立"满关建材组合"，对建筑用金属品、卫生器具、装潢材料等商品的进出口、配给、价格进行统制。7 月，设立"满关重要机器输入统制协会"，对重要机器设备的进出口、配给、价格实行统制。

通过上述这些对外贸易垄断组织，日本将东北的对外贸易直接置于其控制之下，使东北的对外贸易完全服务于日本军国主义。

三、夺占战略资源　疯狂进行掠夺

（一）对矿产资源和能源的掠夺

东北地区的矿产资源，特别是作为"工业食粮"的煤、铁的储藏量十分丰富，日本法西斯为发展军事工业保证侵略战争的需要，对东北的矿产资源进行了疯狂的掠夺。

煤炭在东北的储藏量很大，据日伪 1944 年统计，当时已探明储藏量为 228 亿吨，1943 年的生产总量占全国的近 50%。九一八事变前，日本以满铁为侵略工具，已经攫取了被称为"煤都"的抚顺煤矿，以及辽宁本溪、吉林缸窑等煤矿。此外，日本资本家深川、饭田延太郎等人，通过各种手段，攫取了许多煤矿的开采权和经营权。

伪满政权建立后，根据关东军确定的统制经济政策，决定成立"满洲炭矿株式会社"（简称满炭）。1934 年 5 月，满炭正式成立，由伪满洲国和满铁折半投资，最初资本为 1600 万元。这样东北地区的所有煤矿分由满铁、满炭两个系

① ［日］伪满驻大阪总领事馆：《满洲国贸易要揽》，1942，第 41 页。

统实行垄断。满铁系统主要是对自 1906 年以来所经营的煤矿继续经营，主要有抚顺、烟台、奶子山等煤矿。满炭系统则经营满铁所经营以外的煤矿，主要有阜新、复州、北票、西安（辽源）、鹤岗等煤矿，其中很大部分是接收所谓"逆产"而经营的。

满炭设立时，只是经营复州、八道壕、新邱等煤矿，并参与鹤岗、北票、西安等煤矿的一部分事业。1935 年日伪收买中东铁路以后，其所属煤矿转给满炭经营。其后满炭又陆续收买了北票、西安、鹤岗等煤矿的全部经营权，其事业发展迅速。1936 年增资到 1 亿元，1939 年增资额翻了一番，达到 2 亿元，1940 年再增加到 3 亿元。经过短短 6 年时间，满炭的资本额就增加了 19 倍。满炭协同满铁，对东北煤矿的生产经营完全实现了垄断。

从煤炭生产情况看，九一八事变之前，满铁经营的抚顺煤矿已经处于垄断地位。事变后日本为发展战争经济，加快了掠夺式开采，特别是七七事变后，为满足军需工业膨胀的需要，在日伪制定的"产业开发"计划中，每年都把煤炭生产指标定在 1000 万吨以上，其中主要是依靠抚顺煤矿的生产。在满铁系统的煤炭生产中，抚顺煤始终占据绝对主导地位。其产量，1932 年是 687 万吨，1933 年就增加到 885 万吨，1934—1938 年，每年产量均在 900 万吨位以上。其后生产连年下降，到 1944 年时生产量为 470 万吨。[①] 抚顺煤减产的原因是多方面的，煤炭的生产过程其实就是对中国人民的压榨和对东北煤炭资源的掠夺过程。

满炭系统的煤矿多半是尚未开发或很少开发的新矿，因此日伪当局在人力、物力、财力上投入较大，生产增幅较快。1935 年满炭系统全面开始作业时的煤炭产量为 153 万吨，1938 年即达到 399 万吨，1940 年达到 918 万吨，超过了满铁系统。1941 年时又增加到 1115 万吨，到 1944 年时，满铁和满炭两大系统的煤炭生产量约为 2000 万吨。[②]

从煤炭的销售看，主要是运往日本，供应军需工业。1936 年以前，每年从东北向日本输出的煤炭达 400 万吨，其中抚顺煤约占半数以上。这是因为抚顺煤的煤质好，被日本人称为"东洋标准煤"，所以日本各工厂都争相使用之。但首先是确保军事工业。日本最大的海军工厂——吴工厂几乎全部使用抚顺煤。到伪满后期由于抚顺煤减产，日本规定只供应京浜工业地带、阪神工业地带等

---

① 解学诗主编：《满铁档案资料汇编　第七卷　掠夺东北煤炭石油资源》，社会科学文献出版社 2011 年版，第 216 页。

② 孙邦主编：《经济掠夺》，吉林人民出版社 1993 年版，第 12 页。

军事工厂和工业企业。在日本进口煤中，东北煤占到60%—70%，但其价格却低于日本煤好几倍。

铁矿和炼铁工业是日本掠夺东北矿产资源的又一重点。早在日俄战争后，日本财阀大仓喜八郎就利用日军在东北实行军管的便利，强占了本溪湖一带的煤铁矿。尔后，满铁与汉奸于冲汉相勾结，成立了中日合办的振兴公司，窃取了鞍山一带铁矿的采矿权。日商饭田延太郎也攫取了辽阳东部弓长岭铁矿的矿权。到1931年，日本在本溪、鞍山、弓长岭等地霸占铁矿区15个，占地21915亩。其埋藏量，据满铁推算为121亿吨。[①] 同时，日本侵略者在上述地区建起了一批炼铁企业，其中以1918年成立的鞍山制铁所规模较大。

九一八事变前，日本生铁进口主要靠当时的英属印度及马来亚等地区，中国东北所占的比重很小。1931年以后，日本从东北掠夺的生铁数量大幅度增加。九一八事变后，日本开始更大规模地掠夺东北钢铁资源。1932年12月，日本政府确定了《在满洲设立制钢所计划草案纲要》，认为从"日满国防需要"考虑，在东北建立制钢所确有必要。1933年4月，日本政府批准在鞍山成立昭和制钢所。随即兼并了鞍山制铁所和弓长岭铁矿，与振兴公司建立了租矿关系（1940年收买了该公司的矿业权），形成了从开采到冶炼的连续作业。同时制订了第1期炼钢增产计划，1935年制订了第2期增产计划，加快了对东北铁矿资源的掠夺。

1935年昭和制钢所正式投产，当年的生产量为：生铁47万吨，钢锭21万吨，钢材5万吨。[②] 日本所掠夺的钢铁，除了在东北就地制造军火，很大一部分被运到日本国内八幡等地制造杀人武器。

1937年以后，与日伪产业开发五年计划相适应，昭和制钢所又连续制订了若干期增产计划，生产目标一再提高，设备投资一再增加。到1943年，已拥有高炉9座，总生产标准能力达到195万吨。但是，由于煤炭供应不足等原因，钢铁生产量未能达到指标。1939年生铁产量为88万吨，仅为计划的50%；钢锭52万吨，为计划的80%。日本侵略者为提高产量，采取增加富矿比率的办法，以杀鸡取卵的方式糟蹋我国矿山资源。这样，又使产量有所回升。1943年时，生铁产量达130万吨，钢产量为84万吨。但是，这种情况未能持久，很快又呈现出衰落趋势。虽然如此，日本侵略者仍掠夺了大量铁矿资源。

---

① 满铁经济调查会：《满铁产业统计》（1932年），1984年印行，第48页。
② 解学诗主编：《满铁档案资料汇编　第八卷　鞍山昭和制钢所始末》，社会科学文献出版社2011年版，第491—494页。

除昭和制钢所之外，还有本溪煤铁公司、东边道开发公司等，都是日本侵略者掠夺东北铁矿资源的重要工具。1944 年，日伪将昭和制钢所和本溪湖、东边道等钢铁企业合并在一起，成立了"满洲制铁株式会社"，以增强发挥"国防产业"的作用。

在有色金属方面，东北的蕴藏量也十分丰富。据日伪 1944 年统计，铜为 132 万吨，铅、锌为 113 万吨，菱苦土（制镁原料）为 20 亿吨，钼为 354 万吨，钒为 900 万吨。[①] 在沦陷时期，有色金属是个新兴工业，但其掠夺开采早就已经开始了。其中，采金业是日本掠夺的一个重要目标。伪满成立不久，关东军就在其内部设立了采金事业调查部，组织勘查队对北满地区的金矿进行了调查。1934 年 5 月，日伪成立了"满洲采金株式会社"，垄断了东北地区 76% 的黄金开采权。1934 年，"满洲采金"的黄金生产量只有 208 公斤，1935 年就猛增至 1316 公斤。此外，一同参与生产黄金的还有满洲矿业会社和满洲矿山会社。1936 年，黄金总产量达 3976 公斤。从 1937 年开始，根据日本的产业开发五年计划，满洲采金等会社相应制定了产金五年计划，1941 年的生产目标是 33277 公斤，但实际产量 2361 公斤。[②]

除黄金之外，铝、镁、铅、锌、铜等轻金属，都是关东军极为重视的掠夺对象。伪满时期，日伪设立了"满洲矿山株式会社"（1938）和"满洲轻金属制造株式会社"（1936），与前述的"满洲采金"一起垄断了有色金属业。"满洲矿山"主要生产金、银、铜、铝、亚铅等有色金属，"满洲轻金属"主要生产铝、镁，产品全部被日本用作战争需要。

此外，日本还通过"满洲盐业股份公司"垄断了东北的盐业生产，仅 1937 年运往日本的海盐就达 55.5 万吨。

能源是工业生产的动力。日本侵略者为发展军事工业，对能源也进行了疯狂掠夺和破坏。除前述煤炭燃料外，日伪还大力"开发"电力和液体燃料。九一八事变前，东北的电力事业已经具有一定基础，特别是在工业较为先进的辽宁，电力事业已初具规模。据统计，1931 年时，东北三省有发电所（厂、公司）135 个，其中日本 34 个，中国 76 个；实际资本总额 4986 万元，其中日本 2641 万元，中国 2215 万元。[③] 日本侵占东北后，将原来的中国官产接收为伪满

① 朱建华主编：《东北解放区财政经济史稿》，黑龙江人民出版社 1987 年版，第 198 页。

② ［日］满洲国史编纂刊行会编，黑龙江省社会科学院历史所译：《满洲国史 分论》（上），1990 年印行，第 931 页。

③ 张传杰等著：《日本掠夺中国东北资源史》，大连出版社 1996 年版，第 309 页。

财产，并推行电力统制政策，于1934年11月成立了"满洲电业株式会社"，垄断了东北电力工业。其后满电又陆续收买了满炭、满铁等的发电所，将丰满、镜泊湖水力发电站划归直营，满电资本迅速膨胀。到1944年时增资到6.4亿元，比成立时增加了6倍。在满电的垄断经营下，东北发电量也有较大增长，由1932年的5.9亿度，增加到1936年的13.5亿度，1944年达到41.8亿度。其中辽宁所占比重仍然最大，大致在73%—86%。[1]

在发电设施上，日伪一方面大力加强辽宁的抚顺、鞍山、本溪等工业地带的火力发电设施的建设，将抚顺煤矿的发电装机容量由伪满初期的8.1万千瓦，增加到1941年的29万千瓦，1945年的28.5万千瓦。另一方面突出水力发电设施的建设，兴建了松花江丰满电站、镜泊湖发电所和鸭绿江水丰电站等三大水力发电设施，并相应修建了输变电网。从工程技术角度看，丰满电站在当时堪称世界一流，但电站的建设是在日伪驱使中国人民的情况下建成的，有数不清的中国劳工葬身大坝。而且这些电能主要是为了保证日本军事工业发展的需要，是日本侵略者掠夺东北资源的一个重要表现。

石油是重要能源，被誉为工业和国防之血液。日本是贫油国家，这个实际问题一直成为日本实现大陆政策、进行扩军备战的一大障碍。为此，日本侵占东北后，曾竭尽全力到处寻找石油。自1909年满铁在抚顺发现"能燃烧的石头"后，日本就开始研究通过油田页岩提炼液体燃料的方法。九一八事变前已经建立了抚顺西制油厂（今抚顺石油一厂），1931年生产原油6.3万吨。事变后，液体燃料成为日本法西斯推进侵略战争十分急需的动力资源。

1932年12月，关东军特务部制定的《液体燃料方策》提出："尽速调查石油及油页岩资源，发现这些资源后，随时制定有关开发保存的方案"[2]。但囿于日本的勘探技术，当时在东北地区穷其所能也未找到大储藏量的石油资源。

1933年2月，在关东军的指使下，伪满政府设立了"满洲石油株式会社"，作为垄断伪满石油开采、冶炼和销售的特殊机构。1934年，日伪在寻找原油资源无望的情况下，开始进行抚顺西制油厂的第一期改建和扩建工程，以增产页岩油。1936年2月完成改建扩建，原油生产能力由原来的7.2万吨增加到14.5万吨，翻了一番。接着又开始实行第二期扩建计划，预定投资1800万元，达到年炼油30万吨的水平。这项计划从1937年起被纳入日伪产业五年计划，但并

---

[1] 薛子奇、刘淑梅、李延龄著：《近代日本"满蒙政策"演变史》，吉林人民出版社2001年版，第28页。

[2] 中国档案馆、中国第二历史档案馆、吉林省社会科学院合编：《日本帝国主义侵华档案资料选编 东北经济掠夺》，中华书局1991年版，第370页。

没有达到预期目的，1939 年的产量仅达到 19 万吨。为进一步扩大产油量，1939 年日伪又开始新建抚顺东制油工厂，预定建成后可年产原油 50 万吨，另外在三姓地区开发 30 万吨。但计划实施困难重重，东制油厂建设一度停工，到 1944 年才完成部分投产。虽然如此，在五年计划期间，产油量还是在不断增加。重油从 1936 年度的 6.6 万吨，增加到 1941 年的 11.3 万吨，5 年累计 42 万吨。挥发油从 7 千立升增加到 13 千立升，五年合计 56 千立升。①

　　虽然日本侵略者千方百计增加页岩油生产，但还是远远满足不了战争经济的需求。为弥补液体燃料严重不足的状况，日本大力开发"人造石油"，即煤炭液化工业。早在九一八事变前，满铁就伙同日本海军有关部门研究抚顺煤的液化问题。事变后的 1936 年，经日本政府批准，建立了抚顺煤炭液化工厂，计划建设日处理煤炭 100 吨（后改为 50 吨）的煤炭液化设施。至 1939 年 2 月建设完工，并立即试车运转，于 7 月取得一次加氢液化油的成功生产，1941 年二次加氢石油也取得成功生产。

　　日伪将煤炭液化视为五年计划突击开发的项目，除在抚顺加紧研制外，还准备在间岛、阜新等地建立煤炭液化基地。满铁原打算在抚顺液化工厂的基础上，扩建煤炭液化基地，形成到 1943 年年产 2 万吨和到 1945 年达到年产 12 万吨的规模。但由于有资材、技术等各种困难，计划未能实现。1943 年，抚顺煤炭液化厂被迫移交给了满洲人造石油株式会社（简称"满人石"）。该会社是 1939 年设立的特殊会社，其目的是以舒兰煤为原料进行煤炭液化。

　　"满人石"接收抚顺液化厂后，被日本陆军指定为"指导工厂"，重点生产军用汽油。1943 年生产航空汽油 372 吨，普通汽油 1117 吨。1944 年，航空汽油产量增至 1289 吨，普通汽油产量为 1487 吨，这些产量远未达到日本军部的要求。②

　　与煤炭液化工业有关，日本于 1936 年在四平建立"满洲油化株式会社"，以西安（辽源）煤为原料进行煤炭液化。后被关东军接管为陆军燃料厂，改名为第 238 部队油化厂。还于 1937 年在锦州设立"满洲合成燃料株式会社"，主要由三井财阀经营，以阜新煤进行液化制油。1943 年部分完工投产，年产能力为粗合成原油 3 万吨。此外，伪满政权与日本神户制钢所联合投资，于 1939 年在奉天（沈阳）建立了一个煤炭液化研究所，1944 年时生产航空汽油 135 吨。③

---

① 李茂杰、孙继英著：《苦难与斗争十四年（中卷）》，中国大百科全书出版社 1995 年版，第 145—146 页。

② 张福全著：《辽宁近代经济史 1840—1949》，中国财政经济出版社 1989 年版，第 518、519 页。

③ 张福全著：《辽宁近代经济史 1840—1949》，中国财政经济出版社 1989 年版，第 518、519 页。

在原油加工方面，经关东军与满铁协商，于1934年在大连甘井子建立了炼油厂。原计划年处理原油15万吨，原油主要来自美国、加拿大等国。太平洋战争爆发后，改由南洋进油，但1943年以后外油断绝。

沦陷时期，日本侵略者为掠夺东北能源，可谓费尽心机。但始终没有找到天然油田，只好拼命掠夺页岩油和开发"人造石油"，然而效果并不理想。

日本对中国东北石油资源的掠夺是全面性的，其中包括天然石油、页岩油和人造石油。在这些资源中掠夺最为突出的是抚顺的页岩油。九一八后，通过不断扩建页岩油厂逐步提高了生产能力。1931年生产粗油6.3万吨，1935年增至14万多吨，1936年计划达到30万吨左右。[①]

关于日本对东北矿产资源的掠夺，古海忠之在他的笔供中作了较为详细的供述，其中有这样几段供述：

"由于满洲国还不能完全摆脱对日本的依赖，所以，日本方面完全可以自由地操纵价格。然而，日本在战争中非常需要各种物资，而且希望长期获取它。因此，日本对于物资品种、质量虽附带一些要求，在价格上无条件地接受了满洲国的要求。对于价格的计算，满洲国方面是以收买或制造费、运费、保管费为基础，生产铁、钢、煤等特殊会社，还要在价格里加上适当的利润。这种价格是以牺牲人民利益为前提，比原来应有的价值低得很多。满洲国对重要物资采取了低物价政策，尽量压低价格。各特殊会社以战时经济为名，用种种方法榨取劳动者，双管齐下形成了低价格。"[②]

"太平洋战争爆发以后，日本急需各种战略物资，就强迫伪满政府以最低的价格卖给他们。

钢铁——伪满对日支援的绝大部分是生铁。当时，本溪生产的低磷铁（年产18万—20万吨）全部都要供给日本海军。鞍山、本溪、大连、东边道的特殊钢原料，也都要送给日本。

煤炭——虽然伪满生产的煤自己还不够用，需要从华北买入300万吨，可是，抚顺生产的优质煤（年产60万吨）全部都要供给日本制铁用。

石油——日本是个没有石油资源的国家。抚顺石油年产18万吨，最初，伪满留10万吨，给日本8万吨。后来，为了增加给日本的数量，限制国内使用，汽车改用代用燃料，如改用酒精等，节省了一半。于是，每年给日本13万吨，

---

① 王道平主编：《中国抗日战争史　上卷》，解放军出版社1991年版，第433页。

② 中央档案馆、中国第二历史档案馆、吉林省社会科学院编：《日本帝国主义侵华档案资料选编　东北经济掠夺》，中华书局1991年版，第295页。

全部交给海军燃料厂提炼，作为潜水艇用油。

铝——抚顺生产的铝，全部送给日本。

铅——杨家杖子、青杖子、岫岩生产的铅，全部供给日本海军生产蓄电池用。

钼——杨家杖子生产的钼绝大部分送给日本。

黄金——伪满生产的黄金全部由伪满中央银行送到日本。

白金——1944—1945年，伪满进行了白金的特别回收，回收后全部由伪满中央银行送到日本。

镁——营口生产的镁，年产量约100万吨，全部送到日本。

飞机——满洲飞机制造会社每月能生产100架双人乘坐的练习机，全部供给日本军队。

武器——奉天兵工厂生产的步枪、机关枪、高射炮等，全部送给日本军队。

船只——大连船舶会社每年1.5万吨的造船能力，完全为日本生产。在关东军监督下，丹东建造的500艘帆船，全部供给日本。

粮谷——据1944—1945年统计，伪满每年援助日本粮食300万吨，其中有180万吨是大豆，占了60%。

据不完全统计，从1937年至1945年8月，日本从伪满掠夺去的物资是：

生铁420万吨；原煤780万吨；液体燃料52万吨；铝1.2万吨；镁550万吨；铅1.7万吨；钼3000吨；盐300万吨；黄金价值580万元；飞机4000架。此外，还有武器、特殊钢、白金、亚铅等等。"[1]

"在石油方面，千方百计，由伪满推行了竭泽而渔的掠夺政策，产品全部被掠往日本。"[2]

（二）对农业资源的强取豪夺

伪满时期，东北就有耕地1700多万公顷，可耕荒地1600多万公顷，从事农业生产的人口占居民的80%。主要谷物的产量达1870万吨，农业资源丰富，自然条件良好，是世界闻名的产粮地区。为了满足庞大的战争需要，日本侵略者不断加强对东北粮食的掠夺，企图将东北变为"大东亚粮谷兵站基地"。

---

[1] 袁秋白、杨瑰珍编译：《罪恶的自供状：新中国对日本战犯的历史审判》，解放军出版社2001年版，第88—89页。

[2] 中央档案馆、中国第二历史档案馆、吉林省社会科学院编：《日本帝国主义侵华档案资料选编　东北经济掠夺》，中华书局1991年版，第369页。

"对于农产物，伪满政府决定了极其低廉的、无法弥补生产费用的收买价格（高粱每吨90—100元）。因一般物价昂贵不得不涨价时，也不肯提高粮谷的收购价，而是采取了谁卖粮食就奖给棉布购买券的办法。

由于对日支援的数量愈来愈大，而且又进行了战时的紧急物资动员，使消费物资逐年减少。对于消费物资实行了以城市为主的配给制度，农村得到的物资极少。而且，像大米、煤等重要消费物资，也是实行以日本人为中心的配给，对中国人的配给量是很少的。因此，中国人就不得不以高价到黑市上购买日常必需品。这些，都给东北人民带来严重的灾难。"[1]

日本对东北农业资源的掠夺，主要表现在两个方面：一是进行移民侵略，二是大量掠夺农产品。

日本国土狭小，资源匮乏，人口却逐年增加，所以，对外开拓就成了日本人口政策的重要一环。

早在九一八事变前的1915年，日本就开始向其霸占的旅大地区即"关东州"移民。九一八后，日本为确保其经济掠夺，并扩大侵略势力，同时也为了缓和国内的阶级矛盾，开始掀起向中国东北移民的热潮。1932年初，日本拓务省拟定了《满洲移民计划大纲》，确定了移民侵略方针。同年6月，日本议会通过了《移住适用地调查费》等法案，8月又通过了《第一次五百满洲移民费追加预算》，拨出了用于移民的经费。

1933年，伪满国内治安还没完全安定下来，关东军就有计划地夺取日本移民用地。按照关东军参谋长小矶国昭的指示，盘踞在哈尔滨的第3师采用武力威胁的手段，以极其低廉的价格夺取了北满农民的耕地。广大农民忍无可忍，在谢文东领导下，3000农民奋起反抗，爆发了"土龙山事件"。关东军对他们进行了残酷的镇压以后，掠夺土地的行动暂时中止。

但是，他们仍然按计划把两批日本武装移民移居到佳木斯附近。1933年3月，由日本退役军人组成的第一批武装移民团429人到达佳木斯附近的永丰镇。这种武装移民到1936年7月为止，共移来5次，2900户，7296人。

为给移民霸占土地创造条件，日伪从1936年起开始实施为期8年的所谓地籍整理计划。准备投入550万人员和6000余万元经费，对全东北130万平方公里中72万平方公里的田野和3000万宗民地进行所谓整理。

当时在日本以军阀为中心，一方面大肆宣传满洲是日本的生命线，一方面

---

① 袁秋白、杨瑰珍编译：《罪恶的自供状：新中国对日本战犯的历史审判》，解放军出版社2001年版，第87—88页。

强调用开拓满洲的办法解决日本人口问题，企图以此使日本帝国主义侵略中国东北合法化。他们在募集移民时，都是以"为了祖国"的口号进行欺骗的。从前两批武装移民的形式可以清楚地看到，日本的移民政策，是企图用大量的武装移民团强占中国东北土地，作为其侵略中国和苏联的后方据点。日本移民团都是武装起来的大集团，其成员都在日本的内原训练所经过一年的兵农训练，移民团的地点多数选择三江、东安、牡丹江、黑河等重要军事地区的后方，这些地点都是由关东军决定的。

1936年7月，日本陆军省和加藤完治、石黑忠笃等政客提出了在20年内向满洲移民100万人20万户的计划。当年8月，日本广田内阁通过了这项计划。伪满政府接受了这个计划，并制定出《满洲开拓第一次五年计划》。日本的移民计划彻底暴露了日本帝国主义的侵略本质。20年内向中国东北移居相当于东北总人口十分之一的日本人，强占东北人民2000万町步（1町步=9.918平方米），这就为日本帝国主义长期占领中国东北提供了保证。同时，把约占日本农业人口（550万户）四分之一的贫苦农民移居到中国来，又可以大大削弱日本国内的革命力量。

新的移民计划，以20年移民100万户为目标，从1937年起每5年为一期，第一期10万户，第二期20万户，第三期30万户，第四期40万户。100万户移民准备霸占土地2000万町步，占全东北可耕面积的三分之一。日本移民按其性质分为五类：一是由政府直接组织的集团开拓民；二是由民间组织的集合移民；三是由青少年组成的义勇队移民；四是分散移民；五是铁路自警村移民。这些移民有目的地分布在三个地带：1.所谓开拓第一线地带，主要是东北边境与苏联接壤地区，目的在于为关东军直接充实兵源或作为兵站据点。此类移民约占40%。2.所谓开拓第二线地带，即长白山、哈尔巴岭、老爷岭、小兴安岭、大兴安岭为环形的内侧及松辽平原周边的外侧地区。其目的是为了切断抗日联军和东北人民之间的联系，镇压中国人民的反抗。这部分移民约占50%。3.所谓开拓第三线地带，是指铁路沿线、重要城镇周围和重要河川沿岸，以加强经济掠夺为主要目的。这些移民约占10%。日本在实行移民的过程中，规定每户移民给田10—15町步（约合99.18—1487.7公亩），这些土地绝大部分是用极低廉的价格或其他非正常手段收买或霸占的。那些被剥夺土地而未离开原地的农民，都沦为日本移民或伪移民公司的佃户，受其奴役和剥削。

日本对东北农业的掠夺，除了移民霸占土地外，还大量掠夺农产品。他们推行"粮食出荷"（即强制农民交售粮食）政策，抢夺中国农民的劳动果实。

如果说在伪满初期，日本侵略者主要是通过农业统制机构搜刮粮食的话，那么从日本全面侵华以后，更变本加厉地实行强制摊派，疯狂地进行搜刮。1941年4月日伪制定了《农产品增产搜荷方策要纲》，开始实行"出荷预约"制度，即以提供预付款为条件，强行要农民签订"出荷契约"，秋收后按契约收购粮食。太平洋战争爆发后，日伪对农产品的搜刮更加疯狂。关东军提出："满洲之农业政策，不止于国内（指中国东北）——自给自足，而尤应成为东亚粮食供给之基地，成为特殊农产品供给的源泉"①。1942年底，日伪制定了《战时农产品出荷对策要纲》，要求"军官民一体共同努力，对农产品强制进行彻底征收"②。

从"粮食出荷"的实施情况看，征购摊派量连年增加，征购量占生产量的比重也逐年上升。1939年粮食产量1599万吨，征购量414万吨，占25.9%；1941年产量1665万吨，征购量552万吨，占33.2%；到1944年，粮食产量1743万吨，而征购量增至893万吨，占51.3%。1939—1944年，日伪强制征购农产品累计达3644.9万吨。③

征购量的增加和征购率的上升表明了日本侵略者对中国农民的压迫和对农业掠夺的不断加深。"粮食出荷"是中国农民的灾难。每到征购时期，日伪派出督励班，逼迫农民出荷。对达不到征购量的农户，督励班便翻箱倒柜四处搜索，被农民称为"滴水漏"。许多农民因交不上出荷而遭毒打和逮捕。仅在伪奉天省，1942年春季就有1136人因"不交出荷粮"而被逮捕，次年同期达到3000多人。许多农民被逼迫得上吊自杀、卖儿卖女，家破人亡。

"粮食出荷"政策完全是法西斯殖民主义的掠夺政策，征购价格仅为市价的十分之一至二十分之一。农民在被迫将生产粮一半"出荷"后，还要交租，所剩种子、饲料和口粮微不足道，遇到灾年，甚至连种子和口粮也要交出去，而日本侵略者将搜刮来的粮食大量运往日本。1942年，在伪满洲国把东北划分的20个省中，吉林、龙江、北安等省的"出荷"量都在粮食产量的40%以上。其中，北安尤高，达53.5%。④ 1942年运往日本的粮食为260万吨，1943年为320万吨，1944年为390万吨。这三年，还运往朝鲜100万吨，以换取大米供

① 中央档案馆等编：《日本帝国主义侵华档案资料选编第3卷　伪满傀儡政权》，中华书局1994年版，第288页。

② ［日］满洲国史编纂刊行会编，黑龙江省社会科学院历史所译：《满洲国史　分论》（下），1990年印行，第111页。

③ 关捷主编：《近代中日关系丛书之二　日本侵华政策与机构》，第176—177页；第177页。

④ 中央档案馆、中国第二历史档案馆、吉林省社会科学院编：《日本帝国主义侵华档案资料选编　东北经济掠夺》，中华书局1991年版，第590—591页。

给日本；运往关东州 21 万吨，以换取芝麻、花生等供日本榨油；运往华北伪政权 110 万吨，以换取棉花、煤等充作关东军的军用物资。另外，关东军每年还要搜刮 100 万—120 万吨粮食充作军粮。[①]

此外，日本还在东北诱骗人民种植鸦片，毒害广大群众。据 1940 年日本《满洲国年鉴》记载，单法律许可种植鸦片的面积，1933 年为 94.1 万公顷，1937 年增加到 103 万公顷。鸦片产量，仅热河种烟老区 1936 年即达 815 万两。日本指定奉天（沈阳）、吉林和四平等地为鸦片种植区，还在奉天、新京、吉林、宾江、营口、锦州及四平街等地设鸦片专卖工厂和"管烟所"。所谓"管烟所"就是日伪政府公开经营的贩毒所，俗称烟馆。1933 年，这种经伪政府登记的烟馆多达 2500 多家，仅在奉天一个城市就有 730 多家。在恶毒的鸦片政策诱导下，东北地区的烟民数量颇为惊人。1933 年登记鸦片成瘾者为 56804 人，1937 年就发展到 81 万人，增加了 14 倍。[②] 至 1945 年 8 月日本投降时，东北吸食过鸦片的人至少达 254 万人之多。日本利用鸦片走私牟取暴利，1944 年鸦片收入已经达到伪币 4.3 亿元，占当年伪满洲国财政收入的 20%，居于各业创收之首位。鸦片战略在日本的侵略战争中发挥了"以毒养战"的作用，贻害至今还在。

由此可知，日本法西斯疯狂掠夺东北的土地和农产品，给东北人民特别是广大农民造成了极大的灾难，给东北农业资源造成了极大破坏，使农业经济严重衰退。

日本侵略者除在工业、农业、能源等主要产业部门进行掠夺之外，还在林业、渔业等其他各经济部门进行掠夺，给东北的经济发展造成了极大破坏。整个沦陷时期，东北经济在以关东军为代表的日本法西斯强制推行战争经济政策之下，呈现出畸形发展的状态和不断被破坏走向衰退的趋势。日本侵略者所进行的所谓"开发"，完全是对中国人民的犯罪和对历史的反动。

四、奴役劳工与残酷压榨

为推行经济掠夺计划，日本在东北实行极其野蛮的劳工政策。九一八事变后，日本专门成立了管理劳工的部门，并在北平、天津先后成立了骗招关内劳

---

① 关捷主编：《近代中日关系丛书之二　日本侵华政策与机构》，第 176—177 页。
② 王道平主编：《中国抗日战争史　上卷》，解放军出版社 1991 年版，第 435、436 页。

工的公司。据不完全统计，1931 年到 1937 年间，仅从关内骗招到东北的劳工即达 3 108 533 人。除骗招外，日本还采取摊派、强征和抓捕等手段，搜刮劳力，以满足扩大经济掠夺的需要。这些劳工至少有 1/4 是在关东军的刺刀下担负沉重的劳役。但最多的还是在为战争服务的所谓重要产业服苦役，他们几乎占到劳工总数的一半以上。其中矿工最多、最高年达 534000 人。[①]

这些劳工被抓到工厂、矿山和施工单位以后，受尽虐待和折磨。他们劳动时间最长，工资待遇最低。据 1935 年大连、沈阳、长春等城市调查，同样工种的工人，中国工人的工资不及日本工人的三分之一，有的不及六分之一。如果日本工人平均工资为 100，则同工种中国工人平均工资所占的比率是：机械工人占 32.2%，化学工业工人占 22.4%，印染工人占 15.6%，饮食业工人占 24.5%。超时、过量的劳动，恶劣的劳动条件和生活条件，造成疾病流行，事故不断，成批的工人无辜死亡。死亡之后就被扔进厂矿附近的山沟里；有些人并未死掉，也被活活地抛入乱尸坑。这样久而久之，便形成了许多日本残害中国劳工的"万人坑"。仅在鸡西、鹤岗、辽源、抚顺、阜新、北票等煤矿和鞍山、本溪南芬、弓长岭等铁矿以及丰满东山、大石桥虎石沟、金县龙王庙、石人、河龙、拉古哨等地，就发现 50 多处"万人坑"，掩埋着 60 多万具被残害的中国劳工的尸骨。抚顺煤矿，自 1906 年到 1945 年，日本从该矿掠夺优质煤 2 亿多吨，却残害矿工近 30 万人，平均每抢走 700 吨煤，就有 1 个中国矿工被夺去生命。更令人发指的是，关东军为了准备进攻苏联，每年驱使成千上万的人，在关东军工兵部队指挥下，修筑军事工程。待工程竣工后，唯恐泄漏军事秘密，又将这部分劳工秘密杀害。据不完全统计，仅东宁要塞等 7 项工程，就有近 3 万名中国劳工被秘密处死。[②]

1941 年，关东军进行特种演习，征用大批劳工，其中在东宁、北安、瑷珲的劳工计 1400 余名，仅半年时间即死亡 800 余名，占 57%。[③]

1943 年，伪交通部东安土木工程处征用劳工约 7000 人，从当年 3 月至 9 月，共死亡 340 人，生病者累计 6765 人。[④]

1944 年，关东军让伪交通部对穆兴水路进行改修，共征用劳工 7000 余名，

① 王道平主编：《中国抗日战争史　上卷》，解放军出版社 1991 年版，第 435、436 页。

② 王道平主编：《中国抗日战争史　上卷》，解放军出版社 1991 年版，第 435、436 页。

③ 中央档案馆、中国第二历史档案馆、吉林省社会科学院编：《日本帝国主义侵华档案资料选编　东北经济掠夺》，中华书局 1991 年版，第 963、962 页。

④ 中央档案馆、中国第二历史档案馆、吉林省社会科学院编：《日本帝国主义侵华档案资料选编　东北经济掠夺》，中华书局 1991 年版，第 963、962 页。

因劳累和在水中作业等缘故，造成 1700 余人的死亡。①

据不完全统计，自 1933 年至 1945 年 8 月，日本侵略者在北票煤矿共残害死劳工 31200 余人。再据伪吉林省长阎传绂和伪奉天省长于镜涛的供述，由于饥饿、劳累、卫生条件恶劣等因，吉奉两省劳工的死亡率都占总人数的 20% 左右。②

1944 年在王爷庙的筑城工程，共征用劳工 1.5 万至 2 万人，先后共杀害与折磨致死劳工 6000 余名。③

关于奴役劳工，古海忠之在自供状中供述道："日本帝国主义为了侵略中国东北，扩大对日本的支援，疯狂地掠夺中国的人力资源。不仅坚持低物价、低工资政策，延长劳动时间，还强迫劳工在恶劣劳动条件下从事繁重的劳动，各种事故频繁发生，给中国劳工带来了严重的灾难。太平洋战争爆发以后，也就是劳动新体制确立时期，上述对中国劳工的迫害大大加重了。勤劳奉公制和劳工供出制，两者实质上都是强制劳动。特别是征用劳工，农民占大多数，他们被迫往往在农忙期背井离乡去给日本人服劳役。此外，矫正辅导院、国民手帐制、工厂勤劳奉公队等等，更加扩大了对中国劳工迫害的范围。终于，在 1943 年和 1944 年连续发生了多起重大的事故。1943 年在本溪湖煤矿，发生了瓦斯大爆炸，夺去了 1800 多名劳工的生命；1944 年在关东军直接管理的工程——兴安岭筑城工程中因劳动、生活条件极端恶劣、疾病、严寒、过度劳累、营养不足而造成 6000 名劳工的死亡；1944 年在伪交通部直接管理的改修穆兴水路工程中，有 1700 名劳工悲惨死亡。这三大事故，充分说明，日本帝国主义在侵略中国的战争期间，犯下了残酷压迫、剥削、戕害中国劳工的不可饶恕的罪行。"④

日本的经济侵略和掠夺对东北经济造成了巨大危害。首先，日本对东北矿产资源的野蛮破坏性开采，使东北的矿产资源遭到了严重的破坏、浪费和损失。日本为了加速采煤进度，降低采煤成本，竟然不顾工人死活，用残留煤柱的方

---

① 中央档案馆、中国第二历史档案馆、吉林省社会科学院编：《日本帝国主义侵华档案资料选编 东北经济掠夺》，中华书局 1991 年版，第 864 页；第 881—882、875、864 页。

② 中央档案馆、中国第二历史档案馆、吉林省社会科学院编：《日本帝国主义侵华档案资料选编 东北经济掠夺》，中华书局 1991 年版，第 864 页；第 881—882、875、864 页。

③ 中央档案馆、中国第二历史档案馆、吉林省社会科学院编：《日本帝国主义侵华档案资料选编 东北经济掠夺》，中华书局 1991 年版，第 864 页；第 881—882、875、864 页。

④ 袁秋白、杨瑰珍编译：《罪恶的自供状：新中国对日本战犯的历史审判》，解放军出版社 2001 年版，第 93 页。

式取代用坑木支撑矿道的方法掘进，以便加快出煤。他们还采用单一煤层片盘式开掘的方式，在煤田多打斜井，增加采掘面，根本没有长期开采计划和地下资源保护的规划。这种蚕食式的野蛮采煤方法开采率只有30%，不但损耗了大量的煤炭资源，而且破坏了煤田的完整性，给以后采煤生产带来严重困难。这种野蛮开采的恶果直到今天还在困扰着东北的采矿行业。

其次，日本对东北经济的侵略和掠夺造成了东北经济的畸形发展。日本在东北的经济政策都是以服务战争为核心，所确立的经济体系都是以满足战争需要为目的，因此，全力进行军事重工业生产，导致了轻重工业比例的严重失调。军事重工业空前地畸形膨胀，以轻工业为主的民族工业严重萎缩。以1943年为例，重工业资本额占整个工业总资本的79%，而轻工业只占到20.8%。轻工业的严重滞后，导致东北人民的日常生活用品供给严重不足，民生凋敝，生活困苦。农业生产同样被畸形发展。九一八事变后，日本主要发展大豆、棉花和油料等战略物资的种植，而东北原有的种植业和种植体系受到严重破坏，直接破坏了广大东北农民的基本生活。

再次，日本对东北的侵略和掠夺摧毁了东北的民族工商业，东北的绝大多数民族工商业倒闭，或者沦为日伪"特殊会社"的加工厂、配给所，即使是一些很小的饮食业、磨房和作坊也难逃厄运。1943年，哈尔滨道外的中国人开设的小饮食店共337家，就有146家被"临时休业"。这年，在双城县一次就封闭315家磨房，本溪市88家豆腐坊中的三分之二歇业，300家煎饼铺中有200多家闭歇。① 在整个东北，从城市到农村，经商的中国人随意被作为"经济犯"、"国事犯"定罪，各种经济活动只能在地下暗地进行，工商业一片凋敝。据1942年的调查，在全部东北工业中，东北民营公司中日本私人资本占97%，中国私人资本只占3%。到日本投降前夕的1945年6月，在日伪的特殊公司和准特殊公司的资本中东北民族资本只占到0.2%。② 同年，沈阳也有836家工厂倒闭。到1945年8月，东北民族工商业所剩无几，存活下来的企业大多奄奄一息，濒临崩溃的边缘。

东北军需工业的发展，既不利于扩大再生产，也不能给人民带来生活的改善，而是恰恰相反。它以牺牲农业来发展工业，以牺牲轻工业来发展重工业，以牺牲民用工业来发展军用工业。军用工业越发展，人民生活就越困苦。日本将各种财富和资源掠夺殆尽，直至榨干东北人民最后的一文钱、一滴血。

---

① 《经济情报》，1943年5月。吉林省档案馆馆藏敌伪档案，档案号：285号。
② 东北财经委员会调查统计局编：《东北经济参考资料》（二）（1），第19页。

日本侵略者还广泛恢复和利用封建把头制度，动用各种强制手段压迫和剥削工人。到20世纪40年代，实行"国民皆劳"，日伪建立起惨无人道的现代奴隶劳动制度，整个东北成了一座巨大的劳动集中营。东北人民生活在极端的贫困和恐怖中，人们随时都有被抓去拷打和坐牢的危险，是不折不扣的人间地狱。

总后记

　　历时多年的《抗日战争时期中国人口伤亡和财产损失调研丛书》终于问世了。参加这套丛书编纂工作的，主要是承担《抗日战争时期中国人口伤亡和财产损失》课题调研任务的各省、自治区、直辖市及其下属市、县的领导同志和课题组成员，以及部分著名专家。他们以高度的责任心和使命感，竭尽全力，攻坚克难，终于完成了各自承担的任务，并按统一要求，形成了调研成果的 A 系列书稿。同时，有关省、自治区、直辖市还从实际情况出发，编纂了主要反映市、县调研成果的 B 系列书稿。由于各地情况不尽相同及其他原因，呈现在读者面前的丛书，将分批陆续完成和出版。

　　为了保证质量，我们对本丛书中由各省、自治区、直辖市完成的 A 系列书稿（即省级调研成果）实行了四级验收制，即：所有的省级调研成果，先由有关省（自治区、直辖市）课题领导小组及其聘请的省级专家验收组分别审读通过、写出书面意见；然后提交到中共中央党史研究室课题组。中共中央党史研究室课题组审读后，再聘请国内知名专家审读书稿，提出书面意见。对每次审读提出的意见，各省、自治区、直辖市课题组都认真研究落实，对书稿进行反复修改，或是说明相关情况，直到符合要求。由一批专家完成的 A 系列书稿（即带全局性的专门课题调研成果），也通过类似的办法验收。主要反映市、县调研成果的 B 系列书稿，则由有关省、自治区、直辖市党史研究室组织验收。各种调研成果验收修改的过程，同时也是调研的深化过程、提高过程。经过反复修改补充的成果，在质量上都有明显提高。

该课题的调研和编辑出版工作分两个阶段：

第一阶段从 2004 年启动到 2010 年部分成果出版。在这一阶段，中共中央党史研究室课题组在中共中央党史研究室室委会和分管室副主任的具体领导下开展工作。中共中央党史研究室几任主要领导同志即孙英、李景田、欧阳淞主任，非常关心和重视本课题调研工作的开展，室副主任李忠杰同志分管这项工作，第一研究部承担具体工作，各地同志和有关专家同中共中央党史研究室课题组保持密切联系，对中共中央党史研究室课题组的工作给予了积极配合和支持。

第二阶段从 2014 年 1 月重新启动此课题至今。2014 年 1 月，中央领导同志对"抗损"工作作出重要批示，要求我室重新启动"抗损"课题。在此前后，曲青山主任主持全室工作，并直接分管第一研究部的工作，尽管李忠杰副主任已不再担任副主任职务，室委会仍全权委托李忠杰同志对《抗日战争时期中国人口伤亡和财产损失调研丛书》的宣传出版负总责。室委会高永中副主任、冯俊副主任对此工作也给予积极的指导和帮助。

在曲青山主任的关心指导下，在李忠杰同志的领导和具体部署下，在一部主要负责同志蒋建农的主持下，课题组自 2014 年年初起，围绕进一步提高书稿质量和尽快全部推出该套丛书，全力以赴，做了多方面的努力。

2015 年年底，曲青山主任口头明确由张树军副主任代表室委会负责主持"抗损"书稿的编辑修订出版等后续工作。2016 年 3 月 2 日，室委会正式明确由张树军副主任代表室委会全权负责"抗损"课题出版工作。

中共中央党史研究室课题组由李忠杰、霍海丹、李蓉、姚金果、李颖、王志刚、王树林、杨凯同志组成。先后担任中共中央党史研究室第一研究部领导职务的黄修荣、刘益涛同志参与了课题调研部分工作。中共中央党史研究室科研管理部、办公厅的部分同志也参与了有关工作。特别是在北京市和山东省召开的两次全国性会议，中共中央党史研究室科研管理部、办公厅的有关同志自始至终参与了繁忙的会务工作，付出了大量心血和辛勤劳动。

中共中央党史研究室课题组承担了组织指导与协调推进各地课题调研和联系有关专家完成全局性专题调研的繁重任务。在人手十分有限的条件下，课题组同志们近十年如一日，以对民族负责、对历史负责的自觉精神，克服困难，埋头苦干，为圆满完成任务做了大量工作。计先后编发 213 期达 60 多万字的《工作简报》，同各省、自治区、直辖市的同志和有关专家进行了数以千万次的电话联系及当面沟通，先后到 10 多个省、自治区、直辖市实地调查、参加会议，了解情况，当面指导，协助各地完成调研工作，或邀请有关地方的同志到北京进行座谈；还组织 22 个省、自治区、直辖市课题组编纂《抗日战争时期全国重大惨案》，同中央档案馆联合编辑《抗日战争时期解放区人口伤亡和财产损失档案选编》，同中国第二历史档案馆、中国人民解放军档案馆联合编辑其馆藏的相关档案资料，撰写有关专题报告，等等。将近 10 年来，课题组成员虽有变动，但工作始终如一，没有延误和懈怠。

需要说明的是，《抗日战争时期中国人口伤亡和财产损失》课题，有时也简称为抗战损失课题或抗损课题。虽然有学者认为"抗战损失"或"抗损"通常只能反映抗日战争中财产方面的损失，人口伤亡不能称作损失，但考虑到当年国民政府习惯采用"抗战损失汇报"或"抗战中人口与财产所受损失统计"等表述，所以本课题参照前例，以"抗战损失"或"抗损"作为课题简称。

2014 年初，根据中央领导同志的指示精神和中共中央党史研究室室委会关于做好出版和对外宣传全国抗战损失课题调研成果准备工作的要求，我们组织部分省、自治区、直辖市的分管领导和课题组成员对已经印出样本的 A 系列书稿再次进行复审和互审，并邀请部分承担了抗战损失专题调研任务的专家参加审稿工作。这次集中复审和互审的主要任务是：审核已经印出样本的 A 系列书稿，对相关数据、史实严格把关，保证课题调研结论的真实性，保证书稿没有重大差错。中共中央党史研究室主要领导同志和分管领导同志也提出要求：把工作做得再深入、再扎实一些，统一规范，责任到人，把问题消灭在书稿正式出版之前。

在复审和互审过程中，地方同志和邀请的专家以多种形式及时沟通，围绕审稿发现的问题研究讨论，和中共中央党史研究室分管领导进行交流，对一些重要的共性问题达成一致。经过复审和互审，对有关的 A 系列书稿做出进一步修改。在此基础上，中共中央党史研究室课题组同志又对拟第一批出版的每一部 A 系列书稿进行多环节的审读、检查、修改、校对，严格审核把关，尽可能如实、客观地反映调研情况和成果。

中共中央党史研究室的其他同志及一些外聘同志、从地方党史部门借调的同志，如徐玉凤、谢忠厚、杨延力、郭明泉、戴思厚、王俊云、梁亿新、宋河星、毛立红、王莹莹、茅永怀、庾新顺、李蕙芬同志等，满腔热情地参加了本课题调研的部分工作。不论是调研选题的讨论、同有关各方的联络，还是资料的整理、归类、建档等，他们都付出了辛勤的劳动。还有不少领导和同志对课题调研给予了关心和帮助。

这里，还要特别感谢国家社会科学基金规划办公室、国家新闻出版广电总局有关领导和同志对本课题调研工作的支持和帮助，感谢有关部门对丛书出版经费的支持和保证。中共党史出版社的领导汪晓军以及陈海平、姚建萍等同志，也为这套丛书的出版花费了很多心血。

我们相信，本丛书 A 系列和 B 系列各卷的陆续公开出版，必将大大有助于抗战损失课题调研成果的推广利用，有利于固化历史，更好地发挥以史为鉴、资政育人的作用。但是，我们也深知，本课题调研迄今所取得的成果，还只是阶段性的、部分的、不完全的成果。在已经取得的来之不易的成果的基础上，今后，这一课题的调研工作还要深入不懈地继续进行下去。

中共中央党史研究室课题组

2016 年 8 月 19 日